中国哲学的现代化与马克思主义哲学的中国化

朱荣英 著

中国社会科学出版社

图书在版编目(CIP)数据

中国哲学的现代化与马克思主义哲学的中国化/朱荣英著.—北京：
中国社会科学出版社，2016.6
ISBN 978 - 7 - 5161 - 7931 - 4

Ⅰ.①中… Ⅱ.①朱… Ⅲ.①哲学—研究—中国—现代②马克思
主义哲学—发展—研究—中国 Ⅳ.①B261②B27

中国版本图书馆 CIP 数据核字(2016)第 070658 号

出 版 人	赵剑英	
责任编辑	田 文	
特约编辑	陈 琳	
责任校对	张爱华	
责任印制	王 超	

出 版	中国社会科学出版社	
社 址	北京鼓楼西大街甲 158 号	
邮 编	100720	
网 址	http://www.csspw.cn	
发 行 部	010 - 84083685	
门 市 部	010 - 84029450	
经 销	新华书店及其他书店	

印刷装订	三河市君旺印务有限公司	
版 次	2016 年 6 月第 1 版	
印 次	2016 年 6 月第 1 次印刷	

开 本	710×1000 1/16	
印 张	22.75	
字 数	386 千字	
定 价	86.00 元	

凡购买中国社会科学出版社图书，如有质量问题请与本社营销中心联系调换
电话:010 - 84083683

目　　录

下篇　马克思主义哲学中国化问题研究

上　篇

中国哲学现代化问题研究

纵观当代哲学论坛，随着学界对哲学品性及研究方法问题反思的不断深入，不少学术同人将理论研究的焦点对准了哲学自身，普遍关注哲学在科际整合与视域融通的当代语境下如何捍卫自性、提升品格之"元问题"。其间，无论研究主题抑或核心论域都曾几经改变，譬如：历经了从"关于当代哲学合法性问题"的质疑，到"关于哲学出场路径与研究范式问题"的探索；从"关于'哲学就是哲学'和'哲学不是什么'问题"的论证，到"关于'哲学还有什么新问题'及'哲学为谁而说'"的调侃；从"关于哲学应具有何种当代形象、基本功能与文化使命问题"的考量，到"关于当代哲学如何实现后现代转向问题"的论争；从"关于哲学如何'重返智慧本根'、'重思智慧'并进行'根源性重建'问题"的解读，到"关于'哲学就是哲学史'问题"的辩驳；从"立足于经学讲哲学"倡导"援儒入佳、中体西用"的诠释方法，到"立足于实践讲哲学"主张"马魂中体西用"的实践路向，如此等等，不一而足。然而，这些问题研究的根本志趣、理性实质、意义指向，无不关涉到"马克思主义哲学与中国哲学之文化融通"这一高难度的理论问题，事实上都是对马克思主义哲学中国化问题的学科特性、理论品质、当代身份以及哲学人自己的学术良知、社会担当、伦理操守问题的忧思与追问。对此，本书结合作者自己多年来对中国哲学现代化问题的追踪研究，凭着对哲学的敏锐感悟与深入思考，概览学界关于哲学"为学与为道"问题的诸多异议，融贯各家关于"为文与为人"问题的多种主张，旨在为马克思主义哲学中国化的文化底蕴立论，为实现马克思主义哲学中国化与中国哲学现代化的一致性倡言，以激活哲学人的社会良心与职业操守，为我国深化改革的政治生态与科学实践提供智力支持。

第一章

中国哲学及其当代价值

中国古代哲学始终把目光投向人类自身理想价值的实现问题上，其中蕴含的人学语义是哲学研究的核心要义。与人生世事相联系、与社会伦理相牵挂，是中国哲人研究问题的出发点和落脚点。在中国哲学"以人为本"、"健生尚动"、"勇于实践"、"利群利他"等基本精神中，处处彰显着鲜明的主体心态和厚重的人学意涵。中国古代哲学之精神特质与价值取向表明，中国哲人善于把价值观与人生观予以内在整合，把对现实人生道路的积极探索与终极理想的价值关怀结合起来，将找寻安身立命之本、成就完满理想人格、倡导经世致用之志，确立为自己实现内在超越的人生目标和治学的根本宗旨。

第一节　中国传统哲学的特质与意义

一般来说，哲学的时代性与民族性是内在统一、息息相关的。哲学是时代精神的精华，也是民族精神的精华，是时代文明的活的灵魂，也是民族精神生生不息的活的灵魂。哲学是文化系统的核心，文化认同是民族认同的主要标志，而哲学认同则是民族认同的关键环节。中国古代哲学的智思之流，可谓源远流长，千百年来早已形成了自己特有的民族传统和精神风貌，其中包括自己特有的民族风格、社会心理、风俗习惯、价值观念、思维方式等，构成了自己特有的精神特质。今之莘莘学子，唯有穷年累月地"入乎其中、出乎其外"，才能尽究其意、体察其味并领略其独特之处。相比之下，自然科学则没有这个特点，譬如数理化就不分国籍，正所谓"科学无国界"。而在哲学视域里，中、西、印三大文化传统差别甚大，有"以意欲反身向后要求为其根本精神的"，也有"以意欲向前要求为其根本精神的"，还有"以意欲自为调和持中为其根本精神的""三种路向"之分；① 在这三大文化传统中，又有"罪感"、"苦感"和"耻感"的文化之别。耻感文化是儒家文化的精髓之一，儒家强调"羞恶之心，义之端也"，"无羞恶之心非人也"，将"礼、义、廉、耻"称为"四德"，当作为人处世之根本、人生价值之尺度。孟子认为君子应"仰不愧于天，俯不怍于地"；"人不可以无耻，无耻之耻，无耻矣"。宋理学家朱熹说，"人有耻则能有所不为"。龚自珍将个人的知耻与国家的兴亡联系起来，根据古人"物耻足以振之，国耻足以兴之"的思想，指出"士皆知有耻则国家无耻，士不知耻为国之大耻"。以耻感文化为思想精髓和理论特质的中国古代哲学，并非专注于形上玄想或者抽象思辨，亦非推崇那种超验本体或者神圣教义，而是主张"道不远人"、天道人道乃一个道，天下一理皆从性起，万化一源皆是自生；并认为哲学研究的根本旨趣就在于树立起人人必须恪守的价值原则和做人标杆，中国古代哲学实质上就是一种最大意义上的人学。从总体上把握中国哲学精神特质和价值取向中的人学语义，对于强化"以人为本"的时代精神、拔高当代人的主体地位和担当情怀，的确意义重大而深远。

中国古代哲学研究的重点是现实的人及其价值理想问题，它始终把目光投向人类自身理想价值是如何实现的。人的价值、人的理想、人的意义、人的尊严是哲学研究的中心问题，阐发其中蕴含的人学语义就成为后人从事哲学研究的根本支点。即使是在不得不涉及自在的自然、遥远的彼岸、神秘的天城、抽象的理性时，中国古代哲人也总是结合人事而论之：就人事而论自然，就人道而论天道，就人本而论上天、就人伦而论鬼神，这事实上就构成了中国哲学的思维特质。与人生世事相联系、与社会伦理相牵挂、与日常生活相羁绊，这是中国哲人研究问题的出发点和落脚点，研究学问的根本旨趣在于"亦欲以究天人之际，通古今之变，成一家之言"（司马迁《报任安书》）。笔者认为，中国古代哲学之基本精神中的人学语义集中体现在以下几个方面：

节用爱人、博施与民之人本精神。以人为本或者以民为本的精神，是中国古代哲学的基本精神，也是最古老的精神之一。儒家向来不问宗教神灵存在与否，也不关心与人无缘的纯粹自然，它把人道、人事作为中心问

---

① 梁漱溟：《东西文化及其哲学》，商务印书馆 2012 年版，第 24 页。

题来考察，仅就人事谈问题，彰显了一种强烈的人本、民本情怀。如，当子路问鬼如何时，子曰："未能事人，焉能事鬼？"（《论语·先进》）当子路问死如何时，子曰："未知生，焉知死？"（《论语·先进》）孔子对人生彼岸的事，总是避而不谈、讳莫如深，"敬鬼神而远之"，"子不语：怪，力，乱，神"。（《论语·述而》）他关心的是教人如何积极地做事、如何做一个有仁爱之心的人。他叫人要学而不厌、诲人不倦，注重修养、严于律己，认为"人不知、而不愠"，乃"入德之门、积德之基"。他要人知孝悌、讲诚信，孝悌乃为仁之本，君子要务本，本立而道生。强调：三省吾身、忠而相谋，与人交厚、敬事而信，节用爱人、使民以时，博施与民、而能济众。儒学以人事讲"仁学"，换言之，仁学就是儒学思想体系中的人本核心与精神实质，把"成仁"视为人生理想的终极目标，甚至比生命更重要，认为"朝闻道、夕死可矣"，大凡志士仁人，无求生以害仁，有杀身以成仁。当然，儒家的人本论实际上后来发展成为一种民本论，在孟子看来"民贵君轻"，在荀子看来民能载舟，也能覆舟，要想长治久安，必须"平政爱民"、"隆礼敬士"、"尚贤使能"。后来在《大学》中总结道，大学之道在于，明德新民、止于至善，而唯有格物致知、诚意正心，才能施行仁政，做到修齐治平、内圣外王。

坚韧不拔、自强不息之健生精神。"天行健，君子以自强不息。"《周易》中的这句话最能体现中国哲学之积极进取、崇尚健动的思想品格。这一点与西方哲学史上讲的万物皆流、无物永驻的思想，可谓异曲同工。赫拉克利特曾讲"人不能两次踏进同一条河流"，而子在川上曰"逝者如斯夫，不舍昼夜"。表面看来，二人都将宇宙万物的生成变化视为一个流迁不止的运动过程。但是，二者所不同的是，中国古代哲学不是一味讲自然宇宙的自发生成，而是更强调人在宇宙生成中的人学意义。《周易》认为"天地之大德曰生"，《易传》认为"生生之谓易"，生生精神或者生命意识是中国哲学特有的做人原则，它激励人要自强不息、尚健尚动、奋发进取、直面人生。一个人或者一个民族，无论面临任何艰难险阻、坎坎坷坷，都要至诚无间而百折不回，为穷所困而百折不挠，意志所向而一往无前，愈挫愈奋而再接再厉。坚信只要恪守这种生生精神，实现"一跃而登中国于富强隆盛之地"，迎来中华民族突驾神驹而快速腾飞并实现民族伟大复兴之中国梦想，就不会遥遥无期。

实事求是、亲力亲为之实践精神。中国古代哲学强调，修学好古而实事求是，注重实践而历练人生。在知行关系问题上，中国古代哲学强调知行合一、知行并重，学以致用、建功立业。孔子认为学习的目的在于应用，"诵诗三百，受之以政，不达；使之四方，不能专对；虽多，亦奚以为？"（《论语·子路》）荀子认为知行一如、不可两离，"不闻不若闻之，闻之不若见之，见之不若知之，知之不若行之，学至于行而止矣。行之，明也；明之为圣人"。墨子也强调知行合一、行重于知，"言必信，行必果，使言行之合，犹合符节也"。如果"务虚言而馁行，虽辨必不听"，人人都要"赖其力者生"、"强力以从事"。以后的中国哲人，如王充、王阳明、王夫之、颜渊等，都强调习行并重、实践第一，无论学习抑或做事，只要"日见之"、"日为之"，就可"无不能"、"无不巧"。人人都要在做事上磨炼、在实践处建功。"有即事以求理，无立理以限事"；人之为学，若仅仅心中能思、口中能谈，虽尽有千百义理，不能身行一理之实，学了又有何益？故而，人们只可向习行上做功夫，不可向语言文字上着力；只要常常习而行之、笃而行之，"亲下手一番"、亲力亲为，就能无为而无不为、无往而无不胜。

设身处地、推己及人之利他精神。中国古代哲学非常重视设身处地、推己及人，倡导克倒私欲、利民为他，时时为他人着想，处处替苍生挂怀。譬如，墨子就推崇"兼相爱、交相利"，"若使天下兼相爱，爱人若爱其身，犹有不孝者乎？视父兄与君若其身，恶施不孝？犹有不慈者乎？视弟子与臣若其身，恶施不慈？故不孝不慈亡有，犹有盗贼乎？故视人之室若其室，谁窃？视人身若其身，谁贼？故盗贼亡有，犹有大夫之相乱家，诸侯之相攻国者乎？视人家若其家，谁乱？视人国若其国，谁攻？故大夫之相乱家，诸侯之相攻国者亡有。若使天下兼相爱，国与国不相攻，家与家不相乱，盗贼无有，君臣父子皆能孝慈，若此则天下治"（《墨子·兼爱》）。故而，墨子强调人与人的关系应该是"兼相爱"的亲亲利他的和睦关系，每个人都应该出于爱心而关爱他人，这种爱心势必得到回应而互相关爱。在他看来，"天下兼相爱则治，交相恶则乱"；"爱人者，人必从而爱之；利人者，人必从而利之；害人者，人必从而害之。"这就是说，无言而不应，无德而不报，投我以桃，报之以李，爱人者必见爱也，而恶人者必见恶也。道家也非常重视利他思想，把顺应民心作为自己哲学思考的归宿，圣人并不考虑自己的私利，而是以感念苍生为己任。老子曰，"圣人无常心，以百姓心为心"。但他批评说，天道是最公平的，处处为别人考虑，而人道则最失公允，总是为自己打算。"天之道损有余而补不足，人之道则不然：损不足以奉有余。"老子认为，若失去利他之心，"是谓道夸"，而"非道也哉"。儒家更是强调利他精神，认为"己欲立而立人，己欲达而达人"，"己所不欲，勿施于人"等等。

此外还有，阴阳互补、相生相克，盛极必衰、物极必反之的思辨精神；海纳百川、有容乃大，与人为善、和合圆融之包容精神；尊重民意、忧国忧民，修齐治平、内圣外王之入世精神；"为天地立心，为生民立命，为往圣继绝学，为万世开太平"之开拓精神；"先天下之忧而忧，后天下之乐而乐"（范仲淹《岳阳楼记》）之担当精神；"富贵不能淫，贫贱不能移，威武不能屈"之大丈夫精神；杀身成仁、舍生取义，重义轻利、顾全大局之家国精神等等，这些基本精神中同样显现了中华民族专有而独特的优秀心理素质和高尚精神风貌，作为中华民族文化传统的思想精髓与精神特质，处处彰显着"以人为本"、"民贵君轻"的主体心态和人学精神。其中蕴含的人学思想和人本意涵，可谓汗牛充栋、博大精深，但是鉴于学界对此已论及甚多，这里不再展开叙述。

从上述可知，在中国古代哲学之基本精神中，常常结合人事讲智慧、融世界观和人生观于一体，在其中自然充满了丰富的人学语义。无独有偶。在人生价值取向问题上，中国哲人同样把价值观与人生观予以"合二为一"，把对现实人生道路的探索与终极理想的价值关怀结合起来，其中蕴含的人学精神，同样流光溢彩。中国哲人从不企慕超验的彼岸世界、从不诉求各种灵异的庇佑，其治学的根本目的在于追求、创造、获得与实现人生价值和人生理想。现实地、全面地对人生价值的期盼与落实，从人的实际生活出发做出最高意义上的理解，从世界观的高度将人生观和价值观推崇为普遍的哲学范畴，是中国哲学研究的题中应有之义。在中国古代哲学中，将个人价值、群体价值与社会价值、人类价值高度统一起来的关键在于，作为创造价值的主体自身必须成就一种非凡的理想人格、卓越的精神气概（浩然之气）。这就决定了中国古代哲学精神深处具有一种内在超越的价值路向，认为研习哲学的真正旨趣在于，认识世界以范导人生，把握社会以成就自我。中国古代哲学实质上就是一种以启迪人生为基本主题的人生修养哲学，它特别强调捍卫人的尊严、凸显人的价值、争取人的利益、拔高人的地位。儒家以天、地、人为"三才"，认为"三才之道"的核心是如何做人；道家以天、地、人、道为"四大"，深信作为万物之灵的人是"四大"之根本。佛学倡导"直指人心"，佛性须向性中作，莫向身外寻，人生价值须向内诉诸完美人格的理想塑造。在如何才能"长生久视"、获得永乐的问题上，在如何才能修身养性、怎样才能塑造完美理想人格问题上，中国古代哲学强调最佳的养生之道是通过"天人合一"的路径，达到"天地与为并生、万物与我为一"之最高的理想境界。从儒、道到法、墨，从先秦诸子到明清各代，人学一统，概莫能外。格致正诚、修齐治平，乃平生之所愿，知天事天、乐天同天，乃一世之所求。凡中作圣、尽职尽伦，以确定人生价值取向、找寻安身立命之本。人的一生刻意成就完满理想人格、倡导经世致用之志，既是人生的主要目标，也是治学的根本宗旨。

相比之下，西方宗教哲学更多关注的是彼岸和天城，他们向往的人生理想境界是"人神合一"或者与上帝"溟会"，他们心目中的价值取向是成为"上帝的选民"。基督教义认为，人类始祖亚当与夏娃，因偷吃伊甸园里的智慧之果而犯下原罪，因而，每个人只有对上帝虔诚地祈祷，力行"十诫"、恪守教义，才能识得"圣父圣子圣灵"乃是"三位一体"之宗旨，从而洗清原罪、道成肉身，重返伊甸园而获得真福。但是由于人生来就有这种原罪，此外还有违背上帝意志而犯下的种种"本罪"，人不能自我拯救，而要靠耶稣基督的救赎才能超凡入圣、实现终极价值理想。"原罪说"及其"罪感文化"强调，上帝代表爱，而爱就在每个人心中，上帝泛爱众生、爱无差等，因而能够"因信称义"，认为每个人都可能成为上帝的选民，只要凭自己真诚的信仰就可获得心灵救赎。但是，又认为必须聆听上帝的灵异之音才能达到人神相通，必须依靠上帝的恩惠和神谕（神秘的启示和感召）才能获得重生和永生，得到与天齐一的永福。人若不信或不思悔改，就会受到上帝的永罚，要在地狱里受煎熬。并相信世界末日的价值审判，认为无罪的人将进入天堂，而有罪者将下地狱。西方宗教哲学推崇神学语义而贬低人学理想，否定现世人生幸福、否认个人价值的自我实现，选择一条外在超越的路径，要求人们应当放弃当下的价值追求，而洗心革面、重新做人才能通往神域、与天同寿。与之同出一辙，印度佛教也认为，人一出生就落入苦海之中，命中注定要经受生老病死等等九灾十八难、千百苦乃至"无量苦"的种种折磨与烦扰。现世的人生是不值得留恋的，因为处处充满着各种灾难；人生价值理想在此岸是永远无法实现的，因为每个人都是欲壑难填。但，苦海无边回头是岸，与当下人世遥遥相望的就是佛国净土，只有泯灭目前的人生价值而真心皈依佛门，才能摆脱苦难人生的各种羁绊，跳出三界外不在五行中，定慧双修、证成佛果，进入涅槃寂静、常乐永生的极乐世界。

与之相反，中国古代哲学的价值取向强调自我超越，积极肯认现实人生价值，并强调人性中原本存在着自我实现、自我超越的内在依据，反对西方或者印度那种泯灭人生理想和借助超验神灵而获救的意义诉求。在中国，天道既是宇宙万物的究极本体，也是做人的价值原则，自然之天就是义理之天，天理不在万物之外，亦不在人伦日用之外，这就是"体用一源、显微无间"的含义。换言之，中国哲学强调万物本体与价值原则是内在统一的，正所谓"极高明而道中庸"、"即世间而出世间"。譬如，孔门仁学就强调完全凭借主体自己的理性自觉，就能保证人的价值的自我实现、人的精神境界的自我提升。孔子认为修己成仁完全是自觉自愿的，而非外力强迫或者约束所致："我欲仁，斯仁至矣"；"为仁由己，而由人乎哉？"孟子曰："仁义礼智，非由外铄我也，我固有之也"。并强调追求自我完善的"为己之学"的正当性，反对出自功名利禄之心的"为人之学"。后来，荀子发挥这种思想，认为"古之学者为己，今之学者为人。君子之学也，以美其身；小人之学也，以为禽犊。"（《荀子·劝学篇》）在孟子看来，每个人生来就有仁义礼智的"善端"与"善苗"。不虑而知为良知，不学而能为良能。良知良能为万善之源、做人根本，正因为存在这种"善苗"，才使得人人都有恻隐之心、羞恶之心、恭敬之心、是非之心等善之"四端"。人之所以异于禽兽，就在于人有这种"善端"与"善苗"，君子因为存之、蓄之、养之而成为了君子，庶民因为去之、弃之、贱之而成为了庶民，只要有这种求善的价值自觉与理性自省，"人皆可以为尧舜"，人人都可以在凡中作圣，人生价值及其理想人格就能自我生成、自我实现。

此外，在实现人生价值路径问题上，中国古代哲学同样强调"内化"而非"外铄"，主张自我提升而非外在超越。孟子发挥了孔子"为仁由己"的思想，认为"尽心"、"知性"就能"知天"，每个人只要尽量扩充自己原本就有的善之"四端"，就能够真正领悟做人的价值与意义；而把握了人的纯善本性与价值理想，就能达到"万物皆备于我"、"上下与天地同流"的最高境界；唯有进入这种境界才能"反身而诚、乐莫大焉"，最大化地实现人生意义和价值梦想。此后，从朱熹的天下一理、谁"禀得来，便为我所有"的价值愿望到陆九渊的"万物森然于方寸之间，满心而发，充塞宇宙，无非此理"的人学主张，再从王阳明的"心即理"、"不须外面添一分"的人生觉解到中国禅宗的"心性本净"、"心性本觉"，"一切般若智，皆从自性而生，不从外入"的人性结论，大都秉承了人生价值自我生成与自我实现的理路和方向。在中国，"道"、"理"、"心"、"性"，于外虽是具有主宰意味的"自然之天"或"义理之天"，但是，于内则又是做人的价值之维、意义之源、生命之基，每个人只要克己复礼、乐善不倦、识得本心、反身而诚，就能内在超越、获得"天爵"，超凡脱俗、成圣成贤。中国没有外在地主宰人生命运的宗教信仰和偶像崇拜，但是却具有自我捕捉生命价值和人生意义的内在依据和终极关切，这实属中西哲学之根本差别之一。

总之，当西方文化传统那种纯客观性、因果决定性、机械累加性、简单还原性的思想，日益不适应当代人类发展的内在需求而横遭大家质疑时，西方诸多哲人纷纷把目光投向古老的中国哲学，特别注意从中汲取思想营养以克服西方因科技理性至上而带来的各种弊病。如，普利高津认为"中国文明对人类、社会与自然之间的关系有着深刻的理解"，"中国思想对于那些想扩大西方科学的范围和意义的哲学家和科学家来说，始终是个启迪的源泉"；① 再如，哈肯认为"强调整体性的中国传统思想具有悠久的历史。确实，当我们研究复杂系统时，这种方法变得至关重要了"。② 的确，中国传统哲学那种注重关系性和结构性研究、强调有机统一的整体性思维；坚持阴阳对峙、协调相生的互补性思维；重视人和自然天人合一的和谐性思维等等，从不同侧面凸显了矫正西方哲学观念的特殊意义，随着东学西渐的加速推进，中国古代哲学的精神特质及其人学语义将会放射出更加耀眼的理性光芒，这就是它能与马克思主义哲学实现那种文化融通的可能性依据。

第二节　中国心性哲学的要义与特征

中国心性论源远流长、博大精深。其核心要义在于：心是本体，一切

---

① ［比］普利高津：《从混沌到有序》，上海译文出版社 1987 年版，第 1 页。
② ［德］哈肯：《信息与自组织》，四川教育出版社 1988 年版，第 xi 页。

皆由心生；只有尽心知性、涵养本心，才能心以成性，尽心成仁。但，性毕竟无形影，只是心中之理，唯有求理于心才能觉识本心。况心性本净、心性本觉，常常须默然反己、直指本心，唯通过独化与自悟，才能通达心灵的玄冥之境、做到天人合一。若专注于文字或外物，只能"迷头认影"、丢失真我。以此可知，这种心性哲学具有"唯心是大"的主体性、"反身而诚"的内生性、"直指本心"的神秘性、心性一如的绝对性、体用一源的功能性等特征。

在中国古代心性哲学中，本体即主体，心性、本体、主体其实在心中内在等同，映现了中国哲学对主体的心灵自觉与自省。在心性论看来，性虽在心内，但又具有客观意义，因为，人之性本源于天，人道源于天道。故而，内在性与外在性，往往相互过渡，内在超越与外在践行合二为一。古代心性论虽然是"结不出果实的"、"虚构的精神花朵"，却也活生生地扎根在现实生活的沃土中，不仅具有特定的时代性内涵而且在一定程度上沉积在了中华民族的精神深层；它的基本思想，从政治儒学或者意识形态层面看，再无复兴之可能，因为它落满了各种封建性的旧灰尘，然而从公民儒学、道德儒学角度看来，其学理大统早已深入华夏民族精神血脉之中，对于今日我们实现中华民族伟大复兴而言，极具继绝开新、发扬光大之必要。中国古代心性哲学的核心要义集中表现在以下几个方面：

中国心性论源远流长、博大精深。它最初发端于先秦时期，孔子就有"回也，其心三月不违仁"（孔子《论语·雍也》）和"性相近，习相远"（孔子《论语·阳货》）的说法。这表明，心与仁德可离可合，唯有贤者可合。而性乃人之本根，起初并无差等，因洗染熏陶不同而有变化。孔子虽然重视心性，但是心性两离，并不统一。

孟子始开心性哲学之源，是心性问题研究的真正创始人。这集中表现在两点：一是，他提出了"尽其心者，知其性也；知其性，则知天矣"（《孟子·尽心上》）即"尽心知性知天"的著名公式。认为，人只要尽可能地发挥自己的良心，就能体验到内在的仁义本性，而体验到内在的仁义本性就能从而通晓天理。二是，他提出了"存其心，养其性，所以事天也"（《孟子·尽心上》）的人性修养命题。即通过存心养性的道德践履，进而就能使自己的言行自觉符合天道。这两点奠定了中国心性哲学的基调，此后心性哲学虽然几经嬗变，但是其基本精髓无出其右者。把握孟子的心性论思想须注意这样几点：（1）心是本体，一切皆由心生。"心之官则思，思则得之，不思则不得也。此天之所与我者"（《孟子·告子上》）。这表明，①心离不开思，心之为心，在于思，思则得之，不思不得，因思而自觉其义、自觉其在、自觉其识；②思离不开所思，思有所思之对象，思离开所思，则无从思；③所思非外在之物，而是内在体验心性本身，故而是思内而非思外，是思入而非思出。（2）孟子之心，乃仁义之心。"君子所性，仁义礼智根于心"（《孟子·尽心上》）；"仁，人心也；义，人路也"（《孟子·告子上》）。仁心在内，按之行动则为义。孟子认为仁义不分，将义归为仁，而非告之主张的仁内义外，告之"未尝知义"。（3）心是人之善良本心，人皆有之四心即仁义礼智，它是做人的善端与善苗。"恻隐之心，仁也；羞恶之心，义也；恭敬之心，礼也；是非之心，智也"（《孟子·告子上》）。而且，"仁义礼智，非由外铄我也，我固有之也，弗思耳矣"（《孟子·告子上》）。还说，"万物皆备于我矣。反身而诚，乐莫大焉"（《孟子·尽心上》）。（4）孟子之心有二意：道德本心即人之天性，主体意识之心即人之思维，性因思而得，故而心性一如。"学问之道无他，求其放心而已矣"（《孟子·告子上》）。即孔子曰"操则存，舍则亡"，孟子曰"思则得之，不思不得"。孟子曰"人之所以异于禽兽者，几希。庶民去之，君子存之"（《孟子·离娄下》）。

先秦儒学及其以后都深受孟子心性论的影响：譬如，《周易》认为："复，其见天地之心乎"（《复卦·象辞》）、"穷理尽性以至于命"（《易·说卦》）。又譬如，《中庸》认为："天命之谓性，率性之谓道。"但是，这些只是零散命题，并未展开。①

中国古代心性哲学中的守拙见心与无心顺性。魏晋玄学"崇无"，在心性关系上强调以无为本、以无为心。譬如，王弼提出天地在心，至无识本。（1）他在解释《周易》"复，其见天地之心"时认为，"天地以本为心者也。……然则天地虽大，富有万物，雷动风行，运化万变，寂然至无是其本矣。故动息地中，乃天地之心见也"（王弼《周易注·复卦》）。这正如孔子所说，"天何言哉？四时行焉，百物生焉，天何言哉？"（孔子《论语·阳货》）阳气主生，乃天地自然而然之理；动息地中，乃天地寂然无为之本。天地以静为本、以无为心，万物不论类别、亲疏和等次，彼此

---

① 宋志明等：《中国古代哲学研究》，中国人民大学出版社1998年版，第124页。

都一并安宁相容，相安无事。若以动为本、以有为心，则物各为我，不能相容，未获俱存。动、有破坏了万物生成的自然之序和生生之理。（2）他主张，守拙见心。"朴之为物，以无为心也。亦无名。故将得道，莫若守朴"（王弼《老子道德经注·三十二章》）。朴，乃未加刀斧人工修饰之自然本色，也就是无。无为无心，乃万物本性，要得到无之本心，只能守拙，采取无为的人生态度。（3）他强调，无心顺性。"道不违自然，乃得其性，法自然也。法自然者，在方而法方，在园而法园，于自然无所违也"（王弼《老子道德经注·二十五章》）。他在解释老子"道法自然"时说，顺从万物本性而无所违，就能识得天地本心。"万物以自然为性"，人们只能顺从而不能违逆。

其后的郭象对之发挥了两点：一是认为，无心而任化，用心则背道。"虽天地之大，万物之富，其所宗而师者，无心也"（郭象《庄子·大宗师注》）。二是认为，形殊而性同，故道通为一。"故举纵横好丑、恢恑憰怪，各然其所然，各可其所可，则形虽万殊而性同得，故曰道通为一也"。（郭象《庄子·齐物论注》）

中国传统哲学之识心见性与直指本心。隋唐佛学中的禅宗，将心性哲学推向第一个高峰。（1）慧能在踏入佛门资格考试时，认为，佛性一如。大师责惠能曰："汝是岭南人，又是獦獠，若为堪作佛？"惠能答曰："人即有南北，佛性即无南北，獦獠身与和尚不同，佛性有何差别！"（慧能《坛经·三》）此回答获得弘忍赞许。（2）在衣钵传承时，提出"得法偈"，"菩提本无树，明镜亦非台，本来无一物，何处惹尘埃？"（慧能《坛经·八》）兄神秀认为"身如菩提树，心如明镜台，时时勤拂拭，莫使有尘埃"（慧能《坛经·六》）。弘忍法师，当头棒喝、醍醐灌顶地说，神秀"悟则悟了，了则未了"，不太懂佛性常清净，心性自清明之佛理。菩提只向心觅，何需外来之树？明镜本来自净，岂有染尘之台？外在修行，非成佛入道之门；内在体悟，乃明心见性之途。（3）佛学向来主张累世修行、拜佛求生，去染成净、超凡脱俗，实际上是将心性二分，而慧能突破了传统佛理，认为"三世诸佛，十二部经，亦在人性中本自具有"（慧能《坛经·三一》）。佛性常清净，自在本性中。万法归于心，何须念真经？"故知一切万法，尽在自身中，何不从于自心顿现真如本性？"（慧能《坛经·三十》）（4）既然佛性不需借助外在的现象作用和功夫实践，仅从内心顿悟中即可领受，"故知本性自有般若之智，自用智慧观照，不假文字"（慧能《坛经·二八》)。不立文字、直指本心，言语道断、思维路绝。性含万法大，万法尽自性；佛是性中作，莫向身外求。（5）心是性之寓所，性是心之主宰。一切佛性皆自悟，万法由来源于心。"自性心地，以智慧观照，内外明澈，识自本心，若识本心，即是解脱"（慧能《坛经·三一》）。正所谓，我心就有佛，自佛是真佛。见性即识心，识心即见性。

后来的永嘉玄觉对之有精彩发辉，认为"心是万法之根本"，因之智慧观照，故而万法归一，心本即是色相，本性不殊因缘。在玄觉《永嘉证道歌》中，认为"一性圆通一切性，一法遍含一切法。一月普现一切水，一切水月一月摄"。（玄觉《禅宗永嘉集·静修三业第三》）

中国哲学之心以成性，尽心成仁。宋儒之张载与二程亦倡导心性哲学，注重心法，认为"万化万事生乎心也"，心是万物之本。张载认为，（1）圣人"心能尽性"，与天同体。"大其心则能体天下之物，物有未体，则心为有外。世人之心，止于闻见之狭。圣人尽性，不以见闻梏其心，其视天下无一物非我，孟子谓尽心则知性知天以此。天大无外，故有外之心不足以合天心"（张载《正蒙·大心》）。世人之心小，不能尽其妙。圣人大其心，弘人又弘道。圣人能够突破见闻梏梏，尽可能扩充自己的本性，体天下万物与我为一。（2）心统性情，由体达用。外道万物收归于心，使尽心知性的功夫全在心上做。"心大则百物皆通，心小则百物皆病"（张载《经学理窟》）。"心统性情者也。有形则有体，有体则有情。发于性则见于情，发于情则见于色，以类而应也。"（张载《拾遗》）

程颢、程颐认为，（1）性与天合，合于一心。"只心便是天，尽之便知性，知性便知天，当处便认取，更不可外求"（《河南程氏遗书》卷二上）。性与天就在心内，合于一心，一尽俱尽，不需外索。"心即性也。"（2）心主无法，心统性情。在天为命，在人为性，论其所主为心，其实只是一个道。心、性、天，虽异名而同体，主体即本体，心性主宰一切，心统性情。（3）并提出"心分体用"，心主性情。"心一也，有指体而言者（寂然不动是也），有指用言者（感而遂通天下之故是也。）惟观其所见如何耳"（程颐《与吕大临论中书》）。寂然不动，心之未发；感而遂通，心之已发。前者为体，后者为用。未发不动之心，即是性，已发感通之心，即是情。故而，心分体用，即心统性情。

二程心性论为后学者胡宏所发挥。他认为，（1）性体心用，性动为

心。"未发只可言性，已发只可言心"（胡宏《与僧吉甫书三首》）。性是
冲漠无朕之本体，性未发之体，有待心之用；而心无论动与不动，皆为已
发，"无思无为，寂然不动"和"感而遂通天下之故"，均为心之已发。
"圣人指明其体曰性，指明其用曰心，性不能不动，动则心矣。圣人传心，
教天下以仁也"（朱熹，等《知言疑义·引》）。（2）心以成性，尽心成
性。性虽为体，须以心传之，心即性之活动义，故曰传心而不言传性。所
传之心，就是仁也。心以成性，尽心成性（成仁）。

中国传统哲学之心包万理与心无妄思。朱熹理学承继了二程心性哲
学，并从本心、道心、觉心的角度对之作了重要发挥，在他看来，天下一
理而已，理在事先，理一分殊。格物致知，即物穷理。理存气中，无是
气，理亦无挂搭处。在心性哲学上，朱熹认为，（1）"心是身之主宰"
（朱熹《朱子大全》卷五二答姜叔权）；"人之一身，知觉运用，莫非心之
所为，则心者固所以主于身，而无动静语默之间者也"。（朱熹《朱子大
全》卷三二答钦夫仁说）"问：形体之动与心相关否？曰：岂不相关？自
是心使他动"（朱熹《朱子语类》卷五）。（2）"灵处只是心"、"心是知
觉"。"问：人心形而上下如何？曰：如肺肝五脏之心，却是实有一物；若
今学者所论操舍存亡之心，则自是神明不测。故五脏之心受病，则可用药
补之；这个心则非菖蒲、茯苓所可补也"（朱熹《朱子语类》卷五）。
（3）"心包万理，万理具于一心"（朱熹《朱子语类》卷九）。"盖人心之
灵莫不有知，而天下之物莫不有理，惟于理有未穷，故其知有不尽也。是
以大学始教，必使学者即凡天下之物，莫不因其已知之理而益穷之，以求
至乎其极。至于用力之久，而一旦豁然贯通焉，则众物之表里精粗无不
到，而吾心之全体大用无不明矣。"（朱熹《大学章句序》）（4）朱熹认
为，"论天地之性，则专指理言；论气质之性，则以理与气杂而言之"。
（朱熹《朱子语类》卷四）天地之性，乃仁义礼智之天理，在人身上的体
现；气质之性，天理与个人所禀得的气相结合而言，人物禀生于天地之
间，本同一理而禀气有异。禀其清明纯粹则为人，禀气混浊偏颇则为物。
人和物本是"理"相同，但是禀气有差异，人所禀之其清明纯粹，而物所
禀气混浊偏颇。禀得精英之气，便为圣为贤；禀得衰颓薄浊者，便为愚不
肖。（5）天地之性是天理的体现，它感物而动所产生的合乎天理的至善之
心，便是道心；感物而动所产生的不合乎天理的气质之性，便是人心。
"'人心惟危，道心惟微'，论来只是一个心，哪得有两样？只就他所主而

言，那个唤作人心，那个唤作道心。""如有天命之性，便有气质；若以天命之性为根于心，则气质之性又安顿在何处？谓如'人心惟危，道心惟微'都是心；不成只道心是心，人心不是心？""心一也，方寸之间，人欲交杂，则谓之人心；纯然天理，则谓之道心"；"人心便是饥而思食，寒而思衣的心。饥而思食后，思量当食与不当食；寒而思衣后，思量当着与不当着，这便是道心。"（朱熹《朱子语类》卷七十八）（6）"盖人心不是人欲，若全是人欲，则是丧乱，岂止危而已矣。"（朱熹《朱子语类》卷一百一十八）主张"人之一心，天理存则人欲亡，人欲胜则天理灭"；"学者须革尽人欲，复尽天理，方始是学"（朱熹《朱子语类》卷十三）。唯有主敬，才能存理灭欲。"只是内无妄思，外无妄动"（朱熹《朱子语类》卷九十五），心中若无一事，即可主敬。"敬则天理常明，自然人欲惩窒消治。"（朱熹《朱子语类》卷十二）

古代哲学之存养心性，自立本心。陆王心学对中国古代心性哲学做了高度总结，使心性论得以系统构造。譬如，陆九渊认为，心是万物本体，一切事物唯心所生。（1）"宇宙便是我心，吾心便是宇宙"（《陆九渊集·年谱》）。四方空间、古往今来的人心，都是此心，人同此心，心同此理。心是无所不包的精神本体，万物存于个人心内，一切独赖此心之存，万法依心而在。（2）心即理。"人皆有是心，心皆具是理，心即理也。"（《陆九渊集·与李宰》）理存心中，离心无理。而且，心理不二、至当归一。"盖心，一心也；理，一理也。至当归一，精义无二，此心此理，实不容有二。"（《陆九渊集·与曾宅之》）（3）心理合一的根据在于，心、性、天，原本一体。人之本心，就是仁义礼智之四端。"四端者，即此心也，天之所以与我者，即此心也"（《陆九渊集·与李宰》）。故而，"道塞宇宙，非有所隐遁，在天曰阴阳，在地曰刚柔，在人曰仁义。"（《陆九渊集·与赵监》）心理合一，而合于天理。（4）心包万物，心外无物，"万物森然于方寸之间，满心而发，充塞宇宙，无非此理。"（《陆九渊集·语录》）心即道、心即理，物、道、理，未有外乎其心者。"心之体甚大，若能尽我之心，便与天同"（《陆九渊集·敬斋记》）。（5）要识此心，必须"切己自反，发明本心"，存心、养心、求放心。"人孰无心？道不外索，患在戕贼之耳，放失之耳。古人教人，不过存心、养心，求放心。此心之良，人固所有，人惟不知保养而反戕贼放失之耳。苟知其如此，而防闲其戕贼放失之端，日夕保养灌溉，使之畅茂条达，如手足之捍头面，则岂有艰难支离之事？今日向学，而又艰难支离，迟回不进则是未知其心，未知其戕贼放失，未知所以保养灌溉。此乃为学之门，进德之地。"（《陆九渊集·与舒西美》）（6）存立本心，乃"先立乎其大者"，即立身处世之根本。而若要立心，"将以保吾心之良，必有以去吾心之害"（《陆九渊集·养心莫善于寡欲》）。吾心之害有二，即物欲和邪见。"愚不肖者之蔽在于物欲，贤者智者之蔽在于意见"（《陆九渊集·与邓之范》）。对愚者，只有清心寡欲、存养本心，才能了悟人生真谛。"欲去，则心自存矣。"对智者，只有摆脱歪理邪说，才能明心见性、明得此理。"则外物不能移，邪说不能惑。"（《陆九渊集·与曾宅之》）总之，存养心性，自立本心，"自立自重，不可随人脚步，学人言语"；"自得，自成、自道、不倚师友载籍。"（《陆九渊集·语录》）

中国哲学之物由心生与求理于心。王守仁对陆九渊多有发挥。这主要集中在三方面：心外无物、心外无理、致良知。（1）关于"心外无物"，他论证了三点：①物乃心生，自然不在心外。"心之所发便是意"，而"意之所在便是物。"（王阳明《传习录》上）若意在事亲、治民、读书，则事亲、治民、读书都是一物。正所谓，境由心造，物由心生。②物依心而存、向心而在。他与弟子一同游山时，弟子曰"天下无心外之物，如此花树，在深山中自开自落，于我心亦何相关？"答曰，"你未看此花时，此花与汝心同归于寂。你来看此花时，则此花颜色一时明白起来，便知此花不在你的心外"（王阳明《传习录》上）。③心之灵明是良知，良知造化万物众生。"我的灵明便是天地鬼神的主宰。天没有我的灵明，谁去仰他高？地没有我的灵明，谁去俯他深？……天地鬼神万物离却我的灵明，便没有天地鬼神万物了。"（王阳明《传习录》中）而且，"良知是造化的精灵，这些精灵生天生地，成鬼成帝，皆从此出。"（王阳明《传习录》下）总之，"人人自有定盘针，万化根缘总在心，却笑从他颠倒见，枝枝叶叶外头寻。"（王阳明《王文成公全书·咏良知四首示诸生》）（2）关于"心外无理"，在他看来，①理由心生，有何心就有何理。"有孝亲之心，即有孝之理。无孝亲之心，即无孝之理矣。有忠君之心，即有忠之理。无忠君之心，即无忠之理矣。"（王阳明《传习录》中）②理存心中，离心无理。"夫物理不外吾心，外吾心而求物理，无物理矣。遗物理而求吾心，吾心又何物耶？"（王阳明《传习录》中）若在事事物物中求理，实际裂心理为二。"理也者，心之条理也……千变万化，至不可穷竭，而莫非发于吾之一心。"（王阳明《王文成公全书·书诸阳卷》）③心之本体，原只是天理。理不是自然之理、事物之则，而是经生之理、仁心之本。心即理，理"是礼也，其法于外，则有五常百行。"（王阳明《王文成公全书·博约说》）（3）关于"致良知"，①反对程朱之知行两离的"处心以求理"，而主张知行合一的"求理于吾心"（王阳明《传习录》上）。而"良知者，心之本体"。求心中之理，即求吾心之良知。良知即天理，"良知之外，别无知矣"（王阳明《传习录》中）。②求心中之理即"致良知"。"致良知"，就是尽力体认扩充心中天理，"就自己心地良知良能上体认扩充"（王阳明《传习录》上），并将之贯穿在事事物物中，"惟致其良知以精察此心之天理。"（王阳明《传习录》中）又说，"各人凭着自己力量精神，只在此心纯天理上用致，即人人自有、人人圆成"（王阳明《传习录》上）。③格物致知即"致良知"。"所谓致知格物者，致吾心之良知于事事物物也。吾心之良知即所谓天理也。致吾心良知之天理于事事物物，则事事物物皆得其理矣。致吾心之良知，致知也；事事物物皆得其理者，格物也。"（王阳明《传习录》中）王学之后，心性哲学也有各方面的拓展，但大多是对它的注解而已。

总体上看，中国心性哲学的基本特性与文化价值。中国传统哲学的心性之辩，是一种具有心理主义倾向的心灵哲学。虽然其唯心主义色彩非常鲜明而厚重，但是，它与西方哲学的唯心论又具有明显差异，作为一种特殊的唯灵主义思想体系，它自始至终把目光投向人的心灵自省，致力于研究人如何实现心灵自决、心灵自救的问题，着眼于人的心灵存在、心性价值及心灵的自我实现与自我超越，而非将目光关注外在的世界是否可能及如何可能的问题。其长期发展与不断嬗变的心性之辩具有以下基本特性：（1）"唯心是大"的主体性。中国古代的心性哲学，强调心是无所不包、无所不通、无所不生、无所不立，赋予心灵以特殊的主体地位和本体意义。心性一如、心物不二，它并非是孤立的实体，它与外物不是认识被认识的关系，而是寂与动、感与通、显与隐、体与用的关系。心之所以能够感而通之、参赞化育，乃是因为心包万里、心外无物。万象森然的天道、天理都居于一心，万物皆备于我，离开心性就无理、无道、无物、无天，不仅心是太极、唯心是大，而且心是天渊、唯心无对。总之，万法唯心，心主一切。（2）"反身而诚"的内生性。心者身之主，人的一切皆自心生，如何做到存心养性、存理灭欲，自立本心、心以成仁，就是非常重要的"心地工夫"①。既然主宰一切的心，有一个不断显发、不断完满的自我反省、自我修养、自我生成、自我实现的过程，因而无论尽心知性、涵养本心抑或守拙见心、无心顺性，无论识心见性、直指本心抑或物由心生、求理于心，其实都是反身而诚，只在性中作，只在心上用功夫。既然心外无理，一切皆由心造，因而唯有修之于身、反身内求，反而思之，致其良知，才能人成艺成、内圣外王。（3）"直指本心"的神秘性。既然心性本体、内外明澈，识自本心、即是解脱，因而对心的体悟、认识与践行，就不是渐修渐悟的理性功夫，而是不立文字、豁然开朗的顿悟功夫。既然"性与天道，不可得而闻"，且心性本体"超言绝相"，绝非由推理而致，因而心性哲学的弦外之音、言外之意就具有某种神秘色彩。中国古代心性论者认为，六籍虽存，无以明心；言象虽繁、无关妙处。因为天理微妙难明，而且"蕴而不出"，"非物象之所举"、非逻辑可推定，超乎言象之上、不堕文字之间，此中有真意、欲辨已忘言，因而应该"得鱼忘筌"、"得象忘言、得意忘象"，直指本心、心不待言。唯有行不言之教可以"与道同体"，若执守言象不放，只能会于言意之表、溺于古人辞藻；唯有通过独化与自悟，才能通达心灵的玄冥之境、做到天人合一，若专注于文字或外物，只能"迷头认影"、丢失真我。

除此之外，还有心、性、天内在一如的绝对性，极具仁义礼智道德蕴含的义理性，体用一源、动静合一的功能性，未发与已发的情感意向性，注重穷神知化、穷理尽性的实践性，天人合一的内在超越性，等等。古代心性哲学的这些核心要义及其基本特征，对中国现当代哲学基本框架和精神基础的形成与建构，影响重大而久远。这里仅以熊十力《新唯识论》为例，即可窥一斑而知全豹。熊先生接续程朱陆王"心性一理"之正统，认为"性即理"，"性"乃万理之总名，弥纶天地间之公理，谁禀得来便为谁所有。但是，"性毕竟无形影，只是心中所有的道理"（朱熹《朱子语类》卷一），唯有求理于心才能觉识本心，所谓心即理也。本心既内在又超越，"无私欲之蔽"，"不须外面添一分"（王阳明《传习录》下），与天理一体，与天道同一。在如何认识本心问题上，他承继并创化禅宗思想，针对慧能心偈"菩提只向心觅，何老相外求玄？所说依此修行，西方只在眼前"（慧能《坛经·疑问品》），认为心性本净、心性本觉、心性本悟，

---

① 蒙培元：《心灵超越与境界》，人民出版社1998年版，第7页。

一切理智皆从自性而生，不从外入，觉识本心便能够"随所住处恒安乐"。因为，觉识本心就能至极微妙，先立乎其大，而"穷万化而究其原，通公理而会其极"①，并以此"基实测以游玄，从观象以知化"，"穷大则建本立极，冒天下之物；通微则极深研几，洞万化之原。"② 所以，"本心"乃万理之源、万化之始、万德之端，是性之本源、天之公理、道之体统、学之纲领，学之究诣、在识一心。一切见道学问之"精进与向上"，都须反己体认、自觉自证，扫相归本、当下把握；一切见体之理智，乃是"本心天然之明"，默然反己自悟、"大明迥然自识"③。由此可知，心性论对中国现当代哲学之深远影响。其实，心性论已成为中国现代哲学研究各种不同视点的交汇处，内在构成其核心视域与主导价值。在诸说并起、异彩纷呈的中哲研究中，虽于很多方面都莫衷一是、互相攻讦，但唯独在心性论上却实现了百家文化之通约，并使现当代哲学的各种论域都以心性论作为内在归依：不以面向外部世界并"诉诸于行"而见长，却以面向内心世界且"合心而言实在"而著称；不以专事于天人关系及群己关系的外在描述而偏废，却以万化归心、成圣成己的心性自觉为要务。复命归根的心性选择、断染成净的习心方法，早已是蔚为大观的百氏旨归与众人所望。儒之转凡成圣、道之转俗成真、释之转识成智，皆以合心而言事、合心而言理、合心而言物、合心而言人为基本人生取向与主导线索。诚所谓，"天下一致百虑，同归而殊途"（《易·大传》）。对此，贺麟先生认为，古典心性哲学所说的"心为物之体，物为心之用"以及"心包万理"、"心即是理"，既参证了程朱陆王之心学理学之宗义，又彰显了现代新黑格尔主义思想之光辉。真可谓，中国心学一脉之兴盛，既为往圣承继了绝学，又为后世开辟了新途，故而常开风气之先、独领风骚之韵。反之，若以工具理性泯灭人文理性，就不能达到心灵自觉与精神独立，就会失掉"主乎身"、"主乎外"的心力之源。

第三节　中国古代哲学的品格与方法

哲学作为人学，既是一种精神积存和思想升华的必要方式，又是人作

---

① 熊十力：《熊十力集》，群言出版社1993年版，第296页。
② 同上书，第60页。
③ 同上书，第353页。

为人而成之为人的基本生活性状。凭与哲学独特的心灵对话能通宏阔辽远之境，使心智得以觉醒，成为一个追求内在富有和充满自我尊严的人，为之营造一种宽松和谐的人文环境，开启做人善端、培育人性根本；使之在不知不觉中净化心灵、陶冶性情，在反思历练中提升做人的价值与品性，在澄明之境中超越俗务与风情，赋予自我一种自信和浩气，获得一种清淡境界与性分之乐。

基于国学语境研究哲学的人学转向与生活还原问题，须检讨哲学及其操持者的品和性，应了悟：人之习哲，非为消磨时光、蹿升思想，而为启智明心并获得精神上的启迪和享受，走进哲学不是一种可有可无的选择，既非兴趣使然，亦非生活驱使。哲学不是生活应对技巧，明哲保身、老到圆滑，确属庸人之思。叶燮《原诗》认为："文章者，所以表天地万物之情状也。"作文之道，本无定体和成法，有的只是征询自然之纹，以立活法，其步骤是："先揆乎其理；揆之于理而不谬，则理得。次征诸事；征之于事而不悖，则事得。终诸情，之于情而可通，则情得。三者得而不可易，则自然之法立。"如果"泥于法"则违于理，而必须，有所触而兴其意，取于心而出为情，而后才能，措诸词、属为句、敷成章，"人未尝言之而自我始言之"。

习哲旨在诠释"口不能言、意不可解"之至理，借"物指"而使意趣"呈于象、感于目、会于心、宣于口而为言"，而非为哗众取宠、欺世盗名。切问哲学是一种精神存在和思想升华的必要方式、学术中人基本的生活性状，凭借独特的心灵对话、思想交流，而通达多谋善断、韬光养晦之境；通过特定的医人之愚、"凡中作圣"，而获得思家独具的心理期待、智慧愉悦和审美快感。真正的哲学能开启人的善端、培育人的善苗，能使人思想深刻、广开心意，三生受益、终身受用，通会之际、人成艺成。习哲犹如做人，学道志文、非悟不进，不迷不通、通则入神。深思熟虑而生巧，循序至精而会通。科学贵专不贵博，与其知十而非真，莫如知一而精准；而研哲，向来贵通不贵专，通则自有巧思、自我涌贯，专则进退维谷、画地为牢。古之贤哲认为，"德为才之帅"，识为才之魂，守人生信仰、重精神历练，常安贫乐道、能洁身自好，无行文人津津乐道于洞明时事，有操守者则于"无字句处"阅读，此阅读常能读有所得、得而能用、用而生巧，使人的心智早日觉醒，成为一个拥有内在富有和人格尊严的国士、高才。而今之世人，激情已让位于实用，浅阅读成为时尚，大多位尊而无功、厚禄而无劳。好读书不求甚解、拿哲学充当门面，拒绝经典而宠"黄老之学"，"绝学无忧"而放任灵性，本来意蕴浅薄却故作惊人语，甘愿清静无为而经营白色语调。然则，做人须诚信利仁合一，治学要古今中西一贯，唯有"坐拥书城"、检视灵魂者，才能即物穷理，拥有"见道之言"。

习哲不为借光照人、借风扬场，而是为了尽心知性而知天，存心养心求放心，通达"天人合一"、物我两忘之境。大学之道，明德亲民、止于至善，格物致知、正心诚意、修齐治平；做人之则，为世立心、为民立命，"内圣外王"、继绝开新。故而，凝神乃可晋学，固精所以养气；习哲贵乎有灵魂的参与，须全身心的投入，并非为了美妙的消遣和精神的漫游，意在追求灵魂的自我发现、自我成长；更贵乎以道观物、超然世外，知其道必达于理、技法高而明于变，专气至柔、"形全精复"，则能依于天理以把握变通之巧，这样才能游刃而有余、无事而心闲。若学养匮乏、底蕴稀薄，结构松散、基础脆弱，则难于实现视域融通、科际合作，唯有界外阅读、海纳百川，才能得到多点支撑、多方点化。质言之，只有获得混合文化的滋养才能向着普遍处生长；若故步自封、窒息灵性，缺乏文化胸襟和兼容魄力，那么即使是光明性的文化因子也不会产生文化助力，入心必浅、入耳必少，岂能活学活用、激活知识、涵养内心？习哲易广博而偏深，广而后深、博而后专，文本细读，若"闻银针之响于幽谷"；存养浩气，如品芝兰之香于心斋。有嗜好则能尽其多，祛私俗方能通其妙。古人"夜眠人静后、早起鸟鸣先"，旨在"发奋识遍天下字、立志读尽人间书"；追求："万卷古今消永日、一窗昏晓送流年"；今人时时随人脚步、处处学人言语，一味：盛气凌人欣欣然、"风流犹拍古人肩"。殊不知，安其学者来其师、乐其极者行其道，而志于道者据于德，依于仁者游于艺。不兴其艺则不能乐学，兼容并包乃书气自华，平生只怨寂寞多、书到用时方恨少。

学出于思，思发于问，深思熟虑自有巧思；然则，言不尽意，须"得意妄言"、"默而识之"；以象释道，才能显微无间、"体用一如"。故习哲，无思不保、无魂不生、无学不立、无道不存。既"博取象之数、远征之古今"，又虚以生其明、思以穷其隐，这样才能以世间之实"核于见"、以哲理之精"契于思"。正如程颢《秋日偶成》曰，"道通天地有行外，思入风云变幻中"。古之立身做人强调，质测通几、训诂至于神明；而立言醒世则追求，内外相交、博学征于见闻。换言之，出文入史再入哲，天地人神化于心。

基于国学语境省思哲学的人学转向及其路径问题，须权衡哲学的切问之法与价值取向。对此古之善谋篇者，早有明训，譬如唐·韩愈《柳子厚墓志铭》认为，文"有大法"而"无定法"、有活法而无死法；元·郝经《答友人论文法书》主张，"望今制奇，参古定法"。故而，研先人之法而自创新法，其法必活；不"以意运法"而"以意从法"，不得其神而徒守其法，则其法必死。晋·陆机《文赋》认为，为文应"收百世之阙文，采千载之遗韵"，文自新而法无穷、道行高而神自明。故为文之法，因人而异、因时而变，孤法不存、"援术而立"。清·黄图珌《看山阁集闲笔·文学部》强调，"毋失古法，而不为古法所拘；欲求古法，而不期古法自备"。凡为文以意为主，意在笔先，章句次之，"言授予意而能遣词"、词不达意则失风采；作文妙法、全在会意，执意脉以玄览、颐情志于典籍。故劳于读书、逸于作文，才之能通、必资晓术，思极则奇、文法通妙，纵笔所如、无非法者，知之甚则行必至、文思奇而术必精。

明·王世贞《艺苑卮言》中说，"篇法之妙，有不见句法者；句法之妙，有不见字法者。此是法极无迹"。清·魏际瑞《伯子论文》也说，"不入于法，则散乱无纪，不出于法，则拘迂而无以尽文章之变"。大道无术、大雅近俗，无法而有法、有法而无法，"思家诀窍在运思"、精于谋篇近于道，恪守文法，又要有高出文法之眼光；遵循文法，又要有超出文法之道力。文质之妙契，能觉悟而不可以意到；学理之真证，可意会而不可以言传。金·王若虚《文辨》认为，"文有大法无定法，观前人之法而自为之，而自立其法"。其实，真正作文妙法，未尝无法，亦未尝有法，法寓于无法之中。巧能为文，则无法如有法；拙而为文，则有法如无法。擅长作文者先从法入，后从法出，能以无法为有法，以此乃得文法真趣。正所谓，志在新奇无定则，千言万语必体妙；清·石涛《画谱》曰，"至人无法非无法"，"无法而法""为至法"。但是唯有神超尽变，有法之极才归于无法。法以适变、不必尽同；文成法立、未有定局；文随世变、道与世更，世道既变，文法常新。天下无百年不变之文章，文体无千年不变之常轨，言无常宗、物无常用，智无常理、法无常则。说文有定法，为的是严整谋局；又说文无定则，为的是纵横变通。

设文之体有常，变文之数无方；以古人之规矩，开自己之生面。至于先哲达士，不局于一家，必兼收并览，广议博考，其治学为文之法，杂见于百家之书。其次，古之贤士善于治学，不虑荣辱进退、不恋烟云逝水。记诵经典、阐发微言大义，以揣摩如何"代圣人立言"；整肃修身、刻意徐图自强，以思虑怎样"为生民立命"；心无旁骛而"蓄才养望"、"主一无适"以诚敬端庄；详览前史以求"经世之学"，以仁养心而践行中庸之则。既陶铸世风又不过于刻板，既持敬慎独又不刻薄寡恩；含蓄内敛但不约束过紧，淡泊宁静却不"陈义过高"。此之谓：胜日寻芳柳荫下，荣耀禁口再读书。外惭清议而内疚神明，气量恢宏则城府资深。虽智慧悠然心会、洞察先几，却不喜形于色、以逞其能；虽是非了然于心、老到成熟，却不当下点透、以炫其才。以道相交淡如水，以师自策乐孔颜；《中庸》曰，亲其师而信其言，"尊德性而道问学"。择善而从且见贤思齐，循序致精而身体力行，质疑问难且虚心涵泳，居敬持志而渐入佳境，这样才能做到才德双馨、学范世人。梁·刘勰《文心雕龙》曰，虚一而静以"思接千载"，反复推敲以"视通万里"，字里行间如"吐纳珠玉之声"，结构内外若畅叙风华之志。故先博览而精阅、总纲目以会通，忌浮华矫情、祛繁文缛节，以意新而得巧、凭理趣而显奇，合为时而著、合于事则作，感于物而发、基于理而兴。

须知，"正理不文"而"美言不信"，文质相交方能妙趣横生，字斟句酌以易于辩说、雕饰文采以顺乎性情。心意于笔、手妄于书，心手达情、书不妄想，求之得趣、乃入妙理。"文思蓄愤"而因情造势，联辞结采以辨明析理，言以文远而意藉词丰，原道宗经则文法之祖，若不懂"衔华佩实"，又如何正末归本？笼天地于形内、挫万物于笔端，看似寻常最奇崛、成如容易却艰辛。正所谓，莫说玄妙与高深，开窍在于动脑筋。

基于国学语境反思哲学治学的人学特性及其基本功能问题，必须考量哲学的内在品格与为文之道，使人明白习哲贵乎树起思想边界，总使人有所坚守。无所坚守则随波逐流，无边放任则意义低迷。不分良莠，看似公正，实无原则，既是对低俗平庸的放任，更是对高雅健康的侵害。良莠并置、鱼龙混杂，就失去了精神的感召、思想的引领，无法在思想中成全人，在行动中造就人。"知行相资以为用"，体道识几得于行；日进高论而不穷，学思并重以为功；察之精而尽其变，付诸行则得化境。

习哲使人对优秀品质充满敬畏之心，虽不一定都能身体力行，却懂得爱戴和歌颂。人不是不可以怯懦和懒惰，但不能将之伪装成高风亮节，更不能因自己做不到高尚就将一切视作伪善。习哲贵乎文通精妙、博采众长，借深厚学养以炼句，凭扎实功底以写意。推理准确、板上钉钉，不能模棱两可、似是而非；取舍得当、文约意丰，而不能拖泥带水、画蛇添足；谋篇严密、布局巧妙，而不能矫揉造作、以词害意。"思精体大"，会通百家，则能如行云流水、自然天成。否则，若以忧郁的咏叹调唱些灵异之音，以尖刻的牢骚话博得众人喝彩，那哲学就成了半是挽歌、半是谤文，半是过去的回声、半是未来的恫吓。既不能赢得时代与未来，更不能见重于人民与生活，又怎能"诉诸百代而不夭"、历经万世而不灭，成为"永远的光荣"？此哲学势必西化畸形、汉化乏力、取向繁杂、自生自灭。

哲理不虚妄，常现造化功；举事莫明于有效，放言莫定于有证；无征于事言不合，无考于籍论不通；验诸天人生死以，务得其实而行之；博学而详论古今，兼陈万事语中的。而哲学志在以品格高尚之伟大思想引人上路，以挥洒自如之精湛文笔谱写华章，用入木三分之犀利笔锋去反思批判，用言简意赅之绝妙文字捕捉生活灵感。其为文愈流畅，其理趣愈交融；其精神愈深邃，其品格愈朴实。充满感情、懂得爱憎；敢于颂扬、敢于反讽。既别出心裁、不落旧套，更清新俊逸、流光溢彩。篇篇美文、字字珠玑、朴实真切、入情入理，读之"如沐春风、如浴秋阳"。如若思想保守、反应迟钝，"灵台如花岗之岩"、笔下"若玄冰之冻"，又怎能思入时代、召唤生活？《文心雕龙》曰，"心生而言立、言立而文明"；义聚则语秀、声发则文生；言者志之苗，行者文之根。巧夺画工之妙，无猎匠人之奇，心灵际会而自然天成，刻意外饰则弄巧成拙。诚可谓：画家之巧在运色，书家之巧在运笔，匠人之巧在运斤，思家之巧在运思。

精义艰深自然神理通天，英华吐蕊方能独秀前哲。文达辞灵以写天地之辉光，雕琢性情以晓生民之耳目，"厚道心以敷章"、"研神理而设教"，观天文以极变，察人文以化成。今之为文，敏于思而讷于言，敏于事而慎于行，谨小慎微、裹足不前，辩理则害辞、文丽而损义；愚而好自用、贱而好自专，不能开学以养正，不能昭明以融通，穷力追新、极貌当下、弥文乏术、谋篇无端，不知"积学以储宝"、不懂"酌理以蓄才"，丧见于物、失性于俗，束于行而羞于口、乐其庸而堕其志，唯上唯书不唯实，厚今薄古乏根基。知行不一、口是心非，立意模糊、务在媚俗，虽一时浪得虚名，然于国于民何益？既明且哲、以保其身，智人则哲、"能哲而惠"，若哲理不明、不谙世事，其自保尚乏力，更遑论在精神中成全人、在实践中历练人，所谓以己之昏昏焉能使人之昭昭乎，诚则斯言！须知，尊德性才能道学问，致广大才能尽精微，"出世间而即世间"，"极高明而道中庸"，做人并育不相害，为文并行不相悖。淡泊宁静才能简约为文，温顿言理才能辨明是非，知微之显而知彰之著，厚德载物以悠久无疆。道不远人、智不伤身，诚身有道、明智自存，博学慎思、明辨笃行，立身以立学为先，做人以习哲为本，养心莫善寡欲，至乐无如读书。老子《道德经》曰，"为学日益，为道日损"；而荀子《劝学》曰，"君子博学而日参省乎己，则知明而行无过矣"，先哲之名训、如雷贯耳，古今乃一体、须入耳入心。

基于国学语境反思哲学对人的境界提升及其理性塑造问题，须在高境界、大视域中阐明：习哲为文须懂得心欲小而志欲大、智欲圆而行欲方；坚志者乃功名之主，不惰者乃众善之师；有其志则必成其事，志不衰而文通玄妙；志以成道、言以宣志；淡泊为大，立意深远；华丽容易，简朴后难。诸多学子，终生劳碌不止息，茫然四顾丢真性。须时常检视自己的内心，权衡自己的目标。唯有"虚一而静"，才能通达空灵世界，唯有心如止水，才能发现人间大智慧，唯有气定神闲，才能获得"大自在"。心游万仞、取舍自如，以一种清楚的视界确定准则；心随物游、卓尔不群，以一种平常心去调整自己的内心。在动态中求平衡，拥有自由欢畅的心灵。

人生至高境界是过一种善的灵魂生活，与哲为伴、升华灵性，正是平淡至真的高尚情趣，只有将自己的灵魂放到无限广大的空间，学贯古今中西、理通天地人神，才能达到天地与我并生、万物与我为一；唯有厚德载物、民胞物与之大胸怀，淡泊名利、肩担道义之大境界，才能穿透时空、"洞察先几"，博采众长、高屋建瓴。儒家求担当，宋·辛弃疾《破阵子》曰"了却君王天下事，赢得生前身后名"；道学求超越，日本·梦窗国师诗曰，"眼内有尘三界窄，心头无事一床宽"；而佛子求解脱，宋·朱熹《奉酬九日东峰道人溥公见赠之作》曰，"三生漫说终无据，万法由来本自闲"。其实，天地有大美而不言，四时有明法而不议，万物有成理而不说，至上哲理，悠然心会但"难与君说"，其中真意，自我明察而"欲辨忘言"。万物静观皆自得，无须附会胡解译；花自飘零水自流，莫让玄思绕心际。有境界者自有高格、自有名句，厚学养者自得光明、自得从容；"外重者必内拙"、自化者定内秀。心有定力，可处变不惊、随遇而安；懂得坚守，可"挥斥八极"、神气不改。哲学乃惊异之思、灵性之悟，悟透无语、"心行处灭",理事圆融、可出神入化。智思兴发,若"眼中之竹,行之于目";逻辑运思,若"胸中之竹,行之于心";物化改造,若"手中之竹,行之于手"。大道归于自然,至善合乎天德。哲思若山间花木,自开自落,虚无恬淡,可入禅意。若扭捏作态、刻意穿凿,机械比附、任意解读,则魂不附体、沦为他者。

古之圣哲,是对万千世态的独特体认,是对中华文明的理性跃升,是通灵性的智慧之果,是形而上的精神述说。其为文,气势磅礴,纵情恣意;其运思,深邃宏阔,笼盖古今;其旨趣,言约旨丰,寓意深远;其风格,批判反思,了无拘束。看破名利乘物游,独与天地相往来;好学深思谈雄略,经天纬地展英才。今之俗人,意趣失高妙、人格乏力量,徒为字句见功、只为浮名忙碌,才情不显而学说不彰,人品不高则文法难通。那种:成教化、助人伦,穷神变、测幽微,"与六籍同功、与四时并运"之担当意识,早已忘到九霄云里;那种:清心地、善读书,却早誉、亲风雅,不为利禄而动、不为虚荣而惑之高贵品格,早已逸出"内识"之外;那种:远功名、淡从容,纵山水、任风月,真气流通存内美,腹有诗书气自华之旷达胸襟,也早已遁入"匠气"之中。若沉湎于酒、贪恋于色、剥削于财、任性于气,焉能"合天德"、"一真如",通达妙悟仙境?如若迷头认影、幼稚虚骄,气虚烦躁、浮气上升,又怎样合知行、一理势,"参天地之化育",知天同天而乐天?相反,如能养心不绝、善积浩气,阅读不辍、笔耕不止,元气安稳、神闲意定,境界高远,可得独特气韵与非凡情愫。

总之:心境旷达,为文深厚;情理高妙,哲理宏大。唯积存禀赋、张扬气度,参悟生命,富足心怀,可于通会之际以象释理、明心见性,在"可言不可言之间、可解不可解之会",通达思致微妙,使哲理含蓄无垠,充满言外之味、弦外之响;在冥漠恍惚之境、语言断裂之处,泯端倪而离形象、绝议论而穷思维,法天归真、不拘于俗,"文包众体"、思精玄妙。总而言之,阐明哲理务必做到:记事者必"提其要",纂言者必"钩其玄";循序而渐进、熟读而精思,践行而有常、致一而不懈;意定理明,而无疏易邋遢之乱;阔达博通,而无思维凝滞之忧。此乃为学真功夫,实治学之善端矣。

基于国学语境省思哲学的学科性质及其人文底蕴问题,须从多元融通的特定视角,讲清哲学的人学化转向及其路径选择。哲学玄远高妙、晦涩难解，誉之者多，损之者亦众。誉之者，对之赞赏有加：哲学乃科学之王冠、文化之母体，学术之精髓、生活之睿智；是时代精神之精华、活的文明之灵魂，社会变革之向导、时代前进之号角；是生命过程之艺术升华、时代内容之理性结晶，是伟大的认识工具、锐利的思想武器；也是传承文明之历史根基、资政育人之精神法宝；损之者，当然无所不用其极：认为哲学喜玄思、善究问，徒有文化外表、实无可行之事，"有骛广而荒之弊"、抽象而奥之病，"助士气之浮嚣、怅人心之延宕"，其目标难以实现、其问题无由解决，常常众说纷纭、莫衷一是，不供衣食住行之资、不圆发家致富之梦，实千头无一利、万续无一用。

　　然则在笔者看来，哲学乃致思之慧、反思之学，是心性之本、立命之基、智慧之源，抽象玄远是其特点而非优点，真正融会贯通之学，并不拒绝大众理解，是意义之复合体、精神之集散地，捕捉时代命脉、顺乎民众意愿、承继文化大统、确保恒久平安。真正达观之贤哲，常常精神流贯、志气通达，无人己之分，无主客之别，忘物我之间、存天人之际，浑然乎与万物为一，澄明兮通心性之域，善养浩然之气、保重寂然之体，刻意为生民立极，绝非为私欲遮蔽，精义入神而活用其间，孔颜乐处而达情随欲。庄子《逍遥游》曰，"举世誉之而不加劝，举世非之而不加沮"。定于内外之分、明于荣辱之境，安时处顺、是非不争，可以保身、可以全生、可以养亲、可以尽年。陶渊明《形影神赠答诗》曰："纵浪大化中、不喜亦不惧，当尽便须尽，无复独多虑。"道不欲杂，杂多必乱，此乃为文之至道、"不刊之鸿教"，若沉迷于故纸堆中、游淡于生活之外，怡然于细枝末节、隐匿于现实之上，不究实践之则、不循发展之理，不察兴衰之故、不探成败之因，如何挺立时代潮头并引领时代前进？若放言高论而空言义理，任情褒贬而急功近利，思辨乏力而妄腾口说，徒托空理而牵强附会，又怎能思入生活、写出"金针度人"、"真水无香"之佳作？

　　人皆知科学有实用之用，而不知哲学有"无用之大用"，皆知洞明世事即文章，却不知凝练文心之精髓，只知醉于性情之娱、溺于词采之艳，而忘记开学以养正、昭明以贯通。其实，《文心雕龙》曰，唯有思接千载而神通万里，意援于思而研阅穷照，此乃"驭文之首术"、谋篇之大端。思极则奇、"极深而研几"，哲理玄妙、神随物而游，至此可吐纳珠玉之声、谱写华丽之章。须知，理郁则紊乱、词溺而神散，唯有博而能一、深而后专，才可治散乱之疾、才可医凝滞之病；文无曲直、行之不远，故治学须秉心养术、含章词契，至精可以阐其妙、至变可以通其微，先博览以精约、总概括以摄魂，此乃"为文之玉律"、为道之金科。桃李不言、下自成蹊，男子树兰、其叶不芳，为文即如为人，为人讲求"素位而行"，为文提倡"言隐荣华"，须知美言不信、恶乎辩析，言以文远、意以词彰。入情入理而文采行乎中，极处会通而变化以趋时。究天地造化之奇、考古今沿革之变，穷圣哲名言之奥，察当代精英之略。哲学乃"通学"，它要求融通于万事万物，若身居高楼深院、书斋讲坛，不为革新时代谋划、不对生活主题发言，那思想就会陷入僵化、信仰就会变成教条，想象就会变得呆滞、智慧就会趋向贫乏；尽废天下之实、终于百事不理的愚诬之学、小人之儒，焉能开拓理性世界、激活思维空间，刷新精神地图、释放智慧能量？

可见，为哲须坐拥书城、反身而诚，要求以名举实、以辞抒意，以说出故、以论带史；清·王船山《读四书大全说》曰，"析之极而神不乱"，合其大而智无余；付于事而诉诸理、束于心而塑诸行；尽心知性而能够气定神闲，"定慧双修"而能够止于至善。以此则：不以嗜欲累其心，不以小利失根本；涤除玄览生异志，虚一而静识乾坤；其举事可以类推，其言理可以会通，其质疑可以旁解，其践行可以有功；心愤涌而疾虚妄，明哲理而求真是；与神会通合天意，"精研百氏"立新说；胸藏万汇凭吞吐，笔有千钧任翕张。

基于中国传统语境对"哲学作为人学何以可能"问题进行文化之思，须指明哲学及哲学家的庄严使命和担当意识：古之先哲，续微学于将坠，发妙理于浅近，品味古人之言，以达古人之意，寄兹说于将来，启蒙迷于未悟。并奉劝世人，只有博学深思，细心穷玩，方能融古人之言，通古人之志，成就一番伟业。因为他们大多是视野宏阔、才华横溢的饱学之士，其立言基于实事、其奉身"恪守廉操"，博通经术而危言高论，通于天理而达于性情，即物以穷理、意穷而成体；太上有立德，其次有立功，再次有立言，虽悠久而不废，虽飘逝而不疆，此之谓不朽。

为文须寄身于翰墨，见意于篇籍，但是，曹丕《典论·论文》曰，"不假良史之辞，不托飞驰之势，"而声名自传于后者，乃在于："标心于万古之上"，而"送怀与千载之下"，此真乃渊雅之士、"拓落雄才"矣。其研究国学为的是经世致用，终生诉求：既引领治学之路、向学之风，又塑造科研意识、成才之志；既领略哲学智慧之独特情致与韵味，更使人忘却物化时代之吵闹与喧哗，升华一种读书人的淡定心境，享受哲人那份深沉与灵动，这才是，"闲中寻伴书为上"，感悟至理是良药。只有"才高行洁"之士、德艺双馨之人，才真正是诲人不倦之精神导师、素位而行之学术诤友，懂得人可以平凡，但绝不能拒绝崇高；人可以位卑，但绝不能放弃追求；水浮万物而漂逝，"玉石留止"彪千古。

宋·陆九渊《陆象山语录》曰："读书且戒在慌忙，涵咏功夫兴味长；未晓不妨权放过，切身需要急思量。"而且，哲学治学，须学识与智慧并流、情趣与神理俱发，殚精竭虑而入巧，心性浮躁而无功；《文心雕龙》认为，"附理者切类以指事，起情者依微以拟议"；既要于形而之上言其道，又要于形而之下述其事，但哲理博大精深、微言大义，语言不能穷其意，意象难以喻其真，须据实以写意、缘古而证今，推演逻辑明事理、举乎世事阐大义，锦心绣口著华章，肩担道义写春秋，此先哲之楷模、治学之通例。文章由学而贵在精思，才自内发而学以外成，下笔立文需要"心与笔谋"，引经据典更要博约相宜，体裁为妙手所度、雅言为高才所择，文之美定于详谋、意之新制于深思，心之声寄托于章句、文之心雕琢于理趣，此"著文之奥区"、习哲之神道。并强调，文外重旨者曰隐、篇中独拔者为秀，隐以意蕴深刻为工，秀以"状以目前"为奇，若石之韫玉、义生文外，意畅而文通、"内明而外润"，使玩之者无穷、味之者不厌；此"文心雕龙"之妙法、虚实相间之规矩。立象明意，说理于具体；露锋文外，惊艳乎妙心；蓄隐而意愉、抱秀而心悦；篇中乏隐，若宿儒之无学，"或一叩而语穷"；句间鲜秀，如巨室之少珍，"或百诘而色沮"，此寓意之象教、乃弘道之法则。

而今之众人为文，学不逮文且常常信伪迷真，崇己抑人且急于轻薄为文，以至于贵古贱今、"轻言负诮"。故而下笔不能自休、行文离题万里，信口开河而不假思索，文情难鉴而意脉不连，迷心窍而智不达、想当然而费文思，文质疏内并流于浮浅，形散神散而陷入理障，好陈套华丽之文，喜离经叛道之说，不懂得：说理意在韦家国、著文旨在经天下，"穷则独善以垂文"、达则奉事建功业；君子处世为的是树德立言、彪炳千秋，为此必须出类拔萃、智慧超群，岂可徒托空理、漫然选题、吊诡猎奇、离本毁基，又怎能华而疏略、散而碎乱，不述先哲之诰、无益后生之虑？若吐辞狂妄、远离圣域；"要其归"，与道统相悖；总其旨，与人性无涉；择焉而不精、语焉而不详，大瑕与小疵混杂、异端与恶说并生，"弥近理而大乱真"、戕圣言而淫于邪，"教化陵夷"以至于风俗颓败，惑世愚民以至于充塞仁义，使大众不得蒙哲理之泽、使学问不得获普光之照，最终使得国学淡薄、学术荒疏，又如何达到"与天地合其德、与四时合其序"，浑然与道同体、万物与我为一之天地境界？其实，《尚书·大禹谟》讲道，"人心惟危"而"道心惟微"，"惟精惟一"才能"允执厥中"，明乎此，则择善固执且处处"时中"，曲畅旁通而各极其趣，续千载不传之绪、接百家众流之说，使哲学真义"粲然复明于世"、使中华文明再度得以复兴。

基于国学语境对"哲学作为人学何以可能"问题进行文化之思，要检讨物化时代及其思想淡出的现状，细察今之众人为文，歧义迭出、杂芜丛生，顿失居所、无从容身之窘境。当代学者在治学时，与学理大统，了无相涉、分道扬镳；与时代走势，大相径庭、无从置喙，即使另起炉灶、攀援别式，徒然离经叛道、悬置思想，大都陷入瞠目结舌、左右唯谷之失语状态。一时间受媚俗之流风所及，牵强附会、简单比附，漫不经心、任意解读，离经叛道之说甚嚣尘上，荒诞不经之词沉渣泛起，人文精神低迷、身份认同危机、学术日益式微、价值信念悬空，大有世风日下、人心不古之势。

学子们在哲学四处飘落、走向终结的尴尬境遇下，急于振臂高呼以实现自救，然而应者甚稀、徒遭白眼，深感文化启蒙的一切努力皆化为乌有，虽不甘心用新瓶装旧酒，然而终因方法过时、资源陈旧、镣铐沉重，顿觉欲振无力、回天乏术，日暮途穷、前景灰暗。唐·李白《嘲鲁儒》曰，"鲁叟谈五经，白发死章句，问以经济策，茫如坠烟雾"。笔者鉴此可忧，常常忧思愤怀，哲学何为、为何哲学，哲人何堪、智慧何存，哲学作为人学何以可能，哲学人学转向的出口何在？故而不避浅拙而立意指认：习哲旨在"休学储能"、砥砺品性，而非"为稻粱谋"、为生计筹。故应精于内而博于外，揽万径而纳百川，若学养匮乏、底蕴稀薄，则难以视域融通、界外合作；只有积存禀赋、张扬气度，参悟生命，富足心怀，才能于通会之际，修身养性以立德、休学储能以增智，循所闻而得其意、思虑熟则得事理，"缘天官"而有征知、"薄其类"则能权机变，既广闻于外、又诠释于内，既"任于耳目定情实"、更要诉诸实践辨真伪，既要学思结合、温故知新，又要敏而好学、不耻下问，此时操作出的哲学才能真正成为人世间最自由的学问。

总之，大凡哲学操作，并非文字操作，亦非技术操作，而是对精神的操作，是思想者从事思想、进行精神生产的智力劳作。常年浸淫哲学精品，就会积淀下来大量的运思之花、智慧火种，这不仅辅助养思、帮人走上治学之路，更为之引领一种"唯实"、"求是"的谨慎之风，确立一种孜孜以求的笃实之志，还使人常驻足于哲学仿佛特地为之精心打造并充满眷眷深情的思想氛围中，时常细致品味，不时为那些颇具巧夺点化之功的神来之笔和能点亮魂灵的华章佳句而叫绝。每研习一篇，犹如打开一扇心扉，使人飞向一片心灵的天空；每阅读一文，仿佛是在与大师们谈心，读它就是在重新学习它。贤哲们竟不是在创作书而是在创造人，是在用学术良知抚摩莘莘学子的心田，用高尚的精神引领一个懵懂人逐渐走上治学向学之路。年年敏而好学、学而不厌，在精神塑造中成全学者形象并圆哲学之梦；在未曾谋面的先哲们悉心打造和扶助下，后生才运伟大之思、行卓绝之事，开始了新一轮的文化诉求。习哲乃人之心灵圆梦之处、智慧契合之所，哲学若启蒙之师、帮扶之友，与之一路同行，上下求索，可气定神闲、得大自在之福。孔子《论语·泰伯》曰，"笃信好学，守死善道"，"天下有道则见，无道则隐"。于有道之邦，可发挥才智，可"危言危行"；于无道之邦，要示拙显愚，要"危行言孙"；做到：邦有道其言足以兴，邦无道其默足以容。事实上，真正的贤者达士，处乱世而不惊、遇恶人而不辱，即使如履薄冰、如临深渊，亦能运用自如、拈重若轻，功不独具、过不推诿，未学为文，先学做人，使自己的作品，立意新颖、构思精巧、手法灵活、极富哲理，耐人咀嚼、发人深省，真正起到厚人伦、纯风化、美人心、启人文的妙用。

这表明，一个习哲之人，除非时常沉浸于哲学精品及其意义弹性中，再三领略那些充满睿智的精神性事件，否则就不能切问到哲学的真正妙谛，更难激活自己的创作灵性和欲望。只有视学问为"名山事业"，视治学为社会生命，把哲学操作视作对一种高尚情愫的自我履约，才能在怡情砺性中净化心灵，在"澄明之境"中超越俗务，拔高生命质量和人生境界。唯有遵循《论语·卫灵公》所言，敏而好学、学而不厌，"躬自厚而薄责于人"，才不断回归善良本心，倾听到来自内心深处的真诚之言谈；不知不觉在哲学的激励中净化了心灵、陶冶了性情，在反思积存中提升了做人的品性和价值，在哲学诉求中超越了俗务和风情，赋予自我一种少有的做人尊严和浩然正气，使自己获得一种学者特有的清淡境界和内在富足，从而逐渐摆脱了浮躁情绪和功利之心，获得了作为一个真正读书人的精神愉悦和清·喻昌《寓意草》中所说的"性分之乐"、"势分之乐"、"康健之乐"。

第四节　中国古代哲学的为文与为人

关于哲学的为文之道，真可谓因人而异、因势而变。事实上，任何孤立的方法并不存在，一切方法都存在于对特定结论的谋取之中。因此，哲学为文向来无从讨巧。思家之巧在于运思，深思熟虑自有巧思，巧思来自拙学，妙笔源于"笨想"。若一味投机取巧，只能成就速朽之文，远离哲学本性。

古之贤哲为文，讲究"信""达""雅"诸事齐备，力求既可爱又可信，大俗近雅，大雅近俗，雅俗共赏。今之众人为文，信手拈来，随意涂画：要么"跟风跑"，若矮子观场，人云亦云；要么"当书虫"，极其晦涩，拒绝众人理解。笔者习哲为文已十年有余，涂抹的文章已有几十篇之多，虽有些被各家期刊转载或引用，但自己满意者寥寥，更不屑以此夸口。每当同事或相识讨取作文诀窍，我颇不以为然，总借故予以塞责。近来，招收的哲学弟子渐多，也时常问及习哲之法与为文之道，这就不能再敷衍了。在此谈些浅见，权作答复。

亚里士多德曾说，哲学产生于惊异。对此，黑格尔诠释说，哲学产生于从知到不知的"中间状态"①。的确，文章惊恐成。一般说来，在高峰体验下人很容易形成积极思维，捕捉住机遇和灵感，达到"语不惊人死不休"的境地。相反，若在平常的闲散游荡中，人的思维灵性处于低迷或麻木状态，对任何事物都反应迟钝、熟视无睹、缺少惊异，自然就不会有"一语惊四座"的妙语涌现，常常在"环顾左右而言他"时，与哲学的奇思妙想擦肩而过。再者，思极则奇，极深而研几。思家之巧在于运思，深思熟虑自有巧思，巧思来自拙学，妙笔源于"笨想"。叶秀山先生讲，"哲学是一门通学"②，哲学为文应有一种能够将哲学精神灵活巧妙地贯通到事事物物中的运用能力。所以，哲学就是智慧的思考即智思之学、反思之

---

① ［德］黑格尔：《美学》第 2 卷，商务印书馆 1982 年版，第 24—25 页。
② 余治平：《哲学是一门通学——叶秀山教授哲学治学答问录》，《哲学动态》2003 年第 7 期。

学；哲学史就是智思之流，思想历练之所。可见，哲学为文向来无从讨巧，只能来自拙学（或者"笨想"）。若一味投机取巧，硬将车辙当大道，硬将点点萤火视作"普照之光"，只能拼装些"速朽"之文，岂不弄巧成拙，贻笑大方？

古人云：文章千古事，得失寸心知。艺术创作饱蘸人生百味。无怪乎曹雪芹当年行文时慨叹：都云作者痴，谁解其中味。哲学运思亦犹如饮水，冷暖自知。如若涉世不深，缺乏生活，如何集生活百趣于笔端，写出点亮魂灵之佳作？如若胸无文墨半点，很少沟沟壑壑，不谙世事，缺乏历练，又怎能练达人情生慧眼，芳心妙手著华章？莎士比亚曾说，光荣的路是狭窄的。哲学思维的劳作极其艰辛，许多哲学大师都是在一条布满荆棘、坎坎坷坷的路上，经过无数次的摔打、磨炼而一路走来的。杨耕先生在其《马克思主义哲学研究》的序言中写道，"哲学是一个需要不停思索，令人寝食难安的专业，它代表了人们对真理和理想的不断追求，谁'爱'上了哲学，谁就注定要在精神乃至物质上选择一条苦行僧的路；谁要想摘取哲学的果实，谁就必须坚持不懈地锻炼自己的思维能力"[1]。的确，哲学不是一种很容易进入的文化形式，它要求于人的甚多，如果不能将自己的思维发展到相当深刻的地步，就无法使自己的精神上升到哲学境界中来。有境界则自成高格，自有名句；无境界则成为"一个爱出风头、好表演、不停地叽叽喳喳的小丑"，常常自鸣得意，尚不知众人处处在鄙视他。[2] 哲学发展史表明，文章出苦心，愤怒出诗人。唯有那些将科学的入口处视作地狱之门的人，不畏艰险，敢于沿着崎岖的山路攀登科学高峰，才有望达到智慧的顶点。此时，则犹如穿上"七尺神鞋"并踏上一块神奇的飞地，在自己开拓的哲学境域中自由驰骋。

笔者也曾指认，一个习哲之人除非时常沉浸于哲学精品细心营造的精神氛围中，再三品味那些充满睿智的精神性事件，用学术良知抚摩自己的心田，用高尚的思想引领自己的向学之路，否则就不能切问到真正的哲学妙谛，就不能回归自己的善良本心，更难以激活自己的创作灵性和欲望。只有视学问为名山事业，视创作为社会生命，把哲学操作视作对一种高尚情愫的自我履约，才能哲学般地生活与写作。也只有这样，才能倾听到来

---

① 杨耕，等：《马克思主义哲学研究》，中国人民大学出版社 2000 年版，第 1 页。
② 张世英：《哲学导论》，北京大学出版社 2002 年版，第 84 页。

自灵魂深处的真诚的呼唤，在怡情砺性中净化心灵、提升品性，在澄明之境中超越俗务、辅助养思，拔高生命质量和人生境界。可见，哲学为文贵于在实践处见功，在人事上体验。如果崇尚黄老之学，倡导"绝学无忧"或者"绝圣弃智"，如果浅尝辄止或者知而不行，处处随人脚步，时时学人言语，即使勉强为之，也只能写出些败笔之作。为文若不能行之久远，不能成为永远的光荣和不死的事业，这岂不是在自欺欺人？但是，另一方面，最佳文笔往往并非苦思所得而是灵感所至。苦思与拙学只是文化灵性的积存与潜蕴，它能否适时开悟与显发还有待于灵感为之打开通道。往往在思维路绝、言语道断、"心行处灭"时，一个人长期精心选择并保留下来的兴奋系统就会被一件偶发事件所迁动，仿佛是在无意间一下子触动了灵机，点亮并激活了他的有着深厚文化底蕴的生命体验和心灵感应，正如诗人的巧得妙句、画家的神来之笔并非预期所得、推理而致一样，哲人的巧思与妙笔，也是外缘与自性内在交融过程中无意识流露出来的。正所谓：文章本天成，妙手偶得之。

哲学为文要求平常心对待生活，异常思对待写作。平常生活很朴素，无须借助哲学来包装，靠一些日常观念（常识）就可为之确立起为何这样过生活的理由，对之硬进行哲学提升，无异于"一道多余的手续"，像"一种没有疗效的药"。因而以平常心生活，才能活得明白，得大自在，才是真正的站出来活，并活出滋味来，活出一片清淡境界来。然而，哲学为文（或者说哲学操作）则需要异常思。对此，有人说得很玄妙，认为哲人写作大都是"梦中成文"，靠的是悟觉思维；作文如悟禅，只有在语言休息、理性放假时，才能在静穆中聆听天籁之声，并借助梦境而通达妙悟，诚所谓悟透无语、梦中成文。也有人主张，哲学生活的异常思更集中地表现为习哲之道与治学之法上。认为，操持哲学者唯有博于外而精于内，付诸理又达于事，反身而诚，定慧双修，才能写出上佳之作。并由此推断说，哲学写作难乎其难，一般人很难介入，也无资格妄加评论。如果本来很浅薄，却故作惊人状，如何写出好文章？只有那些"坐拥书城"的精神家园的守望者，才能悟透一些"见道之言"，正所谓不迷不通、迷是小智、空则入圣。只有如佛子那样，一心向佛、忠贞不贰，跳出三界外、不在五行中，六根已净、四大皆空，才能踏上哲学这块神奇的飞地，写出无字天书。还有人主张，哲学意趣高远，平常借助理性概念去表达，常常以文害道，使之真智慧处于遮蔽状态，而只有像古代诗家那样，借助喻象思维，通过"诗意接受"才能写就声情并茂的传世之作。上述这些思考的确是异常思、反常思，但哲学若只能这样操作，就会将自己囚禁到象牙塔中，或者逼入空门，又如何见重于世人，见重于社会呢？其实，说哲学是异常思的真实意义在于，哲学写作不是在为人提供知识，而是在为人提供智慧、提供思想，它不是在创作文，而是在创作人，是在用思想引人上路，让人哲学般地思考和生活。俞吾金先生说，哲学自身充满各种困惑，这正是它诱人的魅力所在，真正的思者都是在切问这些困惑中走上了哲学之路。的确，在生活中，须在有疑处不疑，方能心静如止水；在治学上，须在无疑处生疑，方能找到切入之点。否则，若生活中多疑，常无端干扰宁静的沉思；若治学上无疑，常为鸿篇巨制吓瘫，终将毫无建树。

就哲学治学之道而言，老子之言，可为千古名训："为学日益，为道日损。"向来有"为学"与"为道"两种治学品格，前者主张：考订史实、忠实原义；刻意写真，言必有据；论从史出，放言得体；无征不信，无考不立；学风严谨、文不掩意。而反对放言高论、标新立异；信口雌黄、空言义理；游淡无根、急功近利；华而不实、缺乏根基；任情褒贬，以辞害义。后者主张：鉴往知来，微言大义；经世致用，虚实兼济；不畏强权，不避强御；秉笔直书，畅言胸意；言简意赅，言不尽意。而反对视界狭窄，思辨乏力；妄腾口说，徒托空理；理论阙如，厌弃史意；支离破碎，不成体系；牵强附会，漫然选题。在笔者看来，"为学"与"为道"应兼而有之，不可两离，二者合则两利，分则两伤；合则既可化入，又可化出，既出乎史、又入乎道，既精于技又近于道；分则沉迷于故纸堆中，游淡于生活之外，怡然于细枝末节，隐匿于现实之上，不究天人之际，不循发展之理，不察兴衰之故，不探成败之因，只能写出些有形无神、思想淡出、缺乏精神气象的文字。相反，哲学人只有拥有厚德载物而"民胞物与"的博大胸怀、淡泊名利而肩担道义的绝俗品性、不畏风险而探索真理的殉道精神、直面社会而关怀民生的人文情愫、穿透时空以洞察先机的非凡智慧，才能有精研百氏而兼采众长的学术积淀、沙里淘金而卓尔不群的独特学养、见微知著而高屋建瓴的不俗洞识，这样才能挺立时代潮头，写出指点江山的激扬文字，写出真水无香、金针度人的好作品。

就哲学写作方法而言，法有成法而无定法。比如，中国儒家倡积极入世而立言、立功、立德，力意建构通脱圆润的体系，属"加法"；而道家、释家则力注解构之旨，用的是"减法"即通过对思维定式的消解，对情尘意垢的剔除，以彻见真如本心。冯友兰先生曾将这种方法概括为"正的方法"与"负的方法"①。对于哲学创作，每一位大家都会形成一套独特的书写方法，如：高清海的"笨想法"、张世英的中西对比法，杨耕的站着思维、坐着写作法，张今的渗透法，张一兵的溯源法，张曙光的融通析取法，等等。这些方法都不是远离主题而孤零零地存在着的，相反而是存在于对特定的结论的谋取之中，正所谓"术缘道而行"。的确，方法的功能和意义大于结论，若结论是金子，那么方法就是点石成金的手指头。方法与结论彼此蕴含，互不两离，唯有二者有机统一才能让人既知势、知己，又知路、知向。否则，若不愿下苦功夫，一味试图讨巧，结果只能缘木求鱼、一无所获。诚然，道无术不立。但道不等于术，不直接意味着术，只知道而不懂术，终是知得浅，若积知之久，以类贯通，则术自在其中矣。因而，欲学作文，先学做人；欲探妙法，先通史论；知之深则行必至，道行高则术必精；正所谓人情练达即文章，世事洞明皆学问，又谓：学问之事无他，勤学苦练，循序致精。

　　哲学是人的精神的故乡，哲学人是人的精神家园的守望者。一个人、一个民族要想站在科学的最高峰，就一刻也不能没有哲学思维。否则，就如同走进一座神庙，四壁装饰得富丽堂皇，而就是缺乏至圣的神，繁华的虚骄无论如何掩饰不住文化的贫乏。马克思曾经说过，任何真正的哲学都是时代精神的精华、文明的活的灵魂，它犹如一道闪电，能将人生之路照亮。哲学是思想的花朵，文明的灵魂，精神的王冠；哲学是推动社会变革和发展的理论先导，是激发人、塑造人、引导人的精神力量。哲学锻造我们的思维，净化我们的心灵，照亮我们前进的路。大凡哲学真品，无不是"究天人之际、通古今之变"而自成一家之言。诚所谓，道通天地有形外，思入风云变幻中。但是哲学自身具有极大的"缠绕性"，它高度抽象，艰涩难懂。当然这并不是它的长处，而恰恰是它的缺陷；同时，哲学又具有"可理解性"，又存在一种经习练而能为众人理解、"成为一切人的所有物"②的非常通道。任何哲学操作必须先行铺设这种通道，进行多种多样文字、技术上的谋略，既不能把自己的哲学写作降低到民众的水平（媚俗或者乡愿），也不能使自己哲学真义的普遍播撒无路可循，否则，就只能

---

① 冯友兰：《新知言》，商务印书馆1946年版，第9—10页。
② ［德］黑格尔：《精神现象学》（上卷），商务印书馆1962年版，第8页。

成为只在少数士人中进行内部秘传的东西；既要转识成智、自我展开，又要化理性为方法、化理性为德性；既不能丢掉它的高贵品格，更不能丢掉它的人民性、大众性。这种"通道"或者"谋略"就是我们所说的为文之道与写作技巧。如果设弃这种最根本性的东西，而只在词句上下功夫，把一些"副产品"或者"附属品"作为追逐的对象，这犹如追逐"鬼火"或者"地平线"一样，不仅无法与哲学的真义照面，而且终将消解哲学。

第二章

先秦儒学及其现代复兴

　　在当今全球化语境下，传统儒学经历百年沿革，从经学、国学的显学地位已跌落到了小学、末学的式微状态。在此尴尬境遇中，切问传统儒学再度复兴何以可能的问题，不应离开马克思主义"三化合一"方案而抽象地谈论儒学能否及如何复兴，相反而应基于系统研究儒学之现代性与根源性辩证关系基础上，从民族精神与时代精神如何实现内在契合为切入点，积极探寻儒学在马克思主义中国化过程中如何实现当代转化的途径和模式。这表明，传统儒学作为一种主流意识形态不可能再度复兴，但作为一种内在精神变量经过一番自我革命后，则有可能与马克思主义内在联手并作为其内源因子而获得再生或新生。

第一节　先秦儒道的天人之辩及其价值

　　道家顺天而化、道法自然的价值理想及其强调对自然"制、用、使、化"而达返璞归真的理论主张，对解决当代物欲膨胀、生态失衡的生存困惑，将不无裨益。而儒家天人相通、修其天爵的人生诉求及其尽心知性、参赞化育的道德标杆，对找回早已失落的精神家园、重建价值理性支点、复归异化的人性本质，也将产生重要的精神启迪作用。总之，先秦儒道"内圣外王"之理性诉求、"生生不息"之人性光辉、"内在超越"之研究理路、"实事求是"之思维风格以及"继绝开新"之终极关怀，必将以特有的非凡气度与民族情怀融入世界文化洪流中，经过特殊的现代化、世界化的文化洗礼和实践改造而积极发挥其鉴往知来、开拓创新的引领作用，为马克思主义哲学中国化铺垫厚重的文化底蕴。

　　中国先秦时期的哲人都非常重视天人关系问题，"天人之辩"是其争论最多、持续最长的核心论域之一，以至于司马迁在其《报任安书》中说，中国哲人治学大抵旨在"亦欲究天人之际，通古今之变，成一家之言"；邵雍也曾经说过，"学不际天人，不足以谓之学"。张载也说，古代儒者因明致诚、因诚致明，故天人合一，故可以成圣。由于中国先秦哲人所说的"天"和"人"的具体内涵相当丰富且歧义颇多，因而天人关系自然也就相当复杂。其所说的"人"，既有实践上的知行主体之义，也有价值上的理想人格之义；既可指单独的个体，也可指一般的民众，还可指全体的人类。其所说的"天"，既是指"四时行、百物生"的自然之天，也是指"命于天、畜汝众"的主宰之天，亦可指"修天爵、合天德"的义理之天。在天人关系问题上，先秦哲人"重人事而轻鬼神"、"重相合而轻相分"，反对"蔽于天而不知人"、也反对"蔽于人而不知天"，认为如果"听于神而贬低人"、"崇天道而抑人伦"，就不能深谙至理、学际天人。不论从宗教神学语义上论天人抑或从"自然天成"语义上论天人，不论从道德蕴含上讲天人抑或从"无为而治"上讲天人，先秦哲人都特别强调"天人一体"、辩证统一，因而"天人合一"始终是其哲学思想发展的主导方向和基本理路。这里仅以儒道两家在天人关系问题上的论争为视角，旨在从学理上讲清道家的自然之天与儒家的义理之天的根本区别，以便发用先秦儒道在天人之辩中所蕴含的现代价值，切当地处理人与自然、人与人、人与己和谐相处的当下关系，为推动社会科学发展、全面进步提供理性支持。

先秦道家推崇的自然之天及其根本旨趣。老庄道学所说的"天"是自然之天，他们将人道合于天道，认为天人相合并合于天道，天人合一并归为自然。但唯有采取"损道"之法，才能达到"彼我玄同"、顺应天道。一方面，从现实意义上看，天人对立，并非一致，天道与人道常常互相背离。天道泛爱大众，一视同仁且公正无私，但人却蔽于人事而不能奉行天道，以至于贫富不均而两极分化。因为，"天之道，损有余而补不足，人之道则不然，损不足以奉有余。"① 另一方面，从理想层面看，人应取法乎上天而达到天人相合。"塞其兑，闭其门；挫其锐，解其纷；和其光，同其尘，是谓玄同。"② 如何才能"法天立极"、与天为一？道家认为，必须

---

① 老子：《道德经》，吉林文史出版社 2006 年版，第 126 页。
② 同上书，第 95 页。

重天道而轻人事，必须重损道而轻益道，因为"为学日益，为道日损。损之又损，以至于无为。无为而无不为。取天下常以无事，及其有事，不足以有天下。"① 庄子承继了老子自然无为的思想，提出"无以人灭天"、"无以故灭命"的主张，认为人唯有回归自然、顺应天道，不妄为、不作为，才能做到"游刃有余"、"无为而无不为"，让万物自生自宾、自定自化，自得自成、自适自善。老子认为，绝学无忧，绝思自由。"绝圣弃智，民利百倍；绝仁弃义，民复孝慈；绝巧弃利，盗贼无有"②，因而人应该辅万物之自然，而不敢为。庄子据此而提出"齐万物""齐是非"，认为只有否定人为、弃绝是非、随缘任化、少私寡欲，才能做到"天地与我并生，而万物与我为一"，而如果"以人助天"、"以人灭天"，时时处处"敖倪于万物"，焉能领悟"无为为之之谓天"之"天放"常则，而"安其性命之情"？老庄道学的这种"蔽于天而不知人"、以天道而泯人事的思想，影响久远。魏晋玄学那种崇虚贵无、企慕玄远，不务实事、挥塵清谈的社会风尚就渊源于此，主张"顺道自然，不造不始"，"因物自然，不设不施"。而如若推崇仁义，就"愈致斯伪"，因为巧愈思精，伪愈多变，攻之弥甚，避之弥勤。

　　老庄将天人合于自然，消人以归天命，可谓有利有弊。其利在于：将天视作自然而在的天然之物，将人诠释成自然天成的无为之人，它有见于自然而然之天，有见于真诚率性之人。其弊在于，它将人道直接归于天道，故而"蔽于天而不知人"、推崇天命而泯灭人性。以后的荀子正是看到了这一弊病，才提出"明与天人之分"的原则。照他看来，天道远而人道迩，二者相互分离，因为天能生物，不能辨物；地能载人，不能治人。天是大化流行之自然界，自然之天有自己运行的通例与常则，其四时兴、百物生的各种活动都遵循自己的天然法则，不以任何人的意志为转移，天行有常，不为尧存，不为桀亡，天不为人之恶寒而辍冬；地不为人之恶远而辍广。天人各司其职，互不干预，尽管人事沧桑巨变，上天依然照常运行。天自然而然地繁育万物、四时更迭，不为而成、不求而得，这是自然之天职。人应遵循天道无为之法则，履行天职，不能恣意参与或者改变它。只有"不与天争职"，才能还人为之天而成自然之天。与老庄有别，

---

① 老子：《道德经》，吉林文史出版社 2006 年版，第 79 页。
② 同上书，第 28 页。

荀子强调，虽"天行有常"，人能知常而明道，且"明与天人之分"，但是，人对自然天道并非无动于衷、无所事事。人贵为天地之灵，能够知常而用之、知其所以参。故能掌握自然运行的常则而为人所用，"知其所为，知其所不为"，使自在而在的天然之物转化为属人之物，使物为人而存在，"天地官而万物役"。荀子认为，大天而思之，孰与物畜而制之；从天而颂之，孰与制天命而用之。但是如果仅仅像老子那样满足于从天而思、从天而颂，望时而待、愿物自生，那就是"错人而思天"、坐而以待毙，人对天命所常、自然天道不仅应积极地"制之""用之"，而且要敢于"应时而使之"、"骋能而化之"，这样才能合乎万物常情、达到与天为一。

先秦儒家推崇的义理之天及其终极牵挂。在天人关系问题上，儒家同样主张"天人合一"。然而他们所说的"天"不同于道家的自然之天，而强调的是有道德蕴含的义理之天；他们所说的"人"也不是自在之人，而是"道成肉身"并以身体道的理想人格（圣人、至人、神人）。因而，他们所主张的天人相合，是合于义理而非合于自然，"天"不仅仅是自然存在的本体而且是道德价值的本体。从理想层面看，圣人与义理之天直接合一，圣人就是天德的化身、就是义理的楷模。他作为道德价值的承载者和体现者，其所遵循的义理准则与道德规范，都源自天道、本于天道，天道与人道并非两个道，而是内在相通的一个道。但是这个天人相通的义理之道，并非人人都能秉持，只有所谓的圣贤之人，才能最大化地扩充自己的善性，从而以人事行天理，做到替天行道、与天合一。从现实层面说，现实的人应该达到与义理之天内在合一，并以天人合一作为自己人生追求的终极价值目标，尽管还没有达到这一目标，但是只要坚持不懈的努力终究能够实现这一理想。因为现实社会中的人，未必都是圣人，他们在一定程度上都使自己的善性受到戕害，未必能够充分地体现义理之天所具有的价值存在与道德诉求，人道与天德总有很大的实际差距。问题的关键在于，儒家主张天人不二，人道与天德原本一体，"现实的德性不完满的人"与"理想的德性完满的人"之间，并不存在互相隔断的天然鸿沟，而是互相打通的，现实的人经过努力修炼自己、尽可能扩充自己的善性，也可以把自己造就成为"循天德而行人事"的圣人，正所谓：满街都是圣人，人皆可以为尧舜。

孟子将这两个层面分别称为"天爵"和"人爵"，"有天爵者，有人爵者。仁义忠信，乐善不倦，此天爵也；公卿大夫，此人爵共也。故之人修其天爵，而人爵从之，今之人修其天爵，以要人爵；既得人爵，而弃其天爵，则惑之甚者也，终亦必亡而已矣。"① 在他看来，人之天爵源自义理之天的道德本性，它内在构成人的善良本质，根本不是外在强加给人的东西，对于现实的人来说，只要注意时时处处提升自我的道德本质，就可能获此天爵。所谓圣人就是懂得"修其天爵"的人，如"舜之居深山之中，与木石居，与鹿豕游，其所以异于深山之野人者，几希。及其闻一善言，见一善行，若决江河，沛然莫之能御也。"② 而现实的人也能同样做到这一点，其成圣之路径就在于，尽其心者，知其性也；知其性，则知天矣。只要尽心、知性就能知天、同天，达到"上下与天地同流"的至高境界。《易传》认为"天生神物"，而圣人"则之"、"效之"、"象之"，以成易理，易理是贯通天、地、人的三才之道，是广大悉备、包罗万象的最高准则，易与天地准，故能弥纶天地之道。天道、地道、人道内在合一，都是易理在自然、社会与人生问题上的具体体现，立天之道，曰阴曰阳；立地之道，曰刚曰柔；立人之道，曰仁曰义。易理兼三才而两之，故成为人人追求的最高价值目标，把握了这种易理就能与天地合其德，与日月合其明，与四时合其序，与鬼神合其吉凶。《中庸》在天人关系问题上，也把人生价值的源头追溯到天命，认为天人相通，"天命之谓性，率性之谓道，修道之谓教。道也者，不可须臾离也，可离非道也。是故君子戒慎乎其所不睹，恐惧乎其所不闻。莫见乎隐，莫显乎微，故君子慎其独也。喜怒哀乐之未发，谓之中；发而皆中节，谓之和；中也者，天下之大本也；和也者，天下之达道也。致中和，天地位焉，万物育焉。"③ 这表明，中庸之道本于天命，是天道与人道配合的最佳状态，也是天人合一的最高境界。而"诚"乃是天人共通之性，既是天道的最高原则，也是做人的终极愿望，"自诚明，谓之性；自明诚，谓之教。诚则明矣，明则诚矣。"④ 人只要达"诚"，就能真诚圆满地实现人生最高价值。

中国古代先秦儒道"天人之辩"的当代价值。论旧学是为了标新统，阐旧邦是为了赋新命。先秦儒道在天人关系上的争辩，蕴含着丰富的当代意义。具体表现在：（1）先秦道家从复归自然、顺天而化、无为而治、

① 施忠连：《四书五经鉴赏辞典》，上海辞书出版社2005年版，第189页。
② 同上书，第208页。
③ 曾子、子思：《大学·中庸》，王国轩译注，中华书局2006年版，第46页。
④ 同上书，第104页。

"不与天争职"的最高价值理想与人生境界出发，强调通过"天人合一"而实现对自然"制之""用之""使之""化之"，达到人与自然、人与人、人与己的和谐相处。这对于纠正当代那种把人与自然截然对立起来，主张以人为中心而一味向自然开战的错误观点，在当代不啻具有理论意义更具有实践意义。近现代以来，随着科技革命的迅猛发展、生产力水平的不断提高、社会物质财富的快速增长，人们对自然盲目索取、肆意征服和非法掠夺的能力，正在达到无以复加、忘乎所以的地步，片面强调"人类中心主义"和科学理性至上，忽视了自然界对于人类生存的家园意识而错误地将二者对立起来。特别是20世纪中期以后出现的，以原子能的利用、微电子技术和空间技术的开发与利用、新材料和新能源的开发与利用、生物和海洋工程的开发与利用为主要标志的现代科技革命，大大推进了当代人对自然的开发利用程度，深刻地影响与改变了人与自然和谐一体的关系，在促进社会进步以造福人类的同时，也对自然生态造成严重损害，对人类的生存与发展带来诸多消极后果。在当前，人口激增、粮食短缺、能源枯竭、资源颓废、环境污染、生态失衡等等全球问题日益突出，内在反映了人类中心主义在处理人类与自然关系上的深层次矛盾。而先秦道家的那种"道法自然"，"无为而治"，"因物自然，不设不施"以及"知其所为，知其所不为"的思想，对于克服当代人急功近利的狭隘视野，倡导以科学的自然观和发展观来矫治人与自然的尖锐对立，尊重、善待自然并合理而可持续地利用自然，从而达到人的自然化和自然的人化的内在统一，无论从理论上抑或实践上都将不无裨益。（2）先秦儒家所主张的"天人合一"具有注重人生价值理性的特点，强调人类所遵循的义理准则与道德规范都"源自天道、本于天道"，天道与人道内在相通、"原本无二"，每个人只要最大化地扩充自己的善性，就能通过尽心、知性而知天、同天，从而做到"赞天地之化育"并以人事参天理，达到"合天德"、"一真如"的最佳境界。这种人文价值理想及其实现路径，对遏制当代科技理性过度膨胀而产生的价值负载，将会发挥重要的制衡及范导作用。当代张扬欲望的全球化、市场化、商品化带来诸多负面效应：人对物的绝对依赖使之沦为金钱的奴隶，商品拜物教盛极一时，物欲横流难以遏止，利益矛盾全面凸显，生存悖论日益加剧；田园诗梦的破灭、心灵负荷的加重、人生意义的失落、精神信仰的迷惘，使得现代人际关系紧张、社会意识淡薄，精神空虚、魂如飘絮，孤独困惑、信任危机，信念价值体系崩塌、人伦道德底线损毁；唯利是图、尔虞我诈，生活腐化、精神堕落，及时行乐、玩世不恭，性情放荡、陷入荒诞，身份迷失、沦为他者。而传统儒家的价值理想及其涵养功夫，特别是其以人性价值为核心、将"义理之天"与自我提升内在统一，主张"天人一体"、主客互融的思想，对于我们找回当代人类失去的精神家园、重建道德理性支撑点、复归异化的人性本质、矫正狭隘的自私观念、促进社会文明和谐，都将产生不可替代的精神启迪作用。（3）当代西方晚期资本主义文化逻辑及其所主导的自我崩溃的后现代解构策略，造成了"上帝之死"、"主体之死"和"人之死"，且随着新自由主义、普世价值理想、现代人类中心主义及其主体性哲学的全面瓦解，"西方文化中心论"中所蕴含的人文之维、科学之维、价值之维与道德之维，在全球化语境下、在东西文明冲突中，正在迅速走向式微和凋敝。在人类文化发展史上，"三十年河东、三十年河西"的理论主张，不再成为乌托邦的梦想。而先秦儒道哲学中的"格致正诚、修齐治平"，"内圣外王、止于至善"的理性诉求；"生生不息、刚健有为"，"以人为本、有容乃大"的人性光辉；"向里用力、反身而诚"，"尽心知性、内在超越"的研究理路；"实事求是、辩证整合"，"知行合一、执两用中"的思维风格以及"为天地立心、为生民立命、为往圣继绝学、为万世开太平"的终极关怀等等，必将以中国特有的非凡气度与民族情怀融入世界文化洪流中，经过一场特殊的现代化、世界化的文化洗礼和实践改造，积极发挥其存世垂鉴、彰往昭来，资政育人、为民修志，传承文明、开拓创新的引领作用，从而确保其主导世界文化未来走向、激励中华民族再度崛起之中国梦必将早日变成实现。

第二节　先秦儒家"德知一体"的涵养功夫

中国古代涵养功夫论可谓源远流长、博大精深。先秦儒学率先提出尽心知性、德知双修，虚一而静、内修外用的思想。此后，从周敦颐主张的主静立诚、自尽心性，到程朱倡导的敬明人理、进学致知；从陆九渊强调的涵泳胜心、超然无累，到王阳明阐发的致其良知、心外无学；再从王充、张载提出的留精澄意、必开心意，到王廷相、王夫之论证的虚以生明、思而穷隐等等，先秦儒家德知并重之涵养功夫，虽几经变迁、多有发挥，然其发展道脉总是一以贯之、并无大改。其间所蕴含的辩证性与实践性内容不断追加，其所弘扬的圣贤气象之人格与致一用敬之学品，均已达到相当自觉的程度并逐步接近现代思维水平。

中国古代哲学是德性修养之学，重视"识人事之序"、晓为人之理，作为"德知一体"、"心性一如"的哲学，它强调"天地人乃一体之德"、"兼三才而用之"。它诉求的至高境界是"天人合一"，但是这里所说的"天"不是离开人而独存的自然之天，而是就人事而言的义理之天。因为，中国哲人认为"天人并无二"，人生至理就是天德，不能离开人道而单言天道。所以，中国古代哲学所说的"天"，事实上就是将人性涵盖蕴含在内的"天"，而非与人对立、与人无缘的天，或者主宰人之命运的神秘之天；它所说的人，事实上就是本于天道、履行天道的人，而非背离天道、与世隔绝的人。它所说的"究天人之际"而获得的天人之学，就是尽心、知性而知天的"立极之学"，其实就是历经人世沧桑巨变而知"天人一理"、天人相通的"大心之学"。因而，中国古代哲学所说的求知就是求德，而向学之要重在立德，空书为文旨在践行德性，善学进德、先慎乎德，然后可以学文。道乃人之所专有，德乃己之所独得，得其道于心而不失之，就是"尊德性而道问学"了。这是中国哲人的立身之本、治学大要。为此，必须提升主体自觉、加强涵养功夫，做到德知双修、心性并重，否则无法体认天理之真知，无以习行睿智之妙想。概而言之，即"主敬守静"，为涵养之要；"即物穷理"，为致知之要；"博外精内"，为立事之要；"笃行莹立"，为进德之要。

先秦孔学特别注重天命之谓性，认为天之根本莫过人心，致知进学就须涵养本心；修齐治平旨在化民成俗，心性不妄才能立心立命、继绝开新。人心之所以能够虚灵不昧、昭然而明，超乎尘外、弥纶天地，原因就在于人有好德修身之本性、仁义礼智之善端。唯有还原心性并达到至神至明，才能立诚入圣、善继绝学，涵养扩充，成己成物。譬如，孔子仁学乃兼德性修养与知性修养于一身的"成仁之学"，认为"为仁由己，而由人乎哉？"（《论语·颜渊》）"我欲仁，斯仁至也。"（《论语·述而》）正所谓："求仁得仁尚何语"（文天祥《言志》），岂如仁道不远人。又主张"学思至仁"，学思结合、择善而从。求知乃人生一大乐事，能够做到学而时习、不知不愠，学而不厌、诲人不倦，注重修养、严于律己，这是入道之门、积德之基。在孔子看来，君子要深知修身至仁，为治学之本，"本立而道生"。若不知务本，一味巧言令色而舍本逐末，空谈浮言、心口不一，"好其言，善其色，致饰于外，务以说人"（朱熹《论语正义》），就会远离仁道、气庸质腐，而溺于鄙陋之俗。仁学强调"克己为仁"、内省思仁，非礼勿行，"躬自厚而薄责于人"（《论语·卫灵公》）。在求知为学上，须三省吾身、反身而诚，尽己谋忠、敬事而信；在进德做人上，要庄重威严、认真习学，慎重交友、过而能改。学人之所长而鉴人之所短，扬人之所善而避人之所恶，深沉稳重而学致其身，学以致用而堪当大任。如果能做到"温良恭俭让"、"恭宽信敏惠"，才能"定静安虑得"，反复琢磨、鉴往知来，"敏于事而慎于言，就有道而正焉"。（《论语·学而》）

孔子主张"学而优则仕"，积极入世、建功立业，修齐治平、内圣外王。但是，也强调安贫乐道、素位而行，极高明而道中庸，"不患人之不己知，患不知人也"（《论语·宪问》）。儒家追求治世之学，反对道家之超世、无为思想，如《庄子·列御寇》讲的"巧者劳而智者忧，无能者无所求；饱食而遨游，泛若不系之舟"之"虚而遨游"的理想，与儒家治世用世、终极关切的价值追求，可谓大相径庭。儒家倡导尽职尽伦、化成天下，力行至仁、磨炼成仁，"修己以安人、修己以安百姓"（《论语·宪问》），从而也反对佛学"三生漫说终无据，万法由来本自闲"（朱熹诗句）的出世寂灭之道。在学习方法上，孔子要求学思结合、温故知新，多闻阙疑、慎言其余，多见阙殆、慎行其余；在与人交往上，要求见贤思齐、见恶思过，见愚思改、见劣思愧。在学习态度上，要敏而好学、不耻下问，不愤不启、不悱不发，三思而行、少私寡欲。在学习目标上，要穷则独善其身、达则兼善天下，"邦有道，则知；邦无道，则愚"（《论语·公冶长》）；邦有道其言足以兴、邦无道其默足以容，达到"处乱世而不惊、遇恶人而不辱"（《论语·雍也》）的圆融无碍之处世境界。孔子认为，知而至好、好而至乐，乃是真学问，乐山乐水、知动守静，乃是真性情。君子要博学于文、约之以礼，博施与民、而能济众，己欲立而立人、己欲达而达人，己所不欲勿施于人。在治学取向上，要从善如流、知过能改，过目不忘、默而识之，忧道不忧贫、温文而雅致，以道为志、以德为基，以仁为本、以艺为业，不兴其艺、不能乐学，不学无术、不修无德，故君子应"安其学而亲其师"、"乐其极而信其道"。

孟子忠实地承继了孔子仁学之精髓，将涵养功夫与成圣成贤、德性修养与知性修养内在打通，认为大凡正人君子，都要存心养心、守死善道。因为人性本善，仁义礼智之善端和善苗，非由外铄，我固有之，所以人先天具有恻隐、羞恶、辞让、是非之四心，犹如人之有四体，与生俱来，是人求知成仁之根本，只要修养自心、守住不放，就能成圣为仁。即使人因受外物之浸染、受歪理之诱惑，产生了邪恶之念与不肖之举，一旦浪子回头、弃恶从善，也能善性自存、复归本我。在孟子看来，"万物皆备于我矣，反身而诚，乐莫大焉；强恕而行，求仁莫近焉"（《孟子·尽心上》），君子"求则得之、舍则失之"（《孟子·尽心下》），只要尽心知性、存心保善，就可以知天事天、同天乐天。君子所以异于人者，以其存心也，正是由于君子能够以仁存心、以礼存心，才能"合天德"于内心，"一真如"于性分。然而，"养心莫善于寡欲"（《孟子·尽心下》），唯有固我本源之基、扬我本然之性、克倒各种私念，方能实现内在超越、超凡入圣。其实，"非天之降才尔殊也，其所以陷溺其心者然也"（《孟子·告子上》），唯存心、养心、求放心，才能克服习染、做到内秀。可见，涵养内心、抑恶扬善乃安身立命之本、修炼内丹之途。此外，君子尚须"动心忍性"、"舍生取义"。他说，"天将降大任于斯人也，必先苦其心志，劳其筋骨，饿其体肤，空乏其身，行拂乱其所为，所以动心忍性，曾益其所不能。"（《孟子·告子下》）如果做到威武不能屈，贫贱不能移，富贵不能淫，才是真正的大丈夫。小不忍则乱大谋，是君子就要能屈能伸。他还说，"仁，人心也；义，人路也。舍其路而弗由，放其心而不知求，哀哉！人有鸡犬放，则知求之；有放心而不知求。学问之道无他，求其放心而已矣"（《孟子·公孙丑上》）。生与义，犹如鱼与熊掌，二者不可兼得，舍生而取义也。

　　荀子全面发挥了孔孟向内固守心性的涵养功夫，认为"积善成德，而神明自得，圣心备焉"（《荀子·劝学》），点滴之积、见机而作，是德性修养、知性修养的必由之路，正所谓：善不及不足以成名，恶不积不足以灭身。但是，最根本的涵养功夫，荀子认为乃是"虚一而静"。因为，心是天官，具有"征知"作用，心是统领五官的神经中枢，缘耳而知声、缘目而知形，"心居中虚以治五官，夫是之为天官"（《荀子·天论》）。如果"心不使焉，则白黑在前而不见，雷鼓在侧而不闻。"（《荀子·解蔽》）极而言之，若心之天官，不去发用，就不能征得新知、为学进德。所以，"凡以知，人之性也；可以知，物之理也。"（《荀子·解蔽》）人能获得德性真知，乃在于天官之心统五官所合而得之，"所以知之在人者，谓之知；知有所合，谓之智。所以能之在人者，谓之能；能有所合，谓之能"。

（《荀子·正名》）但是，人如何才能获得征知？他分析说，必须发挥心性本体之主动性，"征之必将待天官之当薄其类，然后可也"（《荀子·正名》）。又如何"薄其类"呢？他说，必须做到"虚壹而静"，因为"虚壹而静，谓之大清明。万物莫形而不见，莫见而不论，莫论而失位"（《荀子·解蔽》）。又说，"人何以知道？曰心。心何以知？曰虚壹而静。"（《荀子·解蔽》）除了要保持心灵宁静外，荀子认为还必须将"内修"与"外用"结合起来，将闻、见、知、行各种功夫结合起来，因为"学至于行而止矣。"（《荀子·儒效》）

儒学这种"以静修心、德知并重"的涵养功夫，对后世影响久远，对程朱理学的影响可谓登峰造极。在北宋初期的周敦颐看来，"圣人定之以中正仁义而主静，立人极焉。"（周敦颐《太极图说·自注》）并自己分析说："圣可学乎？曰：可。曰：有要乎？曰：有。请问焉。曰：一为要，一者无欲也，无欲则静虚动直。"（周敦颐《通书·圣学》）荀子强调的"虚壹而静"，在这里赋予了"无欲"之内涵，德知双修也变成了德性为先。而且，更重要的还在于，在周氏看来，"主静"不仅仅是为了净心，而是为了"立诚"。"诚"乃善之至极、圣人之本，君子若能心内"立诚"，则乾道变化、天命本性，皆可安立，永不荒废。因为，"诚，五常之本，百行之源也，静无而动有，至正而明达也。"（周敦颐《通书·诚下》）程颐又将这种主静修养的功夫，不仅做了进一步发挥，而且将之做了一番改造，认为，"主静"实际上是为了"主敬涵养"，而"立诚"是为了"虔诚以敬"。在他看来，"学者不必远求，近取诸身，只明人理，敬而已矣。"（《河南程氏遗书·卷十五》）即，涵养功夫在于用敬，用敬的目的在于明人理，而敬明人理是为了进学致知，"涵养须用敬，进学则在致知"（《河南程氏遗书·卷十五》）。但是，如何才能达到用敬、明理，进学、致知呢？必须通过"主一无适"。"所谓敬者，主一之谓敬。所谓一者，无适谓一。"（《河南程氏遗书·卷十五》）换言之，就是要一以守敬、一以贯之，持之以恒、永不松懈，这样才能达到"人生而静"、通晓人伦之至理，提升做人的至纯之善性。

而在朱熹看来，"所谓致知在格物者，言欲致吾之知，在即物而穷其理也。盖人心之灵，莫不有知；而天下之物，莫不有理。惟于理有未穷，故其知有不尽也。是以大学始教，必始学者即凡天下之物，莫不因其已知之理而益穷之，以求至乎其极。至于用力之久，而一旦豁然贯通焉，则众物之表里精粗无不到，而吾心之全体大用无不明矣。此谓物格，此谓知之至也。"（朱熹《大学章句序》）简言之，通过格物致知、即物穷理，豁然贯通而"心包万理，万理具于一心"（朱熹《朱子语类·卷九》）。读书明理，是明心中之理；居静穷理，是自识心中之理。所谓致知，是吾心无所不知，"如一面镜子，本全体通明，只被昏翳了。而今逐旋磨去，使四边皆照见，其明无所不到。"（朱熹《朱子语类·卷十五》）朱熹强调知行相须、学以致用。"为学之实，固在践履，苟徒知而不行，诚与不学无异。"（朱熹《朱子语类·卷九》）无论明理抑或践履，都须用敬，"敬便有义，义便有敬，静则察其敬与不敬，动则察其义与不义。""须敬义挟持，循环无端，则内外透明。"（朱熹《朱子语类·卷十二》）简言之，专心致志、主一守静，内无妄思、外无妄动，革尽人欲，复尽天理，方始是学。心中若无一事，专心用敬进学，本心以穷理、顺理以应物。敬则天理常明，人欲消失殆尽，则通晓太极全体之义，而成完圣之人。所以他说，"学者功夫，唯在居敬穷理二事。此二事互相发，能穷理，则居敬工夫日益进；能居敬，则穷理工夫日益密"（朱熹《朱子语类·卷九》）。

儒学涵养心性之本体论—功夫论—境界论"三论合一"的学说，也深刻地影响了陆王心学，并有所发扬光大。陆王心学虽亦强调居敬穷理，但认为理不在事先，而在心中，宇宙和天理就是人心，能够识得此心、涵泳本心、自存真心，就是识得天理，就能至当归一、精义无二。人同此心，心同此理，心即理。尽我之心，便与天同，因此，天人一心，一切致知皆在"此心澄莹中立"。譬如，在陆九渊看来，"易简功夫终究大，支离事业竟沉浮"（《陆九渊集·年谱》）。格物致知目的在于立心，易简功夫在于"将以保吾心之良，必有以去吾心之害"（《陆九渊集·养心莫善于寡欲》），能够保良去害就是"胜心"。做到"胜心"，一是皆是、一明皆明。"然则学无二事，无而道，根本者立，保养不替，自然日新，所谓可久可大者，不出简易而已。"（《陆九渊集·与高应朝书》）若不能保良去害以达"胜心"，那么"然田地不静洁亦读书不得，若读书，则是假寇兵，资盗粮"（《陆九渊集·与高应朝书》）。若人心有病，须得剥落一番，剥落净尽，才能涵泳胜心、以立根本，心灵宁静就能达到极圣之所，超然无累、彻骨彻髓，自然自在、自然清明。无所事事时，恰似无知无能，事至方出时，无所不知、无所不能。总之，通透明了，独赖此心之力。

而在王阳明看来，"德有本而学有要。不与其本而泛焉以从事，高之以虚无，卑之而支离，终亦流荡失宗而无得矣。是故君子之学惟求得其心，虽至于位天地，育万物，未有出于吾心者也。"（王阳明《紫阳书院集序》）德知一体，心性并立，涵泳本心，充塞天地。心之一点灵明，便是天地鬼神主宰，仰俯天地之高深，辨识人事之吉凶，都依赖心之主宰，依赖心之良知不泯。若能诚致良知之心，更无私意障碍，则恻隐之仁，不可胜用。正如他自己所说，"然学者须先有个明的功夫，学者惟患此心之未明，不患事变之不能尽。"（王阳明《传习录》上）所以，心外无物、心外无事，心外无理、心外无学。事、物、理、学，只在内心；行、本、知、明，不在心外；身、心、意、物，内在合一。"天下事物，如名物度数，草木鸟兽之类不胜其烦，圣人须是本体明了，亦何缘能尽得知。"（王阳明《传习录》下）在他看来，格物致知、知行合一，其目的在于达到"致良知"。不待虑而知，为良知；不待学而能，为良能。良知良能是人之天命之性、自善本体。能够致吾心之良知良能，就能开启心性本体、尽知天命，就会"自然灵昭明觉"（王阳明《大学问》），学际天人，无所不知。由于他认为，良知不在心外，致良知纯属内在心力，因而反对程朱之即物穷理之说，认为"良知不由见闻而有，而见闻莫非良知之用，故良知不滞于见闻，而亦不杂于见闻。"（王阳明《答欧阳崇一》）良知之外更无知，一切真知皆从良知而起，若在良知之外以求知，只能获得邪妄之知。所谓"致良知"实际上就是在内心之中，将仁义礼智之天理，贯彻于事事物物中，"吾心之良知，即所谓天理也；致吾心之良知之天理于事事物物，则事事物物皆得其理矣。致吾心之良知者，致知也。事事物物皆得其理者，格物也。是合心与理为一者也"。（王阳明《传习录》中）可见，"致良知"的确是千古学圣之秘、"孔门正法眼藏"。天理不在心外，知行合一于灵明中，知行都只是存心、养心、求放心的功夫，因此"一念发动处便是行"，只要学者获得真知，便会"泰然行将去也"（《宋元学案·伊川学案》）。

儒学这种"以静修心、德知并重"的涵养功夫，同样深刻地影响到了具有唯物主义倾向的宋明道学。首先，在其先声王充、张载那里，主张留精澄意、德性自存。如，王充认为，"不留精澄意，苟以外效立事是非，信闻见于外，不诠定于内，是用耳目论，不以心意议也。夫以耳目论，则以虚象为言，虚象效，则以事实为非。是故，是非者不徒耳目，必开心意。"（王充《论衡》）即认识依赖于留精澄意、加强修养以开启心路，不以闻见为要，不以虚象为言，如果蔽于闻见、虚象，"虽效验章明，尤为失实。"（王充《论衡》）而张载认为，人之认知，分为见闻之知和德性之知，"见闻之知，乃物交之知，非德性之知。德性所知，不萌于见闻。"（张载《大心》）为何有德性之知且不萌于闻见呢？因为，"今盈天地之间，皆物也，如只据己之见闻，所接几何？安能尽天下之物？"（张载《语录》）所以，惟依赖德性之知，才能"大其心"、"体天下之物"，尽心知性而知天。"大其心则能体天下之物，物有未体，则心为有外。世人之心，止于闻见之狭；圣人尽性，不以见闻梏其心，其视天下，无一物非我。孟子谓尽心则知性知天以此。"（张载《大心》）不知在德性中穷理，"如梦过一生"，就难以识得本心、达到天人相通。

但在王廷相看来，既然太虚即气，气外无理，因此"理根于气，不能独存"（王廷相《横渠理气辩》）。要识得此理，须"博于外而尤精于内，诉诸理而尤贵达于事"（王廷相《慎言》）。"博于外"，就要依赖耳目感官而获得的闻见之知，"耳之能听，目之能视，心之能思，皆耳、目、心之固有者；无耳目，无心，则视听与思尚能存乎？"（王廷相《雅述》）"物理不见不闻，虽圣哲亦不能索而知之"（王廷相《雅述》）；"精于内"，就要善于利用闻见之知，以便"究其理"。由于闻见之知，善用之可以广其心，不善用之则可狭其心，因而，"夫神性虽灵，必借见闻思虑而知；积知之久，以类贯通，而上天下地，入乎至细至精而无不达矣。虽至圣莫不由此。"（王廷相《雅述》）所谓"讨诸理而犹贵达于事"，则是指注重实践，要求"于实践处用功，人事上体验。"（王廷相《与薛君采二》）徒泛泛讲说而无实历，或者，虚一而静而徒守其心，实乃学者之大患，其弊病在于不能尽世事之变，不能穷心机之妙，皆有害于道，此不可引发后学之进学。鉴于此，他认为要"思之自得"，必须加强主体涵养，"广识未必得当，而思之自得者真；泛讲未必吻合，而习之纯熟者妙。"（王廷相《慎言》）

王夫之对德性涵养功夫做了高度总结，蕴含了更丰富的辩证性与实践性的内容，更接近现代思维水平。在他看来，认知之所，必实有体；认知之能，必实有用。"因所以发能"，"能必副其所"。（王夫之《尚书引义·卷二》）所不在内，能不在外。形、神、物三相遇知觉乃发，徒于心上识理或者只在物上究问，都不是识理之正途。离开感官觉识，"心之灵已废"，心物相合，方能有知。"形为神用则灵，神为形用则妄"（王夫之

《张子正蒙注·神化》），神形合一、身心合一，则万法俱通。心修不虚、涵养未至，"故與新过前，群言杂至，而非意所属，则见如不见，闻如不闻。"（王夫之《张子正蒙注·大心》）所以，他说："夫知之方有二，二者相济也，而抑各有所从。博取之象数，远征之古今，以求尽乎理，所谓格物也。虚以生其明，思以穷其隐，所谓致知也。非致知，则物无所裁而既物以丧志；非格物，则知非所用而荡智以入邪。二者相济，则不容不各致焉。"（王夫之《尚书引义·卷三》）不论格物抑或致知，都须心官与耳目并用，学问与思辨相合，涵泳本心而达于虚明，就可突破耳目之局限，尽其所见、尽其所闻、尽其所言，"不复拘于量"，"一念举而千里之境事现于俄顷，速于风雷。"（王夫之《张子正蒙注·诚明》）

综上所述，中国古代涵养功夫论可谓源远流长、博大精深。孔孟内圣之学率先提出尽心知性、德知双修、修己以敬、反身而诚；而荀子则将之发挥为德知一体、虚一而静、心生有知、内修外用。此后，从周敦颐主张的主静立诚、修身成圣、灭然去习、自尽心性到程朱学派倡导的敬明人理、进学致知、居敬持志、主一无适；从陆九渊强调的涵泳胜心、超然无累、自然自在、自然轻清到王阳明阐发的心外无理、心外无学、致其良知、灵昭明觉；再从王充、张载提出的留精澄意、必开心意、德性所知、不萌见闻到王廷相、王夫之论证的博外精内、思之自得、虚以生明、思而穷隐等等，中国古代儒家所称道的德知并重之涵养功夫，虽几经变迁、多有发挥，然其发展之道脉、嬗变之理路，从修己、立诚、致知、进学到养心、养气、主静、用敬，总是一以贯之、并无大改。其间，在从本体论到功夫论再到境界论发展中，其所体现和蕴含的辩证性与实践性内容不断追加，其所弘扬的在人格方面的圣贤气象与在为学方面的穷理之道，也逐步实现理性自觉并接近现代思维水平。

第三节　儒释道之开显本体的不同方式

关于本体的开显方式，儒释道三教互异：儒主张"格物致知"、"立象尽意"；道强调"以无为本"、"得意忘象"；释倡导"以心印心"、"转识成智"。直到王夫之哲学才以"践形"显道、"知行一体"的实践把握方式对之实现了终结，并首开知识论路向和召唤主体性原则之先河。

儒之本体及其开显方式。儒之本体论，发轫于孔子，形成于《易传》，而集大成于程朱理学。孔子认为"性与天道"虽"不可得而闻",但人们可通过天象("四时行""百物生")而把握,正像礼乐之本质可通过玉帛钟鼓而宣示一样。孔子弟子的"本末"之辩,更重视以"洒扫应对进退"等末事来开显仁义本体。这为后人以人的生存之道开悟宇宙之本,留下了宏大的发挥空间。《易传》的"形上形下"范畴,是儒学本体论发展的重要环节。《易传》不仅提出"形而上者谓之道,形而下者谓之器"的命题,从而将上下关系引入古代本体范畴之中;而且初步确立了对本体的"象喻"开显方式。一方面,《易传》认为形上之道与形下之器有别,人不能直接感知形上之本,因而"言不尽意",即语言之器不能够完整表征作为"意"的道体;但,另一方面,又认为"立象以尽意","系辞焉以尽其言",即凭"象"和"辞"之器,可体无极之道体。认为圣人设八卦以通天人,圣人凭"神物"——蓍草和龟,"极深而研几"以"通天下之志"、"成天下之务"。

而且,提出"观象制器说"作为天人相通的理论依据,认为人们可以"观物取象"、"观象而悟道",再"据道而制器",以器示其道。正所谓"易与天地准,故能弥论天地之道,仰以观于天文,俯以察于地理,是故知幽明之故"。此后,儒家的本体论皆以"立象尽意"作为开显本体的重要方式,从荀韩的天人"相交相用"、"制天命而用之",到董仲舒的"天人相通"、"人副天数";从张载的"太虚即气"、"一物两体"到程朱的"格物致知"、"即物穷理",都没有超出这个路数。这其中,最具代表性的当属程朱理学。朱熹对魏晋时期王弼提出的"得意忘象"和郭象提出的"冥而忘迹"极力驳斥,对唐宋的佛学、心学也大加挞伐。朱熹认为,"道器一物",即物而能穷通其理,于器物上见理。并针对苏辙提出的"示人以器而晦其道"的观点,明确地以"道在器中"的观点予以回击。他说:"道器一也。示人以器则道在其中,圣人安得而晦之?"更为重要的是朱熹深知理学之抽象、晦涩难懂,为开显其"理",他在自己的立论中,引用了大量的"物喻"(如"水珠喻""江水喻""骑马喻"等)、诗象(如《春日》、《偶题三首》等),为以喻象表征天理作出了表率。

道之本体及其开显方式。道之本体论开端于老庄,而集大成于魏晋玄学。一方面,老子认为,道为万物本体,其本质是"无"。他说:"(道)视之不见名曰夷,听之不闻名曰希,博之不得名曰微。此三者不可致诘,故混而为一。其上不曒,其下不昧,绳绳不可名,复归于无物。是谓无状之状，无物之象，是谓恍惚。"（老子《道德经》十四章）这表明本体不能为人直接感知，亦不能凭象、状而知，即不能从"有"到"无"。但是，另一方面，老子认为，作为不可名、不可言的"道"，虽然恍惚不定，不可捉摸，但并不能将之归于虚无。其本质是"无"，但又不等于不存在。他说："道之为物，惟恍惟惚，惚兮恍兮，其中有象；恍兮惚兮，其中有物；窈兮冥兮，其中有精；其精甚真，其中有信。"（老子《道德经》二十一章）这又表明"道"虽然深邃幽暗，确又实存。问题在于，老子的本体中的"象"、"物"、"精"，是如何得以开显的呢？很显然，老子否认道能以象示之，或者立象以明道，换言之，老子根本否认以"有"释"道"。作为本体的"道"，只能凭"无"来显现。老子认为，"天下万物生于有，有生于无。"（老子《道德经》四十章）虽然道生万物，但"道"并不存在于万物中，不能以万物（有）识道，只能以"无"反证"道"，即以否定的方式去肯定道的存在。这是道家开显本体的特殊方式。但如何以"无"示道呢？老子区分了"为学"与"为道"，认为认识物（有）是为学，"为学"不能识"本"；认为识"无"才是"为道"。因而主张"绝圣弃智"，"绝学无忧"，追求"不行而知"，"不为而成"，"无为无不为"。

　　但在具体论证中，老子仍借助大量的物象和物喻以明示其"道"，这一点与儒之本体的"立象明理"又是相通的。相比之下，庄子则比老子更进一步地用物喻和诗象以释"无为之道"。庄子在《逍遥游》中，通过大量的"喻象"为人们阐释了一个梦幻般的理想境界，这是无为之道的理想化甚至幻想化；而如何通达这一境界或者说如何契合本体呢？庄子在《齐物论》中，提出"吾丧我"的命题，认为这才是通达或开显本体的根本方式。在庄子看来，"我"是对象性关系中的具体存在（有），总是处于物我、人我、己我的是是非非、彼此纠缠之中。具体又表现为形态之我、情态之我、意态之我。这些个体的"我"总是被动地陷于现实名利、荣辱、进退的困境之中，总是处于与物、与人、与己的纠缠之中，被外物、他人或自己裹挟着、冲击着，踉跄于人生旅途而得不到片刻止息，终日劳碌而一无所成，疲惫不堪而不知归处。此时，人为物役、人为人役、人为己役，人沦为非人、人过着非本真的生活。庄子认为，人为"有"而在则失去了真"吾"，过着"我"（非本真的存在）的生活。这正是人需要超越的，所以才提出"吾丧我"的命题。因为，"吾"不能以有（形、情、

意）来显示即不能以肯定的方式直接显示，只能以否定的方式即否定
"吾"是"我"的方式，才能真正透显"无之本体"。所以"吾"只有
"丧我"才能自由自在地做逍遥游，超凡入圣，契悟本体（无）。到了魏
晋玄学，王弼的"得意忘象"、郭象的"冥而忘迹"，又进一步将这种以
否定式开显本体的理路推向极致。王弼虽然认为象出于意，因而，"尽意
莫若象"；"象生于意，故可寻象以观意"。但王弼强调的重点是"言不尽
意"、"得意忘象"。

在他看来，只有圣人才"以无为本"、"与道同在"，从而才能超越具
体的"象"而识无所不包的本体。而郭象的"冥"也是一种以否定方式去
体道的。他认为，只有"玄通泯合之士"才能"无心"、"忘己"、"忘
迹"、"捐聪明"、"弃智虑"，从而契证本体。常人不"冥"故不能识本，
"至理有极，但当冥之，则得其枢要也"。

释之本体及其开显方式。佛之本体论，从总体上看，特别重视发挥老
子的体用论（老子言道："当其无"有车、有器之用），而且不仅从有无
上区分体用，更注重体用的合一不二，在本体的开显方式上则强调"以用
明体"。正如华严宗始祖法藏所言："体用一对，谓此径中，凡举一法，必
内同真性，外应群机，无有一法体用不具。"这表明体用相融无碍，即体
即用，既相入又相即，互相发明、互相印证。事相属用，因用以见体，故
事用即是理体，如会百川以归于海；而理体虽只一味，却自在随缘（体见
之于用），故理体即事用，如举大海以明百川。惠能更明确地用"灯光喻"
来说明这种以用证体的关系："如灯光。有灯即有光，无灯即无光。灯是
光之体，光是灯之用。名即有二，体无两般。"

具体来说，佛教各派在开显本体的方式上又各有特点：天台宗强调
"三谛圆融"，唯识宗重视"转识成智"，华严宗侧重"六相圆融"，而禅
宗则力主"顿悟成佛"。下面仅以唯识宗和禅宗为例，以表明佛教是如何
"以用明体"的。唯识宗提出"转识成智"的开显方式，认为识分为八，
而识的"种子"有"无漏"和"有漏"，并认为要想超凡入圣，必须通过
特定的修行，使有漏的八识转化为无漏，摆脱一切烦恼，断尽一切习染，
才能获得四种佛智（事智、观智、平等智和镜智），从而"息念至悟"而
成佛。"转识成智"既是明心见性、开悟佛体的方式，又是佛子特定修行
的方式，这叫作"定慧双修"。而作为中国化的佛教——禅宗，则提出
"自心即佛"，不假外求，并倡导"三无原则"（以"无念为宗，无相为

体，无住为本"），"顿悟成佛"。在开显本体的方式即"识禅"上，则重"心传"，常以比喻、物象、隐喻、哑谜甚至拳打脚踢的方式来释"机逢"，以心传心，不立文字。这的确是一种奇特的开悟方式。

更为奇特的是，禅宗在表征生命体验、禅悟境界之本体时，于"禅不可说"之处，却又建构起了一个严谨而宏大的参禅释经的诗学话语体系，这种对本体的奇特开显方式与"心传"方式一样，常令世人拍案叫绝。吴言生在《禅宗哲学象征》一文中，从心性论、迷悟论、解脱论、境界论四个方面，详尽而系统地阐明了禅宗在以心印心的同时，更注重借用大量的物喻和诗象去开显本体，并将这种方式建构成一种奇特的喻象思维体系。①

古代本体论的现代趋向。王夫之在中国哲学史上，是一个"蓄水池"式的人物，其前，兼蓄一切水，其后一切水又从之流出。王夫之不仅对宋明理学而且对整个中国哲学进行了全面的批判改造，创建了博大精深的古代朴素的辩证唯物主义体系，从而终结了古代本体及开显方式的研究理路，并开辟了使中国哲学研究向现代转换的新方向。这主要是由于：一方面，从总体上看，王夫之将儒释道三教合流，统而为一。儒是"理"本体，其开显方式重"即物穷理"、"示器明道"，思维内容重人与人的社会伦理关系，思维方式属主客二分式即以崇有为旨的肯定式；道是"无"本体，其开显方式重"以无为本"，"不行而知"，以无（"丧我"）反证其道，其思维内容重人与自然的"无为而无不为"的关系，思维方式属天人合一式即以贵无为宗的否定式；释是"空"本体，其开显方式偏"心传"，重以心印心，旁敲侧击，并在无意中建构了庞大的诗学意象系列，其思维内容重人与己的自我体证关系，思维方式属主客融合式即以主静为本的旁证式。王夫之将这三种方式即顺证、逆证和旁证统而为一，集儒之"因象以明理""由辞以观象"、道之"得意忘象""言不尽意"、佛之"以心印心"不立文字三种开显方式为一身，提出即器即道，"象外无道"，强调由用以得体，观化而知原，感器而通道，从而终结了古代哲学喻象式的开显方式。

另一方面，具体来说：（1）从本体上看，王夫之将实践理念注入到本体上，实现了对本体的实践把握，为以后中国古代哲学在实践观基础上向现代转换，奠定了坚实的理性根基。王夫之认为"天下唯器"、"无象外之

---

① 吴言生：《禅宗哲学象征》，中华书局 2001 年版，第 8 页。

道"（卷六），道是器之道，体是物之体，道器无易体；这个形上之"道"是因形而显道，"有形而后有形而上"，（卷五）没有形则无以显"上"；更为重要的是，王夫之认为，仁义本性作为在"上"的道（本体），只有在"践形"、践下中才能体现出来。在他看来，人只能践下而无法践上，但只要践形（下）就必然获其上（道），所以上（道）因形而显、因践而显。这种实践本体论的雏形，的确与马克思实践唯物主义具有内在相通之处，正是在这个意义上，我们才有理由相信，王夫之哲学的确开辟了由古代向近现代的根本转向（尤其是生活实践的转向）。（2）从认识论上，王夫之倡"尽器"，认为只要尽器，则道在其中，强调了生活实践是认识的基础；并成功改造了佛之"能""所"范畴，提出"因'所'以发'能'"、"'能'必副其'所'"的观点；首开主体性哲学之先河，自此以主客二分方式张扬主体性，回归现实生活，推崇科学理性、民主政治、物质文明的研究理路，一直是中国近现代哲学的主调。① （3）从理论体系上看，王夫之提出的践形知本与尽器显道为一、知行为一、理欲为一、理势为一的整个哲学体系都贯注了实践性理念，并以之为轴心，终结了古代哲学本体及其开显方式，开展出向近现代哲学以实践为本体和向现实生活回归、关注人的现实生存的实践体证方式转换。

第四节 传统儒学之当代复兴及其路径

在当今全球化语境下，儒学经历百年沿革，从经学、国学的显学地位已跌落到了史学、末学的式微状态。在此尴尬境遇中，欲使儒学再度复兴，谈何容易？有人从儒学自身找原因，认为：一是，面临多元思想撞击的反复挤压和多重解构，在边缘化、碎片化、隐匿化的衰变中，儒学的农耕基础和宗法制度已然崩裂，其文化原典与叙事结构遭到颠覆，在当代中国主流思想论坛上显得凄凉与悲怆，完全处在无从置喙、瞠目结舌的失语状态；二是，在马克思主义中国化及其意识形态批判的强大压力下，传统儒学的知识体系全面崩溃、屏障全失，其主导性的价值原则几近气丧命绝：或者作为断裂的文化碎片散落在人文学科的边缘；或者作为失去活性的精神因子沉寂于材料史学研究领域的深层；三是，在场域收缩和思想游

---

① 张世英：《天人之际》，人民出版社 1995 年版，第 48 页。

弋的当代文化语境下，传统儒学的生命活力已然丧失殆尽，生存空间早已十分狭小，由于被指责为积贫积弱的罪魁祸首，它早已变成漂浮的观念、遥远的记忆、思想的碎片、文化的点缀；四是，在现实的社会生活中，市场化、商品化、工业化、都市化浪潮种种横扫的狂飙，使得儒学的生活基础日益贫瘠，几乎没有立足之地，或者沦为材料的身份、成为文化的残渣，或者成为活化石、被收藏家把玩，或者跟风逐臭、无所依归，模糊掉了自己的身份性，甘愿遁入书斋并自我放逐。也有人从儒学之外找原因，认为：本来儒学创造了关于世界和生活的完整、深刻而复杂的独特理解，塑造了具有高度复杂微妙的思想观念体系和情感生活世界，然而，现代中国学人对传统儒学进行理性反思时，不管如何评价和怎样表述它，几乎都要采用西方思想框架和平台来进行诠释，力图给自己"吹一个西方式的牛"。

关于儒学复兴何以可能问题的研究，当前中国思想界曾出现了各种流派，无论是持全盘西化观点的历史虚无主义派别，还是弘扬国粹的文化保守主义思潮，无论持实现马克思主义"三化合一"的正统主张，还是强调中国文化的后现代主义转向的激进探索，几乎毫无例外地都是援引某些现代西方的理论范式以为圭臬。以至于今天的中国学人已然习惯于从西方现代性的镜子中照出自己的一脸无奈，并在这种观镜的对象化体验中当代学人已经被训练成各种西方现代理念的代言人。这种喧宾夺主式的集体性精神误认，严重损害了中国儒学的思想意义和理论力度，破坏了它本来的文化性能与学理价值，不仅把中国儒学拆得七零八落，更严重的是它的观念和问题被荒诞化、泡沫化、边缘化了，既破坏了中国儒学原本和谐的概念系统，也破坏了中国概念本来的思想位置，中国概念体系中那些最有解释力和支配力、因而处在最核心层的概念，如：仁、道、天、理等，一经西学阐释完全变得意义轻薄、空洞无物、南辕北辙、相互冲突。传统儒学与作为文化霸权的西学格格不入，如何实现当代复兴？显而易见的是，西学观念的大量涌入倒是唤起了中国学人的问题意识，可是同时也挤掉了中国学人自己的问题领域，使中学丧失了自我规定性并沦为他者；同样显而易见的是，大家感到只有通过中西融通才能摆脱这一理论困境，但问题的关键在于，中西文化传统是这个世界上两个思想血统最不相干的、又都是获得高度发达的思想体系，而且各自有着以各种思想资源为背景而历史造成的"上下文"，根本没有足够多的共点可以实现会通，以至于在当前的思想领域产生了"二王并立"之双重权威并存的理性格局，且基本上是在各说各的、自说自话，南辕北辙、同床异梦。

可见，不同体系的思想观念要达成内在通约只能通过思想创新，而不可能通过什么"创造性转化"、"机械性拼接"、"简单性比附"、"后现代转向"、"生活化还原"等等各种伪创新的举措来实现，也不可能通过搭建什么真诚的对话平台并实现文化的交流与对流来完成。因为，对话或者交流的确可以促成一定的理解，但理解往往并不能保证必然接受，只能产生非常有距离的承认。如果异质文化间的互相理解和思想合作要成为可能并通过内在通约构成互惠知识，显然还需要一种基于特定生活需求而产生的共同理解。但，吊诡的是，建立双方共同理解并形成交往互惠的困难恰恰在于，以什么生活场域为基础、通过什么样的问答逻辑而产生怎样的视界融合，是"中体西用"抑或"西体中用"，是"援儒入马"抑或"以西非马"、是"以后解马"抑或"以马解马"？正是在这个核心问题上，往往众说纷纭，莫衷一是。有人从儒学的思想内涵上分析说，不可否认，儒学的心性之学对人学意义的追寻，的确实现了精神世界的自我建构和自我提升，它以心性之学与内圣追求的交融为内涵，将人之存在意义的领悟与存在价值的体认提到了引人注目的地位，空前地突出了人性的精神自觉，内在地表现了走向人性化存在的当代意向。然而，从人之心性本体的视域出发去考察人之存在的意义领会及精神境界的提升，这同时使之陷入画地为牢和故步自封之中，使之对意义世界的丰富性及人性的多面性未能给予充分关注。

因而，它只注重意义世界内在形态或观念形态的建构，而忽视对其现实语境、外在形态的基础建设，这既泯灭了人学之意义世界本身的当代性，也使其意义追寻呈现出某种抽象的特征，且往往以抽象心性之维的虚假存在消解了对象世界的客观实际；而且，一旦这种唯灵主义的旨趣和追求脱离了现实的历史实践过程时，便不免显得苍白、空泛、抽象、玄虚。这样，儒学因隔绝于现实的认识和实践过程之外，仅仅以反身向内的心性涵养和思辨体验为其内容，这种封闭、玄虚的精神自慰，无论如何难堪重任，更不要说实现真正的当代复兴了。

其实，传统儒学是由历史沿传下来的、体现中华民族共同心理特质的思想底座和价值纽带，作为中华民族精神的历史结晶和时代特质的集中表现，它渗透在广大民众的思想道德、风俗心态、审美情趣、思维方式、行为方式及其语言文字中，具有积极宽泛的理性内涵与文化底蕴，深深影响着广大民众的当代实践与未来取向。有人将之分为三个层面，即政治制度层（即政治儒学）、日常生活层（即公民儒学）、精神信仰层（即信仰儒学），笔者认为这种分法很有道理。作为主流意识形态的政治儒学，它的制度规训及其社会基础已经丧失，不仅早已风光不再，而且有隔世之感。作为核心价值体系的信仰儒学，它的当代建构更难以实行，不要说马克思主义的信仰早已成为我们的共同信念，单单我们民主自由的宗教政策，也无法使儒教再度抬头。

看来，复兴儒学最好的路径就是从公民儒学、生活儒学、道德儒学入手，发挥儒学在民间生活和公共伦理层面的教化作用。若从儒学的延续性、超越性、大众性、时代性等方面分析，儒学本质上是一个开放性的结构，它在当代的确存在着复兴的契机，可以在中国特色社会主义文化建设中得以延续和发展，它能够包容过去、启示现在并开拓未来，实现着我们对中华民族精神的特殊理解、价值选择与文化认同。然而，在它的社会基础严重崩塌、文化观念彻底断层、异质多元思想猛烈冲击的情况下，在马克思主义哲学中国化方案凯歌高奏的科学推进中，尤其在当代文化发展战略的精英化与大众化、知识化与信仰化的两难抉择中，传统儒学的当代复兴的的确确面临着来自外部和自身的诸多困境。那么，作为公民儒学的当代复兴又何以可能呢？对此有人主张，儒学复兴之所以在现代遭遇极大的生存困惑和发展理障，不是因为它失去了制度保护（即缺乏必要的政治护佑）和缺乏正确的宗教支持（即缺乏特殊的信教群体），而是因为它遭到了现代广大民众的冷漠和疏离（即缺乏公民儒学之生活基础）。儒学在义理结构上拒绝大众理解，而现代民众又从情感上拒斥儒学说教，在双方失之交臂情境中，儒学要发挥现代教化作用、实现现代意义转生，应首先考虑如何使自己化为现代民众的日常观念，变成现代民众情感认同和文化认同之不可或缺的东西。为此，儒学必须经由世俗化、生活化的途径，以实现向普世化、时代化的公民儒学方面转化。

一切果如此，就不能如传统儒家所主张的那样，从内在超越的心性层面抉发其现代价值和谋求其现代发展，而必须彻底抛弃轻视大众世俗价值的贵族化倾向，重新激活并发扬传统儒家人文主义精神意蕴，尊重普通大众的生命欲望和精神追求的合理选择，同情理解并自觉顺应他们的世俗情感、愿望要求和实际行动，将儒学彻底大众化、时代化、生活化，由羞于口、蔽于言的"内丹学"转化为与现代生活需求和情感认同合拍的"外丹学"，使儒学真正成为现代民众的潜意识和真信念。然而，有人对之不以为然，认为儒学一直存在严重的专制顽症和深层痼疾：它的天人感应、仁政思想、史官传统、谏官制度、士人清议以及科举制度、监督制度等等，极易滋生残酷权力倾轧、难以控制官僚阶层腐化、无法避免社会分配不公、难以克服种种民生凋敝、常常引导社会周期性动荡。对这些顽症以及由此造成的传统社会种种病态，传统儒学志士曾千方百计寻找疗救之道，寄希望于将自己的学说与封建专制捆绑一起以求大同世界，不放弃忠君愚民思想意图做出善的选择，结果只能是缘木求鱼、白费气力，以至于当今仍无法根除这些专制病灶。事实上，在今天现代化过程中已然摧毁了儒学的社会根基和生活原型，所以传统儒学才变成了抽象性的理论、无躯体的幽灵和原教旨的悲叹。如今若欲为之招魂，恐怕很难使之重新确立为主流意识形态，倒不如从生活场域的重构来得实际一些，因而平民儒学的复兴是可能的。但是，为之重构生活场域又谈何容易？现代社会生活的特征之一，就是家庭形态的彻底变革和家庭伦理的根本转型。

现代人在沐浴五光十色新生活阳光的照耀下，可谓既无田园可归又无家庭可以退守，而现代社会工作与行动的漂移又强化了人们的无根性，这是当代人存在的现代困境和生活悖论，被市场化的各种物欲裹挟了的现代人，真的很容易挣脱现代生活形态的樊笼而主动趋向传统儒学的心灵救赎吗？我看未必。连重建日常生活基础尤其是重构家庭伦理生活场域，尚且如此艰难，更遑论公民儒学的真正复兴了。传统儒学作为封建性的农耕文明、宗法制度下的血缘文化和以心性修养为主的内圣之学，它的影响与作用向来具有两面性，既塑造了我们民族精神的凝聚力、公共心理之共同人格，又造就了我们的国民劣根性和文化颓废性，诸如推崇血缘、崇拜祖先、厚古薄今、因循守旧的自贱品格以及逆来顺受、轻视个性、存理灭欲、愚忠保身的懦弱品性，这些都是它的糟粕和毒素，一旦通过平民儒学而死灰复燃，就会毒化人们的心灵、污染社会氛围，极不利于当代核心价值体系与社会主义和谐文化的科学构建。

可见，公民儒学的复兴之路布满荆棘，国粹主义的策略值得警惕。儒学既积淀着精华又充满着糟粕，它的复兴之路既不能采取中体西用而普遍接纳，也不能执行全盘西化而彻底颠覆，只能采取视域融通和实践整合的创新之路，通过马克思主义"三化合一"的科学改造而实现跨越式的发展。否则，若割裂传统与现代、民族性与时代性的内在关联，无论是中西文化的简单拼凑抑或西方文化的单纯移植，既无法充分汲取和创新利用儒学资源，更不利于新的民族精神的当代凝聚和中华民族自我形象的重新塑造。

那么，接下来的问题是，如何让儒学成为当代学术的风骨、传递时代的声音、造就中华民族的思想自我、引领当代中国的科学发展？有人认为，传统儒学必须进行一次真正的义理革命，以摆脱传统儒学执守抽象研思的旧理路，而与当代思想集体开展深层次的对话与交流。儒学的中庸之道、天人一体、中道圆融、和谐共生的思想体系，能否为人类的文化创新开发出最根本的人性本体与生活世界之原理，这才是值得我们认真省思的关键所在。面对当代人类文明的冲突和矛盾，我们只有在对人类宇宙根源与人性道德根源相互作用、相互生成的切身体悟中，才能洞察人文危机、存在危机和社会危机的总根源，形成新的天人合一观并以此培植出新的国民意识。儒学复兴必须能够为我们提供当代中国文化所凝聚的多元智慧与精神发展的广阔空间，我们今日必须严肃面对如何实现对它的重新界定、如何结合人类文明的多元和谐与当代拓展而发展出儒学的本体之学、发用之学，从而使之成功安立中华民族的精神家园。

时下，中华民族正处在伟大民族复兴的进程之中，民族的复兴必然要求民族文化的率先复兴，以儒学为主导的传统文化，自孔子起就自觉地承继和接续着中华文化的优秀传统，从历史上看它曾是中华民族发育、成长的文化之根，无论如何我们绝不可能把这个根斩断，相反，只能适时地在传承这个文化命脉的基础上，使之重新走向新生。就目前我国发展的实际情况看，在21世纪儒学作为一种精神文化在中国乃至在世界上获得新的发展、实现复兴，是很有可能的。以往我们努力学习、吸收和消化西学，这为儒学从传统走向现代奠定了思想基础，儒学复兴必须是能为当代人类社会和平发展的前景提供有意义的精神支撑的生生之学，应该是有益于促进各国人民团结友好、互信互助、和睦相处的和合之学，也必须是反本开新、奋力开拓、与时俱进的创新之学。今天，人类社会正处在一个大变动的时代，世界各地的思想界出现了对"新轴心时代"的呼唤，这就要求我们更加重视对儒学智慧的温习与发掘，回顾我们文化发展的源头，弘扬中华文化、融汇古今中西，为建设中华民族共有的精神家园而努力做出属于我们自己的特殊贡献来。诚然，当今世界正处在一大的转折关头、处在十分不和谐的情态之中，有许多我们必须认真面对的共同难题，诸如对自然的无限制开发、残酷的掠夺，造成生态环境的严重破坏；由于对物质利益的片面追求和权力欲望的无限膨胀，造成人与人、国与国、民族与民族之间的矛盾冲突加剧，以至于残酷的局部性战争连绵不断；由于过分注重金钱的感官享受致使身心失调、人格分裂，造成自我身心的扭曲，成为身份迷失、下落不明的"物"，如此等等，不一而足，这些无疑是人类面临的最重大课题，对此，传统儒学的叙事方案，或者可以为当今人类社会提供某些有益的思想资源，或者可以使我们对当前存在的问题保持思想上的自我觉醒。

当然，上述难题仅靠儒家思想的启迪不可能完全解决，但有着几千年历史的儒家思想无疑为解决上述难题提供了可供参照的策略选择。这表明，儒学作为一种两千多年占统治地位的意识形态，早已随着辛亥革命和五四新文化运动而终结，已不可能复兴，作为一种意识形态的儒学早已终结并为马克思主义意识形态所代替，这是一个不争的历史事实。但是作为一种学术流派的儒学经过自我变革后，则有可能作为内在精神变量而再度复兴，并成为社会主义多元文化中的重要一元而继续存在和发展。儒学是一个多层次、多方面的复杂的思想体系，其中既有精华也有糟粕，其中作为应世救世的具体主张和观念，自然随着岁月的流逝而过时并失去其原有价值。但儒学在历史传承中经过磨炼积淀、升华凝聚的民族智慧、精神传统却有着普遍的永久价值，这些极具当代想意义的思想观念是中华文明之所以能延绵五千余年而不中断的最基本的民族精神基座，它们将随中国特色社会主义的阔步前进而不断丰富和发展。

这表明，传统儒学作为一个学术流派在经过马克思主义"三化合一"方案的创造性改造后有可能重新复兴。复兴后的新儒学即"后现代儒学"，无论在传承中华民族文化、为社会主义新文化建设提供思想资源等方面，还是在教化人的品德、调整人与人的关系、建设社会主义精神文明等方面都能发挥重要的精神塑造作用。当然，它只能是社会主义多元文化中重要的精神变量之一，而不可能成为多元文化中的主导形态。儒学复兴不可能偏离马克思主义"三化合一"方案，相反必须实现当代新儒学与马克思主义的内在联手，儒学只有成为马克思主义"三化合一"的内源因子才能发挥其应有的作用。今天我们要解决中国的现实问题，当然离不开汲取传统文化资源特别是儒学传统资源，但是我们不应该离开马克思主义"三化合一"方案而抽象地教条化地对待儒学复兴，而应系统地研究现代性与根源性之间的辩证关系，以全球化为背景，从民族精神和时代精神相契合的角度全面清理儒学的糟粕，探寻儒学在马克思主义"三化合一"方案中的积淀及创造性转化的途径和模式，深入挖掘传统儒学对当今中华民族精神与时代精神的培育所能贡献的当代价值，提炼儒学中具有普遍意义的思想观念与社会理想，从新的视角审视儒学与马克思主义的相生相容关系，探索在经济全球化、文化多元化的世界浪潮中，儒学的民族特性和马克思主义"三化合一"实现整合的发展道路，抽绎出其中能为当代中国现代化的社会生活中起到积极作用的核心价值观念，以便促进当代马克思主义"三化合一"方案的科学实施。

第三章

中国近现代哲学家研究

朱熹理学玄奥之至，却能"化民成俗"且历代不衰，影响久远，皆得益于他善于借"物指"和"意象"去宣示哲理。熊十力援佛入儒、以儒为宗，广纳佛义、融会贯通，通过对人生诸多问题的内在省思，了悟人生真义、复归自我本心、崇尚成己之道、推崇成务之功。冯友兰主张超拔人的境界以建立理想人格是冯友兰新理学的核心与归宿，并以之主张：真学问必须"从人下手"，为人提供凡中作圣的理性工具。青年毛泽东积极投身革命实践活动，善于在斗争中比较、总结、清算种种主义或理论，勇于以"今日之我向昨日之我挑战"，从而郑重选择了马克思主义。

第一节　朱熹理学的喻象与转识成智

朱熹理学玄奥之至，却能"化民成俗"且历代不衰，影响久远，皆得益于他善于借"物指"和"意象"去宣示哲理。本文仅以理学本体论和认识论的"物喻"和"诗象"为例，以凸现和表征"转识成智"即化理性和经验为智慧、"化性起伪"、化理性为德性和德行的重要性。

朱熹理学及其喻象。朱熹理学本体的核心论域是"理气关系"，具体包括四层含义。

（1）"理在气先"。在他看来，"宇宙之间一理而已"①（卷70），理是唯一、绝对的存在，是天地万物三纲五常的创造者，在人物消尽以后，理仍如是。可见，理与气比，是时间上在先；但又认为，"以理言之，则不

---

① 朱熹：《朱文公文集》。

可谓之有，以物言之，则不可谓之无"，①（卷94）即理并非"同于一物"
或可归结为一物，亦不可归结为"空"或"无"。否则就会要么使之局限
在感性具体上，不能成为"万化一源"的"绝对的一"，要么使之"沦于
空寂"、"流于疏芜"，最终取消了本体。这又表明，理是逻辑上在先。对
这种"逻辑在先"关系，他用"说话喻"来达到"以象喻理"：譬如说
话，说"无"说"有"都是落在一边，"说得死了"；只有说"理"是
"有无一体"，才落在中间，才"说得活"。这样理就成为既非有又非无，
既在物之先又在物之后，既在阴阳之中又在阴阳之外，成为无内外、先
后、始终的"通贯全体无处不在的"绝对本体。

（2）"理气相依"。一方面，他认为，从理上看，理气相依，"理不离
乎气"。因为，有理无气，则"理无所立"，"无是气，则是理亦无挂搭
处"；②（卷1）另一方面，从物上看，理气相离，"理不杂乎气"。因为理
支配气，理主气从。对于后者，他用"乘马喻"来表征：譬如乘马，人的
使命是骑马，马的义务是载人；一出一入，人马相依，但马离不开人的鞭
子。人马间的"妙合"如"理气"的主从关系一样，妙就妙在，理主动
静，理主气从。

（3）"理在气中"。理既在气中又在气外，但说到底是在气外。对此，
他用"水珠喻"作了明示：明珠在水里，水清则明，水浊则不见其明，表
明理确在气中，是内在关系；但明是明珠的自性，不以水之清浊为转移，
水之清浊不增减其一分，虽在浊水中，外面不见明亮，而里面仍然光明，
这又表明理又在气外，是外在关系。

（4）"理本气末"。朱熹认为"万物皆有此理，理皆同出一源"，即
"万理一源"。万物之总根为理，理化生万物，并通过万物而显现，万物各
具一理，即"理一分殊"。他用"江水喻"来解释此点，源头只是一江水
（理一），但用的器量不同（勺、碗、桶、缸等），水之体虽不变，水之量
则不同（分殊）。并认为他的"江水喻"来之释氏的"水月喻"即"一月
普现一切月，一切水月一月摄"（"月印万川"）③（卷18）。

朱熹理本体的四层含义，实际上也是人生的四种境界，对此他曾用诗

---

①　朱熹：《朱子语类》。
②　同上。
③　同上。

象作了精到的诠释。（1）他有一首名曰《春日》的小诗："胜日寻芳泗水滨，无边光景一时新。等闲识得东风面，万紫千红总是春。"① 就揭示了理学本体及其人学意蕴的三种境界：第一种，他以情景交融的"诗之情"来描述备受道家推崇的"气之境"即自然境界亦即"地界"，揭示了人与物之间的自然关系。换言之，朱熹以"游春抒情"之诗象，揭示了道家回归自然之哲理，可谓喻理于象；同时，也亮明了儒与道在人生取向上的区别：面对一片自然美景，道者"仰天长笑出门去"，出离俗世并融入自然；而儒者则"此地安家日月长"，读书学圣，建功立业。第二种，他以寓理于情的"诗之意"，来描述儒家倡导的"理之境"即社会（道德或功利）境界亦即"人界"，展示了人与人之间的社会关系。"胜日"即刚日，古人向来"刚日读经，柔日读史"；"泗水"暗指"孔门"（孔子曾于洙、泗之间传道。况宗室南迁，朱熹实不能于此游春）；"寻芳"乃寻圣人之道、儒家之理。揭示了古人智慧虽千变万化，但天地间不过一理而已（"总是春"），可谓以文载道、文与质为一。第三种，他以"理仁一体"的"诗之心"，来凸现佛家关注的"性之境"，即圣人之境亦即"天界"，突现人与自身之间的关系。因为，孔门儒理的核心为"仁"，而仁是性之体，仁的外观即生意（生机勃勃），"万物勃发，触处皆春"之象，实喻"万物为理且总万理为一仁"，可谓以理喻人，并进一步区分出儒与佛的不同，儒追求修齐治平、内圣外王，而佛则"三生漫说终无据，万法由来本自闲"。

（2）而他的另一首"观书有感"的小诗："半亩方塘一鉴开，天光云影共徘徊。问渠那得清如许？为有源头活水来。"则集中描述了第四种境界：他以"理一万殊"的"诗之魂"，照亮了朱熹理学汇儒、释、道三家为一源的气度，揭示了整合天地人（人与人、人与物、人与自身）、实际、真际、纯真际为一的"太极之境"。以"清泉活水源头来"之诗象，开展、敞亮出这样的境界：万物之所以生机盎然，乃在于有人的心灵感悟，心灵之所以清若明镜、应答自然，乃在于禀受于理，理之所以能照亮心田，乃在于源头（太极）不断为之输送活水。这种用形象说哲理而不堕入理障、陷于腐气的运笔实在奇妙，令人折服，可谓巧夺天工。

朱熹提出"格物致知"之说，以提供通达理本体的认识论支撑。具体

---

① 缪钺等：《宋诗鉴赏辞典》，上海辞书出版社 1996 年版。

也包括四层内容。（1）天理流行，具于一心。他说，天理流行于物中即"在物之理"，流行于心中即"在己之理"，流行于人中即"经生之理"，它"乃出于天、不系于人"，是上帝给予人的。当上帝通过气派生万物和人时，就将理降在人心中，于是每一个人都是"心包万理"、"万理具于一心"。（2）格物致知，即物穷理。在他看来，理虽在心中，若不通过格物来穷究，这个已知之理仍是"悬空底物"，所以"自家虽有这道理，须得经历过方得"。这样，在格遍万物的"在物之理"后，先验于心中的理才被照亮。（3）知行相须，行重知轻。知行相互依存、密不可分，行重于知，而且强调要"力行其理"，"为学之实，固在践履，苟徒知而不行，诚与不学无异"。（4）豁然贯通，无有不尽。由心之理先推之于物，以物之理印证心之理，待物之理的穷究无不尽了，再由外而内，豁然贯通，达到"得其极"的"知至"境地，此时则"至纤至悉"，众物之真理精粗无不到，吾心之全体大用无不明。

朱熹还借助诗象以晓喻通达理世界的上述四个步骤。（1）他《偶题三首》中的第一首："门外青山翠紫堆，幅巾终日面崔嵬。只看云断成飞雨，不道云从底处来。"就是通过"云腾致雨"这个象，来晓喻世人：万物皆有其理，天理化生万物，即天理流行、万化一源。只有由识象而识理（即物穷理）才能"无往而不适"，"无施而不安"。（2）第二首："擘开苍峡吼奔雷，万斛飞泉涌出来。断梗枯槎无泊处，一川寒碧自萦回。"这是朱熹借"水泄成溪"之象，以阐明：若欲识得心中"至理"，必须有水的奋斗精神，格遍万物，穷究诸事，而且要割断一切名缰利锁（"梗槎"），才能进入澄明之境（"自萦回"）。（3）第三首："步随流水觅溪源，行到源头却惘然。始信真源行不到，倚筇随处弄潺湲。"作者以"探寻水源"之诗象，揭示了"行重知轻，力行其理"之哲理。探寻太极之理（"源头"）必须有通明之慧眼，有辨别精粗巨细和综合归纳的能力，然后由博返约，自见真源；若浅尝辄止，一得自矜，自满于枝节之说，则真源永远不能朗然在目。（4）他的另一首"读书有感"诗："昨夜江边春水生，艨艟巨舰一毛轻。向来枉费推移力，此日中流自在行。"显然，这是借"春洪冲舰"之象，以明示历经万物、豁然贯通之哲理。只要积之既久，穷究万理于极彻，且力行其理，才能"到那贯通处""拈来便晓得"，达到一悟百通，无所不到之境（"自在行"）。朱熹以"物喻"和"诗象"来解注和普释其理，一方面表明他的理学体系深受佛家"以意象表征佛道"的影响；另一方面也表明他的确看到了理性的局限性。只有把"至理"平常化、大众化，才能教化众生，并使之一心向理。当然，理性的实现程度取决于各种因素：是否抓住了事物的根本，满足了时代的需要，是否代表了大众的利益，符合历史的发展走向，理性本身是否正确，是否有足够的物质基础和实现条件，以及理性有否合理的实现形式，能否正当的、"仁道"的使用等等。限于篇幅，本文将在第二个问题中，仅就理性的实现形式和途径，谈谈"转识成智"的必要性。

"转识成智"是佛教用语，借用于此，意在诠释以下几点：从理性的抽象性与实践的具体性的强烈反差来看，必须化理性为智慧。这是由于：（1）在实践中形成的理论理性必须转化为实践理性（工具理性、技术理性、价值理性），才能得到实践的确证并实现它的发展，也才能范导实践，实现自身的目的。（2）由于理性不同于知性，知性是"只能在有限规定中活动的思维"，而理性则总是把对象当作包含有相反规定的具体的"一"来把握，①它远远超离了具体的对象或经验，并将之综合为有机整体。因而，理性所揭示的是对象的一般的规律性、本性质的"一"，其抽象性、概括性的程度极高，这种高度浓缩的智慧之成果，无法直接应用于实践，不能以原有的、纯然的形式发挥其范导实践的功能，必须向操作理性转化。（3）由于人所从事的实践活动的对象总是具体而复杂的，总有这样或那样的时代性、民族性、地域性等特殊性，要实现理性向实践的转化，把认识的成果落脚于具体的实践活动上，就必须首先结合活动的特殊需要并使之向操作性、具体化方面飞跃，确立可操作的、可运行的一系列具体的模式、目标、方法、机制、办法、程序等等。总之，实践理性是实现由理性向实践转化的中介性智慧，没有这种转化，理性与实践的结合就只能是外在的、牵强的比附，而一旦确立了这种中介，二者的结合才真正是内在的交融。

从经验的狭隘性与实践的普遍性品格的强烈反差来看，必须化经验为智慧。这是由于：（1）单纯的经验或常识，因其自身的离散性、具体性、浅表性，它还不能称为科学的知识，它虽然是具有强烈现实感的实践性意向，但它不能直接运用于实践，它只有纳入一定理性解释框架并经过理性和实践的双重涵化与整合后，才能成为范导实践的有用的智慧。（2）直观

---

① ［德］黑格尔：《小逻辑》，商务印书馆1980年版，第93页。

的、朴素的经验知识或常识性的知识，其局限性（活动领域的独特性、分割性、个体性）异常突出，它为改造世界的实践活动所提供的基础异常脆弱或薄弱，凭借这种狭隘性的知识，人们预知自己行动的未来结果的能力十分有限，因而，它必须注入一定的理性含量，夯实基础后才能用之去指导实践。（3）在日常的经验性操作中，的确蕴藏着许多奇妙的智慧，正如在自然界中的"隐蔽的质"只有"在技术的挑衅下，而不是在任其自行游荡下，才会暴露出来"① 一样，经验性的知识也只有在理性的催生下，才能转化为活着的智慧。总之，经验只有成为理性的经验，才构成实践性观念的具体环节，成为属人的智慧。

从禁锢理性的各种因素来看，必须"化性起伪"。（1）是由于理性自身的缠绕。理性是人将自己处理和驾驭自己同外部世界的关系中所表现出来的智慧抽象集成的结果，"是按照人如何学会改变自然界而发展的"。② 在社会实践的遗传规律作用下，理性还只是人的潜在的"天赋"，还必须通过后天的努力，接受文化模式的陶冶和塑造，经受各种方式的（观念的和实践的）活动的习练和体验，它才能由潜能转化为现实的力量。但是，由于人的理性并不是绝对纯粹的、也并不是绝对完备的，它总是自我缠绕并在极端上思维，并满足于处在"死胡同"的单面性内容上，因而往往将之膨胀为绝对和普遍性的东西，这样，即使是在"同一方向"上，只要它"再多走一小步"，③ 它就走向了自己的反面，就会产生反理性的负效应。可见，理性必须经常在实践习练和自我体认中走出盲点或误区，解除自我缠绕的困境。（2）是由于各种非理性因素的缠绕。理性不是纯粹透明的光，它总是同人的欲望、意志、习俗、信念、情感等各种非理性因素纠缠在一起，这种非理性因素既可激发与活化人的精神空间，积极地发挥理性的指导功能，但也可能形成功利洞穴、情感洞穴（或情结、欲结），陷入理障并不断作茧自缚，使理性最终禁锢在洞穴中并产生了"洞穴思维"，理性陷入反理性、非理性的歧道。（3）是由于其他因素的缠绕。理性不是支配人的活动的唯一因素，人在社会关系中所处的地位、习俗、兴趣、文化传统、价值取向、背景理论的储备、地理环境、时代风貌等等社会因

---

① ［英］培根：《新工具》，商务印书馆1984年版，第78页。
② 《马克思恩格斯选集》第3卷，人民出版社1972年版，第551页。
③ 《列宁全集》第39卷，人民出版社1986年版，第82页。

素，也总是缠绕在理性及其作用的正常发挥上，使之走向反面，做出非理性的举动；而且人自身潜在的兽性或本能，在某种条件的激化下，也使得理性"克不倒私欲"，反而压倒理性，做出反理性的行为。总之，人的理性在受到自身的、非理性的、社会文化等因素的缠绕、控制和支配，就会发展出畸形、病态的理性，① 这种遮蔽状态下的理性（理智的黑洞），随着实践习练和自身体认的增多，魔咒会不断地解除，但在解除之前，作为一种壁障，它势必妨碍自我的完善和发展，也只能范导出片面的、急功近利的、甚至异己性的实践，造成理性的异化。

从人是否、能否正当使用理性来看，必须化理成"仁"。（1）一方面，由于"利"与"仁"的背离，因而不能化理性为德性。人们往往满足于对某一点或某一面的利益的需求，不能按人作为类的意识即"仁心"或"仁道"去运用理性，而是为一时、一地、一己之私，反仁道地滥用理性，致使理性异化为反理性；另一方面，由于理与仁的背离，因而不能化理性为德行。显而易见，没有普遍的、全面的发展和扩充理性，理性不能经常地随实践的深化而实现内在超越（自我完善和发展），而是禁锢在洞穴中，从而使理性变得越来越敌视人了，成为人的异己的力量；而且，同样显而易见的是，没有将理性与"仁心""仁道"内在地整合起来，就不能以身体道、力行其道，也不能塑造出良好的德性。而没有良好的德性，只能导致对理性的不正当、不合理的使用，即不能在合目的与合规律相统一的原则下使用，从而不能使其活动成为造福于人类的德行。（2）由于现实关怀与终极关怀的背离，也不能化理成仁。理性的领域的确不是一块轻易能介入的领域，它是思想者思想的事业，若没有与道同俱的仁心，就耐不住寂寞和清贫；若没有宁静淡泊、志存高远的胸怀，而是耿耿于成毁荣辱，纠缠于蝇头小利，就不会殚精竭虑、寝食难安地为理性的终极关怀而殉道，而只能忘情于现实关怀，做一个很容易满足的凡夫俗子。由于两种关怀的矛盾时时处处纠缠于理性及其运用者，因而也限制了理性的合理利用和全面发挥。总之，只有将理、利、力、仁整合起来，将理性与仁道、仁心整合起来，才能化理成仁即化理性为德性、化理性为德行。

---

① 夏甄陶：《人是什么》，商务印书馆 2000 年版，第 160 页。

第二节　熊十力的成己之学及其启示

熊十力援佛入儒、以儒为宗，广纳佛义、融会贯通，通过对人生诸多问题的内在省思，了悟人生真义、复归自我本心，崇尚成己之道、推崇成务之功。其人性论要义在于：建本立极、极深研几；扫相归体、体用一如；断染成净、净习浑化；坦然寂静、性修一体。撇开其唯心论法和神秘主义之弊，其对当代学子治学谋篇，颇具积极意义：为文，须透彻所从来，乃不眩惑；谋篇，须了然其出口，乃不凝滞。若气庸质腐、心胸狭窄，溺于鄙陋之俗、陷于辞采之艳，焉能反身而诚、境界自升？若迷头认影、欺世盗名，媚俗惑众、夜郎自大，焉能专精奋发、穷神知化？

熊十力人生哲学几经流变，终于归宗于儒，成一家之说。作为现代新儒家的杰出代表和新唯识论的创立者，其"新唯识论"中的人性论思想丰富深刻、影响久远，多具创调建基之论、惊世骇俗之言。早年读陈白沙之"禽兽说"而颇有感悟，忽然激起无限兴奋，刹那间，恍若身跃虚空、神游八极，惊喜若狂、无可言状，顿悟血性之躯并非真我，此心此理乃是自性。后治船山之学，颇好之，随兴革命之志，不事科举而投笔从戎。待目睹民族危难而清廷腐败，党人竞权而革命无果，以为一切祸乱皆起于民众昏聩无知，随之欲专心治学，以导人群之正见。深感拯民于水火，革政不如革心，随欲以学术救国、力倡开明之业。痛悔往昔愚钝而随俗浮沉，誓绝世缘而治求己安人之学。初学向佛，唯识无境，大乘空宗，投契甚深。时之既久，又厌之虚无人生、消极遁世。后有悟于《大易》而反求诸己，出佛入儒，援佛入儒，融会儒佛，自创新格：援易入佛而宗主在易，不计毁誉而坚持己见。其"新唯识论"一出，马一浮赞之曰："昭宣本迹，通贯天人，囊括古今，平章华梵"①。此后以"体用不二"立宗，由佛向儒并归宗于儒。心主动而开物，由内圣而外王。其内圣之学，乃成己成圣之学，阐释宇宙人生之大学问、安身立命之大根本。其外王之学，乃开物成务之学，阐述自由平等之观念和政治历史之主张。本文试图通过解析熊氏人性论要义，以阐明其对当代学子治学的有益启示。

熊十力"新唯识论"之"成己之学"的核心要义。熊十力人性论思想

---

① 熊十力：《新唯识论》，中华书局1992年版，第39页。

援佛入儒、以儒为宗，广纳佛义、融会贯通。他对人生诸多问题的内在省思，特别注重以体用不二、心性不二、内圣外王不二的方法，了悟人生真义、复归自我本心，崇尚成己成圣之道、推崇开物成务之功。撇开其唯心论法和神秘色彩之弊，熊氏人生哲学中的建本立极、极深研几，扫相归体、体用一如，断染成净、净习浑化，翕辟成变、性修一体之思想要义，可谓博大精深、言近旨远，阐幽发微，哲思绵长。其神秘主义表现在：冥而忘迹，内省识体。认为一切真知，皆由玄冥之境独化而来，皆以性分之情体贴而出。至理有极，但当冥之，则得枢要；人生大义，非历经之，难知真味。惟玄通泯合之士、明智笃行之人，莫能与事妙契，贯通天人，更遑论无心忘己、绝虑弃智了。其唯心性主要表现在，唯心是境、自心是佛，心体如镜，普照万物。此心常清静，自觉自圆融；诸缘顿止息，佛性得充盈。惟坦然寂静，心不染杂，方能越名教而任自然、超物累而通心性。故而，与物冥合，则达圣知。限于篇幅，本文仅就其人性论要点的四个方面予以阐发，以求教于学界方家。

建本立极、极深研几。熊氏认为，因西学东渐、中西交融，各类杂说、出乎其间。唯物之说胜，功利之习炽。人心不古，形上迷失，"皆物为之累，而气不自振"。[①] 奸生于心，而僻辞以祸世；妄动于行，而赴竞争之沟壑。张欲扬利、祸起萧墙，价值坍塌、道德沦丧，人心失正，有家难回。万化生于人心，人心正，则万事万物莫不归正；人心死，则乾坤息，万事万物皆入于邪。时至今日，人理绝、人性灭，人气尽、人心死，狼贪虎噬、蝇营狗苟。各自安其安、利其利、乐其乐，唯知自保，疏远灵魂。唯有反求诸己，识得自家本心，才能找回失落的本我，泯灭一己之私。而科学实证之言、功利实用之说，无以重建人生之大本、无以确立人道之尊严、无以安立生命之始基，唯有以天人合一之说，体用不二之理，才能重建内圣外王之秩。由此观之，哲学乃人生之学，道在反躬、本无内外，非实践无由证见，非修养无以明心。唯有把生生不息之天道与自强不息之人道融为一体，把大化流行之宇宙观与刚健有为之人生观合二为一，把真善美乐与力利理仁内在结合，才能洞见宇宙之基源和认识之根蒂，建本立极、扫相归体。由此观之，哲学乃究体之学，一切智之最上智，一切智之所从出，唯有基实测以游玄，从观象而知化。穷大则建本立极，冒天下之

---

① 熊十力：《新唯识论》，中华书局1992年版，第20页。

物；通微则极深研几，洞万化之原。若学不究体、治化无基，功利杀夺、何有止期？无本无源、无有归宿，无以自持、无以安立。迷离颠倒、魂不附体，实则可悲、成何意义？若能见体，则能于有限识无限，俯察万物而日新，自性真元并不亏欠，任性逍遥如何不乐？

扫相归体、体用不二。概而言之，其人生哲学之研究方法有二，即扫相归体，体用不二。传统哲学离心究本、陷入疏芜，唯物唯心、非物非心，种种之论、妄自猜度。谬之所在，不识本心。熊氏认为，人之真性、即是本心，人生之理，即是真如。万物本源与人生真性，本非有二，实乃一体。若离心言体或心外求本，则陷入幻相，失去自性。只有扫除一切虚相，才能冥证一切真法，只有破除一切俗见，才能彻悟本然之心。可见，心随物游、境由心造、体不离心、境不离识。离心究体，或执境求识，皆为妄执之习心，只有破除境执、无住无待，扫除一切物相和心相，才能彻见本来面目。唯有识得清净本然之心，才能备万理、含万德、肇万化、顺万事，达到绝对无待、恒久远大，圆满至极、翕辟成变之境界。腐儒伪说，裂体用为二，于大化流行之外，妄拟一个至寂之体；于万有识相之外，虚设一个至无之心，堕入体用两橛、求体废用之思维陷阱。其实，体用一如，不可两离，即用即体、即用显体，全体成用、用外无体。无穷妙用，集于一体，若用外而求体，或体外而觅用，只能得一死体，无以创生活用。自识本体、忽然成用，用中生巧，豁显心体。但是，唯有真净圆觉、虚彻灵通，卓然独存、心自证会，才能自明自了、默识体用，体用不二，浑然为一。若迷以逐物、妄执外境，体用两离、外弛不反，只能成就一种逐物之学或反己之学，将迷失真性、混沌无知，焉能自我体认、自识本心？

本心是真、习心是妄。何谓本心？熊氏认为，乃是与天为一之人道，充塞宇宙之天道。本心虚寂、无形无相，远离晦暗、不涉纷扰。其化也神明、其生也不测，无虚妄之惑、无愚鲁之困。照体独立、清静无为，化生如神、迥然内证。无知无不知、无明无不明，化成一切相、生成一切形。何谓习心？乃迷于小己之私心、妄生分别之染习。根于形气之灵而追境逐物，源自血性之勇而利益纷争。别物我，判内外，起妄心，生邪念。非但不能御物，反而为物所役，一味追逐外物，全然利欲熏心。顿失万物与人伦之真极，泯灭道心与人心之牵挂。明本心习心之别，辨性智与量智之差，旨在使人懂得本心是真、习心是妄，去除虚妄、复归本我。若人为无量无边的习气所缠缚固结，人则失真失性、迷执外相，反以习气为命，纯任习心趣境，而不识何者为自家宝藏。犹如慢慢夜，常在颠倒中；掩蔽自家珍，沿街去乞讨。天爵全毁弃，人爵也抛掉；平平常常事，徒然增烦恼。而若存理灭欲、摆脱习心，方能证悟：本心本清净，不欲然红土；本无所亏欠，圆满自又足。跳出名利场，自在是真如。不知老将至，得到大幸福。日益向上、不坠于物，解脱缠固、脱然无累。但，只有操存涵养、居敬思诚，才能去染成净、识得本心，断惑破执，显发真性。若拘执形气、不慎所习，物化异化、千古巨谬。①

断染成净、净习浑化。熊氏认为，净习必须浑化无迹、转化成性，不役于物、不丧于俗。涵养心性，保任操存，勿令放失，修养身心。随顺本心昭灵自在之用，不可着意把持过紧，而要助其长盛不衰，辅之昂然独立。若秉自家习气用事，一味顺习顺才，本心已然被障碍，不再显发真如。若随顺大化流行、克倒私欲，就能悟得宇宙本体生生不息之真几，人生在世之妙理。故而，习有净染、气有浑浊，净习顺性、染习违性。人生性本净，运于无形中；未尝停一息，悠悠化众生。为己之学、无事于性，有事于心、增养净习。开显性能，极有为而见无为；自我观照，尽人事而合天德。若一任染习缚之长驱，更无由断；若一沉漂泊随之逐流，则无由安。唯有断染成净、净化灵魂，才能发明本心、立定大体。反求诸己、自识本心，挺立大本、乃得良知。大本既立、良知既致，则道德本我得以自存，私欲恶习不得潜滋，意无不成，功无不就。保任道义、扩充本心，弘扬良知、显为大用。生生化化、无穷无竭，时时推扩，刚健有为。继天成己、以立人极，顺生健进、与天为一。② 维天之命，于穆不已，百弊不生，生生不息。若空言心性、流于虚寂，好高骛远、陷于疏芜，则以己凌人、孤以绝群，猖狂纵欲、颓然放肆，焉能开物成务、继绝开新，内圣外王、定于一尊？

熊十力"成己之学"及其治学意义。熊十力"成己之学"之精神要义，对当代青年学子结连篇章、为文治学颇具理性启迪：

为文：须透彻所从来，乃不眩惑。一般来说，重述权威乃是个性思维成熟的一个关键环节，重思智慧乃是追步先贤的一个必经阶段。真正的科

---

① 张文儒、郭建宁：《中国现代哲学》，北京大学出版社 2001 年版，第 336 页。
② 熊十力：《十力语要》，中华书局 1996 年版，第 311 页。

学真理不怕重复，它的理性之光越重复越闪亮。当然，这种重复不是简单的复述，而是有针对性地运用和外在性的显现，是理性能量在实践生活中的积极投放，是新的智慧因子不断追加、意义不断增值的过程。理论引领实践不断向前、向上发展的过程，也是它自身的理性内涵不断获得集聚的过程。若将之滞留于高楼书院、书斋讲坛，或者将之束之高阁、置若罔闻，它又如何能够掌握群众、贴近生活，从而赢得并见重于时代与未来呢？若不把古人的思想拿来重新思考一遍，把先哲的问题重新探索一番，与之比肩实属不易，更遑论青出于蓝而胜于蓝了。古之治学，胸襟博大，器识弘阔，强调要"为天地立心，为生民立命，为往圣继绝学、为万世开太平"。古之为文，在学绝道丧之际，在文化生命委顿之时，能为人安身立命、贞定活路，护持家园、彻悟人生，力求达到圆融无碍、透彻玲珑。强调"须透彻所从来，乃不眩惑"；常了然清如许，则不困顿。若倚重文本，贸然为文，则易隔膜、疏芜与离散；若满足纸上得来，而拒斥躬行，则必浅陋、粗鄙与稀薄。文思有透彻之颖悟，乃可参玄论道；取事非周密之细察，不可凑合拼接。哲人之思，唯在兴趣，常常羚羊挂角，无迹可考。其文思之妙，如空中之音，相中之色；其智慧之巧，如水中之月，镜中之像。言有尽而意无穷，寻象数而观幽微，此乃天下之至言；唯心会而不可口传，可神通而不可语达，乃人间之至理。无限衍义、无边放任，奥妙所在、存乎一心。非老于学，焉能透彻至此；非信于笃，焉能默而识之。正所谓，溪光初透彻，秋色正清华。人文之思，不仅属于文学也属于社会，不仅属于历史也属于当下。理智之文，博大精深、奥妙绝伦，焉能寻章摘句、文哭秋风，唯科际整合、视域融通，做延伸阅读、界外阅读，方能品出真味、入木三分。使古之心性义理之学重新得以开显，内圣外王之道重新得以光大。若气庸质腐、心胸狭窄，溺于鄙陋之俗、陷于辞藻之艳，焉能反身而诚、境界自升？若悠悠泄泄、欺世盗名，媚俗以惑众、迂腐而自狂，焉能专精奋发、穷神知化？

为学：须精思所由出，自有高格。古之大家指认，非穷尽百氏之言，岂能成美文之奇；非取法至高之境，焉能开独造之域；非通达至深之意，焉能吟高歌响调？有境界，则自有高格、自有名句。无境界，则只能如矮子观场，人云亦云；以讹传讹，做耳食之徒。王国维倡导"治学三境"[1]，

---

[1]　施议对：《人间词话译注》，岳麓书社2009年版，第68页。

第一境："昨夜西风凋碧树，独上高楼，望尽天涯路。"此种境界认为，唯有彰往察来，鉴古通今，才能坐拥书城而神交万古，不出户庭而穷览千载。唯有不和众嚣，才能独具我见；宁可孤芳自赏，绝不随波逐流；宁可岩穴孤处，绝不"拆烂污"。当然，这种境界与那种青灯黄卷、独自沉吟、自说自话、自我陶醉式的研究风格不同，与那种拒斥大众理解和运用，而只在学术共同体的小圈子中自我欣赏的小众化研究理路有别。第二境："衣带渐宽终不悔，为伊消得人憔悴。"这种境界强调文章憎命达，治学愤世俗。古人行文，高山仰止，疑无路可走；有谁知，曲径通幽，而另辟新途。古之为文，虽与先贤望尘莫及、望洋兴叹，然而，风流又拍古人肩，六经责我开新意；悟以往之不见，知来者之可追。故而，多思前人言行，以蓄其德；勤于博闻强识，以储其能。文人治学异常艰辛，思维劳作更是苦不堪言，时常寝食难安、百无聊赖。哲学研究不是一种能够轻易步入的文化形式，它要求于人甚多，除非能够将自己的思维提升到一定的高度且具有一种超常的反思能力，否则不能登堂入室、切问哲学妙谛。必须拒绝一切犹豫和怯懦，敢于沿着崎岖山路奋勇前行，才有望达到智慧的顶峰。第三境："众里寻他千百度，蓦然回首，那人却在，灯火阑珊处。"此境界认为，渐修与顿悟，皆为治学之必需。为文需要循序致精、即物穷理，也需要豁然贯通、自我领悟。它要求哲人具有"大利根器"，具有卓异的颖悟能力、非凡的慧根与灵性，不能纠缠于名相、执着于词句，只有无执、无待、无着、无住，才能通达纯粹的心灵世界获得妙悟，著文行世以阐理智之光明，不言之教以启众生之心智。当然，这里所说的颖悟之开解、奇思之妙想，并不同于佛学所说的不立文字、思维路绝、言语道断、教外别传，也有别于那些唯语录之是崇、唯经典之是尚，古人不敢非、时贤不敢议，尽陷于教条之中、唯书唯上不唯实的饵名钓禄之言。

谋篇：须合于时而著，善能变通。冯友兰析治学有"三讲"，即接着讲、照着讲、自己讲。自己讲，其实就是讲自己，而讲自己，首先就要做自己。要承认有自己的学问，要有学术自信，而不能"抛却自家无尽藏，沿门持钵效贫儿"；要敢于说自己的学问，而不能沦为他者，处处为自己吹一个西方式的牛；更要善于超越自己的学问，须懂得"永远在途中"的道理，做到会通中西、兼容并包，而不能裹足不前、画地为牢。真正智者，能将一种哲学精神贯通于事事物物中，做到应接事物而处其当，合乎时宜而善变通。其文章旨趣高雅，篇篇美文、字字珠玑，物动而知化，事兴而知归，见始而知终，见贤而思齐。其立言，寡而足，约而喻，简而达，省而具。其为文，知贵精，行贵果，学贵博，事贵达。人之于治问学，犹美玉之善琢磨；著文之于信达雅，犹博弈之于常切磋。博学而不穷，笃行而不倦；博观而约取，厚积而薄发。做人追求，非淡泊无以明志，非宁静无以致远；习文强调，非勤学无以广才，非励志无以成学。普遍认为，为学之道本于思，为学大病在名利。握其机，半部《论语》定天下；要之极，忠恕一言行终身。书痴者，治文必巧夺天工；艺痴者，演技必纯属精良。技精而近于道，致思而入于理；善学者，尽究其义；善行者，尽通世理。勤能补拙才偏敏，笨鸟先飞不为迟；清扬似玉须凝练，行云流水须构思。若读而有得、得而可用、用而生巧，其才必博、言必静、文必畅、量必宏；为文莫害于浅学，莫病于自足，莫罪于自弃，莫毁于钓誉。若因循守旧、悠忽志文，明哲保身、尸禄为学，焉能笔随泪洒、语出衷肠、拍案叫绝、触及灵魂？若不能检视灵魂、涵养内心，焉能有叩问人性的深度和触碰生活的硬度？若一味追求恶劣的个性化或者过分的边缘化，醉心于自我直观、我行我素，焉能思入生活、引领时代、传承文明、继绝开新？唯重理轻利、求实避虚，自家体贴、反复诘难，才能达到悠悠乐学、随缘放旷之境界，唯博习亲师、触类旁通，用典无移其故，裁章必出己意，才能治出有思想的学术和有学术的思想；唯返本开新、根究承变，与时俱进、与时偕行，才能开拓新的自我生成之域，以学养真知推动当代哲学的文化转型。

用世：须见乎机而行，贵能决断。古之文人雅士，学富五车而汗牛充栋；才高八斗而满腹经纶。不作无病呻吟之文，务去陈词滥调之语。讲起止、别内外，重修饰、倡文理。其旨趣，意蕴而丰厚；其字句，艳丽而天工；骈散各极其妙，章法甚为谨严。其修内之功，全在于积极用世；其精研百氏，在诉求放旷超脱。欲做经天纬地之国士，而不为碌碌无能之腐儒。常能明尊卑、异贵贱、劝有德、教世人。通于世务，明习文法，以学术润饰政坛，以美文启迪人性。外敛刚强之威势，内聚贤淑之心态。内无妄思，德性高妙而志节清白；注重修养，正心诚意而内圣外王；外无妄动，学通至理而精明世事；严于律己，明习法令而足以决疑。为民请命、以文安邦，通于策问、修己安人，刚毅多略而遇事不惑，为学治文而贵在践履。古之文德之士，真诚磊落、心存敬畏，气定神闲、行思合一。破书万卷，历经沧桑，裁章置句，教化子民；以德治国，以文警心，移风易俗，安乐万民。增减义旨，损益其文，兴论立说，结连篇章。通览古今，继绝开新，精思著文，读书仕进。其为文，纯粹而磅礴，弘阔而明晰，雍容而华贵，至极而穷理。豁人耳目，沁人心脾，无矫揉造作之态，无媚俗阿世之风。力排异端而拒斥邪说，言辞直白而语义幽眇。寻文思之茫茫，独高歌而响调；纳百川而东流，挽狂澜于既倒。今之平庸学子，追步后学之解构思想，切问西人之荒诞学问，把玩平面之互文，捕捉多元之异趣；消解意义、削平结构而放逐情怀，躲避崇高、告别理想而道德沉沦；无以载道、气息弱化；无以言志，血脉不存。其为人，身无所安，命无所立，心无所属，情无所寄。其至乐不在书案，其心思不在谋篇，不能由虔诚、热忱而达平静，不能由睿智、妙想而达雅闲。世事洞明，为生计筹划；人情练达，为稻粱谋算。由迷思、虚骄而至抱怨，由物化、自腐而至贪婪。恃才傲世，语戾行乖。其为文，雕琢而阿谀，陈腐而铺张；迂晦而艰涩，玄远而抽象。中文光气，黯然神伤；无以抒情，无以弘扬。国文风度，失之于俗；用笔措辞，浅陋陈腐。机械比附，割取圣人之旨而演绎；厚古薄今，组合圣人之语而述之。怪奇之作，有悖于教化；妖淫之说，有害于天下。游戏笔墨，多尚杂驳无实之说；愤世嫉俗，多具害性污秽之词。功利机巧，不得其正；迷于外物，文心萎枯。

第三节　冯友兰的人学思想及其当代意义

超拔人的境界以建立理想人格是冯友兰新理学的核心与归宿，并以之主张：真学问必须"从人下手"，为人提供凡中作圣的理性工具；必须摆脱传统唯物唯心的纠缠，在观念上达到"一片空灵"，以抓住人之本、根；必须能让人"以心观真际"，对人生得到最高的觉解，从而"引人入圣"；必须通过转识成智之法以点化众生而成圣成贤。在评析冯友兰人学思想的基础上，当代中国人学体系的建构，应着眼于从实践活动或现实生活入手，着眼于对中国传统人学理论的继承和应用，着眼于在马克思科学实践观基础上，实现实践人本学、传统人学观与西方当代人学观的三家互动，会通与对接。冯友兰一反现代西方哲学只关注枝枝节节的小问题，而忽视人的问题的倾向，刻意把为人提供"安身立命"的大道理作为自己毕生的志向，并用一套独特的研究方法、朴实的话语去解决人、人生问题。探析其丰富而独特的人学思想，对当代中国人学的研究尤其是新体系的建构定会有一定的启发作用。

　　冯友兰凭借渊博的国学与西学素养，认为真学问应"从人下手"。他玄览中西学问之道，认为西洋的学问是"从物下手"的，而东方的学问则是"从心下手"的①。二者各有弊端："从物下手"必然向外探求，以认识、征服、驾驭自然为目的，这就势必崇尚科学、理性，忽视人生问题；而"从心下手"则必然向内追索，力求追问人能做什么、人应做什么、人是什么等问题，只注重人的品性的修炼和境界的超拔，而不关注人有否及能获得多少知识和权力。因而，最适当的做法应是"从人下手"，即从每个人的"所居之位"、"日用之常"入手，为人提供在日用常行之间尽职尽伦、安居乐处的入圣之法。并以此将世上的学问一分为三：损道、益道和中道。在冯先生看来，大凡世事无非两类，一曰天然，一曰人为。自生自灭，无待于人者为"天然"，与之相对，而必倚于人者为"人为"。损道派认为："人为"乃至恶之源，故而力注绝圣弃智、绝巧弃利，倡导绝学无忧、绝思自由，主张见素抱朴，退回到小国寡民。中国老庄之学是该派的典型。益道派认为现世的不好乃是由于我们奋斗得不够努力，文明尚未臻极境造成的，幸福乐园在将来的"人国"而不在已死的过去或者"天城"，主张人应力图创造，竭力奋斗。西方经验主义者都持此说。中道派则努力调和二者，认为"天然""人为"并不冲突，可以互补互通，要求采取容忍的态度，既不要"与天争职"，顺应自然，又要以"人力胜天行"，提倡"现在世界，即为最好，现在活动，即是快乐"。② 冯友兰是中道派的代表。一方面，冯友兰"从人下手"而倡导的"中道"之说，实际上是最大意义上的人学。在他看来，人是最终目的，人的现世的安居乐处、身心恬愉，是最根本的，一切学问包括他自己的新理学体系最终目的都是为了人，为了人的自由自觉的、全面的发展和完善。他平生殚精竭虑所追求的就是为人提供一套理论工具，以之能让人超拔脱俗，达到最高的境界，能够以"道"观物，成圣成贤，而且，又不离乎日用常行之间，在担水砍柴、事父事君中达到定慧双修。他把这种"即世间而出世间"称之为"极高明而道中庸"。这可以说是他的人学理论的点睛之笔。

　　另一方面，他"从人下手"而倡导的"中道"之说，反映了一种特殊

① 冯友兰：《三松堂学术文集》，北京大学出版社1984年版，第21页。
② 冯友兰：《人生哲学》，商务印书馆1926年版，第20页。

类型的思维方式和致思取向。西方近代以来，逐步形成了以发生学为方法、以求真为核心、以天人相分（主客二分）为探究方式的研究传统，该传统将人物分离，视人为主体、物为客体，要求人向外认识物之本，必然无穷追逐一个在已知的东西之上或背后的形而上的东西，这种传统根置于认识论，起源于发生学，以弄清形上之本的虚实、真假为致思取向，力意关注本体与规律、理性与科学；而中国自先秦以降，逐渐形成了以生存论为基础、以求善为核心、以天人合一为探究方式的研究传统，该传统将人物合一，要求人向内探究本与末、源与流、根与枝，本、根虽无形而先于、优于有形的枝、末。以生存论起源的传统，一心向善，从尽心知性到修、齐、治、平，开创了内圣外王的研究格调。冯友兰则试图以扬弃的形式调和二者，以探究人的始因为基础，将求真与求善、求美有机融合，兼包生存论与发生论二者的优点又超越之，从人与物、人与人、人与自身三位一体的独特角度，致思人之本、根、源即人的自由自觉的生存与发展的始因。

这种研究方式不拘泥于人伦道德规范和各种社会习俗，也不拘泥于事物的规律、结构，而是致力关注"人道"，为人在日用之间就能进入"圣域"开辟路径。冯友兰"从人下手"的思维方式与马克思科学实践观的实践把握方式，有许多契合点和相似之处，表明二者在当代中国人学体系的建构中，可实现某种程度上的会通与互补。冯友兰的"从人下手"，实际上是从人的活动、人的日常生活入手去把握人之本的。马克思指出，人之本就在于人本身，人本身就是人的实际生活过程。因而，强调唯有从人的实际生活出发即从实践及其过程出发，才能揭示人、人生的真谛。历史上的旧唯物主义，"见物不见人"，只是从物或客体出发，以直观的形式去理解世界和人生，根本否认人的主体性、能动性，它"变得敌视人了"，没有也不可能揭示出人的真正的实践性本质；相反历史上各种形式的唯心主义、"见人不见物"，却抽象地发展了人的能动性方面，由于离开现实的感性的实践活动，同样不可能把握住人之本。马克思科学实践观区别于一切旧学说的根本之处，就在于它以独特的方式即实践的把握方式去理解人及人生存于其中的世界。它不再把世界仅仅理解为自在或外在的自然，不再把人仅仅理解为能吃能喝的生物学上的人，而是强调只有实践才是人的存在方式，因而必须以人的感性的实践活动，从现实生活本身出发去理解人、把握人，把世界理解为人生活于其中并由人的实践不断改造和发展的世界，把人理解为通过自己改造现实世界的活动而不断获得新生和再生的实践性的人。这样，在实践基础上，既克服了"从物下手"的片面性，又克服了"从心下手"的片面性，实现了"既见人又见物"。在当代人学理论界所产生的两大认识误区，"自然中心困境"与"人类中心困境"，说到底，也只能"从人下手"，即从人的实际生活、实践活动入手，否则根本找不到走出认识误区的路标。

冯友兰认为，真学问应"一片空灵"。① 真正的学问，既非"先科学底"，亦非"后科学底"，亦非"太上科学"，正由于它不违反、不反对科学，但也不以科学为根据，所以它不随科学结论的改变而丧失价值；又因为它所依据的只是人的思与辨，而思辨能力古今如一，极少变化，因而不可能出现全新的真学问，只能出现较新的学问，一真学问永远也不能集大成，但它的价值却是永恒的。冯友兰认为这样的真学问，"必须是一片空灵"。空即空虚，灵即灵活，与空相对者为实，与灵相对者为死。史学因其滞留于既成事实，所以"实而且死"，逻辑学因其尽是些死套子，故而"空而不灵"，自然科学因其是对经验事实的普遍解释，故而是"灵而不空"，这些都不是真正的学问，真正的学问应是"上继往圣"、"下启来学"的最哲学的形上学即最大意义上的人学。以"空"且"灵"的标准去衡量历史上的唯心论和唯物论，一方面冯友兰认为，唯物唯心虽"唯"不住却可"惟"住。他在《论唯》一文中说："所谓唯心唯物的那个'唯'字，是要不得的，一个大哲学家的思想，或一个大底哲学派别，都不是一个'唯'字可以把他唯住的。"②

但虽"唯"不住却可以"惟"住，他平素就称之为惟心论或惟物论。"惟"与"唯"在古语中相通，在现代，"惟"除与"唯"一样具有"单单，只"的含义外，还有"思维、想"的含义。可见，冯先生认为可以"惟"住，关键在于不是把一切万物仅仅归于心或物，而是可以对物或心进行思索，而且由于要思考的内容非常之多，不一而足，所以是"惟"而非"唯"。

另一方面认为，唯物唯心都该挨打。对传统的唯物论或唯心论，他虽不赞同胡适的武断的"以不了了之"的方法，亦不同意西方分析哲学的那

---

① 冯友兰：《新知言》，商务印书馆 1946 年版，第 15 页。
② 冯友兰：《南渡集》，商务印书馆 1959 年版，第 79 页。

种"悬置"的办法，即用括号括起来，存而不论，束之高阁。而主张以扬弃的方式去另辟新路，即用禅宗的办法各打五十大板。他分析说："凡对于第一义所拟说者作肯定，以为其决定是如此者，都是所谓死语。作死语底人，用禅宗的话说，都是该打底。"而普通所学的唯物论与唯心论，把世界万物武断地归结为心或物，这种论断都是死语，所以唯物唯心都该挨打。若按"空灵"标准，冯友兰自己的学问也该挨打。冯友兰自己说，他的学问既非"照着讲"（即照着中国古代的或西方的东西讲），亦非"自己讲"（即撇开其他，自己另创新说），而是"接着讲"，即"接着中国哲学的各方面的最好底传统，而又经过现代的逻辑学对于形上学的批评，以成立的形上学"。这种形上学把世界一分为三，即从实际（气）到真际（理）再到纯真际（太极），并认为理世界是真实存在的，世界是天理流行，气存其中，这和传统的唯心论不无二致，因而也是该打的。但是，好在他所说的"理"世界，其实是人的现实生活本身，或者说是从人的现实生活中幻化出来的使人凡中脱俗的为人之道、处世学问。尽管这种学问是通过对现实进行"剥葱"一层一层剥出来的，而且是用了"过河拆桥"的"缺德"的办法，才达到玄而又玄的。

但由于是对人之本即人的现实生存本身所做的抽象，因而它不是"无字天书"，而是"有字人书"，因而从人学的角度来说，既不能用唯心论去"唯"住，亦不应该挨打。事实上，唯物唯心只就其在解决世界之本即思维与存在何者为第一性时所奉行的思想路线说的，除此之外，唯物主义和唯心主义这两个用语本来没有任何别的意思。唯物主义并非把人排除出去的"物本主义"或"唯客体主义"，亦非只崇尚和追求物质生活而轻视精神修养的"物质主义"或"享乐主义"。"唯物"并非只有物或只承认物，而是以人观物，从人生存的角度去思考物。实际上在唯物主义发展史上，不要说马克思的现代的唯物主义非常重视人、人性、人的价值和尊严等问题，就是旧唯物主义，也大多是人道主义者、人本主义者。我们说它"见物不见人"，并非没有人，而是说它不承认人的现实的感性的活动，只强调人和动物一样，是纯粹自然的、完全符合生物规律的人。至于把唯物主义理解为张欲扬利、贪图物质享受的物质主义、拜金主义、享乐主义，这实际上是扭曲、贬损了它的形象。在现实生活中，那些辱骂唯物主义骂得最厉害的人恰好成了这种学说的"最蹩脚的庸俗残渣的奴隶"。

因为，在人的生活中，只有唯物主义的规律，没有什么唯心主义或其他的规律，换言之，人们只能以唯物主义的原则生活，否则若以想象去面对一切，那么这种想象无论如何奇特，但毕竟它连一根稻草也举不动。在建设有中国特色社会主义的当代中国，崇尚科学、反对迷信、大力弘扬唯物主义精神，消除唯心主义及其他精神垃圾，建设高度的社会主义精神文明，是非常重要的。在当代人学的探讨中，一定要切忌把唯物唯当作"标签"随意使用，更不能不加分析地前置一个价值标准：认为，凡唯物主义的就是好的，凡唯心主义的就是坏的或者要不得的。

在人类认识史上，离开实践的唯物主义，连最蹩脚的唯心主义也不如，离开实践的辩证法，也不止一次地充当过通向诡辩的桥梁，恰恰相反，在一些唯心主义体系中（如黑格尔的体系）包含的唯物主义因素最多。旧唯物主义或唯心主义的错误不在于主张以物为本或以人为本，问题在于它们不能以扬弃的形式将人本与物本综合为一。在人学领域正如在其他一切领域里一样，马克思科学实践观是实现这种综合的串线，它贯穿在人学领域的一切问题中，影响并规定着这些问题的性质、发展方向及解决的方式和途径。从而表明，当代的中国人学只能是实践人本学。

真学问应"引人入圣"。冯先生认为，真学问因"空"且"灵"，对于改造自然、创造物质利益，可谓一无所用，但它有"无用之大用"，它的用处"不在于求知识，而在于求智慧"。这种智慧只观而不用，让人以心观真际并对之有一番理智上的觉解，从而引人进入"圣域"，他的"人生境界说"集中阐释了这种"引人入圣"的智慧。关于人性问题，冯友兰对程朱理学的人性论做了一番改造，认为无论天命之性抑或气质之性都是善的，是彻头彻尾的无不善。程朱认为仁义礼智信在天为理，在人为性，这种天命之性是纯正至善的。而由于人气禀互异，禀气清则性善，禀气浊则性恶，从而导致人的气质之性善、恶有别。

冯友兰从真际的观点出发，批判了这种人性善恶说，认为天命之性、气质之性都是善的，并且认为后者规定前者。因为人性虽与生俱来，但人必有一种结构（气禀或气质），才能学得人之性，否则若无此结构，无论如何学习（像猴子一样），毕竟如沙煮饭，终不能成。但又由于人的气禀未必能使人的气质之性充分合乎天命之性，而且人之性又有正性（本质属性）、辅性（非本质属性）、偶性之分，从而导致现实中的人有善恶之别，现实中的事有善恶之别。他在留欧访苏后，曾对各种社会中的人，通过比较而做出评论，认为封建主义的人"贵贵"，资本主义的人"尊富"，社会主义的人"尚贤"。这可以说是对他的抽象人性论的一种现实注解。何谓人之正性,即人区别于物质的本质何在?冯友兰认为是人的"觉解"(知觉灵明)。觉解有程度上的差别,从而导致了人的境界的高低。并将人的境界一分为三,即物之境、人之境、圣之境。处于物之境中的人,凿井而饮,耕田而食,日出而作,日入而息,行乎其所不得不行,止乎其不得不止,其行为是顺习或顺才的,其境界是一片混沌;处于人之境中的人,其行为是"为利"或"行义"的,具体又分为功利之境与道德之境。处于此境界中的人,对于人之性有较高的觉解,无论"为利"或"行义",目的都非常明确,而且致力于为之奋斗。

处于圣之境中的人,其行为是"事天"的,处于此境界中的人,因对人生万物有最高的觉解,因而能使人与物、人与人、人与自身融合为一,尽心、知性而知天,并因知天、事天、乐天以至于同天,从而能够超越成败、顺逆、贵贱、生死等一切的一切,而进入"圣域"。冯友兰认为,人必须得一真学问的启迪,才能成贤作圣,进入圣境。而自信自己的新理学体系,就能使人尽可能地发挥人的知觉灵明,使气质之性尽量合乎天命之性,从而完全脱离动物无觉解的状态,真正步入圣境,过上人的生活。并把这个过程分为三个阶段:有我有情—有情无我—情我俱无。有我有情是因个人私利而产生的喜怒哀乐,有情无我是对社会、民族、国家,对正义、人道等而产生的义愤、公愤;情我俱无(或俱忘),是以道观物,同天、乐天,超越一切进退、成毁、荣辱等等凡人琐事的缠绕,得到一种平静的闲适之乐,犹如一潭"无波浪的水"。

然而,这种恬愉不是"人欲净尽"或"存理灭欲",不是让人超凡入圣,远离尘世,而是让人凡中作圣,"不离日用常行内,直到先天未画前"。因而不须上帝或天国,亦不须苦修或礼拜,只需在尽职尽伦中提高人的觉解,便可成圣成贤。表面看这种作圣之法平常容易,"入圣券"价廉易取,但实际上既切近又高远,对常人来说,只是一种内心的祈求与理想。关于人的本质问题,是人学理论中最为基本的问题,对此本应早结共识,以推动当代人学理论向深层开掘,然而,在最基本的问题上,暴露出来的问题却最多,并以之产生了种种不同的人学观。

概而言之,主要有:(1)理性之本。认为人之本质在于人有理性,把人归结为理性的存在物,认为人只要理性多一分,兽性就少一分。(2)非理性之本。认为人是有感情、知爱憎的高级情感怪物,人之本不在于人有理智，而在于人有情感和意志等非理性因素，人是一种非理性的存在物。从理性的角度只能说明人的举止，无法说明人之本。人之本超出理性，根本无法理解。（3）人性之本。人之本就在于人自身，而人是本原意义上的"好"，人高于并优于任何物，人的本质属性在于人本身所拥有的优越性。（4）超人性之本。认为爱心人所共有，普遍存在，无有差等，它超越人的一切现实属性，成为一种最高的本质。（5）感性之本。人就是活生生的现实的人，他有血有肉，能吃能喝，像其他自然物一样，这种自然性就是人之本质属性，人是感性的存在物。（6）社会之本。具体又有三种情况：其一，认为人是天生的政治动物，从事人治理人的社会政治活动是人之天性，人生来就是为驾驭和支配他人而活着，这种观点把人归结为政治性的存在物；其二，从伦理上把握人之本性，无论性本善、性本恶、抑或性本无善恶，都不是就事论事，而是抽象地把握，这种观点将人视为道德的存在物；其三，认为人是社会性的存在物，人的本质存在于并通过各种社会关系来表现，离开各种现实性的社会关系根本无法理解人的本质。（7）实践之本。这种观点认为，人和人类社会是在实践中形成的，也是在实践基础上不断发展的。人类形成以后，人作为自然存在物固然要服从自然的生物规律，但支配人及其社会发展的却是全新的规律即社会实践活动的规律，因而人的后天的本质完全是在人的实践活动中形成并发展的，正是由于人的自由自觉的实践活动，使之超越了自然的限制，成为能够支配自然的实践存在物，所以，实践性是人的本质属性。在人的本质问题上，笔者倾向于最后一种说法，同时认为，人之本既有个人之本、社会之本，又有人类之本。就个人之本来说，是指人的理性，或者如冯友兰所说的人的"觉解"；就社会之本而言，是指人的社会性；就人类之本而言，是指它的实践性。

　　但，只有从实践出发，将人的个人本质与社会本质综合起来，才能真正理解人的"类特性"。在我国当代人学理论界，有许多学者在谈到人的本质问题时，都根据马克思的表述：人的本质并不是单个人所固有的抽象物，在其现实性上，它是一切社会关系的总和，认为，人的本质就是"社会关系的总和"，或者说社会关系本身就是人的本质。关系是本质的表现形式和存在方式，将关系等同于本质，笔者无论如何不敢苟同。马克思的原意，其实是将"现实性"与"抽象性"相比较而言的，强调要从人的社会性（社会生活及其过程、社会活动及其所结成的社会关系）去分析人的本质，而不能从单个人身上去抽象分析，根本没有也不可能将人的本质归结为"社会关系的总和"。

真学问应"点石成金"。冯先生曾说过，凡真学问它对人触动最大的是它的方法，而不是结论。的确，结论好比金子，而方法却是点石成金的手指头。因为方法能激活精神因子，开拓精神空间，超拔精神境界，而结论充其量只能增加知识容量，不能改变知识结构并建构新知识。因而，冯先生十分重视对新理学体系建构方法的探讨，并通过对旧形而上学方法的批判，找到了一种形而上学的"正的方法"。画在不画之处，若烘云托月之法为形而上学的"负的方法"，即从否定、悬置形而上学入手，最终还是讲了不少的形而上学；而画在其所画之处，若登楼撤梯，又若剥葱，谓形而上学的"正的方法"，即从形而上的理入手，最终落脚到人的日用常行之间以见理，最终取消了形而上的东西。这种"正的方法"的具体步骤是，先分析经验事实，从中分析抽象出一般形式，当凭这点经验作舟楫，过渡到理世界后，立即过河拆桥，断绝真际与实际的关系。他说，生活中过河拆桥是缺德，但做学问必须"缺德"，否则，非如此不足以达到玄而又玄的目的。至此并未终结，关键的一步是还必须通过"转识成智"，即化理性为觉悟，化理性为准则，化理性为方法，以实现天理还原到、流行到生活中，让真际现于实际中，使生活合理化，使现实理性化。智慧离不开知识，但它又高于并多出于知识，是对知识中存在的人生真谛的表征。

冯友兰形而上学的"正的方法"，不在于求知识而在于求智慧，并强调这种智慧不在于"天域"而在于人间。因而他特别注重形而上的理与形而下的人生互相交融，相互渗透。可以说，他的人学思想，不仅从内部即就其内容来说，而且从外部即就其表现来说，都是源于活生生的人世，的的确确是一种"现实的智慧"。一种学问如果和生活水乳交融，与自己的时代接触并相互作用，就会受到人们的重视和珍视，相反如果它忽视人生，不关心人的现实生活，就会遭到人们的冷遇甚至唾弃。当代中国人学体系的建构，一定要遵循现实性的原则和转识成智的原则，使之切实成为生活中的智慧，决不能成为无病呻吟的"假大空"式的学问。而"三分法"则是冯先生独特的论证、表达方法。这也是后人不可多得的、点石成金的"手指头"。

"三分法"作为一条轴线贯穿在他的哲学思想，尤其是人学理论的各个领域、各个方面，成为全面理解、深刻把握其人学精髓的精神向导。不唯在以上分析的几个方面，"三分法"在其他众领域，如历史观、文化观等，都是最基本的方法。如在文化观上，将文化派别一分为三：西化派、保守派、折中派；将对待中国传统文化的态度一分为三：中体西用、西体中用、体用合一；将文化的构成一分为三：器物层、制度层、观念层等。又如在历史观上，将治史方法分为信古、疑古与释古；将历史时代分为子学、经学、玄学三个阶段等等。冯友兰的"三分法"说到底是黑格尔正、反、合辩证法的中国式搬运，包含了很深刻的辩证法因素。

同时，也应看到，这种方法实际上只是一种机械的综合，即将互相对立的各种观点，折中调和在一个体系中，这就势必造成诸多互相矛盾，不能自圆其说的漏洞。正如著名哲学家洪谦先生说的那样，它的新理学是一种"分析的玄学"。由于其折中性不能不导致理性与现实，历史与文化，世界与人生等种种冲突在里面。这对于我们当代人学理论的探讨至少有两点启发：一是，"综合出大家"。历史上的亚里士多德、康德、马克思包括冯友兰都是在综合两种或两种以上对立的学说而产生的大家。也说明，以海纳百川的精神汲取各种所说的精华，实现西方的、中国传统的、马克思主义的人学理论的三家互动、互补、互用，以建构当代中国的人学体系非常必要。二是，力戒惰性思维。面对各种互相对立的观点，一棍子打死或口头宣布否定不行，而机械的调和、折中，亦不可取。当代人学理论的建构，一定要克服那种"A不行，B不行，AB一统一就完事了"的惰性思维。同时，还应看到，在当代人学理论界有一种偏见，认为凡是力意建构新体系或独创新说的，无疑就是具有创造性的，就是真正的发展，而如果仅仅是对以往的人学思想的应用，就说不上是创造和发展。

实际上，在笔者看来，应用本身就是发展。这是由于，任何一种人学思想所包含的真理和智慧，都不可能在特定的历史形式中得到完全体现，其价值和意义也不可能为一特定时代的人们给予彻底把握。换言之，任何一种人学理论都具有永恒的历史价值，远远高于并超于产生它那个时代和民族，这是因为它都是对人以及人生活于其中的世界所包含的智慧的某种洞见，都有普遍的人类历史意义。因而，中国的人学体系的建构，并非起于一片荒原或空地，用冯先生的话说，并非"自己讲"，相反，而要汲取历史上的一切优秀的人学精华为我所用，这种"用"是积极的、必要的，它本身就是一个极其艰辛的理论创造过程。显而易见，若没有毛泽东、邓小平对马克思主义在当代中国的创造运用，而是将马克思主义经典束之高阁，哪里谈得上对马克思主义的发展；同样显而易见的是，若没有一代又一代中国学人，对古今中西人学思想所蕴含的现代性因素或符合现代价值取向精华的继承和运用，哪里谈得上建构当代中国的人学体系。可见，在当代及未来人学理论研究中，冯先生"接着讲"的方式应成为我们考察和解决人学问题的"金手指"。

第四节　青年毛泽东的哲学思想及特点

青年毛泽东共产主义革命人生观是和他的整个世界观的转变和成熟而一同确立起来的。对青年毛泽东共产主义革命人生观形成过程作历史的考察，不仅有助于全面、系统、深入地研究毛泽东的整个伦理思想体系，而且对于当代青年积极投身现实改革开放事业，在大力发展社会主义市场经济的新形势下树立坚定的共产主义人生观有着非常现实的教育和启迪意义。

整体上看，青年毛泽东的人生观是革命的人生观。但这种人生观又大致经历了从初具革命意向的中学时代，发展到以唯心主义为基础的资产阶级民主革命理想，从走出校门投身实践接受种种旧思潮混杂影响而上下求索，再发展到受到马克思主义启迪后完成革命人生观的共产主义转变几个阶段。

中学时代的毛泽东虽然有着救国救民、改变现状的雄心大志，并有着强烈的自我意识，但很难说此时他就有了天才的共产主义革命人生观理论。然而我们从他受到的多方面的影响来看，他又的确已经有了一些很可贵的革命人生观的萌芽，树立了改变旧中国现状的革命理想，仍然不愧是中国青年中出类拔萃的先进分子之一。此时毛泽东向往革命，如饥似渴地追求真理，探索救国救民之道。凡是当时能够找到的进步读物，都如获至宝地去学习，在学习中经过独立思考，汲取其精华，增长了自己的见识，因而逐渐迸发出符合当时革命实践要求的革命人生观的萌芽，为以后共产主义革命人生观的形成奠定了思想基础，准备下了充分的思想材料。这些我们可以从他当时接受的思想影响来得到印证：他在十六岁以前上过塾书，读过孔孟的"经书"；读过《水浒传》、《隋唐演义》等农民造反的书；读过中国早期改良主义者郑观应写的一本《盛世危言》，并评价说"我当时非常喜欢这本书"；读到了一本名为《论中国有被列强瓜分之危险》的小册子，"开始认识到，国家兴亡，匹夫有责"；后来在湘乡县立东山高小上学时读到了梁启超主编的《新民丛报》，拥护康梁的维新运动，"那时我崇拜康有为和梁启超"；1912 年在湖南省立第一中学读书时，又读到了许多近代西方先进资产阶级思想家的著作，如达尔文的《物种起源》、赫胥黎的《天演论》、孟德斯鸠的《法意》、卢梭的《民约论》等。以上这些足以说明青年毛泽东受各种思潮的影响，既有古代儒家的"修身齐家治国平天下"积极入世的思想，也有世侠仗义、除暴安良、为民请命的农民革命意识，还有中国近代改良主义者的维新变法、励精图治的民主革命思想以及近代西方先进资产阶级的社会革命意识，因而在人生观上当时还非常的模糊和混乱。但他正是在各种混杂的革命意识影响之下，迸发出了许多可贵的革命人生观的萌芽，这也标志着中学时代毛泽东的革命人生观还处在起步阶段。

　　1913 年春到 1918 年春是毛泽东在湖南省立第一师范求学时期。"我在这里——湖南省立第一师范——经历了不少事情。我的政治思想在这个时期开始形成，我最早的社会经验也是在这里取得的。"这一时期是毛泽东革命人生观形成的重要时期。此时对他的人生观影响最深的是他的老师杨昌济先生。杨昌济自幼喜欢读程朱之学，青年时期具有爱国思想，曾在日本和英国留学十年，专心研究教育，伦理学和哲学。对于王夫之、谭嗣同、康德等人的哲学思想有深刻的研究。他在哲学观点上虽是一个唯心主义者，但他学识渊博精深，思想进步，人格高尚，特别是有着追求新思想和躬行实践的民主革命精神，努力鼓励学生做有益于社会的光明正大的人。这对于受他教育的毛泽东起到了很好的影响。毛泽东考入第一师范不久，就积极参加了杨昌济组织的哲学研究小组的活动；在杨昌济的指导下读了大量中外哲学文史方面的书籍，这就使得毛泽东革命人生观的发展迈出了重要的一步。

　　1917 年至 1918 年，毛泽东在杨昌济先生的指导下，认真钻研了由蔡元培翻译的德国 19 世纪康德派哲学家泡尔生（F. Pulsen）著的《伦理学原理》，并写了一万一千多字的批语，这个批语是研究毛泽东早期人生观的宝贵材料，从批语中可以看到，毛泽东当时的人生观是受整个唯心主义世界观所支配的，他把"宇宙之真理"视为"大本大源"，他说，"今吾以大本大源为号召，天下之心其有不动者乎？天下之心皆动，天下之事有不能为者乎？天下之事可为，国家有不富强幸福者乎？"这种强调用"天下之心"这个"观念"来指导人们的实践活动，以改变社会国家面貌的重要性，一方面表明他已经具有革命的人生意向；另一方面也表明这种革命人生观的基础是唯心主义世界观，而且这种唯心主义革命人生观还带有着"一人生死之言，本精神不灭、物质不灭为基础"的心物二元论以及"生即死，死即生"的相对主义痕迹。从批语中我们也看到许多蕴含着带有某些朴素唯物主义和辩证法思想的新的革命人生观的倾向，如在人和自然的关系上，他认为"吾人虽为自然所规定，虽亦即为自然之一部分，故自然有规定吾人之力，吾人也有规定自然之力，吾人之力虽微，而不能谓其无影响自然，若除去吾人即顿失其完全"。从这种对古代"天人交相胜还相用"的思想的现代诠释中，的确流露出他立志改变现实的雄心壮志，也标志着他的革命人生观包含着辩证法的因素。又如他在谈到判断人的善恶标准时，认为"吾人评论历史，说某也善某也恶，系指其人善恶之事实，离去事实无善恶也"。又说："吾只对于吾主观客观现实者负责，非吾主观客观之现实者，吾概不负责焉。"这表明他的革命人生观具有尊重客观现实的求实精神的唯物主义倾向。再如在谈到人生价值及其实现时认为："个人有无上之价值，百般之价值依个人而存，使无个人（或个体）则无宇宙，故谓个人之价值大于宇宙之价值可也。"个人的"无上之价值"就在"实现自我"。"人类之目的在实现自我而已。实现自我者，即充分发达吾人身体及精神之能力至于最高之谓。"他认为，人的自我价值或个人价值，表现在中国革命实际生活中，就是人对自身所应负的责任和应起的积极作用，这种责任和作用集中体现在，要把自我价值的实现和中国事业联系起来，以"天下为己任"，以报效祖国为幸福，为改变中国的旧面貌而投身革命，在革命实践中求得自我人生价值的实现。这也表明，虽然此时毛泽东人生观还存在着唯心主义，个人主义的色彩，但其献身革命意向却是很明确的事实。总的说来，这个时期毛泽东在人生观上虽然从唯心主义角度，阐述了一些具有唯物主义、辩证法因素的新思想，但其整个人生观还是比较混乱的，"在这个时候，我的思想是自由主义、民主改良主义、空想社会主义等思想的大杂烩。我憧憬十九世纪的民主，乌托邦主义和旧式的自由主义，但是我反对军阀和反对帝国主义是明确无疑的。"

1918 年夏至 1920 年夏，是青年毛泽东的唯心主义人生观在实践面前，产生动摇，从苦闷而开始接触包括马克思主义在内的种种主义时期，这时人生观最大的特点是动摇不定。这个时期，他两次到北京，两次到过上海，受到了李大钊、陈独秀的启蒙。人生问题上受到了陈公博、谭平山、邵飘萍等人的影响。"特别是邵，对我帮助很大。……他是一个自由主义者，一个具有热烈的理想和优良品质的人。"特别是经受了五四运动的洗礼，并开始接触到马克思主义一些著作，思想上有了提高，人生观上有了很大进步，但当时仍没有实现根本转变，"当时我的思想还是混乱的，用我们的话来说，我正在寻找出路。我读了一些关于无政府主义的小册子，很受影响……我赞同无政府主义的很多主张"。同时，从他1919年7月为《湘江评论》创刊所写的宣言以及在该刊上发表的《发众的大联合》长篇论文看，他赞同"世界革命"，"人类解放"，要用民众联合的力量，将"由少数阶级专制的黑暗社会，变为全体人民自由发展的光明社会"。"对多种强权'都要借平民主义高呼，将它打倒'"。但在革命方法上，却提出搞持续的"忠告运动"，不主张"有血"，认为克鲁泡特金的"温和派"革命主张"意思更广、更深远"。这些表明当时毛泽东的人生观还受无政府主义、改良主义的深刻影响。后来，二进京、沪，虽然曾"热切地搜寻当时所能找到的极少数共产主义文献的中文本"，开始读到了马克思主义的一些文献，并"曾经和陈独秀讨论我读过的马克思主义书籍"。但是，当时还没有彻底接受马克思主义，在其革命人生观上还是比较混杂，"老实说，现在我于种种主义，种种学说，都还没有得到一个比较明了的概念"。而且，从他1920年7月积极投身湖南反军阀的自治运动中所著的一系列文章上看，他还不了解革命的根本问题和革命的正确道路。"当时我是美国的'门罗主义'和'门户开放'的坚决拥护者。"

1920年下半年至1921年初，是毛泽东人生观转变的关键时期。在这时期，毛泽东在湖南广泛深入地进行革命活动，同一些新民学会会友发起创办了文化书社，组织了俄罗斯研究会，发起旅俄勤工俭学，创办了湖南自修大学，组织了马克思主义研究会，引导进步青年学习和运用马克思主义，研究俄国革命的经验，他们加强了在工人群众中的革命活动。引导他们摆脱无政府主义影响，建立社会主义青年力，并且在马克思主义指导下着手准备建立共产党的工作，在工作上、行动上接受马克思主义，完成人生观向共产主义革命人生观的转变。同时，他还同在法国留学的蔡和森等作了两次长篇通信，在信中，系统地研究国际共产主义运动的形势，对当时很盛行的民主改良主义、无政府主义和资产阶级自由主义等思想作了深刻的批判和彻底的否定，坚决拥护马克思主义理论原则和革命主张。"我认为现世革命唯一制胜的方法"……"其重要使命在打破资本经济制度。其方法在无产阶级专政"。"我认为现世界不能行无政府主义……我对于中国将来的改造,以为完全适用社会主义的原理和方法。""我对于绝对的自由主义、无政府的主义,以及德谟克拉西主义,依我现在的看法,都只认为于理论上说得好听,事实上是做不到的。"这样从思想上清算了种种主义的影响,接受了马克思主义,彻底树立了以马克思主义为基础的共产主义革命人生观,完成了人生观的根本改变。

从青年毛泽东共产主义革命人生观形成过程,我们可以看到:积极投身革命实践活动,善于在斗争中比较、总结、清算种种主义或理论,勇于以"今日之我向昨日之我挑战",从而郑重选择了马克思主义,并以之为基础完成了共产主义革命人生观的转变,这些青年毛泽东在人生之路上留下的足迹无疑对我们成长着的当代青年树立坚定的共产主义人生观有着非常重要的借鉴意义。

第四章

中国哲学的现代化路径

中国古代人性论是古代哲人所阐发的关于人的"存生之理"的理论表征，其旨趣在于敞亮和凸现人通过自我涵养而证成道体的生成性指向。中国古代人学在发展过程中经历过两次重大转向。中国古代人学在封建主义的天道观、唯心主义的人性论中，蕴藏了大量的可资借鉴的现代性理念和当代人文元素。在建构以马克思主义实践观为基础的中国现代人学体系的过程中，这些具有现代性价值的人学资源必须加以开掘和整合，决不能使之一而再地逸出现代研究者的视野之外。哲学理性因其高度的抽象性和有机性，其内在的价值和生存意境很难得以开显和敞亮。在中国古典诗中，哲学的神圣意境可借助诗象去表征。换言之，借助于诗象，我们可通达哲学的那种情感与理智交融的玄妙境界。这便是诗化哲学所彰显的诗意接受。

第一节　中国哲学现代化的路向与容纳

中国古代人学的研究格调与总体特征。"人性论"是中国古代人学的总体线索和轴心。中国古代贤哲，因受制于封建义理内蕴，其人学的具体结论各异；因受制于内在体证的涵养之方，其人学理路和主题发生了两次根本性的转向：一次以张载、二程为界，实现了由"天人混一"向"性气二分"的转变；另一次则以王夫之为分水岭，实现了由"性气二分"向"主客两离"的现代转向。本文以史论结合的方式，试图从理论上表征，这两次转向既映现了中国古代人学不断生成、发展和向现代转换的过程；也映现了中国哲人对人的思考和论争并非仅仅出于理智上的好奇，而是出于解答人自身的各种生存悖谬的需要，出于阐明人自身的"存生之理"以催生中国正统文化、照亮人之为人的意义和价值的考虑。这种考虑在中国古代，总是将人的问题纳入"天"中进行诠释，"天人合一"并合于天道，从而表明中国传统哲学是真正意义上的人学，一种成就理想人格、完成"道体"、实现"修齐治平"之志的内圣修己之学，也表明它是一种具有内在超越品格的、通过内在"体证"和践履"习行"而将现实关怀与终极关怀契合为一的成人之道、立身之本。其中，以天人关系为核心论域而彰显出来的人的存生之理，是中国传统人学的基本内涵。

天人关系是中国古代人学的公共视界。中国古代贤哲皆以"究天人之际，通古今之变，成一家之言"（《汉书·司马迁传》）为要务，正如邵雍所言："学不际天人，不足以为学。"（《观物外篇》）天人关系是中国古代人学特有的命题，虽然西方抑或古印度并不乏关于人与自然乃至人与世界的鸿篇巨制，但都将目光投向自然、宇宙、彼岸、神灵等。与之有别，中国古代哲人，历来将理智的目光投向人自身，不论是谈天论道、参禅释经，不论是修齐治平、"内圣外王"，都将天人纠缠在一起讨论。正如思维与存在的关系问题是西方哲学的基本问题一样，"天人关系问题也是中国古代哲学的基本问题"。正是以这个独特的基本问题为切入点，才开显出中国哲学实际上是最大意义上的人学，是人的特定人格的生成与完善的人性论和人道论。总之，以人性、人格、人道的生成、提升和完善为要旨的天人关系，是中国古代人学的核心视域。

中国古代人性论，在理论体系上有自己的独特之处：（1）在本体论上，强调将人性的生成和人格的完善置于宇宙生成和发展中进行诠释，人性、人道、人格的生成和完善根源于天的生成和发展。正是由于"天地之大德曰生"（《周易·系辞上》），从而才有了人的自我生成；反过来，正是由于人性的"日生日成"，从而才体现了宇宙化生万物的普遍理则。（2）在认识论上，强调把认识世界（天、道、理等）与认识人自身（气、性、命等）紧紧联系在一起，认为人对自身的认识和把握有待于人对天、道、理认识的不断深化，反之亦然。（3）在人生观上，强调"以人为本"。自孔子倡导重"事人"、"知生"、"仁者爱人"、"杀身成仁"等人道至上原则以后，历代贤哲皆以人为中心来谈问题。《大学》开篇所讲的三纲八目，即内圣外王之道，实际上是人本精神的集中体现。虽然中国古代人学将抽象的封建伦理原则视作成人之本，从而落上了封建主义的灰尘，但人性、人道、人格、处世之学、做人学问等人学原则始终是其灵魂。与西方哲学只讲"形上之理、自然之则"不同，中国哲学中处处都有"人"，诚如郭齐勇所讲，"中国古代哲学用一句话来说，就是生活和生命的智慧"。

中国古代人性论，在理论内容上也有自己的特色：（1）古代哲人非常重视对现实人生道路的探索与理想人格的完成，更重视将二者合而为一。换言之，既强调明哲释理以范导人生、经世致用，从而体现一种现实主义关怀、积极入世的品格；又重视价值理想的先导作用，为人寻找安身立命之地，从而体现一种终极关怀、成就理想人格以超凡入圣的超然品格。这两种品格、两种关怀，实际上是人生价值取向的双重性、双向性，冯友兰将之概括为"即世间而出世间"可谓一语中的。（2）与西方神学倡导在神灵启示下人超脱凡尘而进入天国的宗教哲学有别，与泯灭现实人生而力劝人超脱苦海、飞升彼岸的印度佛教亦有别，中国古代哲人强调，人在凡中作圣成贤，在扫洒、应对、事父事君中完善自我、成就自我。尽管修身养性之途众说纷纭，有的主静，有的主动，有的主敬、持理，有的存诚、闭邪，有的重修行，有的重修性等等。但是，以"尽心知性知天"为要务，而达到"定慧双修"之目的的理路，则始终是中国哲学人性论的主旨。当然，也不乏人与人互动、共生、共存关系的讨论，如"成己"与"成人"、"立己"与"立人"、"己达"与"达人"等，可惜不占主调。（3）对圣人来说，因其有"良知良能"，故能禀得"太虚之气"，其"天地之性"是天成的，是"自性而行，皆善也"（《河南程氏粹言·卷二》），其习行实践的目的是为了对天理的发扬光大。对常人来说，因只能禀得"阴阳之气"，其"生之谓性"（《河南程氏粹言·卷二》）是生成的，通过学习和实践，皆可由内圣而外王，既完善自我人格，做到内秀、独善其身，又能开物成务、治国平天下。

中国古代人性论发端于孔子，此后生成论和天成论两种理路一直相互交织在一起。孔子提出两个互相悖谬的命题，"性相近，习相远"、"唯上智与下愚不移"（《论语·阳货》），而每一个命题本身又可作多种解释，以至造成中国人性论界定的复杂局面。孟子主性善，偏天成说，认为人性天生为善，恶只是不能尽其才，尽才即善。但君子有良知良能，天生为善；小人天生为恶，绝少改变（"不移"）。荀子倡性恶，属生成论，但是又将"性伪二分"，强调"人为"可改变先天，"化性起伪"虽然"反性悖情"，却是人生大众改恶向善的自我生成之途。以后的"性三品说"不论是董仲舒将智慧高低与人性善恶的评价内在关联起来，还是王充以元气之禀赋予以补充；不论是韩愈的"性情两离"、各有三品，还是李翱的"性善情恶"、王安石的"性本情用"等，都将孔子开启的天成与生成两种理路糅合到各自的人性论体系中。同时认为，"中民之性"因天生具有善质、善义，因而通过"息念至悟"、道德修养或改变气质皆可教而从善（"习远"）。自张载、二程以后，天成、生成齐行并进的格局，一直延续到王夫之，才被王夫之哲学的主客二分方式彻底打破并发生了实质性转变。但是一般地说，王夫之之前的中国人道主义，又以张程为界一分为二，前者重天人合一，重天成；后者偏性气二分，强调习行，重生成，这种偏向自然是孔子二难悖论的渊薮所致。

中国古代人学的第一次重大转向。中国古代人学的第一次转向是以张载、二程之说为界，其前，天人混然合一，是抽象性的人的生成之域；其后，"性气二分"，是具体性的人的现实生成之途。前者关注的重点在于人向什么生成、人生成什么等生成本体问题，后者则关注人何以生成、怎样生成的根据问题。生生不息、尚健尚功是中国人学一以贯之的总体性精神，但张程以前，是以天人浑然为一的天道观摖入人生观领域的，人向天生成或人道泯于天道是其生成论的根本点；在其后，则以性气二分的生成论或气化论摖入人生价值领域的，人的自我生成、成性全善是其理论根本点。前后讲的都是天人关系，不过其前重天道，其后重人道罢了。张程之说的分水岭意义十分明显，正如朱熹所言："张程之说立，则诸子之说泯矣。"（《朱子语类·卷四》）

"天人合一"生成理路的发展过程及其特征。天人合一是中国古代人学考察人性论的主要维度。孔子首开这一维度之先河，他以人为中心，将人道从神道中解放出来，以人释人，认为天人统一于"仁"；孟子更是将人格神意义上的"天"，改铸为"义理之天"，并赋予它以道德属性，在"性善"这一点天人合一："人性善"源于"天性善"，人通过"尽心知性知天"的修养功夫能识得"天性善"，从而达到"上下与天地同流"之境界；《易经》则认为"易"是广大悉备、兼三才之道于一体的最高原则，识"易"则能进入"与天地合其德，与日月合其明，与四时合其序"的天地境界；《中庸》则认为中和乃"天下之达道"，"致中和"则"天人相通"；荀子虽提出"明于天人之分"，但更强调人能"制天命而用之"，在人对天进行"制之"、"用之"、"化之"、"使之"中，达到"天人相交"

之境，其后的柳宗元、刘禹锡更明确地提出天人"交相胜，还相用"的主张，阐释了人定胜天的至理。此后，从董仲舒的"天人相与"、"同类同情"到二程的"天人同体"，从张载、王夫之的"天人一气"到朱熹、王阳明的"天人一理"或"天人一心"，都印证了"天下本无二，不可两离分"这一人学精神之大体，从这个意义讲，"天人合一"的确是古代人学的内在精神和本质规定。就其特征上看：（1）在张载之前，天人是浑然一体，天道人道只是一个道，甚至"不必言合"，重点突出的是一分为二；而其后，则以天人相分为主调，天人、性气、体用、道器等判然为二，天人相合的重点是为了凸现合二以一。（2）生成性是"天人合一"的中轴线，而且更为重要的是，人是通过自为之法向天生成的。"天地之大德曰生"，"生"为宇宙人生之总则，它既是自然之则、万物之理，更是经生之理。如，孔子虽言天道自成，化生万物，但更重视"人能弘道，非道弘人"（《论语·卫灵公》）；荀子虽讲大化流行，"万物得其和以生、得其养以成"，但更强调对天进行制之、用之、化之；《易经》则更是把化生万物，化成天下视为天人合一的最基本准则，"日新之谓盛德，生生之谓易"（《周易·系辞下》）。（3）张载以前的人学思想，以明尊卑、别贵贱为主调，其基本功能在于为人的实际生存建构严格的等级性、差别性，并借此突现统治者的优势地位和"三纲""五伦"的合法性根基。

"性气二分"生成理路的发展过程及其特征。张载以天人一气为支点，又将之一分为二，即太虚之气和阴阳之气。前者构成天地之性，后者构成气质之性；前者至善至诚、绝少变化，是天成的；后者因气禀有清浊不同，故善恶有别，且始终处在生成之中。二程则以"万物一理"对之予以补充，认为在天：则天下一理，故有"同一之性"，它是至善纯善的，天成的，这是"极本原而语之"（《河南程氏粹言》卷二）；在人：则为"气质之性"，因气禀互异，故善恶混，它是生成着的，这种"生之谓性"是"通人物而言之也"（《河南程氏粹言》卷二）。可见，一个是终极关怀，一个是现实关怀。朱熹对"性气二分"的生成说，主要发展了两点：一是认为，在天通过"气化"而生成万物时，理亦被植命于其中，人与物之所以能互相生成，皆赖于天赋之理构成其灵性；二是认为，天命之性与气质之性同存共生，并非天成不变，而气质之性也是理气一体，善恶混杂并非绝对的恶，天人皆向着理而生成。王夫之则对古代人学生成说做了最高总结：认为"性者生理也"（《尚书引义》卷三）。这种"生理"与程朱"天理"有别，程朱虽言生生不息，但认为人是由天一次性赋予其理且终身不变的，说到底是"天成论"，人对天理的自我生成是被动的；而王夫之的"生理"则认为：（1）天命之性和气质之性皆非一次完成，人自幼迄老，天日命予人，人日受命于天，故"日生日成"（《尚书引义》卷三）。（2）人可依据内在意志、需要，能动地对天命进行选择、取舍、补充和改造。（3）在生成中，受于天的渐少，"人为"生成的日坚韧不拔增，充分肯定人通过自为而生成的重要意义。就其基本特征上看：（1）"气性二分"是生成论的理论根基，为人的自我生成的"生理"提供了本体论根据，为打通古代人学之精髓和通达现实人生之关怀，奠定了重要的理论揳入点。（2）其理论旨趣在于表征，人作为道德主体，通过意志努力和道德修养实践，最终反身而成、成贤作圣，以实现"继绝学、平天下"之宏愿。（3）其基本功夫就是主体"变化气质"、"善反"，通过尽心知性知天的"继善"实践，最终成性全善，完成天人的互相生成。（4）"气质"为人的生成之基、生理之根、立命之本，否定了它就否定了人的现实生存，否定了人的现实生活也就是否定了人自身。（5）认为不论成性或全善、人的"生理"既有内在的体证，更有外在的认同，即不仅需要节欲、持性，更强调知礼、得仁，且只有"内外发明"、"合内外之道"，人性才最终生成。可见，古代人性论以仁义礼智为本体，在生成论头上堆砌了"封建义理"这座非法建筑，不推倒它就不能实现现代转换，即不能将它潜存的现代性理念挖掘并整合到当代中国的实践生存论中，从而使之向现代跃迁。

中国古代人学的第二次重大转向。自王夫之始，中国古代人学又发生了一次重大转向。从内容上看，这次转向包括四个方面：（1）从原始的、以人性论为主调的"性气二分"方式向现代的、以主体性原则为主要内容的"主客两离"方式的转换；（2）从有封建道德蕴含的义理之天，以理杀人、天道泯灭人道的封建人道主义，向以实践观为基础、推崇科学与民主、以实现人的自由自觉全面生成和发展的现代人本主义转换；（3）从以"天道"为本体的精神性实践（自我证成理路）到以"人道"为本体的物质性实践（实践生成理路）的转换；（4）从重"完成道体"、重天生成的"天道"观向重现实人生、实际生活的"生理"论转向。具体表现在以下几个方面。

从精神生成转向实践生成。一方面，中国古代哲学集天地人三才于一体，无论天人合一抑或性气二分，皆以人为本，以人的自我体验、自我体证去认同万化之理（天地之德、自然之则和经生之理），人的生成既是人向天理的归并，又是个人理想人格的完成、内在价值的实现。总之，中国古代哲学的确是一种成人之道。但另一方面，中国古代哲学上的人学思想，不论是人为理生成（成性）或是人为己生成（全善），都是人的一种精神生成，或者说人在精神中（内在体验中）自我证成的。而自王夫之始，中国哲学发生了向现实的具体的实践性生成的转变，从王夫之强调"学以思诚"、"知行相资以为用"、"并行而有功"（《尚书引义·卷三》）到颜元主张万事应"亲下手一番"的"习行"（《四书正误·卷一》），从龚自珍、魏源倡"经世致用之学"、"尚变、重行"到康梁的变法维新等，都是这一转向的具体环节，其主旨已不再是人的自我体证，而是强调人在变革现实、改造世界的实践中求得新生和再生。

从存理灭欲、理欲对立到理在欲中、理欲统一的转变。在王夫之之前，理欲对立，认为常人之所以不能成就人格，关键在于"欲"的干扰。因而，人的生成（成性或全善）的根本途径就是存理灭欲。王夫之则一反这种"以理杀人"的道德观，而主张理欲统一，欲即是理，理存欲中，认为，欲"根于性而源于天"，灭欲则人无以存生。此后，从戴震的"存理于欲"到民初人的"西学""新学"，从"五四"的"德赛"二先生到孙中山的"三民主义"等，都力倡回到人的现实生存，关注人的切身利益的全面实现，以拔高人的生存质量，实现自由自觉的发展，这都是现实的人道主义的具体表现。

从性气二分到主客两离的转变。王夫之之前，性气二分一直占主导地位。在人学观上，尽管强调"生理"，认为人是日生日成、变化日新的，但是天人合一是性气二分的基础，人的生成（尽管是自我生成）其实是向天道（天理）的生成。人是为理、替理生成，人的生理就是以生存敞亮万物至理。可见，中国哲学中有"人"，这个"人"却不是现实的人，而是抽象的人，只是人的躯壳。而王夫之则力主扭转这种以天道泯灭人道的格局，从此开启了漫长的向西方呼唤主客二分和主体性原则的努力。张世英先生在其宏著《天人之际》中，对此表征得非常详尽。

从天道向"生理"的转向。王夫之以前，以完成道体、体证天道为要务。孔子少言天道，但其"仁"近于天道，其倡"杀身取仁"是典型的天道观；老庄认为"道法自然"、"生天生地"（《庄子·大宗师》），人只有效法天，才能"无为而无不为"（《老子·第四章》）；管子认为：天道，人得以生，物得以成，是生成天下的根本；《易经》认为，"生生之谓易"，知易则"弥纶天道"。此后，一直到程朱理学、陆王心学，天道观一以贯之。而自王夫之始，这种情况发生重大转变。王夫之提出以"人道率天道"（《问思录·内篇》），"人道即天道"的主张。在他看来，气外无理、气外无道，人道与天德合一，尽人道即是合天德，"合天德者，健以存生之理；尽人道者，动以顺生之几"（《周易外传·卷二》），而且认为，"立人道，曰仁与义"（《问思录·内篇》），立人极，生生之理；人道既是天道，以人道支配天道，人之生理即是存人之道、圣人之学。此后，王夫之开辟的"存生之理"的现实主义人道观，一直是中国人学的主旋律。

中国古代人学的未来走向及其现代价值。中国古代人学经过创造性的改铸而走向现代化是可能的。以上分析表明，中国传统人学生成论经历了两次重大的转向，一次是以张程之说为界实现了由天人合一到性气二分的转向；一次是以王夫之哲学为界发生了由抽象的天道观向现实的生理观的转向。梳理这两次转向的大致走势，在理论上对于阐明中国古代人学的现代化和马克思主义哲学及其人学观的中国化，尤其是实现二者的内在统一，都有很重要的意义。从主流上看，中国古代人学尤其是人性论，始终没有摆脱封建伦理道德至上观点的阴影，其抽象的天道观与马克思在实践基础上所建构的现实的人道主义，在总体上是相悖的。但是中国古代人学探讨问题之宏大磅礴、理论内容之博大精深、思潮迭起之波澜壮阔、学派形成之层出不穷、概念范式之洗练繁多、思维方式之折入毫芒、胸怀气度之海纳百川，等等，这又是不争的事实，其中所蕴含的丰富的现代性人学理念，尤其是以"性日生日成"的存生之理为核心的、以朴素的辩证唯物主义为框架的人性论，正是使中国古代人学实现向现代转换并与马克思主义实践生存论实现内在对接的"逻辑之桥"。

中国古代人学的现代化与马克思主义实践人学的中国化具有内在的一致性。从内容上看，中国古代人学思想不可避免地带有历史局限性，这集中地表现在它的封建主义道德蕴含上，但是，从马克思主义实践人学的中国化与中国当代社会实践及其未来走势上看，又耀眼地映现出中国传统人学的现代价值。如何利用传统人学观中的现代性因素，以当代的形式使之发生现代转换并揳入到马克思主义实践人学及其中国化的发展方向上，就成为当代中国人学建构和发展的首要任务。中国古代人学在自我体证的精神实践基础上，所阐发的"存生之理"，与马克思主义实践人学以实践观为核心，所表征的人和世界的双向对象性生成的理路，确有内在相通之处，这表明了马克思主义实践人学与中国传统人学相结合的过程，正是中国传统人学现代化和马克思主义实践人学中国化并实现二者内在统一的过程。

中国古代人学的现代转换必须以马克思主义科学实践观为基础。以人为本的中国古代人学是一种重体证、尚修养的成人之道，不论儒家的"三才"之中人为本，或是道家的"四大"之中人为大，都再三强调人为万物之灵，天地万物"其发窍最精处是人的一点灵明"（王阳明《传习录·下》），人正是凭此灵性才开展出了自己的生成之路，体贴出了人生切要的"存生之理""顺生之几"。显而易见，这种通过自己的涵养、修己而证成道体、成性全善或凡中入圣，与当代实践生成论所揭示的通过创造性的实践以实现人的生成和再生的主张，的确具有会通之点，表明中国古代人学虽属封建文化，却具有可资借鉴的现代性因素。但是，同样显而易见的是，传统人学无论是儒、道或是释，其人本精神和生成指向，无一例外地都被淹没在封建义理之中，天道泯灭人道，天理存而人欲灭，因而向内追求人格的完善、息念至悟、去染入静、定慧双修等构成了它的主要内容，怎样尽心知性知天，达到与天地同流、与万物同体的"天人合一"之境，构成了它的主要旨趣。《大学》中所讲的格物致知、诚意正心、修齐治平、内圣外王，既是人的平生之志和终身目标，更是中国传统文化的宗旨之所在。这种重内而轻外的文化格调，与马克思主义实践人学重社会实践、重现实改造、重实际生活的风格，的确无法苟同。可见，在实现中国古代人学向现代转化的过程中，必须以马克思主义实践观为基础，唯此才能借鉴并利用传统人学中的尚健尚功、生生不息的主体精神，为天地立心、为生民立命、为往圣继绝学、为万世开太平的积极入世精神，日生日成、存生健生的生成性指向等现代生存精神，并将之整合在马克思主义实践观中，建构出以马克思主义实践人学为核心，以中西马三家人学互动、互渗为未来趋向的"当代中国的实践生存论"。唯此，才能真正代表中国先进性的人文价值理性及其发展方向，弘扬与彰显中国自古就有的那种坚韧不拔、自强不息的主体精神，强调和谐统一的合和精神，重义轻利、顾全大局的行为规范，生生不息、日生日成的实践性品格，"养吾浩然之气"、超拔生存境界、生存质量的人生价值趋向等等现代人文精神元素，为我国推进"以德治国"方略的实施，激发与活化中华民族精神，将有多方面的意义。

关于中国古代哲学的诗意接受问题。哲学理性极其抽象，但又不缺乏"美所借以呼吸的一切形象"，深沉的理智之美时常凭诗之喻象以朗显；而诗亦非无拘无束的幻想之光，在诗象中蕴含着哲理。哲理与诗情，极处相通，合二为一。中国古代哲人善于"观物取象"以象显道。如钱钟书所言，"理寓物中，物包理内，物乘理成，理因物显"①；更重视以诗释思，以情见理。比如《诗经》中的《小雅·鹤鸣》，这是中国最早的一首哲理诗、意象诗。其诗外有事、诗中有人，在其"饥者歌其食，劳者歌其事"的叙述中，以诗象的形式说理抒情。该诗被称之为"创调"佳品，后代田园山水诗皆滥觞于此。这是由于它在平凡中见理，抓住了事物中带有普遍意义的东西，不自觉地在客观上向读者灌输了一种带有终极性的人生启示。

诗一般以物象高度地概括出社会、人生之矛盾，也揭示了人与自然的内在本质，不论是咏物、抒情抑或述怀、咏史，皆是借特殊之具象以表达普遍之哲理。孔子云，诗可以兴，可以观，可以群，可以怨。诗人可借自然之景使人触景生情，见物感兴，亦可涵盖乾坤、静远空灵、独标孤懔，以通尽天人；诗人可托情物中，抒发天地悠悠、人生苦短之慨，亦可用"春秋笔法"作宏伟叙事，以畅心意。如陶渊明的诗，其诗虽平白生活常事，留情自然风月，但又长于说理且情理深远，被王夫之誉为"真理真诗"，碍而实通，曰理高妙，极见功夫。其诗的旨趣在于向世人宣示：唯有委运任化、顺之自然，才是人生处事之道；与其贪生惧死，执着名利，莫如陶然自乐，以称我情；正所谓"纵浪大化中，不喜亦不惧。应尽便须尽，无复独多虑"。

哲学家深感"事难显陈，理难言馨"，故而常以诗的意象开显其道，即通过一定的具体之象表达与之相似、相近的普遍性理念，正如刘勰在《文心雕龙·比兴篇》中所说，"附理者切急以指事，起情者依微以拟议"。换言之，哲人之诗由物悟理、理寓物中、形中见理，看似写景抒情，实则创造意境；看似无意说理，实则情理并生。在铸造形象中，刻意追求进入妙悟境界，使得哲理与诗情同趋笔底，达到熔情与理于一炉，融诗情、诗趣与哲理为一体的诗美境界。因而，哲人之诗与诗人之诗有别，哲人之诗不会"以诗妨事"、"以诗害道"，其滋味更深长，其旨趣更辽远、其意境更超拔。这是由于它"不沿爱恶、不立固必"，不为情好所溺，不

---

① 钱钟书：《谈艺录》，香港国光书局 1979 年版，第 276 页。

为功利所陷，胸意洒落如光风霁月，能于情中"看道理"，能于景中见真义。观天地之理、悟圣人之道，虽天性流露而情累顿忘，喜自然风情又不介蒂于胸，于讽咏感兴中即物即心、即物即理，理与趣、趣与情、情与诗妙然一体，诗品甚高。

比如朱熹的诗。朱熹是一位兼哲学家与诗人于一身的思想家，他学识渊博，精通诗文辞赋，是一位很有文学修养的哲学大师。他的诗有相当高的成就，在宋代诗坛上风格别具。他的诗感于物而动、发于情而兴；诗以言志，所言之志，皆关教化而又不"以文害道"；以明理为务，又不以"论"为诗。其诗寓于理趣而不坠入理障，善于画意又不阻于理隔；多蕴蓄在渊静、空灵、透脱的诗美境界之中，启窦读者心扉又不诉诸平白议论，而以自然风情的意象来叩动。而且，朱熹善用精细之致的笔触，淡淡地勾勒物象，描绘景物却又不拘泥于、不滞留于物色的刻画临摹，诗的意象渗透着诗人的情感，又交织着哲学家对世事洞明后的温馨与爱抚，在物象中摄取了精神之超越，将境中理与理中境水乳交融，不露痕迹；集几多生活理趣于笔端，以点亮诗美中的理性形象，在诗象中闪烁着理性的精灵，给人以一种澄澈的透明感，这真是"引得诗情到碧霄"，绝非那些所谓"语录讲义之押韵者"所能媲美的。

中国古典诗重含蓄的美，擅长用诗美之旋律托起一片智慧流云，诚可谓淡淡哲理香，飘飘诗情意。中国古典诗论家，都强调诗美的发现，诗美如何发现以及它又发现了什么？这既是一个文学问题又是一个哲学难题。没有生活的积累，缺乏一定的生活素养，就不会有诗美之发现，因为诗美的发现就是对生活哲理的瞬间的体认、萌动和心灵的震撼；但是，诗又不同于生活的直观，诗美的发现不同于生活中的"看到"，而是在信念积存、生活积累基础上，运用创造性思维而产生的理性飞跃，它需要在美学原理基础上的精神观照，在强烈的情欲内驱力推动下，神经系统在瞬间完成的内在联结与沟通。故而，诗美的发现常伴随着极大的情绪高涨、生命火花的跳动和睿智的沉思。有时显现为一种顿悟，突如其来，不由自主，诚如"此中有真意，欲辨已忘言"，又如"忽有好诗生眼底，安排句法已难寻"。但尽管"诗情如火"，仍离不开艰辛的智慧劳作。诗美之发现是心灵深处的创造性飞动，但心灵也需要营养，生活理趣和哲理积存就是发现诗美的源头活水和内在本源；心灵的创造，又须打破常规，不陷入理障，"诗无达诂"、"诗出侧面"说的就是这个道理。而那些所谓"真理真诗"，又须坚固的哲学理性作底蕴，缺少理性的内在支撑，诗美便无从发现。

诗源于情，但情本身并非直接就是诗，真正的哲理诗既需要寓理于情，更需要化情为诗。诗是升华情感的艺术，许多诗人是在大恨大爱中作诗的，正所谓"愤怒出诗人"。但，唯有富于哲学头脑的诗人，才能将自己的真情实感表达出来，因为他天性极高，能沉醉在自己的真感情中，如鲁迅所说，他是在煮自己的肉给人吃，是咀嚼自己的灵魂；并懂得如何按艺术的方式且贯注某种特定的理念去表达自己的情感，化情为诗，寓理于情。情无从计划，真诗情往往是诗人的全部人文素质尤其是哲学学养、高尚人品、人格的体现，是自然而然的流露，而非矫情做作之举；化情为诗也非一夕之功，而需要付出艰辛细致而复杂的艺术劳作和智慧劳作。真正的诗其实记录的是留在诗人灵魂深处的动情的亮点，既是情的升华又是理的闪光。

对于哲学家来说，深思熟虑自有奇思、巧思，可谓"思极则奇"，极深而研几。如何"以几显道"呢？中外许多哲学大家，都选择了诗化哲学的路径，借诗以明象、借象以释体，其诗言华美、技法娴熟，而其哲学内蕴更是异常丰厚；诗喻性、象征性集中突显了诗化哲学所具有的运思特点、取象方式和美感特质，也概要地表征了哲理诗的独特价值在于明心见性、彻见人的终极关怀和生命本源。为何能以诗释思呢？这是由于，诗能将抽象的理念化成虚拟的场景，将平素的人生感悟、人生理想价值和信念等这种抽象的理念，通过描写一个虚拟的场景，予以表现，给人以理智的启迪；诗能化虚幻的想象为生活的实感，将虚幻、荒诞的东西，描绘成现实的事实，虚实相生以烘托哲理的幽淡之致；诗还能化情物为情思，以描绘象外之象，景外之景，言外之意，实现情兴、意境和诗象的三位一体。

文雅深致之诗人，方能写就真诗情，达到言、象、意的合一。诗有三境，即物境、情境和意境。物境是寄情于物、诗中有画，借泉石云峰等"极丽绝秀"之物象，以神之于心、身处于境，获得自然境界之形似；情境是取物象征、融物于情，直抒胸臆，巧于用思，将平生娱乐怨怒，皆张于意而处于身，深得情似；意境是表征"内识"，参悟人生，阐释生命，张之于意而思之于心，则达到诗美的最妙处：境与意会，情与意合。① 古典诗评家认为，意境本身又一分为三，即圣境、神境和化境。圣境是"心之所至

---

① 陈良运：《中国诗学体系论》，中国社会科学出版社 1998 年版，第 241 页。

手亦至"，神境是"心所不至手亦至"，化境是"心所不至手亦不至"。诗之最高处是心手皆不能至，纸上些许字句却能令后人百思千虑而每有新意，其心头眼底，有奇思妙理，提笔临案，反复运思揣摩，而绕其前后、左右，才得化境，达到"片言可以明百意，坐驰可以役万景"；且尚理而不病于词，尚词而不病于意，词理意并兴，达到意兴、风骨与气韵合一的艺术境界。这种"诗笔双美"之境，工于诗者能为，非常人所能企及。

哲学是通过语言来传达的，语言表达方式对哲学影响极其深刻。在我国古代，由于缺乏特定的哲学理念，许多情况下只能用象征、隐喻的方式进行表达。后世诗化哲学的诗性思维，是喻象性、悟觉性的原始思维的自然伸延，仍然保留着原始思维的那种浓郁的情感性、象征性、意会性、神秘性、体验性等特征。维柯在其《新科学》中称诗性思维为"诗性的智慧"。诗在表面看，词语之间上下不接，独立突兀，其实是用诗象明理，虽意脉不露，其哲理显达。其实，折中于理智与情感之间的便是诗，诗看似刻意绕过理性，专任情感，然而又不与理智冲突，不碍理智的伸张与发展；相反，诗与思内在相通，思能给人以终极关怀，诗则能给人以情感的安顿，二者在极处都同样护持着人的精神家园。所以，将诗作为祭品，庄严地祭献给理性，追塑诗的真迹，探寻诗意中的理性，可以倾听到来自别人听不到的灵异之音，领略思辨理性所不具备的异域风光，在诗意化的语言中，感受诗化理性，让思在诗中显现，并在诗的作品中建立自身、成就自身，使理智之光向世界开敞。

我国古代禅宗一向主张"悟透无语"、"不立文字"，"言语道断"、"心行处灭"，强调"以心印心"、"以心传心"，要求斩断一切语言葛藤，而通无碍之境，正所谓"离四句，绝百非，而通神意"；但又主张禅的诗意接受，认为于不可说、无可说之处，借助诗象而通"一线道"，略微透露端倪给人看，以便使那些颖悟之人，觉解诗象中潜蕴着的深邃睿智，得大自在。现代西方哲学家也强调哲学的诗意接受，最典型的莫过于海德格尔。海氏认为，人诗意的栖居，诗化语言是人的精神的真正住所。人从何处聆听哲学的真意和人性自由的信息？人从何处听到达到某物本性的呼吸？唯有从诗意接受处才能听见这种呼唤，从诗化语言的倾诉中接受它，语言是人真正的家，诗中有人最本真的居处①。传统的理性主义者一向认

———————————

① ［德］海德格尔：《诗·语言·思》，彭富译，文化艺术出版社1991年版，第187页。

为能说的就要说明白，不能说的就要保持沉默。但，唯有说不可说、思议不可思议的才是真正的智慧。传统的形上理性做不到这一点，而诗化哲学通过诗意接受做到了，并寓哲理于美的诗象中或者以诗象之美宣示哲理，达到了哲学和诗学的最高境界。

第二节　中国哲学现代化的依据与过程

马克思主义哲学之所以被中国人民接受并逐步中国化，并因此改变了整个中华民族的命运，使中国真正走上了社会主义道路，这决不是偶然的，而是有其深厚的文化基础和内在根据。从文化基础上看，马克思主义哲学与儒家哲学传统有许多契合点和相似之处。首先，二者都有一种道德理想主义。马克思主义哲学的根本宗旨是追求人的自由、解放和全面发展，认为人类历史经过否定之否定的过程后，必将进入一个充分展示自己的主体性，自由自觉地活动的、真正的自由状态即共产主义。这与中国儒家文化关于"大同"社会的憧憬和"圣人"境界的追求有相通之处。其次，二者都有一种积极进取、乐观向上的精神品格。马克思主义哲学是一种能动的实践哲学，它在关于人的自由本质、主体性的思想，关于能动的实践观和辩证的否定精神等方面表明，它是积极进取的乐观的哲学。这与儒家哲学所主张的万物生生不已、君子当自强不息的积极入世、刚健有为的思想是一致的。再次，二者都强调人民群众创造历史的作用。马克思主义哲学的群众史观与儒家所主张的"民贵君轻"、以民为本的思想有相似之处。另外，二者在辩证法、认识论等其他许多内容上都有可沟通之处。如马克思主义哲学的矛盾观与儒家文化的一分为二、合二为一以及阴阳变化观；马克思主义哲学的联系发展的观点与儒家文化的生生不已、变化日新的观点等，都有内在的一致性。总之，马克思主义哲学既有儒家文化的根基，也有农民传统文化的根基，它正是在这些根基上与中国传统文化实现契合、会通，并在中国这块土地上生根开花的。从而说明，马克思主义哲学和中国传统文化结合的过程，也就是马克思主义哲学中国化的过程，是中国特色的马克思主义哲学诞生的过程。

从内在根据上看，马克思主义哲学与中国传统哲学的结合在逻辑上也是有根据的。第一，哲学基本问题是马克思主义哲学与中国传统哲学会通的逻辑起点。哲学基本问题即思维与存在的关系问题，是其哲学体系得以建立和展开的基础和逻辑起点。在西方哲学史上，思维与存在的关系问题经过蒙昧时代、中世纪和近代的发展，"才获得了它的完全的意义"①。在中国传统哲学发展过程中，尽管没有明确提出思维与存在这对范畴，但在不同时期、以不同形式都包含着对这一问题的求解。在先秦表现为"天人"、"名实"之辩，在西汉表现为"道""物"之争与"神""形"之辩，在魏晋、隋唐表现为"有""无"、"言""意"之辩，最后在宋明形成"理""气"、"心""物"之争。中国传统哲学这种历史演进与西方哲学史上的演进是相似的，说明思维与存在的关系问题贯穿于中国传统哲学的始终，也是中国传统哲学建立与展开的逻辑起点。这样，就从最根本的理论点上，解决了马克思主义哲学与中国传统哲学相结合的可能性问题。

第二，逻辑同构是马克思主义哲学和中国传统哲学能够契合的内在根据。恩格斯将马克思主义哲学的逻辑范畴归结为三组，即同一和差异、原因和结果、必然与偶然，这与中国传统哲学的逻辑范畴体系"类"、"故"、"理"在逻辑上是同构的。所谓"察类"是要辨同异，因而"类"范畴就包括同一和差异；所谓"求故"是要探索事物的根据和理由，因而"故"范畴就包括同一和差异；所谓"求故"是要探索事物的根据和理由，因而"故"范畴就包括了原因和结果；所谓"明理"是要把握"必然之则"与"当然之则"，因而"理"范畴就包括可能与现实、必然与偶然等内容。可见，尽管马克思主义哲学与中国传统哲学的逻辑体系的称谓不一，但逻辑结构都是相同的，这就意味着二者沟通和融合是可能的，也表明马克思主义哲学中国化在逻辑体系上是有根据的。②

马克思主义哲学与中国优秀传统文化相结合。马克思主义哲学中国化是在马克思主义哲学与中国优秀传统文化相结合的过程中实现的。马克思主义哲学与古代的"经世致用"和"实事求是"传统具有会通之所。我国有"经世致用"的优秀传统，认为学问必须有益于国家，强调学问面向现实、关心现实、为现实服务。明清之际的黄宗羲、顾炎武、王夫之、颜元、龚自珍、魏源等著名思想家都认为经、史、文等必须"经世"、"致用"。中国的马克思主义者，强调马克思主义哲学理论必须和中国革命实

---

① 《马克思恩格斯选集》第4卷，人民出版社2012年版，第230页。
② 参见陈卫平《从〈实践论〉〈矛盾论〉看马克思主义哲学中国化与传统文化的关系》，载《教学与研究》1997年第7期。

践相结合。他们努力应用马克思主义哲学的理论和方法去研究中国社会、中国革命，去分析中国近代政治经济状况、阶级关系，去制定中国革命的路线、方针、政策，去批判各种错误思潮。这既符合马克思主义实践性和革命性的要求，又是继承了中国"经世致用"的优秀哲学传统。我国汉代就有了"实事求是"的命题，以后经过唐代的颜师古、清初的顾炎武以及乾嘉学派的逐步阐释，更加丰富了"实事求是"的思想内涵。毛泽东等中国的马克思主义者，吸取了这一命题，并给以马克思主义的解释。这种解释既是马克思主义哲学中国化，又是马克思主义哲学与传统思想文化相结合的典范。

马克思主义哲学与中国传统哲学的认识论、知行观亦有相同之处。认识论问题，其中特别是知和行的关系问题，是中国哲学史上长期争论的问题。从孔子的"生而知之"、老子的"不行而知"到荀子的"行高于知"，从汉代董仲舒的"知先规而后为之"、王充的"知物由学，学之乃知"到宋明时期程朱的"知先行后"、王夫之的"行先知后"，从明清之际黄宗羲的"学贵践履"、颜元的"知从行来"到近代孙中山的"知难行易"、"知行合一"，这一切为马克思主义哲学认识论的中国化，可以说积累了丰富的思想资料。然而直到毛泽东《实践论》的问世，对传统知行关系问题的解答才真正完成。他在《实践论》中所提出的能动的、革命的反映论的思想，集中体现了马克思主义哲学、中国革命经验和中国优秀哲学传统三者相结合，是近代中西哲学合流的必然和继续，是马克思主义哲学中国化的最大理论成果之一。

马克思主义哲学与中国古代辩证法的内在关系。我国古代有丰富的朴素辩证法思想。《易传》、《老子》、《孙子兵法》等古籍深刻地阐述了事物的运动变化及其根源，对立统一的普遍性，一分为二和合二为一，对立双方的相反相成、互相依存、相互转化，世界整体的有机联系以及变化日新过程等，对马克思主义哲学及其中国化产生了广泛的、积极的影响。毛泽东所撰写的《论持久战》等一大批军事著作，含有丰富的辩证法思想。在这些著作中，他把战争问题提高到哲学高度加以论证和阐述。他应用马克思主义哲学的观点和方法，吸取中国古代兵家辩证法，总结和概括了中国国内革命战争和抗日战争的经验，从而使马克思主义哲学在结合中国革命战争实际和中国古代兵家辩证法的同时而一步步中国化了。

马克思主义哲学与中国传统历史观的内在一致性。历史的悠久和历史学的发达，使中国产生形形色色的传统历史观。变易历史观和进化历史观是其中的典型代表。中国古代有"变易"历史观的优秀传统，认为人类历史是不断变化发展的，政治、法律措施需要随着社会的变化发展而不断变革更新。中国近代由于要解决"中国向何处去"的问题，历史观成为哲学上争论的主要问题之一。他们的历史观虽然具有近代的内容、气息，但总的来说仍然是变易历史观。变易历史观虽然不是科学的历史观，但它关于历史是不断发展变化、并且要求社会要不断变革更新的观点，与马克思主义的唯物史观有相通之处，因此被中国马克思主义者批判吸取。

从戊戌变法时期的康有为、梁启超，到五四运动时期的陈独秀、李大钊等，都是用进化论来解释历史、宣扬进化论历史观的。用进化论来解释历史的发展，把历史发展的动力或者归结为"物竞天择，适者生存"，或者归结为由于社会有机体的各部分的互助合作，都是不科学的，不能真正阐明和把握历史发展规律。但进化论历史观把人类社会看作自然界发展的产物，把人类社会看作一个进化的过程，确有合理的因素，这与唯物史观有相通和一致的地方，可以被中国马克思主义者批判继承。总之，马克思主义哲学中国化与中国传统思想文化有密切联系，中国的马克思主义者在使马克思主义哲学中国化过程中批判继承了不少的中国传统思想，并取得了重要的成就。从这里我们可以看到，马克思主义并不反对优秀传统；马克思主义哲学的中国化、民族化不能离开中国的优秀传统，而正是通过与之相结合中实现的。

马克思主义哲学与中国革命、建设实际相结合。马克思主义哲学也是通过它在中国的传播、普及以及被应用来研究中国革命和建设的实际问题而中国化的。马克思主义哲学与中国革命实际结合有一个逐步发展与完善的过程。这一过程大体可分为四个时期：五四运动时期、第一次和第二次国内革命战争时期、抗日战争和解放战争时期、社会主义革命和建设时期。

在五四运动时期，马克思主义哲学在中国首先和重点传播的是唯物史观。早期的马克思主义者，如李大钊、陈独秀、毛泽东、周恩来、李达、蔡和森、恽代英等人，在介绍和宣传马克思主义哲学时，都着重于唯物史观方面，比较系统地输入了唯物史观的基本原理，并运用它展开了关于科学、文化等问题的大论战。早期的中国共产党人对马克思主义哲学的传播和应用，都是为了中国革命，为了中国人民的解放、幸福而去研究、宣传马克思主义哲学的。因此，他们传播、宣传马克思主义时，努力探索解决中国革命问题的方案，坚持十月革命道路，坚持把马克思主义同中国工人运动相结合，坚持结合建党以及反帝反封建的斗争，为党的建立及推动中国革命的迅速发展做出巨大贡献；他们传播马克思主义与反对各种错误思潮、流派以及同地主资产阶级和帝国主义的思想斗争密切联系。但是，由于历史的局限，中国早期的马克思主义者，在传播、运用马克思主义哲学时，也不可避免地存在缺点和不足之处：主要传播了唯物史观，对辩证唯物论几乎没有传播，这势必影响对马克思主义哲学体系的完整理解；即使在唯物史观方面的理解，也有不准确甚至错误的地方；虽然此时注意同中国革命实际相结合，但总的说来，结合得还不够深入，尤其对传统文化缺乏历史的辩证的分析，否定过多，暴露出忽视文化民族性问题的弱点。

在第一次和第二次国内革命战争时期，辩证唯物主义在中国的传播取得了重大的胜利与成绩。瞿秋白、李达、艾思奇等，对于普及和运用马克思主义哲学，对于推动马克思主义哲学的中国化，做出了重要的贡献。这一时期，以毛泽东为代表的中国共产党人同把马克思主义教条化、把苏联经验神圣化的错误倾向进行了坚决的斗争，对党内的教条主义和经验主义进行了坚决的斗争，并创造性地运用马克思主义的理论和方法来分析、研究中国的国情，开创了在农村建立根据地、以农村包围城市、最后夺取全国胜利的中国革命的独特道路。毛泽东集中了党的集体智慧、经验，把马克思主义哲学的基本原理与中国革命的具体实践结合，先后写出了《实践论》、《矛盾论》等一批论著，为马克思主义哲学的中国化、具体化、民族化做出了突出贡献。

在抗日战争和解放战争时期，马克思主义者批判了中国传统哲学、中国哲学史的错误观点。同时对中国思想史作了系统的研究，取得了重要成就，出版了不少重要著作，如郭沫若的《青铜时代》、《十批判书》，侯外庐、杜国洋的《中国思想通史》等。这些著作运用唯物史观和阶级分析方法去研究中国的传统思想，强调在清理中国传统思想时，必须祛除糟粕，汲取合理的民主性、科学性的精华以及唯物主义的传统。这一时期，毛泽东发表了一系列著作。在这些著作中，毛泽东用马克思主义哲学的理论和方法来研究和指导中国的革命，在理论上总结了中国革命的丰富经验，为马克思主义哲学与中国革命相结合指明了方向，找到了马克思主义哲学与中国革命实际的结合部。这样就有力地推动了马克思主义哲学进一步中国化。

社会主义革命和建设初期，即从中华人民共和国成立起至1978年党的十一届三中全会召开之前，中国的社会实践经历了由新民主主义革命到社会主义革命的转变，经历了开始全面建设社会主义、"文化大革命"等阶级，经历了从巨大胜利到曲折发展、严重失误再到徘徊不前的过程。哲学是时代精神的集中反映。同历史实际的发展一样，三十年间，马克思主义哲学的中国化也经历了一个曲折的过程。在中国社会主义建设初期，以毛泽东为代表的中国共产党人，为丰富和发展马克思主义哲学做出了贡献，如：坚持辩证唯物主义和历史唯物主义运用于中国现阶段社会实际的研究，揭示了中国社会主义社会的基本矛盾及其所规定的其他矛盾，探索了中国社会主义革命和建设的规律，借以制定正确的路线、方针、政策，指导革命和建设事业的发展；注意马克思主义哲学方法论的特点，制定了一系列符合辩证唯物主义和历史唯物主义的工作方法；大力提倡哲学普及，使哲学从书本上和课堂中解放出来，变成群众手里认识和改造世界的锐利武器；注意在思想战线和实际工作中开展同唯心主义和形而上学世界观的斗争；注意总结新的社会实践经验，概括出新的哲学理论观点。但是，值得注意的是，在毛泽东的晚年，由于背离了把马克思主义中国化的正确道路，最终酿成了"文化大革命"那样一场全局性错误。毛泽东哲学思想的伟大光辉，决不会因为毛泽东晚年犯了错误就有所减色。毛泽东晚年政治、哲学观点的错误，为我们坚持、继续和发展毛泽东哲学思想——中国化的马克思主义哲学提供了教训，也为我们党果断地结束"文化大革命"、打破由于"两个凡是"所造成的徘徊不前的僵局，提供了教训。

总之，毛泽东哲学思想的形成、发展与逐步完善的过程，就是马克思主义及其哲学的普遍真理同中国革命实际以及社会主义革命与建设实际相结合的过程，也就是把马克思主义及其哲学在中国革命和建设实践中一步步中国化的过程。毛泽东思想本身就是马克思主义及其哲学中国化的最大理论成果之一，是中国式的马克思主义，是把马克思主义在新民主主义革命和建设中推进到了一个新阶段。

十一届三中全会以后，中国进入了改革开放的新时期。随着实事求是、一切从实际出发的思想路线的重新确立，我们党对社会主义的理解，也逐步转到马克思主义的轨道上，从而开创了马克思主义及其哲学中国化的崭新阶段。如果说在新民主主义革命时期，我们党找到了有中国特色的革命道路，把革命引向胜利，是党在把马克思主义及其哲学与中国革命实际相结合道路上的第一个思想飞跃的话，那么，改革开放后又产生了马克思主义中国化的两大理论成果——邓小平理论和"三个代表"重要思想。毛泽东思想、邓小平理论、"三个代表"重要思想及科学发展观与马列主义是一脉相承的，作为中国化的马克思主义，它们对马克思主义及其哲学的理论宝库，做出了突出的贡献和创造性发挥。在我国社会主义改革开放和现代化建设的新时期，在跨世纪的新征途上，高举邓小平理论这面旗帜，继续沿着它指引的方向和道路前进，这是时代向我们提出的必然要求，也是全党和全国人民抓住机遇开拓进取的必然要求。

第三节　中国哲学通向现代化的可能性

马克思主义哲学中国化的文化底蕴问题，实质上是从文化维度及其现代旨趣上揭示马克思主义哲学中国化是否可能、如何可能及在何种程度上可能的问题。只有将这一问题置于人类文化发展的宏观视界及其整体演进中，才能深刻阐明马克思主义哲学中国化的历史进程正是中国传统文化步入现代化的过程。在这一进程中所产生的有中国特色的社会主义文化，才真正代表了中国先进文化的前进方向。

从学脉源承或者理论来源上看，马克思主义哲学中国化有其内在的文化根基。毫无疑问，马克思主义哲学隶属于西方哲学文化传统，它的直接理论来源就是德国古典哲学。传统的论证理路如下：（1）19世纪上半期社会实践的重大变革及其积极成果，构成了该时代的时代内容；（2）这一内容蕴含并确证了世界的统一性、唯物性、辩证性和历史发展的过程性等时代特征；（3）对这一特征各门自然科学和社会科学从不同层面予以揭示，这一切思想总汇起来就构成了该时代的时代精神；（4）德国古典哲学（尤其是黑格尔和费尔巴哈的哲学）站在时代精神之上，集中地把握时代内容及其本质特征，但因其固有的唯心主义和形而上学世界观的误导，致使造成哲学上的两种分离：即唯物论与辩证法的分离、自然观与历史观的分离，所以没有能够形成为该时代的时代精神的精华；（5）而马克思主义哲学则在批判地继承德国古典哲学的基础上，实现了上述两个方面的统一，建构出了辩证唯物主义科学体系，实现了哲学史上的一次划时代的革命，才真正成为"时代精神的精华"和"文明的活的灵魂"。应该说，这种辨析理路不仅逻辑清晰，而且如实地指认了马克思主义哲学学脉源承上的直接文化来源。但是，这种论证具有严重的弊端：（1）仅仅把马克思主义哲学置放在西方近代文化背景中，强化了它产生和发展的历史局限性，突出了它的民族狭隘性和地域性；（2）忽视了马克思主义哲学是一个动态演进的有机整体，不利于在文化发展观上显示马克思主义哲学发展的动态历史原象；（3）在马克思主义哲学的文化基础上，"言必称希腊"，不利于表征马克思主义哲学的永恒的历史价值，不利于为马克思主义哲学中国化营造一个宽泛的、世界性的文化氛围。在笔者看来，中国传统文化尤其是它的哲学思想，也是马克思主义哲学建构和发展的文化根基。这既可以从马克思同时代的思想家大量引用和吸收中国优秀传统文化的事实上得到间接证明，也可以从马克思、恩格斯本人直接大量引用中国传统文化及其哲学思想的论述中得到明证。比如：马克思、恩格斯认为"中国的社会主义跟欧洲的社会主义象中国哲学跟黑格尔哲学一样具有共同之点"[①]；再如，他们认为中国古代的矛盾观、"两极相连"的方法作为一个普遍原则对西方文明世界的变革产生了重要影响。[②] 可见，马克思主义哲学中国化有其内在的中国文化根基，若离开中国传统文化及其哲学思想或者说不将马克思主义哲学置放在古今中西社会文化发展的宏观大视域中进行考察，马克思主义哲学中国化的文化基础就只能是残缺的。

从逻辑承接或根本内容上看，马克思主义哲学中国化有其厚重的历史文化基础和内在的逻辑根据。（1）与以往旧哲学仅仅具有民族性、地域性不同，马克思主义哲学超越了民族、地域和时代的限制，具有世界性，是一种世界性的哲学。根据有二：一是马克思主义哲学的世界观和方法论符合人类思维的本性和发展规律，代表了人类思维现代取向的主流，是业已被人类社会文化实践所证实的唯一科学学的理论体系；二是它是在资产阶级首次开辟的"历史向世界历史转变"的宏大历史背景下，建构出的"世界的一般哲学"[③]，对当代全球化背景下的人类实践仍具有总体性指向功能。（2）马克思主义哲学的世界性指导功能只有通过民族性、时代性等适当的表现形式才能发挥应有的作用。这是由两方面的情况所决定的：一是

---

① 《马克思恩格斯全集》第 7 卷，人民出版社 1959 年版，第 255 页。
② 《马克思恩格斯选集》第 1 卷，人民出版社 2012 年版，第 778 页。
③ 《马克思恩格斯全集》第 1 卷，人民出版社 1956 年版，第 121 页。

由于马克思主义哲学只是基于历史发展大势而提供的"总的指导原理"①，其抽象、概括程度极强，不可能以原典的、纯然的形式直接发挥作用，必须转换成具体的可操作、可运行的实践性表现形式。二是各国、各民族、各时代的具体实践都具有自己特殊的时代课题和任务，马克思主义哲学只有与具体实际相结合，变理论理性为实践理性，它的哲学智慧才能为人们所用。（3）马克思主义哲学中国化正是这种世界性与民族性相统一的内在要求。一方面，马克思主义哲学在与中国革命和建设实践相结合的过程中，只有取得了恰当的民族形式并"使之在其每一表现中带着必须有的中国的特性"，带有为中国人民所喜闻乐见的"中国作风和中国气派"②，从而建构出中国化的马克思主义哲学，才能真正成为指导中国革命和建设的精神支柱；另一方面，马克思主义哲学在与中国传统文化相结合的过程中，只有将中国传统的"古代朴素的辩证唯物主义"③ 中所蕴含的现代性因素，经过现代社会文化实践的提升、蒸馏和升华，并对接在马克思主义哲学辩证唯物主义的科学形态上，才能找到促进马克思主义哲学中国化进程中最根本的逻辑对接点。

从中国社会发展与文明进步的"历史大视域"进行审视，显而易见，马克思主义哲学与中国传统文化之间存在着某种相互对应的内在关联，而隐含在这一内在关联中的是二者互渗互动而生成的冲突、融聚和互补，而这也正是当代社会文化发展并步入现代化过程中，始终存在并具有关键意义的内在张力。马克思主义哲学中国化正是凭借这一内在张力的驱动，在与社会实践相结合、相涵化的过程中，逐渐实现的；这也正是中国传统文化经过社会实践和马克思主义文化的双重改造而走向现代化、不断生成中国化的马克思主义理论成果并始终代表先进文化前进方向的文化根基和最终动因。因而，（1）弄清马克思主义哲学中国化的文化底蕴，有助于我们完整准确地把握马克思主义哲学世界性、现代性、先进性等精神实质，有助于深刻理解马克思主义哲学中国化与中国传统文化现代化的内在一致性；（2）弄清马克思主义哲学中国化的文化底蕴，也就阐明了"三个代表"指导思想的现代旨趣、真实命义和文化价

---

① 《列宁选集》第1卷，人民出版社2012年版，第274页。
② 《毛泽东选集》第2卷，人民出版社1991年版，第534页。
③ 方克立：《中国哲学与辩证唯物主义》，高等教育出版社1998年版，第7页。

值，从而有助于我们深刻领悟并认真践履我党为什么及怎样"代表先进文化的前进方向"；（3）弄清马克思主义哲学中国化的文化底蕴，树立正确的"三观"（即世界观、人生观、价值观），坚定和增强"四信"（即对马克思主义的信仰、对社会主义的信念、对改革开放和现代化建设的信心、对党和政府的信任），就营造出了鲜活的时代性、民族性的文化背景，并激励我们以饱满的政治热情，全身心地投入到对"三个代表"的学习和实践之中。

马克思主义哲学中国化的文化底蕴问题，实质上是从文化维度及其现代旨趣上，探究马克思主义哲学中国化在文化层面上是否可能（即文化资源或根基）、如何可能（即文化的实现形式和途径）以及在何种程度上可能（即文化机制和动因）的问题。易言之，这个问题实际上包括三层含义：（1）在一个缺乏资本主义文明必要积累的"两半"社会（半殖民地半封建），从文化维度阐明，马克思主义哲学在中国的传播、普及和一步步中国化的进程，是一个内在需求、内在互动和内在转化的过程抑或是外在移植、浅表融合和被迫转化的过程。（2）在马克思主义哲学中国化过程中，马克思主义的主文化能否及如何合理地、有效地、创造性地运用、发展中国传统文化资源，中国传统文化中的地方性、时代性、民族性等一切内容和特征尤其是传统文化中的现代性理念，在何种程度上，以何种方式与马克思主义主文化实现内在交融和契合。（3）在这种交融和契合中所产生的伟大理论成果——毛泽东思想、邓小平理论、"三个代表"等，为什么说它们既体现了马克思列宁主义的基本原理，又包含了中华民族的优秀思想和中国共产党人的实践经验，从而真正代表了中国先进文化的前进方向，以及如何牢牢把握这一方向，高举中国化的马克思主义这面时代旗帜，从而将中国特色社会主义文化建设事业向深层推进。弄清这些问题，对于我们理解马克思主义哲学中国化的必然性，特别是自觉地把"三个代表"的思想引入到马克思主义哲学基本原理的学习和实践中，以加深理解"三个代表"指导思想的理性内涵及其总体性精神指向至关重要。

就马克思主义哲学中国化的文化资源问题来看：一方面，马克思主义哲学中国化并不缺少文化资源，相反，迄今为止，人类已创造并积累了丰富多样的文化资源，马克思主义哲学本身就是在吸取和改造了两千多年来人类思想和文化发展中一切有价值的东西的基础上而产生的。这表明马克思主义哲学的文化底蕴并没有离开人类文化、文明发展的大道，没有割断马克思主义文化精神及其哲学核心与其他文化及其核心的内在关联，相反，而是作为人类文化、文明发展史的总结和最高成果而出现的。可见，唯有将马克思主义哲学中国化问题置于人类文化、文明发展的宏观视界中，置于多元、异质的文化因子"相比较而存在、相斗争而发展"的文化演进过程中，置于马克思主义哲学在历史和文化两种层面、双重构架的磨合、蒸馏与升华中，才能使我们深刻理解马克思主义哲学中国化的历史必然性与现代性趋向的深厚文化底蕴。另一方面，马克思主义哲学用怎样的方式将人类一切优秀文化成果特别是中国传统文化的优秀成果整合在自身之中，并使这些优秀文化遗产转化为足以支持马克思主义哲学中国化得以全面实现并不断向前推进的文化根基与文化支撑呢？任何一种优秀的文化传统，特别是中国优秀的文化传统，都包含着可供马克思主义哲学所吸取的现代性理念，都蕴藏着推动马克思主义哲学实现中国化和现代化的资源潜能，蕴藏着传递先进文明因子、教化和塑造先进文化精神、放大马克思主义的理论背景和文化图式、实现社会文化的整体推进等文化功能和文化动力。但是，要将这些潜能和动力全面激发并活化出来，必须找到具体的、切实可行的转化形式、实现形式，必须使这些文化资源，参与到当代社会文化发展的民族认同、时代认同、实践认同和哲学认同之中，其内在文化潜能才能转化为现实的文化动力，并在此基础上提炼出现时代的"文明的活的灵魂"和"时代精神的精华"——中国化的马克思主义文化理念和哲学理念。

　　就外来文化与本民族文化的关系来看，（1）正像没有一种动物仅靠反刍去维持生存一样，任何一个民族文化要维持它的生存和发展，也必须不断从外界吸收新鲜的、活生生的文化养料，才能摆脱它那死气沉沉的颓境。发展社会主义文化，必须继承和发扬一切优秀的文化，必须充分体现时代精神和创造精神，必须具有世界眼光，增强感召力。这表明：文化系统是一个开放系统，它生存和发展的动力既有内源因子，又有外源因子，且只有两种因子不断地进行对流和互换，才能形成"负熵流"以确保其"自我生成之域"的边界不断扩大且生机无限。（2）当然，对外来文化的吸收不可避免地要带上本民族的特点，要对之进行改造和咀嚼，用自己的胃去加以消化，正如任继愈先生所指出的："外来的上层建筑搬了来，不加改装……到底它生不了根，更不能发展。"这也印证了马克思的一个基本观点：理论在一个国家的实现程度，取决于该理论满足这个国家需要的程度。（3）外来文化的激活作用在一个社会的变革之初，表现得很明显，因为在它的引爆下所产生的观念变革、思想变革成为了该社会政治变革的先导；并且这种激活作用在一个社会的重大变动或改革的深层推进中，表现得就更加突出，因为社会的大变革抑或改革的深层推进，势必要引入大量的外源文化因子作为酵母，激发和活化该社会的思想界精英，挺立时代潮头，代表先进文化的前进方向，为社会的重大调整作舆论宣传和智力支持。（4）本土文化对外来文化的吸纳，有一个气量、度量问题。一个无法真正容纳外来文化的国度，一个丧失了"兼容并包"、"海纳百川"之气度的民族文化，它对外来文化的需求和利用本身是狭隘的、片面的、肤浅的。

　　本土文化对外来文化的关系问题，是马克思主义哲学中国化文化底蕴的一个核心理论领域。为深刻理解这一点，这里有必要为大家引介几种错误的文化发展观作为我们批判的靶子：（1）深层无公度性理论。该理论错误地认为，中华文化的深层结构中固有着一种惰性，它固执于本土文化的独特性或异质性，过分强调对异质文化的排斥和互斥；认为它只可以接受外来文化的音乐、舞蹈、艺术风格、烹调、服饰和娱乐方式等表层文化，一触及哲学这种深层领域，则采取自然思维，按原有方式和方法而我行我素，且作为一种超稳定结构，它的气度十分有限。因而马克思主义文化及其哲学核心，作为异民族文化，它漂泊到中国后很难成为安立民族文化生命的根基，这种深层"无公度性"，决定了马克思主义哲学在中国是"化"不出什么结果的。（2）文化断层理论。这种理论片面地认为，1919年的五四运动，彻底推翻了孔家店，马克思主义文化随着一阵政治激情而注入中华大地，这样几千年的儒家文化的主流被截断，中华文化的脊梁骨被打断了，造成了文化断层，形成了文化缺位（或文化空场），而马克思主义文化作为异质文化与中华文化具有内在的文化冲突、"文明冲突"，决不能冰炭一炉，所以"中国化"命题本身是难以成立的。（3）意识形态终结理论。该理论吹嘘说，在全球一体化浪潮中，在西方强势的政治经济力量所支撑下的霸权文化、寡头文化将消解一切文化差异，尤其是消解一切意识形态的差异，形成了"意识形态的终结"，中国在步入现代化进程中，将最终摆脱马克思主义的文化樊笼，免费享用西方强势文化的文化快餐，中国文化将融入全球化的文化旋涡中，马克思主义哲学中国化将变得既不可能也不必要。

　　对上述观点我们做如下几点评析：（1）文化的合流或整合是整体推进、立体互动的，其表层和深层是交织在一起、共生共存、协同发展的；而且，越是在文化的深层，越具有内在的一致性，其公度性越大，其对流、互补和融聚的可能性就越大。声称马克思主义文化与中国传统文化之间具有深层"无公度性"，在理论上是异常荒谬的。（2）中国传统文化是一个有机的整体，其内在的理性基础或哲学核心，非常深厚、异常坚固，且韧性、张力、气度都很大，并非脆弱得一场政治事件就足以使之发生所谓"断层"或缺失。事实上，马克思主义文化及其哲学核心与中国传统文化实现了成功的对接，并在实践催生下，产生了毛泽东思想、邓小平理论、"三个代表"等中国化的马克思主义伟大理论成果，怎么能说"化"不出什么结果呢？可见，这种观点在实践上也是站不住脚的。（3）全球化实质上是资本主义的一体化，在其强大的政治、经济裹挟中自然夹杂着它们的政治观念和价值取向，所以全球化浪潮中蕴藏着西方大国操纵的"政治陷阱"和"文化陷阱"。全球化播撒的并非都是现代文明，把"全球化等于现代化"正如把"殖民化等于现代化"一样都是荒谬的。对此，马克思早就明确地批驳过。在马克思看来，的确，资本主义的扩张历来"充当了历史的不自觉的工具"①，传播了一些现代文明，但是在这种现代文明背后隐藏着的却是"资产阶级文明的极端伪善和它的野蛮本性"②；而且，当经济政治文化都比较落后的低起点国家还没有强大到有足够力量自主参与这一历史进程时，他们是不能收获到因资本主义扩张而"播下的新的社会因素所结的果实"③的。因而，凭借全球化而企图终结意识形态，其根本用意是妄图取缔中国化的马克思主义的指导地位，这是西方"和平演变"阴谋在文化层面最新的体现。

　　从文化整合的实现程度方面来考察马克思主义哲学中国化的文化底蕴，应该肯定的是马克思主义哲学与各种文化资源之间的整合既有表层的又有深层的，但更重要的是在深层上的会聚。文化有"显"与"隐"两个层面，"隐"的一层是指那种在人类文明史上所积淀下来的、体现人的共同体的特殊本质的、由世界图景、价值关怀和人生取向所构成的哲学体

---

① 《马克思恩格斯全集》第12卷，人民出版社1998年版，第143页。
② 《马克思恩格斯选集》第1卷，人民出版社2012年版，第861页。
③ 同上。

系，这是文化的核心层面。从核心层面考察马克思主义哲学中国化问题，就是为了表征和凸现在马克思实践唯物主义基础上，如何将马克思主义文化、中国传统文化、西方现代文化内在地契合为一，以建构出贴近马克思主义的内在本性、符合现时代要求并代表广大人民根本利益的新文化。"显"的一层是指以科学性、大众性、民族性为特征的有中国特色的社会主义文化，就是在核心层面会通古今中外的一切文化资源，并在成功地实现互渗互动、内在交融后而产生的一种文化新视界，这是一种代表中国先进文化前进方向的公共文化视域，或者说，是在多元文化互补互动、"公共商谈"基础上所形成的深度对话或"重叠共识"。

以何种方式达成这种深层共识呢？要回答这一问题，首先就要弄清达成这种深层共识的支点是什么？这个支点只能是现代性。马克思主义文化无疑是一种现代性理念，西方文化的现代派及后现代派（实质上是对西方现代性的一种重振或重写），都蕴藏着现代性的文化理念，因而在马克思主义哲学中国化事业向深层推进的过程中，马克思主义文化与西方现代文化在当代不期而遇，是很自然的事。因而，不论是捍卫还是发展马克思主义文化，都需要站在人类文化发展的制高点上，对西方现代文化进行创造性的利用和改造。然而，问题的关键在于，中国传统文化本质上是一种农业文化，它既对凝聚和塑造民族精神具有决定性的作用，又对社会发展的现代性趋向具有极大的抗拒性，如何取长补短，使这种成熟的农业文化一跃而起紧跟工业文化、信息文化，并凭借其内在民族精神的驱动而完成向现代性的跃迁，这是当代文化达成深层共识的一个重要的文化难题。解决这个文化难题的关键，在于能否找到传统文化与马克思主义文化实现内在对接的"思想桥梁"，在于从理论上能否阐明中国传统文化的现代化与马克思主义哲学中国化二者具有内在的一致性。

研究马克思主义哲学中国化的文化底蕴问题，还要弄清马克思主义文化的一元本性与当代文化多元存在的正负效应及其回应问题。在当代中国，发展先进文化，就是发展有中国特色社会主义的文化。而以马克思主义哲学为其内在灵魂的有中国特色的社会主义文化，作为主流意识形态，只能是一元的，决不允许多元化。因为，党的指导思想的不统一历来是导致组织上分裂的直接原因。因此，在讲授马克思主义哲学中国化的文化底蕴问题时，一定要讲清一元性及其时代性、民族性等具体表现形式之间的关系。这种"显"与"隐"之间的关系，绝非"一元"与"多元"或者

"一家"与"百家"之间的关系。但是，在当代中国，文化的多元存在又是不争的事实。一方面，文化的多元存在和相互穿透，对推动马克思主义主流文化的发展和始终代表先进文化的前进方向十分有利，对于当代中国思想文化界建构以马克思主义文化为基础，融合各种文化中的现代性理念于一体的"公共研究平台"也是十分有利的。但是，另一方面，异质性的多元文化又严重削弱、瓦解着马克思主义的主流文化：如，（1）封建主义文化的毒素对以马克思主义哲学为核心的主文化具有极强的解构力和瓦解力。在中国传统文化中蕴含着许多封建主义文化的毒素，如等级观念、平均思想、依附性、服从性、保守性等等。在中国传统文化几千年的发展过程中，这些文化因子已融化在中华民族的思想意识和行为规范之中，积淀为一种文化遗传基因，成为马克思主义哲学中国化的阻力之一。（2）文化的"普世主义"、后殖民主义的威胁。西方发达资本主义国家以全球化为掩体，加紧实施"和平演变"战略，极力兜售文化"普世主义"和后殖民主义等现代西方的文化观念。这种观念对马克思主义主文化具有极大的穿透力和渗透力，对主文化的存活和发展构成严重威胁。（3）各种反马克思主义和非马克思主义文化因子通过各种媒介特别是互联网大量涌入，且与传统文化中的封建糟粕沆瀣一气，极力争夺思想文化阵地，对主文化产生了各种形式的冲击。当代思想文化战线，只有猛力回击和消除这种负面效应，才能使马克思主义文化真正代表先进文化的前进方向。

当代中国哲学研究出现了种种认识误区，急需推进马克思主义哲学的中国化和现代化进程。当代哲学论坛上出现了种种与马克思主义哲学中国化不相符合的声音：（1）有人主张马克思主义哲学应"马克思化"。认为传统的马克思主义哲学是一种适应苏联极"左"政治需要的统治术，在马克思主义哲学头上堆砌了很多非法建筑，在极"左"政治的先在性强制下，马克思主义哲学的真义处于遮蔽状态，只有回到马克思的原初理论文本，即马克思主义哲学只有经过马克思化才能走向现代化。（2）有人主张马克思主义哲学应"西学化"。认为马克思主义哲学隶属于西方文化系统，不能切断马克思主义哲学与西方哲学的整体关系，我们多年来在西方文化背景整体性缺席的情况下研究马克思主义哲学，可谓走错了路，马克思主义哲学的未来取向只能是"西学化"。（3）与前述相反，有人认为，中国哲学失去了自我，总是把西方的东西作为自己的研究任务，套上了西方的这样或那样的框框，当代哲学研究应回到"儒学化"中，马克思主义哲学只有经过儒学化才能通向现代化。（4）还有人提出马克思主义哲学应该"生活化"。认为哲学不因其研究所谓大问题而重要，而是因其切近生活而有价值，哲学只有为现代人的生存提供"安身立命"的生活应对技巧，使人过幸福的生活才是有用的。并认为马克思主义哲学只有成为一种谋划幸福的生活策略才有存在价值，否则，若它和政治纠缠在一起，就会导致不纯品性。除此之外，还有主张马克思主义哲学应该"生存化"、"个性化"、"人学化"，等等。这诸多研究视界和现代取向，分别看似乎都有一定的道理，然而，若是远离当代中国社会实践中所提出的迫切需要解决的重大理论问题，换言之，若是偏离马克思主义哲学中国化和现代化的正确轨道，其理论研究的现代价值、生命力和发展前途就都是极其有限的。马克思主义哲学与社会主义事业休戚相关，社会主义站住了、发展了，马克思主义哲学才能存在和发展；反过来说，马克思主义哲学研究只有为社会主义建设实践服务，努力为解决现实的重大社会文化发展课题提供智力支持，并在与当代实践相结合的过程中锐意创新、与时俱进，不断建构和创造出中国化的马克思主义哲学新形态，才真正是中国哲学发展的现代取向，也才真正在哲学层面代表了中国先进文化的发展方向。

后现代语境中的马克思主义哲学及其中国化问题，是考察马克思主义哲学中国化的文化底蕴问题的最前沿。时下，后现代主义文化尤其是哲学观念的过量引介，在当代中国哲学论坛掀起轩然大波，各种各样的主张迭起，可说是众说纷纭，莫衷一是。在笔者看来，一方面，马克思主义哲学中国化、现代化是历史的必然，马克思主义哲学实质上是现代性理念的集大成者，并自觉契合了当代中国社会主义现代化建设的整体发展方向。因而，在马克思主义科学实践观的基础上，如何阐发马克思主义哲学的现代性理念，以加速推进中国传统文化发展的现代化进程，是当代中国马克思主义哲学研究的根本任务。而西方后现代主义哲学，由于它是一种西方文化的整体性自虐、自残行为，是一种日暮途穷的"崩溃的逻辑"，是一场丧失生命力的"精神性大萧条"，因而，它在根本性质和发展方向上与马克思主义哲学大异其趣；又由于它是在经历了现代理性的高度发展基础上的一种自我纠偏活动，它对现代性观念的解构和消解，它提出的反对一切文化霸权和文化帝国主义等主张，对马克思主义哲学的现代化构成了极大威胁；又由于它提出许多直接攻击马克思主义哲学的基本观点，强烈反对马克思主义哲学的政治性诉求，这对于我们以中国化的马克思主义作为当代精神支柱的政治需要形成巨大的反差。而西方后现代主义不代表中国先进文化的前进方向。另一方面，后现代主义作为对现代主义负面效应的批判所表现出来的价值取向和文化诉求，既与中国传统文化尤其是儒家哲学的"天人合一"思想，具有内在的契合性，又与马克思主义哲学对资本主义现代性弊病的批判，具有内在会通之处，因此，正是在这个意义上，我们说，马克思主义哲学是现代哲学从现代走向后现代的必经之路，马克思主义哲学在当代是不可超越的"意义视界"。质言之，正是由于马克思主义哲学与后现代主义都是对资本主义现代性的批判，所以马克思主义哲学虽属现代理念却准确地预示了后现代的某些特征，因而二者在当代中国哲学论坛不期而遇是必然的；同时，正是由于中国古代哲学的"天人合一"的终极关怀，有助于消除因现代科技理性过度膨胀而导致的人类文明陷入危机、人文价值低迷，因而后现代主义也能在中国传统文化及其哲学核心中找到某种互相呼应、互相印证的文化之根。因而马克思主义哲学中国化、现代化的进程，不能回避后现代主义以直接或间接的方式瞥见或预示到的现代文化价值，应将其吸纳到马克思主义哲学发展和创新的深层结构中。总之，后现代主义文化已构成了马克思主义哲学中国化的后现代的文化底蕴。

第四节　中国哲学实现现代化的必要性

中国传统哲学作为中国文化的精髓和活的灵魂，是中华文明智慧的集中体现，是中国哲人在追求真理、"闻道"、"求道"的实践中所取得的智慧之果。它既是中国贤哲理性自觉和高尚人格的体现，也是滋润、启迪和引导社会文明进步的源头活水。它的宗旨是探求宇宙人生的根本道理，向往的是终极的理想境界，并用中国人特有的语言表述方法建构了一整套特定的思维范式和理论框架；这种理论体系遵循着逻辑与历史一致的原则，在历史和文明的演进中源源不断地从中国哲人的思维出发，并通过对先贤的心灵和思维的启迪，最终促成了他们对儒、释、道的解悟和由此带来精神的内在超越。作为儒、释、道三教圆融的产物，中国哲学精神所蕴含着的对形上本体的终极关怀，以及由此出发而开显出的处世方式、人生追求、直觉观照、审美情趣、超越精神，无不凸显着人类精神的澄明高远、宁静淡泊的境界；而作为对人生悲剧性的终极宿命的一种理性表达，因其给人提供了安身立命的终极关怀和现实性根基，故而能使中国当代学人对之保持持久的魅力和神韵。对这种智慧的沉思和熏染，不仅能辅助养思即开阔视界、锻炼智力、深化思维，而且能励志、益智和怡情，拔高人的生存境界和生存质量，更有利于加深对民族传统文化的身份认同，触发与激活我们的创造性灵感，在理性创新的事业中促进马克思主义哲学深度中国化，以无愧于祖国人民和时代的召唤。

事实上，中国哲学传统像其他任何一个哲学传统一样，其哲学元素或理念具有双重性：即可离性与不可离性。有些哲学元素（如"仁"、"礼"、"天"等等），是不能脱离原初历史语境而独立存在的，它附着于产生它的历史的上下文，只有将之放置到那个特殊的历史情景中，与各种观念体系作地域性的整体理解时，它才是有意义的；而另一些哲学理念（如唯物的、辩证的、发展的观念等）则具有可解析性和可重构性，具有可离性和可相溶性，它可以经过改造而纳入别的哲学体系中，经过互渗互动、整合与升华而产生新的哲学形态。理论上说，两种不同质的哲学元素间的融合，的确能产生类似现代解释学所说的那种视界交融、重叠共识或交往互惠，但是由于文化应用的功能选择机制，因而也会产生部分接纳或接纳滞后的情况。例如，在马克思主义哲学与中国传统哲学融合初期就是这样，由于二者产生的思想环境不同，需要解决的时代课题不同，文化积淀、民族特质、自然条件以及政治、经济、文化的发展水平等差别很大，且起点和发展基础不同，因而对马克思主义哲学中那些与本土传统具有相似性或相关性的历史唯物论部分，很容易直接认同；而对引入的那些与本土传统不熟悉、不相关或者当下没有功能意义的部分，要么不被强调、不被重视，要么则会间接接纳或者接纳滞后。这是由于应用的功能选择机制所决定的，而没有任何实用主义的意味。

马克思主义哲学与中国传统哲学间的融合，越是在深层越具有内在一致性，其公度性越大，其对流、互补和融聚的可能性就越强。由于中国哲学传统所固有的韧性、气度、张力都很大，受其海纳百川、兼容并包的精神指向所决定，它不仅能在表层接纳马克思主义哲学传统，而是能够在深层即在世界观、价值观层面，找到足够多的共点而作为互相融合的基础。中国哲学传统是指在历史流变中的精神性活体，体现的是华夏民族精神特质的世界观系统，它与人们的思维方式、行为方式、生活方式融为一体，渗透到社会文化生活的方方面面，在社会历史发展和文化演进中，它作为

"硬核"或"范式"被积淀下来,具有极强的稳定性,而且其理性基础异常坚固,绝不会被某一次历史事变(如"五四"运动)而冲垮并发生断层,形成哲学传统缺席或空场的局面;但它又并非是打不开的超稳定结构,相反,它作为"文明的活话语",具有很强的开放性、自调节性和延展性,它既凝结了过去,又包含着现在,并开拓着未来。它的这种超越指向性表明,它决不会轻易地"死在古人的句下",而能与世偕行、道与世更,不断激发新的生机与活力。

中国哲学传统具有民族性和世界性,是二者的辩证统一。中国哲学传统的民族性是指它的民族特性或民族个性。具体是指:它是以汉族为主体,各民族共同组成的中华民族在漫长的历史发展过程中所创造的特殊的世界观、价值观体系,它以儒家哲学为主流,熔佛、道哲学观念并融通了世界上各种先进文化因子和哲学理念为一炉,以凸现华夏民族的特有风貌和精神心态为己任。它的基本内容是:坚韧不拔、自强不息的主体性精神,崇尚和谐统一、民族团结的民族向心力、凝聚力,重义轻利、顾全大局的价值取向以及日生日成、刚健有为的实践品格等等。同时,中国哲学传统又具有世界性,这主要是指中国哲学传统虽然属于老到成熟的封建性的农业文明,却蕴含着大量的现代性因素,具有现代性价值,正是这种现代性内蕴规定了中国哲学传统能够从深层认同马克思主义哲学,并经过马克思主义的创造性转化,而从地域性跃迁上升为世界性:马克思主义哲学作为一种世界性的学说,在本质上隶属于现代科学形态的辩证唯物主义,而中国哲学传统中存在着悠久的朴素的唯物主义和朴素的辩证法的传统,更为重要的是,这种朴素唯物主义与朴素的辩证法达到了统一,形成了一种"朴素的辩证唯物主义"。这既表明了马克思主义哲学与中国传统哲学具有内在相通之处,也表明了中国哲学中蕴含的现代性因素只有纳入到马克思主义哲学体系中经过现代性的实践升华,才能成为世界性学说的内在因子,这些内在因子无疑构成了马克思主义哲学深度中国化的最为方便、最为快捷的"逻辑之桥",成为二者实现视界交融的最根本的逻辑对接点。

进一步地说,中国哲学传统许多重要的元素都被现代科学和现代实践及其结果再三证实具有现代性价值:中外许多现代科学家共同发现,现代科学发展所显露出来的某些重要特征都同中国传统哲学理念及其思维方式(重整体、重关系的方式)内在关联,并认为中国传统哲学中可以找到现代科学的历史雏形和最初萌芽,中国哲学元素及其思维方式对推动现代科学的发展具有重大的启示作用；而现代实践及其负效应也一再凸显着中国传统哲学天人合一观的现代价值，对矫正西方哲学一味张扬物欲，造成人文价值低迷、生态伦理危机、人和自然关系紧张等现代弊病具有不可替代的作用，许多现代西方哲学大师自觉和不自觉地在向中国传统哲学靠拢，便是一个明证。另外，中国传统哲学中的合和精神、天人关系、人学思想、大同理想等等重要理念，不仅对拉近现代科学和现代西方哲学的关系具有当代价值，对促进马克思主义哲学深度中国化更具有重要作用，存在着矫正马克思主义哲学与现代生活、现代科学、当代实践的内在张力，也存在着从内在本源处对其现实基础和理论地位进行培根固本的无限能量。可见，马克思主义哲学与中国传统哲学相结合的过程，既是中国传统哲学经过马克思主义化而走向现代化的过程，也是马克思主义哲学在实践磨合过程中深度中国化的过程，二者辩证统一的过程正是中国化的马克思主义哲学新形态建构发展、与时俱进的过程。

马克思主义哲学因其是在"历史向世界历史转变"的宏大历史背景下产生的科学体系，深刻地把握了人类历史发展的最一般规律，代表了人类理性认识的正确方向，作为时代精神的精华早已越出它产生时的狭隘的民族和时代界限，而成为具有永恒的历史性价值并自觉面向世界和未来的世界性学说。马克思主义哲学发展史证明，马克思主义哲学的这种世界性，只有通过民族性才能体现出来：（1）马克思主义哲学是基于历史发展的大势而得出的总体精神指向，它不可能为解决一切时代课题提供任何终极性的答案。它的哲学体系只有引入到民族性的社会实践中，并作为民族文化的核心与灵魂，其世界性的范导功能才能体现出来；（2）马克思主义哲学产生的"中源说"表明，马克思主义哲学体系中包容了许多中国哲学的重要因素，有博大精深的中国传统文化作底蕴，其在中国的传播、普及和发展过程中深得人心，极易实现文化认同、哲学认同和实践认同。（3）马克思主义哲学体系自身的概括性、抽象性程度极强，在引入民族性的具体实践活动中，其世界性不可能以原典的、纯然的形式直接实现并发挥作用，而必须与地域性的民族文化及其哲学核心内在契合，并通过创造出贴切的、科学的、民族化的具体方式，化理论理性为可操作、可运行的实践理性，才能真正实现。（4）马克思主义哲学深度中国化正是内在打通民族性与世界性，在中国实现二者统一的历史必由之路。在历史发展过程中，随着马克思主义哲学与中国传统文化及其哲学核心的实践契合，由于成功地找到了恰当的民族表现形式，并使之在每一表现中都带着必须有的中国特色，带着为中国人喜闻乐见的中国作风与中国气派，才相继建构出了中国化的马克思主义哲学新形态（毛泽东思想、邓小平理论和"三个代表"），为马克思主义哲学的发展和扩大它的世界性影响作出了中国人自己独特的贡献。质言之，马克思主义哲学的未来走向不能绕过中国传统哲学而发展。

马克思主义哲学中国化是马克思主义哲学未来走向和 21 世纪中国哲学的现代走向的交汇处，是实现马克思主义哲学发展与创新的根本途径。马克思主义哲学能否及在何种程度上实现中国化的问题，关系到有中国特色社会主义现代化建设的成败，关系到马克思主义哲学自身发展的前途和命运，关系到中国能否顺利完成中华民族伟大复兴的历史使命，关系到世界社会主义、马克思主义的旗帜到底能打多久的问题，更关系到现代意义上的中国马克思主义哲学新形态的建构与发展问题。在当代中国，离开中国化而谋求马克思主义哲学的发展同离开马克思主义哲学的指导而谋求中国哲学的现代化一样，都是不可想象的。马克思主义哲学只有经过中国化而走向现代化，它的一切创新和发展都集中体现在中国化上，传统教科书体系的最大弊端就在于没有实现中国化，而哲学改革的唯一出路也在于使之深度中国化。

马克思主义哲学研究在当代面临的诸多困境也迫使它要深度中国化：苏东剧变、世界政治经济格局的重大调整、西方敌对势力加紧推行"西化"、"分化"图谋，这都使得马克思主义哲学在世界上处境恶劣，遭到的攻击最甚，西方理论家及一些政要一再宣称要埋葬马克思主义；社会主义改革深层次矛盾不断涌现以及执政党中的腐败问题，全球化浪潮及资本主义意识形态的多方面渗透，高科技的迅猛发展提出许多颇富挑战性的新问题、新领域；由于近代化的知识论的误读、苏联教科书框架的误读、第二国际式的误读等等而拼凑出来的僵死的原理体系，严重遮蔽了马克思主义哲学的真义；市场经济在功利方面的张扬，造成人文理性的低迷，封建文化毒素沉渣泛起，各种反马克思主义与非马克思主义观点借助各种媒介尤其是互联网大量涌入，这一切都使马克思主义哲学原有的影响力下降，严重危机到马克思主义的主流话语的生存和发展。这些解构性挑战表明，马克思主义哲学只有实现现代性的转向即在根本立场、思维方式、理论课题等一切方面发生现代性的划时代的变革，才能挺立时代潮头、与时俱进、开拓创新。而这种现代转向，许多有识之士早已指认，"只能是马克思主义哲学中国化的取向"。

马克思主义哲学中国化的真正旨趣在于：实现多种哲学传统的实质性融合，尤其使中国传统哲学成为当代中国化的马克思主义哲学的有机组成部分，再塑当代中国人的精神支柱和民族灵魂。这就意味着：马克思主义哲学与中国哲学不再是并列或独立的两种不同的哲学，而是在当代实践基础上实现合二为一的同一种哲学的两个方面；意味着马克思主义哲学的基本要义和实质融入中国原有的哲学理念中，构建中国人自己的哲学传统和理论体系；意味着中国化的马克思主义哲学在中国将有一个实质性的飞跃，最终实现它的中国化、大众化，"使之成为中国人普通大众的思维方式和行为方式"，"人生指南和生活智慧"。

马克思主义哲学中国化的现代价值取向不仅仅是一种理论上的诉求，更在于它的实践性指向，马克思主义哲学中国化的现实基础就取决于马克思主义哲学自身所固有的实践性品格。当代中国的哲学研究，只有立足于探索人类社会发展、社会主义建设、文化或精神文明的发展以及执政党的建设等基本规律，用"三个代表"的精神，力意在理论上研究和解决具有全局性、战略性、前瞻性的重大理论问题和实践问题，并在这一探索和解决的过程中推进马克思主义哲学深度中国化的进程，才能不断建构出具有中国特色、中国风格、中国气派的中国化的马克思主义哲学新形态，用发展着的马克思主义指导当代新的实践，在创造性地运用中丰富和发展马克思主义哲学。为此，必须努力实现马克思主义哲学与中国哲学传统、当代社会主义实践相结合，着眼于如何代表中国先进生产力的发展要求、先进文化的前进方向和最广大人民的根本利益，并为之提供强有力的智力支持和政治保证，以确保社会主义建设避免犯重大的原则性错误，确保在理论上对一系列重大问题的正确认识和解决，从而夯实马克思主义哲学中国化的理论基础。

当然，西方现代、后现代哲学对传统基础主义的批判、对主体性和人类中心主义的超越、对传统理性与非理性的摧毁等，这一切都是对现代性哲学的批判或重写，这与马克思主义哲学的现代性批判框架具有内在一致性。因而，在马克思主义哲学中国化的过程中除了要克服原有的西方近代化的先在性强制之外，还要充分吸收现代、后现代哲学以这样或那样的方式瞥见到的许多有价值的先进哲学元素。这样，马克思主义哲学中国化不仅使现代哲学活在中国更活在世界上，在现代性哲学平台上经过多种哲学传统的互相提问，增加互惠知识，形成具有世界历史意义和人类普遍精神指向的"问答逻辑"。

在历史上，黑格尔作为一个西方中心主义者曾主张"中国无哲学论"。在他看来，中国因为是一个专制社会，较少自由意志，故而不存在以崇尚自由精神为宗旨的哲学体系，而且中国人的天人合一论，也导致了主体在客体中的沉陷，故而只能烘托出"一个毫无精神意味的境界"，只具有哲学的"迹象"，只是些意见或思想，压根无哲学可言，必须将之"排除在哲学史以外"。这种傲慢与偏见凸现了黑氏根深蒂固的西方优越感和对东方智慧的无知，曾再三受到东方大师们的驳斥。无独有偶，当代学界也有人步黑氏后尘，并依据西方后现代主义的"哲学终结论"，认为：中国传统哲学中许多理念已消亡于特定的历史情景中，不能脱离产生它的原初语境和具体实践；即使能够得以苟生，在"五四"运动中也被打断了脊梁骨，发生了严重的断层：而存活至今的一些残余的哲学元素，也早已不成为"活话语"，被西方哲学的强势话语所拆解，而处于被支配地位。简言之，中国传统哲学已被现代化掉了。

第五章

传统文化观与文化自信

在复杂多变、相互激荡的文化转型期，更要坚持以马克思主义文化观作为精神旗帜，以马克思主义文化观统领中国特色社会主义的文化建设，唯此才能代表中国先进文化的前进方向，建设社会主义核心价值体系、筑牢社会主义思想防御体系，这对实现中华民族伟大复兴的中国梦来说，意义重大而深远。马克思主义文化观作为一种研究文化发展规律的新范式，它强调文化研究要关注时代性与民族性的内在融通，力求为当代人幸福而和谐的生存提供智力支持与现实关怀，为当代人不断提升其文化品格与情操打造新的着力点，因而这种文化哲学的新范式应成为研究马克思主义文化观及其中国化的主要思想平台。

第一节　当代中国的文化观与文化自信

众所周知，文化是人类活动的产物，人类在实践活动中改造了自然而形成了文化，人创造了文化，文化又塑造着人。人类的文化活动同经济活动、政治活动的相互作用，构成了特定社会发展的基本内容，后二者为之提供硬实力（行为力与制度力）方面的基础支撑，而前者则为之提供软实力（吸引力、形象力）方面的精神指导与智力支持。人是一种文化的存在物，人的发展与社会的发展体现在文化与文明的演进中，文化的发展凝聚着人的创造力、社会的革新力。文化的软实力维系着一个民族的凝聚力、创新力、生命力，换言之，一个民族所具有的精神文化力量深深地融聚在民族的生命力、创造力和凝聚力之中，是民族精神及其创造力、生命力、感召力的重要源泉，越来越成为综合国力竞争的重要因素，越来越成为人民群众追求幸福的热切愿望、越来越成为推动社会发展的重要动力源泉之一。然而，当前国外有一种观点（国内也有不少人迎合之）认为，中国共产党所讲的文化，完全是一种政治化、意识形态化的文化，它对人的、社会的先在性强制作用，其实就是一种"赤化""党产化""阶级化"的精神垄断，这种文化仅仅服务于中共政治集团的利益，而与人民大众的文化需要是无关痛痒的甚至是背道而驰的。在我们看来，这种文化观，显然是极端错误的，不仅是对我们党的先进文化的歪曲与诋毁，而且也混淆并违背了基本的文化常识。可见，在当代中国社会主义先进文化建设中，是否及如何坚持马克思主义文化观的指导地位，能不能以辩证唯物主义和历史唯物主义作为文化建设的哲学基石、以代表广大人民根本利益作为文化建设的政治立场、以促进人的全面自由发展作为文化建设的价值取向，这的确成了决定文化建设能不能实现大发展大繁荣、能不能顺利实施文化强国战略的重要保障。结合当代中国文化建设实际，为驳倒上述那种荒谬的文化观，全面阐释以马克思主义文化观引领中国特色社会主义文化建设的必要性与重要性，笔者下面将从文化建设的几个方面进行深入解析。

从文化的政治内涵上分析，文化蕴含着政治但不能归结为政治，将文化等同于政治是对它的严重误解；然而，对文化的特质、意义与功能又必须从政治角度去理解，若远离特定的制度环境与政治需要，只是抽象地谈论文化的人学意蕴及其个体品格，就会淡化并消解文化的政治功能及其社会价值。须知，文化的人化本质及"化成天下"的功能，总是通过它的社会"群化"及历史"进化"来表现的，文化的人学意义不是自然给定的，也不是抽象给予的，而是在特定的社会制度环境下群体给定、历史造就的。偶然的个体举动因其不为群体认同，原本就不是文化，更遑论接近文明了。唯有从马克思主义文化观出发来理解文化的人学意义与社会作用，才能真正弄清楚社会主义文化所特有的政治立场与人民归属的价值取向。文化从内涵上可分为广义文化与狭义文化，前者是指由人所确立的不同于外部自然和生物本能的行为规范与价值体系，而后者是指社会心理与社会意识形式所组成的观念形态的文化。我们的先民们很早就将文化做这样的划分了，如《周易》所说，"刚柔交错，天文也；文明以止，人文也。关乎天文以察时变，观乎人文以化成天下"①。一般说来，在人类的初始阶段（纯粹的生物生存阶段）依赖自然产生的生产工具，为自己提供基本生存

---

① 秦川：《四书五经》（周易），北京燕山出版社 2007 年版，第 579 页。

所需的自然的生活资源，而在较高的文明阶段（依赖科学技术而生存的阶段）的人类则利用由文明创造的生产工具，为自己提供生存所需的社会化的生活资源。在马克思看来，"在文化初期，第一类自然富源具有决定性的意义；在较高的发展阶段，第二类自然富源具有决定性的意义"。① 马克思在这种一般意义上使用的文化即广义文化，包括物质文化、行为文化与观念文化三种形式。其中，物质文化即物化形态的文化，是指维持人类生存的物化产品及其加工这些产品的生产工具；行为文化即制度形态的文化，是指调整与规范人们行为方式的价值体系；而精神文化即观念形态的文化（既包括社会心理等自发形态的，又包括艺术科学等自觉形态的），是指人们的精神活动及其成果的总称。

这三种文化具有以下共有的社会属性与人类本质。第一，"文化即人化"，人类创造了文化，文化反过来也在创造着人类，文化能够"反哺"人类，文化能捍卫并保证人以人的方式而非以物的状态进化着、发展着。文化不是天然给定的，也不是自然生成的，而是人类超越自然属性与生物属性而形成的规范体系、价值体系与理论体系，它具有属人性、价值性的特点。这一点使之与生物性的自然存在区别开来，它是人的进化之物、人化之果，而非上天的自然造化、陨落而至。天上飞的、地上跑的、水中游的、树上结的，都服从纯粹的自然法则，而人类社会则不仅受自然规律支配，要受自己的文化发展规律支配，更需受制于自己化成的各种规范、价值与理论体系的约束，所以，文化能够"化成天下"、文化能够塑造人的关系与社会本质。在社会主义制度环境下生存的中国公民，能够远离社会主义制度文化、行为文化与观念文化的约束而我行我素吗，能够不顾及社会主义核心价值体系与思想观念体系的需要而奉行资本主义的价值原则行事吗？第二，"文化即群化"，它不是单个的、独立的赋予人的，它是群体给定、社会给定的，它代表的是人类社会发展历史过程中逐步沉淀下来的、被特定的民族共同体所共同认可、共同遵循的行为规范与价值体系，它对单个的社会成员乃至各个不同的民族、国家均具有先在性的约束力与给定性。任何个体的偶尔行为，或者只被单独的个体所运用而不为群体所共同认可的行为方式，就构不成文化的特有内容，换言之，仅仅属于私人性、"本己性"的东西，仅仅为个人孤芳自赏而不为群体理解和接受的东

---

①　《马克思恩格斯全集》第 44 卷，人民出版社 2001 年版，第 586 页。

西，根本不属于文化范畴。像人的社会性本质一样，文化也不是单个人所固有的抽象物，文化具有人类性、社会性或者群体性，不隶属于特定的社会群体或者背离了生活于其中的社会文化，单个的个体的生存将陷入困顿之中，其自保尚乏力，更遑论其余。第三，"文化即进化"，文化具有历史性、过程性、集约性，人类在社会实践中所造就出来的文化，不是一次性给定的，文化的生成与发展都不是既成性的而是过程性的，人类实践能力的提升、社会形态的进化及文化自身的内在矛盾，不断地推动着文化的自我更新、自我发展与自我进化。任何文化模式、规范体系与价值原则都不是既成不变的，都是随着人类实践与科技的发展而发展的，文化具有内在的进化性、超越性、进步性与历史性。代表中国社会先进方向的社会主义文化，也不是一成不变的，也同样要随着社会主义社会的发展不断地更新与完善。但，我党文化事业上的进步与发展，绝不是什么仅仅服务于政治集团的文化事业或者仅仅是什么意识形态的需要，而是服务于不断满足广大人民群众不断发展的文化需要的，社会主义文化的人民性与党性是高度一致的，这也是社会主义文化不断进化的一种表现。可见，唯有以马克思主义文化观作指导，才能真正理解社会主义文化的社会本质及其特有的政治立场与人民归属的价值取向。

从文化与社会意识的关系入手来看，坚持以什么为指导、为什么人的问题，是文化建设的根本问题，不仅决定着文化建设的目标与方向，也决定着文化的性质与功能。建设社会主义先进文化必须坚持以马克思主义为指导，深入推进马克思主义中国化、时代化、大众化，不断激活马克思主义指导当代中国文化建设的新观念、新方法、新思想。唯有把马克思主义文化观作为社会主义文化建设的基础、灵魂与根本，始终将之置于文化建设的统领地位并贯彻于文化建设的全过程，无论是树立当代的共同理想、社会主义荣辱观，还是坚持社会主义核心价值观并以之来培育民族精神，都必须以马克思主义文化观作为指导。因为只有马克思主义文化观，才真正反映了广大人民的真实意愿与根本利益，才真正为人民大众服务并替人民群众说话，才真正看到了文化建设中人民归属的这种价值取向，才能真正解决文化建设中举什么旗、走什么路、朝着什么方向、为什么人服务的大问题。因而，只有以马克思主义文化观所蕴含的政治立场及人民归属的价值取向，来正确认识当代文化建设的发展动势与规律，正确认识社会思想意识中的主流与支流，才能在错综复杂的文化现象中明辨是非、明确方向、把握根本，以中国化马克思主义最新成果指导当代文化建设。

狭义的文化包括社会心理这种自发性的文化形态，也包括社会意识形式这种直觉性的文化形态。前者是指在人群中普遍流行的、没有经过理论化的、自发性的精神状态，通常表现为情感、愿望、情绪、性格，其中蕴含着普遍的价值取向与大致相同的社会态度，如随大溜心理、扎堆心理、从众心理等等。之所以会产生这种价值上的认同、心灵上的共契、情感上的共意，主要是由于人们对涉及自身利益的重大问题的直接感受和对社会活动与社会制度的经验感受所致，在一定的民族和社会集团中经过历史演化和长时段积淀，就能够形成上述普遍的心理特质与共同的利益偏向。在特定的社会结构中，它受经济基础与政治制度的决定，同时又对它们做出直接反映，换言之，经济基础与政治制度通过社会心理作用于意识形态，而意识形态又通过社会心理对经济基础与政治制度产生反作用。显然，一种积极进取、锐意创新的社会心理，会成为推动社会发展的巨大力量，会严重影响社会制度的安排、意识形态的建构、社会改革举措的出台等等；相反，一种消极颓废、不思进取的社会心理，会成为一种严重阻碍社会前进的惰性力量，对人民群众共同的社会心态、价值取向、性格爱好、理想愿望等等也会产生严重的负面影响，甚至会"毒化社会氛围"、"污染人们的心灵"，激发与宣泄出一些反党、反人民、反社会的不良情绪。社会心理虽然只是一定社会的非系统性的观念总和，但它却对社会存在转化为社会意识起着中介性的桥梁作用。要了解一定社会的意识结构如何，不仅要了解它与社会的经济和政治的关系怎样，更要了解它与社会心理的关系怎样。正如普列汉诺夫所说，"要了解某一国家的科学思想史或艺术史，只知道它的经济是不够的。必须知道如何从经济进而研究社会心理；对于社会心理若没有精细的研究与了解，思想体系的历史的唯物主义解释根本就不可能。"①

后者则是指社会的自觉形态的文化，主要包括政法、宗教、艺术、哲学、道德、科学。除科学只反映自然规律、不反映社会关系，因而不具有阶级性、不属于意识形态外，其他都属于反映特定阶级利益的意识形态范畴，其中，政治法律思想是对社会管控机制进行理论概括的意识形态，是经济关系的集中体现，对社会生活起强制规范作用，对其他社会意识形式

---

① 《普列汉诺夫著作选集》第 2 卷，生活·读书·新知三联书店 1962 年版，第 272 页。

具有重大影响力；而道德是通过伦理教化调整人们之间的关系或者通过善恶评价的方式调整人们之间的关系；其他如宗教、艺术、哲学等等也比较间接地作用于社会文化的发展。总之，各种意识形式相互作用、相互制约，构成观念形态的文化整体，形成强大的精神力量从而支配人们的行动。正如毛泽东所说，"一定的文化（当作观念形态的文化）是一定社会的政治和经济的反映，又给予伟大影响和作用于一定社会的政治和经济。"① 对一个政党来说，坚持什么样的文化方向、推动建设什么样的文化，这是一个关系到它的精神旗帜是不是会改变颜色的重大问题。

任何民族和国家都有自己的文化，而文化都有先进与落后之分。先进文化是指文化的进步方面，是社会进步程度的标志并构成人类的文明，它特指文化活动的积极成果，与野蛮和愚昧相对。文明蕴含于文化中，并表现了一定的文化观念与文化精神，而且文化的发展总是体现一定的文明程度，并以文明程度的高低显示文化发展水平的不同。一般说来，那种反映先进生产力发展要求、符合广大人民群众根本利益、体现社会进步方向的文化，由于它植根于社会实践与人民生活，能够正确揭示自然界及人类社会的发展规律，对解放和发展生产力及推进社会和谐与进步起着巨大作用，总之，是有利于社会的和谐健康的快速发展、综合国力的全面提升、人的全面自由的发展，这种文化就是先进性的文化，反之，则是腐朽、落后的文化。先进文化因其能反映时代脉搏、顺应时代要求、体现时代精神、引领时代前进，故而能为我们认识真理与发展真理开辟道路、为人们正确地认识世界与改造世界提供科学认识工具，能超越时代的羁绊和现实的局限，不断创造出人民群众喜闻乐见的时代精品、不断实现文化观念与表现方式上的伟大创新，赋予时代文明与社会发展的新的生机与活力。一种文化要保持自己的先进性，就必须要求坚决抵制消极、落后、颓废、腐朽的旧文化。旧社会遗留下的文化残余、多元文化输入中的思想杂质、新的剥削阶级及敌对分子的文化侵蚀、资产阶级文化扩张的全面渗透、本阶级中一些思想不坚定者的随声附和与推波助澜等等，这些综合因素的存在就会形成一种阻碍生产力和人类文明进步、制约人的全面自由发展的落后的腐朽文化，如极端个人主义、拜金主义、享乐主义以及崇洋媚外、封建迷信、游戏人生、奢靡之风等等，要坚持文化的先进性，就必须自觉抵制

①《毛泽东选集》第2卷，人民出版社1991年版，第663—664页。

这种腐朽文化的泛滥与侵蚀，这是社会进步与文明发展的内在要求，也是文化发展一般规律的根本要求。

具体说来，发展先进文化旨在提升文明，建设先进文化就是建设精神文明，而这主要是通过提升人的文化品位与促进社会文明进步两方面体现的。一方面，就人来说，通过文化教育和熏陶提升人的主体价值、提高人的素质、塑造人的个性自由、促进人的全面发展，使得人越来越文明。文化对人的塑造是通过文化教化实现的，耳濡目染的文化同化是塑造新人的重要途径。譬如，通过家庭启蒙、学校教育、社会示范、榜样引导、公共舆论将之加于个人，对之起"规训"作用。古代自发的（习俗家法礼仪民约）、现代自觉的文化形式（知识体系、价值准则、法律契约）都对人起着一定的约束作用，即提供公认的、带约束性的、普遍起制约作用的规范而达到对人的教化。另外，文化通过对人的活动的调控、目的的分析、计划的调整、观念的创新、认识与实践水平的提高以及视野的扩大、知识的储备、思维方式与行为方式的革新等等，以全面提升能力与精神境界、提高素质并增长才干，促进人的活动越来越文明。另一方面，就社会来说，通过马克思主义文化观先进思想观念、价值导向的引领，促使社会制度更合理、社会关系更和谐、社会风气更净化、社会公德更高尚，使得社会越来越进步、文明水平越来越提高。文化能够对社会发展产生重大影响，"政治、法、哲学、宗教、文学、艺术等等的发展是以经济的发展为基础的，但是它们又都相互作用并对经济基础发生作用"[1]。如通过正面维护、反向批判来达到思想保证的作用；通过激发斗志、自强不息以提供精神动力的作用；通过科技推动、创新驱动以提供智力支持的作用，通过文化认同、内在感召以达到凝聚力量的作用。文化为社会发展所提供的思想保证、精神动力、智力支持和凝聚力量，综合并融汇在一起，便形成了一个国家的软实力，它是国家核心竞争力和综合国力的重要组成部分和显著标志，代表着一个国家的发展水平，对社会发展能够产生重要影响。在当代中国，文化与政治经济的交融不断加深、与科学技术的结合日益紧密，谁占据了文化特别是先进文化的制高点，谁就能在激烈的国际竞争中赢得主动，借此必须更加主动与直觉地大力推动社会主义先进文化的大发展大

---

① 吴元梁：《马克思主义哲学形态的演变》（上卷），中国社会科学出版社 2010 年版，第 149 页。

繁荣。

巩固马克思主义指导地位并以之统领社会主义先进文化建设的各个方面，这是社会主义意识形态的本质规定与内在要求，是保证社会主义文化建设事业得以健康发展、社会改革得以和谐运作的基本精神依托，是社会主义根本制度在文化方面的集中表现，也是我们党带领全国各族人民实现中华民族伟大复兴之中国梦的精神动力之所在。马克思主义文化观渗透于中国特色社会主义政治、经济、文化、社会建设的各个领域，在一切体现社会主义文化建设的目标上，它均处于统摄与支配地位，对每个社会成员的"三观"造就与作风养成，都提供了思想根基与精神之魂，它鲜明回答了在新的历史条件下，我们党以什么样的思想旗帜带领全体人民开拓进取，我们的民族以什么样的精神状态屹立于世界民族之林的重大问题。对于马克思主义文化观的这种指导地位与统领作用，必须坚定不移、毫不含糊。

文化既具有民族性又具有世界性，特定民族根据自己需要在特定自然环境与社会历史条件下形成的，具有独特风格、特征与语言的文化，就是民族性的文化。而各民族文化中总是包含着某些关于人类生存与发展的共同认识、理解与精神追求，都遵循共同的规律，这种共通性即文化的世界性。可见，文化的民族性与世界性是相辅相成、内在统一的，文化的多元存在也使得文化的相互交流成为一种必须。一方面，世界性寓于民族性中，没有民族个性就没有了世界共性，就不是世界的，越是民族的就越是世界的；另一方面，民族性也包含世界性，文化个性中包含着文化共性，不体现世界文化共性的民族文化不可能永久长存。当然，在文化的交流与合作中，既要反对文化保守主义与历史虚无主义，也要反对狭隘民族主义和文化霸权主义。事实上，要正确把握二者的辩证关系，就必须将弘扬民族精神作为培育和践行社会主义核心价值观的有效切入点。任何一种文化都蕴藏着民族精神，而文化对社会发展的作用就突出地体现在对民族精神的培育与引领上。试想，一个民族在共同生活和共同实践基础上形成与发展起来的，为民族大多数成员所认同和接受的思想品格、价值取向、理想信念、道德规范，就是一个民族心理特征、思维方式和思想情感的集中反映，这就是一个民族所特有的民族精神。作为民族生存的支柱与保障，它以特有的价值观念塑造了本民族的人格意识、价值取向、理想信念，形成了全民族的自尊心、自信心、自豪感，成为鼓舞民族奋进的巨大精神力量和民族赖以生存与发展的精神支撑；作为民族团结的纽带与桥梁，它能够激发民族成员强烈的民族归属感与文化认同感，增强民族凝聚力、向心力，成为民族之魂、国家之魂；作为民族发展的动力，它能够把民族的潜在和现实的各种能力充分调动强烈、释放出来，将所有的意志和力量统一起来，引导民众齐心协力为实现民族共同利益而奋斗，尤其在民族危亡的关键时刻，更显示出强大的民族推动力。

要培育与弘扬以爱国主义、团结统一、爱好和平、勤劳勇敢、自强不息为主要内容的中华民族精神，筑牢社会主义核心价值体系与思想防御体系，首先，必须继承与发扬中国优秀文化传统，特别是要弘扬与培育那种天下兴亡、匹夫有责的爱国传统，天地之间、莫贵于民的民本思想，以和为贵、和而不同的和谐精神，革故鼎新、因时而变的开拓意识，富贵不淫、威武不屈的高尚气节，扶正扬善、恪守信用的社会美德。对作为民族文化血脉、共同精神记忆、特有文化基因、民族思想根基、重要文化资源的优秀传统文化，必须取其精华、去其糟粕，继承创新、古为今用。丢弃传统、割断血脉，就会迷失自我、丧失根本。其次，要注意采取博采众长、兼收并蓄的方针以吸收借鉴世界优秀文明成果，在与世界开放多元的文化交流、交融、交锋中走向时代、走向世界、走向未来，使得民族精神被赋予新的文化内涵、获得时代性的规定、包容更多的先进因子。再次，还要立足社会实践、推进文化创新。通过反映世界历史潮流、把握人类进步方向、开拓时代精神观念、开辟新文化生长点、开掘民族精神动力、培植核心价值体系，使得我们的民族精神能够真正体现时代性、把握规律性、增强现代感，呼唤与催生适应现代市场经济与全球化战略的新的生存观念、人文精神，为建设中华民族共有的精神家园做出不懈努力。最近一个时期，作为党和国家领导人的习近平同志，非常重视当代中国的文化建设，他在许多重要场合紧密围绕实施文化强国战略，提出了建设与发展社会主义先进文化的一系列具有重要意义的"大思路"，认为我们坚持道路自信、理论自信与制度自信的关键是文化自信，只有积极培育社会主义核心价值观、弘扬中华优秀传统文化、提高国家文化软实力，才能把握意识形态及其他各方面工作的领导权、管理权、话语权，为实现中华民族伟大复兴之中国梦打下坚实的文化基础。

最近一个时期，习近平总书记把马克思主义文化观与中国文化建设实际相结合，关于建设社会主义文化强国、创造中华文化新的辉煌问题，发表了一系列重要讲话。这些讲话的核心要点有三：其一，明确指出了社会主义核心价值体系与核心价值观在马克思主义指导地位上的内在统一性，认为这两方面的建设中坚持马克思主义为指导，这集中"体现了社会主义意识形态的本质要求，体现了社会主义制度在思想和精神层面的质的规定性，凝结着社会主义先进文化的精髓，是中国特色社会主义道路、理论体系和制度的价值表达"①。其二，强调了巩固马克思主义在文化建设中的统领作用，牢牢掌握意识形态工作的领导权与话语权的重要性。在他看来，"在集中精力进行经济建设的同时，必须一刻也不放松和削弱意识形态工作，把意识形态工作领导权和话语权牢牢掌握在手中，不断巩固马克思主义在意识形态领域的指导地位，巩固全党全国人民团结奋斗的共同思想基础。"② 其三，坚持社会主义先进文化的前进方向，从本质上讲，就是坚持了马克思主义文化的发展方向；建设中国特色社会主义文化与建设社会主义精神文明是内在统一的，都以马克思主义世界观与方法论作为内在灵魂，都是中国化马克思主义文化观的当代表现。在这些重要的创新论述中，他毫不动摇地坚持马克思主义文化观，时刻强调社会主义文化建设要以马克思主义为指导、为基础，并以马克思主义立场观点方法分析了文化现象、文化问题、文化规律，全面系统凸显了马克思主义文化观的当代价值与旗帜作用，创造性地谱写了当代中国马克思主义文化自信的最新篇章。

第二节　当代中国的文化观及基本特征

当代中国文化的先进性首先表现在它的人民性上。在党的十八届三中全会通过的《中共中央关于全面深化改革若干重大问题的决定》中明确指出：建设社会主义文化强国，增强国家文化软实力，必须坚持社会主义先进文化前进方向，坚持中国特色社会主义文化发展道路，培育和践行社会主义核心价值观，巩固马克思主义在意识形态领域的指导地位，巩固全党全国各族人民团结奋斗的共同思想基础。这实际上是为我们提出了建设社会主义先进文化的根本任务、基本原则及具体的路线方针与政策，是马克

① 中共中央宣传部：《习近平总书记系列重要讲话读本》，学习出版社、人民出版社2014年版，第93页。
② 同上书，第105页。

思主义文化观实现中国化发展的政治宣言与高层声音。一般来说，坚持什么样的文化方向、推动建设什么样性质的文化、依靠什么人实现文化创新及文化创新的成果由谁共享，这是一个政党在政治上、经济上、思想上的一面精神旗帜。先进文化作为一种兴国之魂与强国之梦，直接关系着我们能否弘扬中国精神、能否凝心聚力，构成了事关中国特色社会主义总体布局兴衰成败的一项战略任务。在世界多极化、经济全球化、价值多元化、信念复杂化的今天，现代化事业的不断发展和实行社会主义市场经济的宏大背景，使得我们的文化建设面对各种思想文化相互交织、相互激荡的复杂局面。"文化多元主义是当代全球状况的一个构成特征"，全球化不可能生成同质性或者中心性的文化，只能产生多元并存的"全球文化"。① 有鉴于此，我们究竟该如何既建设中国特色社会主义文化又不断发展社会主义先进文化，如何坚持既坚持中国特色社会主义文化发展道路又代表中国先进文化的前进方向，这的确是我们在建设中国特色建设社会主义、实现中华民族伟大复兴的历史进程中，必须认真研究与回答的至关重要的一个问题。从理论上看，凡是先进文化都是那些符合人类社会发展方向、体现先进生产力发展要求、代表最广大人民根本利益，反映时代进步潮流的科学的、大众的、民族的文化。这种先进性的文化，是提升一个民族凝聚力、创造力、再造力的重要源泉，是综合国力竞争的一个重要因素，也是人民热切期盼丰富自己文化生活的根本保障。崇尚与追求先进的文化，是人民最直接、最根本的价值取向；引领与弘扬主流，更是人民最重要、最显著的政治立场。若缺乏先进文化的积极引领，就缺乏激活人民精神世界的原动力、吸引力；若再缺乏反映改革要求的新动力及其文化创造性的充分发挥，中华民族就不会屹立于世界民族之林。我党在社会主义革命与建设的各个时期都特别重视先进文化的建设与发展，无论是毛泽东、邓小平抑或江泽民、胡锦涛，都历来把先进文化建设摆在首要地位，强调要牢牢把握社会主义先进文化的前进方向，以激发全民族的文化创造活力，提高国家文化软实力，使广大人民的文化权益得到更大保障，使文化生活更加丰富多彩，使人民精神更加昂扬向上。新时代的先进文化建设是中国特色社会主义建设的重要组成部分，社会主义先进性不仅表现在经济上和政治上，更重要的还表现在文化上，没有经济上的大发展、物质生活的繁荣，没有

---

① 张汝伦：《思考与批判》，上海三联书店 1995 年版，第 564 页。

政治上的民主与长治久安，固然不能说是够格的社会主义，但是，若没有精神文明的极大提高，人民群众大都愚昧无知、失去理想、精神贫乏，怎么能说是合格的社会主义呢？可见，社会主义文化的先进性取决于它的人民性。

诚然，激励我国人民建设社会主义强国，离不开先进文化的引领作用，构建社会主义和谐社会，离不开先进文化的引领作用，同样，构筑社会主义核心价值体系与思想防御体系，也离不开先进文化的引领作用。先进文化不仅与高新科技的结合日益紧密，与政治、经济的交融也日益加深，它的政治功能与经济功能日益提高，它作为国家核心竞争力的主要方面，参与国际政治经济新秩序的重新缔造的能力也越来越强。对一个国家和民族的当代发展来说，谁占据了文化发展的制高点，谁拥有了先进文化的强力引领，对外谁就能够更好地在激烈的国际竞争中掌握主动权，对内谁就能够使其政治经济策略获得普遍的社会认同，从而获得极大的民族凝聚力、感召力、亲和力。总之，先进文化对提高全民族思想道德素质、科学文化水平、丰富精神世界、增加精神力量、促进全面发展和使之自觉接受党和国家重大的制度选择与安排，树立科学的世界观、价值观、人生观，坚定其社会主义信念、信仰、信任与信心，为现代化建设提供强有力的智力支撑与思想保证等等方面，都发挥着极其重大的作用。先进文化建设必须牢记要以马克思主义为指导，坚持"二为"方向，这是其文化的先进性所决定的。以什么为指导和为什么人的问题，决定着文化发展的大方向和根本性质，对之解决得好不好直接决定着文化事业的兴衰成败。坚持社会主义先进文化的前进方向，就是要坚持文化发展的马克思主义原则与方向，坚持文化发展要一切为了人民、一切依靠人民、文化成果由人民共享的群众立场。具体说来，坚持先进文化的前进方向，就是坚持为人民服务、为社会主义服务的方向，把不断满足人民群众日益增长的物质文化需要作为文化建设的根本出发点与落脚点。在马克思看来，在特定文化中生存的现实的人"不是处在某种虚幻的离群索居和固定不变状态的人，而是处在现实的、可以通过经验观察到的、在一定条件下进行的发展过程中的人"①。而处在当代中国文化发展中的现实性的中国人民，则是基于自身物质文化不断增长的实际需要而从事先进文化自觉建设的具有能动性的实践

---

① 《马克思恩格斯文集》第 1 卷，人民出版社 2009 年版，第 525 页。

主体。他们不仅创造了光辉灿烂的物质文明，而且还创造了绚丽夺目的精神文明，一切有价值的文化成果归根到底都离不开广大人民群众的文化实践，尤其是他们中的知识分子在社会主义先进文化建设中发挥了非常突出的作用，中国的先进文化从本质上讲就是植根于、来自于、服务于人民大众的文化，反过来这种先进文化又对人民群众的文化实践起积极的促进作用。可见，在当代中国，文化的先进性首先取决于它的人民性，在文化建设中只有坚持党的群众路线，做到一切为了群众、一切依靠群众，从群众中来、到群众中去，从人民群众的文化实践中汲取智慧与力量，使一切文化成果都积极反映人民呼声、维护人民利益，才能真正代表社会主义先进文化的前进方向；鲜活的文化生活实际、火热的改革开放实践，是社会主义先进文化建设与发展的肥沃土壤与不竭源泉，唯有坚持"三贴近"的原则，文化建设才能解决人民群众的现实问题，满足人民所需，唯有尊重人民群众文化创新的主体地位和首创精神，正确把握人民群众新时期文化需要的新特点、新走势，努力探索文化为人民大众服务的新途径、新方法，才能使得任何一项文化创新成果因具有鲜明的人民性而保持它的先进性。

当代中国文化的先进性还表现在它的科学性上。在当代中国，社会主义先进文化的科学性集中表现在它服务于无产阶级的阶级属性上，这是由于马克思主义是一种无产阶级理论的科学体系，这种科学体系所主导的文化发展必然也具有鲜明的阶级性。马克思历史唯物主义关于社会存在与社会意识关系问题的科学分析，揭示了文化发展的一般规律，而马克思主义的文化观及其中国化，则为我们正确认识先进文化建设的科学性提供了正确的指导原则。在马克思主义文化观看来，社会存在与社会意识是辩证统一的，作为社会生活精神方面的社会意识，它既决定于社会存在，反映并服务于社会存在，但是又能动地反作用于社会存在。其中，作为社会意识形态的政治法律思想，则在整个精神生活中居于核心地位，起着主导作用，因为它最直接、最集中地反映着自己的经济基础，深刻影响着人们的社会生活与情感选择。一般来说，占统治地位的思想文化，本质上是经济上和政治上占统治地位的阶级的意识形态，具有鲜明的阶级属性。在社会主义社会的文化发展里，情况也是如此。然而，占统治地位的文化已经不再是少数的剥削阶级分子的文化，而是服务于最广大人民群众的无产阶级先进文化。特别是在进入改革开放以来，中国特色社会主义文化特别是先进文化的建设不断加强，取得了巨大的骄人成绩，但是也还存在着各种各样的问题与困难。为了适应新时期党和国家事业进一步发展的实际需要，我们必须高度重视文化建设特别是先进文化建设的科学性，以高度的历史责任感与使命感加强对文化发展规律及如何加快先进文化建设诸多问题的再认识，弄清先进文化建设遇到的新矛盾、新问题、新变化，加强与巩固马克思主义文化观中国化问题研究的力度，彰显其在整个意识形态领域的指导地位与引领能力。先进文化最切近的社会基础是人类能动性的社会实践，它是人们进行物质生产与交往的产物，是社会物质生活及其生存条件的主观反映，正如马克思所说，"发展着自己的物质生产和物质交往的人们，在改变自己的这个现实的同时也改变着自己的思维和思维的产物。不是意识决定生活，而是生活决定意识"①。文化都是具体的历史的，都具有强烈的时代性和鲜明的阶级性，每一时代的文化都是对独特的时代内容与本质特征的观念表达，而先进文化则是对它的核心内容与本质特征的集中表现，并昭示了它实际发展的未来动势与基本规律。社会主义先进文化归根到底是一种服务于无产阶级的文化，无产阶级是现代社会化大生产的产物，现代化机器大生产的劳动方式使得无产阶级具有较高的思想文化素质。反过来，由于无产阶级的根本利益与现代化生产力进一步发展的根本要求内在一致，因而来自于并服务于无产阶级进行现代化大生产发展要求的文化体系，就集中表现了社会主义先进文化的科学性特征。

在当代中国，社会主义先进文化的科学性还表现在它的实践指向上，这是由于文化发展的相对独立性及其强大的、能动的引领作用所决定的。深深植根于特定经济事实里的一定的文化体系，它总是受制于自己时代的物质状况及其实践条件，并以理论的、观念的、心理的形式服务并反映着自己社会的实践生活。但是，文化又能够摆脱物质生活的时代局限而去构造自己的理性空间，又会走出自己构造自己、自己发展自己、自己实现自己的独特道路来，这就是文化发展所具有的相对独立性及其独特规律，这集中凸显了文化发展的实践性特征。社会主义先进文化发展的这种科学性，既表现在它与社会存在发展的不平衡性和不同步性上，也表现在其内部的历史继承性和能动的反作用上。这表明，先进文化不仅因反映着社会发展的整体趋势与要求，故而可以在一定程度上预见、推断未来，从而指

---

① 《马克思恩格斯文集》第1卷，人民出版社2009年版，第525页。

导并引领着人们的社会实践活动，而且基于社会实践实际需要而产生的文化形态，它还能够将自己的文化价值与功能转化为强大的革命力量并反作用于社会实践。显然，精神性的这种能动的反作用，最能够彰显文化的科学性。真实有效的社会实践必须在先进文化的引领下进行，先进文化也是任何形式的社会共同体开展自觉的革命改造活动的必备要素。若没有先进文化的正确引领，社会集体的革命活动就会失去灵魂，社会共同体也不复存在。可见，先进文化及其能动的反作用，是社会得以存在与发展的必要的精神条件。先进文化只有在内容上真实反映了社会生产方式的状况及发展要求，它才能够具有满足社会主义革命和建设的需要，时时处处表现它的科学性。文化形态即使是先进性的文化形态，若远离社会实践及其实际所需，它自身什么也不能实现，若要把它的精神力量转化为革命力量，就必须将之付诸实践。而从事社会实践的主体是人民群众，因而，说到底先进文化发挥作用的程度及范围大小、时间久暂，根本上取决于它实际上掌握人民群众的深度与广度。只有为最广大人民群众所喜闻乐见的文化才是那种先进性的文化，也只有在先进文化的正确引领下，人民群众才能自觉地改造客观世界，营造自己的幸福生活。又由于先进文化中蕴含着人民群众的理性智慧、价值追求、审美情趣与幸福期望，因而它从根本方面就构成了人民群众世界观、人生观、价值观的核心内容，形成了一个民族所特有的精神血脉、精神支柱与精神家园。人类社会的思想史、文明史、文化发展史也一再表明，大凡适应先进生产力发展要求、代表人民群众长远利益、顺应人类文明发展趋势的先进文化，因其能够有效解决人类社会生存和发展中的各种问题与矛盾，故而都能起到促进社会进步与人类文明健康科学发展的引领作用。在当代中国情况更是如此，先进文化对于促进中国特色社会主义事业的发展来说，更是一种不可或缺的内在精神变量与科学思想武器。有鉴于此，在文化与经济政治交融日益紧密的背景下，要发挥社会主义先进文化的能动作用，就必须走中国特色社会主义文化发展道路，坚持社会主义先进文化的前进方向，传承与弘扬中华民族的优秀的传统文化；必须推进社会主义核心价值体系建设，树立高度的文化自觉与文化自信，推动文化事业全面繁荣与健康发展；必须兴起文化建设新高潮、提高文化软实力，发展文化引领风尚、教育人民、服务社会、推动发展的能动作用；必须不断以思想文化新觉醒、理论创造新成果、文化建设新成就来激发中华民族的创造活力，促进人的全面而自由的发展，建设社会主义文化强国，为人类的文明进步作出更大贡献。在中国特色社会主义建设实践中，必然形成与之相适应的文化体系，它是整个社会系统得以科学运转特别是精神文明发展得以合理维持的基本精神依托，是中华民族团结奋斗的思想基础和社会实现科学发展的精神支柱，为中国特色社会主义事业的发展与完善提供了文化根据，也是社会主义制度保持先进性的内在精神之魂。

当代中国文化的先进性还取决于它的民族性。首先，当代中国社会主义文化的先进性取决于它既顺应世界潮流与走势又融聚了本民族思想特色，体现了世界性与民族性的统一。在全球化时代，多元文化的论争日趋激烈，横贯性与交叉性的文化实践烘托出了步入后现代文化世界中的相互关联、相互交融的未来动势，全人类的未来文化会逐渐减少族类中心主义而获得世界性的"隐秘聚集"，全球化无非是在文化多样性中跨界播撒和丰富文化之多元意义的一条通道。一个民族的先进文化作为一种软实力，它是维系人类社会发展的内在灵魂与精神支柱，具有坚韧的生命力、广泛的覆盖力、强劲的渗透力。每一个共同体的文化，虽然会随着具体的社会环境的变化而变化，但是也总会有大量的东西会沉积在人类历史的逻辑深处，成为人类共有的精神文明，它既有本民族的精神特色又与世界历史发展的潮流相一致，建设这样的先进文化既要基于本国实际又要着眼于世界的未来发展。可见，文化的民族性与世界性是内在统一的，我国先进文化的建设当然要基于当代中国的生存环境与实践条件，但是又要与全球化的世界历史进程保持一致，使华夏文化与世界文化在相互借鉴、互相融通的基础上并育并行，既保持中国特色又融入世界浪潮。人类未来将会走向文化融合，多元异质的文化完全可以实现沟通与对接，并通过不同文化的"和而解"（而非"斗而亡"）来构造跨文化合作，从而"重建中华文化的信仰之维"。处理好二者之间的互渗互动性的关系，对于我国先进文化新形态的当代构建与发展，特别是对于它走向世界与未来，都至关重要。当代中国先进文化的建设，当然不能离开中国传统的优秀文化而在一片空地上搭建什么空中楼阁，它必须认真传承与努力汲取其合理因素并使之发扬光大。中国优秀的传统文化是人类文明历史上的一朵奇葩，承载着伟大的中华民族的精神血脉、生命感悟与情感追求，它对于当代社会的发展与先进文化的建设具有特殊的意义，是华夏民族凝聚在一起的精神纽带，是民族身份认同的精神依托。因为，中国传统文化不仅作为华夏民族的魂魄成为本民族实现自我确认并形成强大的民族内聚力的精神依据，而且还成为每一个社会公民确认自己的民族身份并获得集体归属感与认同感的理性依据，它可以为社会的人与人的社会提供获得自由全面发展的现代精神动力，也可以为每一个人及其社会共同体的理想信念体系、核心价值体系的不断提升与发展提供足够多的鲜活精神养料。它影响着当代中国先进文化建设的整体布局与未来走向，也影响着当代人的生命过程及其生存困惑的解释体系；它制约着人们对自己的价值取向、审美情趣的判断是否合理，也制约着社会发展道路的选择、制度的安排是否科学。若割断先进文化与传统文化的脐带，它在当代建设中就不可能代表先进生产力的发展要求和前进方向，就会因脱离本民族的文化基因而寸步难行。当然，应该承认，中国传统文化毕竟是前资本主义的近代的文化体系，它无论怎样博大精深、灿烂辉煌，都隶属于前资本主义的上层建筑，其中有很多都是历史上的剥削阶级人为炮制出来愚弄并麻醉人民而捍卫自己统治的思想糟粕。以儒家传统为主流的核心观念，虽然在当时起着重要作用，对早已步入现代化的中国来说，它业已如明日黄花再也不可能作为政治儒学而提升为主导地位，再也不可能成为我们今天的人们观察和处理世界形势与中国命运的思想工具。对它的正确态度只能是根据现时代的中国与世界发展的新形势、新需求，采取批判继承的方法汲取精华、剔除糟粕，创造转化、古为今用。所以，当代中国先进文化的建设不能割断历史，不能沿着历史虚无主义的路线而蔑视中国传统文化的当代价值，但也不能沿着保守主义的路线以一种遗老心态而一味地抱残守缺、夜郎自大。只能采取"马魂—中体—西用"的模式，融通古今中西各种文化视域，既保持中国文化特质又包容多元文化样态的共同发展，唯此才能真正代表中国先进文化的前进方向。

其次，当代中国文化的先进性还取决于它以马克思主义为指导而建构了一种"马魂—中体—西用"的中华文化。我们民族的先进文化作为一种软实力，它的先进性取决于它以马克思主义为内在灵魂的科学性。问题的关键在于，为什么我们中国的先进文化建设一定要以马克思主义为核心、为灵魂、为指导呢？这一方面是由于马克思主义本身鲜明的阶级立场、严密的科学体系和巨大的实践功能决定的。马克思主义不仅科学地揭示了人类社会发展的规律、社会主义发展规律，在文化事业上成功地为我们解决了举什么旗、走什么路、朝着什么方向发展的问题，为我们进行文化建设昭示了前进方向，是我们文化建设事业的理论基础，是我们立党立国的根本指导思想；而且它服务于大众的根本立场，使之紧紧与无产阶级和人民群众联系在一起，真正为人民代言，反映他们的实际呼声、根本利益与生活要求，是人民获得解放和全面发展的强大思想武器。另一方面是由于，马克思主义并没有离开人类文明的大道而故步自封，恰恰相反，它总是不断地吸收、借鉴与融合各种优秀的思想文化成果，在继承中前进、在创新中发展，既坚持"双百"方针与包容多元，又强调"二为"方向与统领作用。因而，它内在地决定了中国文化建设的性质与方向，当代中国文化建设上的一切内容与特征、一切努力和表现，归根到底都是以马克思主义科学的世界观与方法论为内在灵魂的，归根到底都离不开马克思主义文化观及其中国化的正确指导。中外社会主义文化建设史表明，只有用马克思主义来正确认识社会主义文化发展的大势，正确认识社会思想意识中的主流与支流，才能在复杂多变的社会形象中看清本质、明辨是非、明确方向、引领未来，才是在科学意义上坚持了马克思主义对先进文化的正确指导，在当代中国，这其实就是坚持马克思主义文化观中国化的最新理论成果——中国特色社会主义文化体系，来武装人民的头脑，指导改革开放实践。时下，中国社会主义先进文化建设的命运，关键维系于我们在文化理论与实践上对一系列重大问题的认识与处理是否严格恪守了马克思主义的正确指导。在走向现代化并高速发展的当代中国，世界上多元异质的文化思潮给我们造成的迷惘与混乱、中国传统文化在现代化潮流面前经受着深刻冲击与挑战以及深化改革所引发的人们在社会心理、意识形态、价值取向上的离乱格局，这一切都要求我们必须按照马克思主义文化观及其中国化最新成果来阐明先进文化建设的思想指向、实践原则与工作方法，这是先进文化建设必须首当其冲要解决的以谁为魂的关键问题。唯以之为魂，我们的传统文化这一母体就能在世界百花园里展露新姿、繁荣昌盛，若背离了它的指导，我们的文化建设"将如无舵之舟，不可能扬帆济海"；又犹如一个"有体无魂"、无家可归的弃儿而不可能神清气朗。①

---

① 涂建华：《发展社会主义先进文化与抵制神秘主义》，《马克思主义研究》2012 年第 9 期，第 10—116 页。

第三节　习近平中国传统文化观及特点

习近平总书记十八大以来发表的关于弘扬中国传统文化的一系列创新论述，给我们今后的文化建设指明了原则与方向。其传统文化观的精神指向与根本旨趣在于，强调对中国传统文化既取其精华又去其糟粕、既古为今用又推陈出新，在保护利用、普及弘扬并重的基础上，加强对中国传统文化思想价值的挖掘与阐发及对优秀传统文化传承体系的当代构建。从学理上分析他的一系列创新论述的内在关联、基本内涵与总体要求，对于我们维护民族文化的基本元素、树立高度的文化自信与自觉、建设社会主义共有的精神家园、推进国家治理体系和治理能力现代化，都将具有重要的现实意义。

中国共产党是中国优秀文化传统的传承者与弘扬者，在近百年的奋斗历程中，党的几代领导集体的核心历来十分重视思想文化建设，重视对文化建设的条件、目的与规律的再认识，特别是对为何及怎样弘扬中国传统文化问题的认识不断深化、不断走向科学。以毛泽东为核心的党的第一代领导集体，就很重视对中国传统文化的利用改造、继承弘扬工作。毛泽东早在1938年关于《中国共产党在民族战争中的地位》的报告中就曾经指出："我们这个民族有数千年的历史，有它的特点，有它的许多珍贵品。对于这些，我们还是小学生。今天的中国是历史的中国的一个发展；我们是马克思主义的历史主义者，我们不应当割断历史。从孔夫子到孙中山，我们应当给以总结，承继这一份珍贵的遗产。"[1] 后来他曾多次结合中国革命与建设的实际，论述过对中国古代文化的辩证分析与批判继承的问题，提出对古代文化要古为今用、洋为中用、推陈出新、辩证汲取。如在1940年他写的《新民主主义论》中就提出："中国的长期封建社会中，创造了灿烂的古代文化。清理古代文化的发展过程，剔除其封建性的糟粕，吸收其民主性的精华，是发展民族新文化提高民族自信心的必要条件；但是决不能无批判地兼收并蓄。"[2] 毛泽东结合文化与政治、经济之间的辩证关系，认为如果没有先进文化建设、没有对传统文化的批判改造，要想把一个被旧

---

[1] 《毛泽东选集》第2卷，人民出版社1991年版，第533—534页。
[2] 同上书，第707—708页。

文化统治的、愚昧落后的旧中国改造成文明进步的新中国，根本不可能。他在领导中国人民进行社会主义文化建设过程中，提出一系列关于文化建设和改造传统文化的思想观点，成为我们文化建设必须遵循的重要指导方针。在我们进入改革开放的新时期，以邓小平为核心的党的第二代领导集体，在创造性地论述社会主义精神文明建设的问题时，多次强调要利用好中国传统优秀文化，"就必须大胆吸收和借鉴人类社会创造的一切文明成果"①。他非常重视现代化与中国传统文化之间的关系，重视对传统文化正负效应的辩证分析，提出了正确对待传统文化及如何利用它为社会主义精神文明建设服务的一系列方针和原则，丰富发展了毛泽东传统文化观的科学内涵，对建设中国特色社会主义先进文化具有十分重要的作用。在他看来，中国传统文化历史悠久、博大精深，在几千年的文明传承中早已扎根到社会生活的各个领域中，它的精髓部分早已沉淀在中华民族思想自我的深层，成为华夏民族精神不可或缺的内在思想因子，每一个生活在中国传统文化这一特定文化氛围中的人，都不可避免地要接受这种文化传统的熏染和陶冶。因此，在建设社会主义物质文明的同时，要加大社会主义精神文明的建设力度，只有两手抓、两手都要硬，才能提高全民族的思想文化素质和科学文化素质，为现代化建设和全面改革提供强有力的精神动力和智力支持，培育有理想、有道德、有文化、有纪律的社会主义新人。正如后来总结的那样，"社会主义的优越性，不仅表现在它能够极大地解放和发展社会生产力，创造出高度的物质文明，而且表现在它能够消除资本主义和其他剥削制度所必然产生的种种贪婪和腐败现象，创造出高度的精神文明，保证社会的全面进步。坚持两个文明全面发展，坚持两手抓和两手都要硬，这是邓小平同志总结改革和建设的经验得出的一个具有长远指导意义的重要结论。两个文明建设缺少任何一个方面，都不成其为有中国特色的社会主义"②。党的十三届四中全会以来，以江泽民为核心的党中央领导集体，继续深化了对文化建设规律的认识，特别重视党要始终代表中国先进文化的前进方向，要以科学的理论武装人、以正确的舆论引导人、以高尚的精神塑造人、以优秀的作品鼓舞人。中国特色社会主义文化是综合国

---

① 《邓小平文选》第 3 卷，人民出版社 1993 年版，第 373 页。
② 中共中央文献研究室编：《十四大以来重要文献选编》，人民出版社 1996 年版，第 624 页。

力的体现，建设这样的文化必须充分利用中国传统文化；发展民族的科学的大众的文化，也必须弘扬和继承中国优秀传统文化；要将弘扬主旋律和提倡多样化统一起来，更需要挖掘整理、创新发展中国传统文化。在他看来，"中华民族是有悠久历史和优秀文化的伟大民族。我们的文化建设不能割断历史。对民族传统文化要取其精华、去其糟粕，并结合时代的特点加以发展，推陈出新，使它不断发扬光大。我们还必须积极吸收人类所创造的一切优秀文化成果，把它熔铸于有中国特色社会主义的文化之中"①。在进入全面建设小康社会的新阶段，以胡锦涛为核心的新一代中央领导集体，也特别重视对传统文化的批判继承。强调要牢牢把握中国先进文化精神的前进方向，兴起文化建设新高潮、激发民族文化创造活力、提高国家文化软实力，使社会文化生活更加丰富多彩、使人民精神风貌更加昂扬向上，就必须要弘扬中华文化、"建设中华民族共有精神家园"②。要增强先进文化的吸引力与凝聚力、解放与发展文化生产力、推进文化创新活力，也必须弘扬与发展中国传统文化。

在世界多极化经济全球化不断发展、在中国特色社会主义建设事业迅速壮大的今天，面对各种思想文化相互交织、相互激荡、交融互进的复杂局面，讲清利用中国传统文化来发展中国特色社会主义先进文化的重要性，这是我们必须认真研究和回答的重大问题。党的十八大以来，习近平关于如何看待中国优秀传统文化及其当代价值的重要性问题，发表了一系列寓意深刻、指向明确的重要谈话，其总的根本旨趣在于强调，在中华民族长达数千年的伟大历史变迁中，中国劳动人民依靠自己的辛勤汗水和智慧劳作创造了源远流长、延绵不绝、内涵丰厚、博大精深的优秀文化传统。它恰似江河之水奔腾不息，又犹如生命之流永续不绝。如，2012年11月15日他在新一届中央政治局常委同中外记者见面时的讲话中就认为，中国传统文化显示了"我们的民族是伟大的民族。在五千多年的文明发展历程中，中华民族为人类文明进步做出了不可磨灭的贡献"③。优秀的中国传统文化是中华民族生命机体不可分割的内在组成部分，是华夏民族认识世界和改造世界过程中世

① 《江泽民文选》第1卷，人民出版社2006年版，第159—160页。
② 胡锦涛：《高举中国特色社会主义伟大旗帜　为夺取全面建设小康社会新胜利而奋斗——在中国共产党第十七次全国代表大会上的报告》，人民出版社2007年版，第35页。
③ 习近平：《习近平论中国传统文化——十八大以来重要论述选编》，《党建》2014年第3期，第7—9页。

世代代累积起来的宝贵的精神财富，也是当代中国社会主义精神文明建设最重要的思想源泉。又如，2013 年 3 月 17 日他在十二届全国人大一次会议闭幕会上的讲话中指出，中国传统文化经过几千年的沧桑岁月，把我国 56 个民族、13 亿多人紧紧凝聚在一起的，是我们共同经历的非凡奋斗，是我们共同创造的美好家园，是我们共同培育的民族精神，而贯穿其中的、最重要的是我们共同坚守的理想信念。中华民族是具有非凡创造力的伟大民族，我们不仅创造了伟大的中华文明，我们也一定能够继续拓展和走好适合中国国情的发展道路，我们一定要增强对中国特色社会主义的理论自信、道路自信、制度自信，坚定不移沿着正确的中国道路奋勇前进。在中国传统文化中，虽然不乏诸多落后与保守的文化因子而杂于其间并落满了不少的封建性的旧灰尘，但是就其文明的精华部分特别是它的活的灵魂，则是高度凝聚了中国民族文化发展史的文明智慧与精神力量，显示了华夏五千年文明史上不同时代人们的行为方式、风俗习惯、价值观念及其文化心理，是我们的先人们及其思想家对中华民族思想文化实践经验的概括、总结与提炼，对继承与弘扬我们华夏民族的文化传统、培育生生不息、不断壮大的民族精神，增强民族自豪感、民族责任感、民族自尊心和民族自信心，发挥着巨大的影响与作用。正如习近平同志 2013 年 3 月 7 日在中央党校建校 80 周年庆祝大会暨 2013 年春季学期开学典礼上的讲话中所说："中国传统文化博大精深，学习和掌握其中的各种思想精华，对树立正确的世界观、人生观、价值观很有益处。学史可以看成败、鉴得失、知兴替；学诗可以情飞扬、志高昂、人灵秀；学伦理可以知廉耻、懂荣辱、辨是非。我们不仅要了解中国的历史文化，还要睁眼看世界，了解世界上不同民族的历史文化，去其糟粕，取其精华，从中获得启发，为我所用。"中华民族上下几千年的优秀道德传统是我们伟大民族的根，也是我们每一个中国人的根，它犹如一种永远不会磨蚀掉的文化胎记，是中华民族实现身份认同的重要标志。2013 年 9 月 26 日他在会见第四届全国道德模范及提名奖获得者时说："中华文明源远流长，孕育了中华民族的宝贵精神品格，培育了中国人民的崇高价值追求。自强不息、厚德载物的思想，支撑着中华民族生生不息、薪火相传，今天依然是我们推进改革开放和社会主义现代化建设的强大精神力量。"[①] 弘扬传统道德与优秀文化有

---

　　① 习近平：《习近平论中国传统文化——十八大以来重要论述选编》，《党建》2014 年第 3 期，第 7—9 页。

利于中华民族共有精神家园的构建，也有利于每一个中国人道德修养、精神品质的历练与提升，也有利于我们先进的思想文化主动迎接各种思想挑战、实现开拓进取之文化强国战略的奋力实施。2014年2月24日习近平总书记在中共中央政治局第十三次集体学习时的讲话中特别强调："中华文化源远流长……中华传统美德是中华文化精髓，蕴含着丰富的思想道德资源。不忘本来才能开辟未来，善于继承才能更好创新。对历史文化特别是先人传承下来的价值理念和道德规范，要坚持古为今用、推陈出新，有鉴别地加以对待，有扬弃地予以继承，努力用中华民族创造的一切精神财富来以文化人、以文育人。"

在习近平同志看来，在我国实现现代化的发展过程中，推进中国特色社会主义先进文化建设，必须继承和弘扬中华民族优秀的思想文化传统，这是保持我们在现代化过程中不丢掉我们的民族特性、文化特色、文化品格、内驱动力的重要基础，也是提高民族自性、确保身份认同、培养民族精神、激发民族潜能的重大举措。2012年11月29日在参观《复兴之路》展览时的讲话中他说："实现中华民族伟大复兴，就是中华民族近代以来最伟大的梦想。这个梦想，凝聚了几代中国人的夙愿，体现了中华民族和中国人民的整体利益，是每一个中华儿女的共同期盼。历史告诉我们，每个人的前途命运都与国家和民族的前途命运紧密相连。国家好，民族好，大家才会好。实现中华民族伟大复兴是一项光荣而艰巨的事业，需要一代又一代中国人共同为之努力。"在如何做到这一点上他曾多次分析说，首先要树立正确对待中国传统文化的科学态度，搞清楚中国传统文化本身是一个充满各种复杂元素的矛盾体，具有鲜明的二重性：既具有积极向上、开拓进取的一面，也具有消极低俗、保守落后的一面，弘扬传统文化必须坚持"二为"方向和"双百"方针。2013年8月19日他在全国宣传思想工作会议上的讲话中明确提出，"宣传阐释中国特色，要讲清楚每个国家和民族的历史传统、文化积淀、基本国情不同，其发展道路必然有着自己的特色；讲清楚中华文化积淀着中华民族最深沉的精神追求，是中华民族生生不息、发展壮大的丰厚滋养；讲清楚中华优秀传统文化是中华民族的突出优势，是我们最深厚的文化软实力；讲清楚中国特色社会主义植根于中华文化沃土、反映中国人民意愿、适应中国和时代发展进步要求，有着深厚历史渊源和广泛现实基础"。看过去，中华民族创造了源远流长的中华传统文化；想今朝，中华民族也一定能够创造出中华文化新的辉煌。独特的文化传统、历史命运与基本国情，注定了我们必然要走适合自己特点的独特发展道路。对中外的文化传统，要坚持古为今用、洋为中用，去粗取精、去伪存真的原则，经过科学的扬弃后使之发扬光大；也要要坚持弃糟取精、批判继承、综合创新、为我所用的方针，既反对割断历史传统的历史虚无主义又反对冥顽不化的文化保守主义。其次，在弘扬传统文化时一定要坚持马克思主义的立场、观点和方法，要以是否有助于推进中国特色社会主义先进文化建设、是否有助于建设与形成中国特色社会主义的道德体系、是否有助于满足广大人民群众日益增长的文化需求为标准，积极做好传统文化的甄别、剔除、取舍与创造转化的工作。2013 年 12 月 30 日在中共中央政治局第十二次集体学习时的讲话中，他说："要继承和弘扬我国人民在长期实践中培育和形成的传统美德，坚持马克思主义道德观、坚持社会主义道德观，在去粗取精、去伪存真的基础上，坚持古为今用、推陈出新，努力实现中华传统美德的创造性转化、创新性发展，引导人们向往和追求讲道德、尊道德、守道德的生活，让 13 亿人的每一分子都成为传播中华美德、中华文化的主体。提高国家文化软实力，要努力展示中华文化独特魅力。"[①] 在中华民族五千多年文明发展进程中我们创造了博大精深的灿烂文化，今天进行文化建设一定要使中华民族最基本的文化基因与当代文化相适应、与现代社会相协调，以人们喜闻乐见、具有广泛参与性的方式推广开来，把跨越时空、超越国度、富有永恒魅力、具有当代价值的文化精神弘扬起来，把继承传统优秀文化又弘扬时代精神、立足本国又面向世界的当代中国文化创新成果传播出去。在具体操作上他还要求，对中国人民和中华民族的优秀文化和光荣历史，要加大正面宣传力度，通过学校教育、理论研究、历史研究、影视作品、文学作品等多种方式，加强爱国主义、集体主义、社会主义教育，引导我国人民树立和坚持正确的历史观、民族观、国家观、文化观，增强做中国人的骨气和底气。这表明，实现民族伟大复兴之中国梦离不开传统文化的精神支持，实现经济现代化并提升综合国力也要以文化兴盛为支撑、以中国文化的发展繁荣为条件。

习近平将弘扬中国传统文化与建设社会主义核心价值体系结合起来论述，他认为，在当代中国弘扬中国传统文化的根本目的在于建设社会主义

---

　　① 习近平：《习近平论中国传统文化——十八大以来重要论述选编》，《党建》2014 年第 3 期，第 7—9 页。

核心价值体系，振奋我们的民族精神、增强中华民族的自尊心、自信心、自豪感和凝聚力。中国传统文化所蕴含的民族精神，构成了社会主义核心价值体系的思想精髓，在某种程度上决定着我们今天应当具备什么样的精神状态和精神风貌的问题，它也直接决定着我们的文化建设应该坚持什么样的精神指向和精神条件。2013 年 10 月 21 日他在欧美同学会成立 100 周年庆祝大会上的讲话中就谈到了这一点，他认为"在中华民族几千年绵延发展的历史长河中，爱国主义始终是激昂的主旋律，始终是激励我国各族人民自强不息的强大力量。"2013 年 11 月 26 日他在山东考察时还说，"一个国家、一个民族的强盛，总是以文化兴盛为支撑的，中华民族伟大复兴需要以中华文化发展繁荣为条件。对历史文化特别是先人传承下来的道德规范，要坚持古为今用、推陈出新，有鉴别地加以对待，有扬弃地予以继承"。国无德不兴，人无德不立。必须加强全社会的思想道德建设，激发人们形成善良的道德意愿、道德情感，培育正确的道德判断和道德责任，提高道德实践能力尤其是自觉践行能力，引导人们向往和追求讲道德、尊道德、守道德的生活，形成向上的力量、向善的力量。只要中华民族一代接着一代追求美好崇高的道德境界，我们的民族就永远充满希望。在他看来，在中国传统文化中所固有的并且连绵不断的民族精神——以爱国主义为核心的团结统一、爱好和平、勤劳勇敢、自强不息的精神，作为传统文化之最本真、最集中的精神精华，它内在彰显了我们中华民族在长期从事社会生产和科学文化实践中所形成的民族意识、民族心理、民族品格与民族气节，它构成了古往今来千千万万中国人奋发向上、百折不挠的精神支柱。把培育和弘扬社会主义核心价值观作为凝魂聚气、强基固本的基础工程，继承和发扬中华优秀传统文化和传统美德，广泛开展社会主义核心价值观宣传教育，积极引导人们讲道德、尊道德、守道德，追求高尚的道德理想，不断夯实中国特色社会主义的思想道德基础。在新时期我们继续弘扬中国传统文化、中华民族的传统美德，并以之作为弘扬时代新风、振奋民族魂魄、构建核心价值体系、提升文化软实力的精神支撑。核心价值观是文化软实力的灵魂、文化软实力建设的重点。这是决定文化性质和方向的最深层次要素。一个国家的文化软实力，从根本上说，取决于其核心价值观的生命力、凝聚力、感召力。培育和弘扬核心价值观，有效整合社会意识，是社会系统得以正常运转、社会秩序得以有效维护的重要途径，也是国家治理体系和治理能力的重要方面。历史和现实都表明，构建具有强大感召力的核心价值观，关系社会和谐稳定，关系国家长治久安。2014 年 2 月 24 日他在中共中央政治局第十三次集体学习时明确指出：培育和弘扬社会主义核心价值观必须立足中华优秀传统文化。牢固的核心价值观，都有其固有的根本。抛弃传统、丢掉根本，就等于割断了自己的精神命脉。博大精深的中华优秀传统文化是我们在世界文化激荡中站稳脚跟的根基。要讲清楚中华优秀传统文化的历史渊源、发展脉络、基本走向，讲清楚中华文化的独特创造、价值理念、鲜明特色，增强文化自信和价值观自信。就具体层面的工作来说，他认为要做到：一要认真汲取中华优秀传统文化的思想精华和道德精髓，大力弘扬以爱国主义为核心的民族精神和以改革创新为核心的时代精神，深入挖掘和阐发中华优秀传统文化讲仁爱、重民本、守诚信、崇正义、尚和合、求大同的时代价值，使中华优秀传统文化成为涵养社会主义核心价值观的重要源泉。二要处理好继承和创造性发展的关系，重点做好创造性转化和创新性发展的关系。中国社会主义革命和建设史表明，在中国传统文化中所蕴含的民族精神不断培育和激发了我国人民与时俱进、开拓进取、求真务实、奋勇争先的精神品质，依靠它我们战胜了各种艰难险阻、经受了各种严峻考验、取得了辉煌业绩、开辟了新的征程。

习近平还将弘扬中国传统文化与推进国家治理体系和治理能力现代化问题结合起来论述，认为中国传统文化中所蕴含的华夏民族五千年生生不息、发展壮大的民族精神，深深熔铸在中华民族的生命力、创造力与向心力之中，共同构成了中华民族自立自强、锐意进取的精神品格，成为推进我国国家治理体系和治理能力现代化、实现中华民族伟大复兴之中国梦的强大精神动力。在当代中国必须把弘扬传统文化与推进国家治理体系和治理能力现代化结合起来，民族复兴的伟业、国家治理体系和治理能力现代化建设，需要中国传统文化及其民族精神的内在支撑。以往我们在波澜壮阔的社会主义建设实践中之所以能够取得举世瞩目的成就，原因之一就在于我们靠中国传统文化及其所铸就的民族精神，赋予了我们民族复兴及治国理政以强大的精神动力；展望未来，进一步推进国家治理体系和治理能力现代化建设，加快现代化建设步伐，实现中华民族伟大复兴之中国梦，也必须进一步大力弘扬中国传统文化、构筑共同的精神家园，使我们的人民始终保持昂扬向上、奋勇开拓的精神状态，使全民族的创造精神、创造热情与存在活力充分迸发、充分显现。2014 年 2 月 17 日在省部级主要领导干部学习贯彻十八届三中全会精神全面深化改革专题研讨班开班式上的讲话中，他分析说，一个国家选择什么样的治理体系，是由这个国家的历史传承、文化传统、经济社会发展水平决定的，是由这个国家的人民决定的。我国今天的国家治理体系，是在我国历史传承、文化传统、经济社会发展的基础上长期发展、渐进改进、内生性演化的结果。中华民族是一个兼容并蓄、海纳百川的民族，在漫长历史进程中，不断学习他人的好东西，把他人的好东西化成我们自己的东西，这才形成我们的民族特色。推进国家治理体系和治理能力现代化，要大力培育和弘扬社会主义核心价值体系和核心价值观，加快构建充分反映中国特色、民族特性、时代特征的价值体系。治国理政必须坚守我们的核心价值体系与核心价值观，必须发挥中国传统文化的作用。民族文化是一个民族区别于其他民族的独特标识。中国文化发展史表明，中华民族优秀的文化、道德传统，对于中国社会优良文化品格与道德风尚的形成，对于中华民族的团结、和谐与发展，产生过并正在产生着非常重要的作用。中国及周边一些国家与地区的国家治理与发展的历史表明，古老的中国文化传统不仅大大促进了这些国家与地区经济现代化事业的迅速发展，而且一定程度上已经成为影响这些国家和地区维持社会秩序、保持政治稳定、改善社会风尚、协调人际关系、增强国家内聚力的精神力量。借助中国传统文化来提升国家治理能力现代化，对于这些国家与地区来说，早已成为了一项重要的政治举措。另外，他还强调要将培育与弘扬社会主义核心价值作为凝魂聚气、强基固本的基础工程。社会主义核心价值观是我国文化软实力的灵魂与根本，是决定文化性质、方向与深层次的要素，培育和弘扬核心价值观、有效整合社会意识，是社会系统得以良性运转、社会秩序得以有效维护的重要途径，也是推进国家治理体系和治理能力现代化建设的重要方面，的确关系到国家的繁荣稳定与长治久安。因而，他特别强调推进国家治理体系和治理能力现代化，就要大力培育和弘扬社会主义核心价值体系与核心价值观，加快构建充分反映中国特色、民族特性与时代特征的文化系统。对此，必须反对两种错误观点即虚无论与复古论，对中国传统文化既不能不加分析地全盘否定或者全盘西化，也不能不加分析地完全接纳、刻意拔高。这两种观点都割断了文化发展的历史继承性与当代创新性之间的关系，都会对推进国家治理体系和治理能力现代化建设产生消极影响。传统文化凝聚着中华民族自强不息的精神追求和历久弥新的精神财富，是发展社会主义先进文化、建设民族共有精神家园的深厚底蕴，也是推进国家治理体系和治理能力现代化建设的重要支柱。

总之，习近平关于继承与弘扬中国传统文化的一系列重要的创新论述，使我们深深认识到：建设社会主义核心价值观与核心价值体系，必须立足于对中国传统文化的弘扬创新；代表中国先进文化前进方向，构筑中华民族共有精神家园，也必须依赖于对中国传统文化的批判继承；推进国家治理体系和治理能力现代化建设，更须建基于以传统文化来实现凝魂聚气并提升文化软实力。因为中国传统文化中蕴含着人类社会的共同智慧、价值追求、理想期盼和审美情趣，在其基本方面顺应了人类发展的大致走势，其精髓部分则与当代先进生产力发展要求及人民群众的长远利益相一致；能够有效解决改革开放向深层推动而激发的矛盾与问题，是建设与发展中国特色社会主义文化新形态的深厚基础，也是在经济政治与文化交融互进、综合国力竞争日益激烈中，发挥先进文化建设能动作用的深厚基础。

第四节　习近平治国理政思想的新构想

党的十八大以后，习近平总书记提出了全面建成小康社会、全面深化改革、全面依法治国、全面从严治党的总要求。这"四个全面"是他在高举伟大旗帜、坚持伟大道路、构建制度体系基础上所形成的关于中国特色社会主义建设的总布局，也是在科学总结我党新时期30多年治国理政的实践经验，努力推进马克思主义和科学社会主义在中国大地上的承继与创新，深化认识和科学把握社会主义建设规律基础上所实现的伟大觉醒。"四个全面"是对马克思主义中国化和中国特色社会主义现代化的新认识、新进展，它确保了中国特色社会主义事业的合法基础与公正本质，凸显了中国社会主义制度的无比优越性和强大感召力，为中国特色社会主义理论体系注入了新的理性内涵与时代特征，是马克思主义中国化的又一重大历史飞跃。

习总书记在中央政治局第20次集体学习时指出："协调推进全面建成小康社会、全面深化改革、全面依法治国、全面从严治党，是当前党和国家事业发展必须解决好的主要矛盾。"[①] 这"四个全面"针对的都是一些涉

---

① 习近平：《坚持运用辩证唯物主义世界观方法论　提高解决我国改革发展基本问题本领》，《党建》2015 年第 2 期，第 6/9 页。

及面广、耦合性强、影响力大的深层次的矛盾与问题，我们党只有树立大局思维、辩证思维与战略意识，才能提高驾驭复杂局面、处理复杂问题的本领，使"四个全面"得到系统性、整体性与协同性的科学解决。显然，"四个全面"是对中国特色社会主义理论与建设认识的最新进展，也是对马克思主义中国化和社会主义事业现代化辩证统一认识的最新发展；这既是我们党治国理政的一个重大的战略布局，也是实现中华民族伟大复兴之中国梦的一个重大的战略构想，集中反映了以习总书记为核心的党中央对中国特色社会主义发展规律的新的认识，实现了马克思科学社会主义与中国实际相结合的一次历史性飞跃。① "四个全面"战略构想是习总书记在科学总结我国进入新时期30多年来建设社会主义生动实践经验基础上，不断解放思想、实事求是、与时俱进、开拓进取而实现伟大觉醒的集中表现，也是他在坚持马克思主义中国化的创造性与连贯性相结合，不断深化认识和科学把握当代中国建设并发展社会主义规律的大局思维，是其努力推进坚持中国特色社会主义伟大旗帜、伟大道路、基本制度等各方面重大创新的结果，在波澜壮阔实践中坚持和发展马克思科学社会主义基本原理和原则，并根据我国社会主义初级阶段这一最大的实际不断赋予其鲜明的中国特色与时代特征的结果。从党的"三大自信"与"四个全面"的关系入手，旨在从学理上阐明"四个全面"在新时期治国理政方面的重大现实意义。

众所周知，中国特色社会主义是马克思主义基本原理与中国具体实际相结合的产物，是植根于中国大地、反映中国人民愿望、适应中国社会发展进步要求的社会主义最新模式，它忠实地继承了马恩和列宁关于科学社会主义的核心要义与基本原则，在各个方面都贯穿了马克思科学社会主义的立场、观点与方法，无论在理论上抑或实践上都始终不渝地坚持了马克思科学社会主义的基本原理与内在要求。历史地看，深深扎根于中华民族之中的中国共产党，为了寻求救国救民的真理，经历千难万险终于找到了科学社会主义的真理，并且坚持不懈地努力把科学社会主义的真理中国化、时代化、大众化，把信奉和追求科学社会主义同勇敢地承担起带领中国人民创造幸福生活、实现中华民族伟大复兴的历史使命紧紧联结在一起。应当说，从建党伊始到现在近百年的光辉历程，马克思科学社会主义

① 王影聪：《"四个全面"的政治担当与理论勇气》，《党政研究》2015年第3期，第1—5页。

的思想精髓与理论实质，早已内在地蕴含在党的肌体和灵魂之中了。一般来说，理论在一个国家的实现程度决定于它满足这个国家的需要的程度，马克思科学社会主义在当代中国的发展情形，就真实地说明了这一点。马克思主义和科学社会主义中国化的过程，就是中国化的马克思主义与中国特色社会主义不断建设与发展的过程，这一过程早已同中国人民、国家和民族的前途命运紧密地联系在一起了。

中国特色社会主义事业的巩固与壮大深切需要马克思主义与科学社会主义给予信念力量和理论指导，而我党正在带领全国各族人民进行的改革开放和现代化建设的伟大实践就是对马克思科学社会主义的真正继承和科学发展，它必将在中华民族伟大复兴的进程中再造辉煌。因而中国特色社会主义不是从马列本本上照抄照搬过来的"原教旨"的社会主义，而是从实践中闯出来的符合中国实际的中国版的社会主义，它是吸取国内外社会主义建设经验教训、探索社会主义发展新道路的历史抉择；它也不是从苏联模式中克隆出来的"苏式"社会主义，而是符合中国国情及其发展要求的中国化的社会主义，它是植根于华夏民族传统、立足初级阶段这一最大实际的自觉选择；它更不是走封闭僵化老路或改旗易帜邪路的女权社会主义、民主社会主义、生态社会主义或者其他另类的社会主义，而是锐意改革、着力发展、坚持开放、以人为本、促进和谐的符合马克思主义之正统的社会主义，是顺应时代潮流、走在时代前列、满足人民要求的必然选择；它必将使中华民族走向现代化、走向世界、走向未来，不仅成功实现从高度集中的计划经济体制到充满活力的社会主义市场经济体制、从封闭半封闭到全方位改革开放的伟大历史转折，而且将实现从基本温饱到实现富裕安康、从安居乐业走向全面辉煌的历史转折。

有鉴于此，我们党只有"全面建成小康社会、全面深化改革、全面依法治国、全面从严治党"，才能始终与全球化历史进程及世界社会主义的发展紧密结合在一起，始终与人类文明的演进紧密结合在一起，始终与中国改革开放的具体实际紧密结合在一起，才能顺应时代潮流、体现时代要求、彰显民族特性、把握发展规律。坚持协调推进"全面建成小康社会、全面深化改革、全面依法治国、全面从严治党"，这是我党和国家事业最新发展的内在需要与基本准则，应自觉地确认为我国整个社会主义建设发展时期的总体战略、价值目标、制度保障与领导力量的核心内容，确认为统领中国事业发展的总纲。① 我们致力于建设与发展中国特色社会主义的伟大旗帜、伟大道路与制度体系以及一切在中国实现社会主义的根本内容与基本特征，始终要是以这"四个全面"的协调推进作为其总体构想、战略布局与价值追寻，归根到底离不开将这"四个全面"的协调推进具体运用于中国特色社会主义建设的实践之中，离不开我党带领全国各族人民在这"四个全面"的指导下的艰辛探索与锐意进取。人类社会发展史、世界社会主义发展史特别是中国共产党近百年的斗争史共同表明，社会主义革命与建设事业的命运在很大程度上维系于理论上人们对一系列重大问题的认识与处理是否坚持并不断发展了马克思科学社会主义的思想精髓与基本原则，做到了这一点，社会主义事业就会蒸蒸日上甚至如日中天；背离了这一点，社会主义就会遭受巨大波折乃至于遭到覆灭。在社会主义根本性质、基本任务、发展动力、实现目标、依靠力量以及外部条件等等重大问题上，几乎每个社会主义国家都曾先后不同程度地受到过来自"左"的或者右的背离科学社会主义原则的错误思想的干扰与破坏，苏联和东欧一些国家甚至被非社会主义的错误思想和价值观念所俘虏，并最终在其诱导下断送了社会主义事业，可谓教训深重。而中国改革开放 30 多年来的社会主义建设实践也一再表明，我们什么时候不仅坚持了而且创新发展了马克思科学社会主义的基本原则与运用方法，我们中国特色社会主义事业就能胜利前进，否则就会遇到各种各样的困难与矛盾。今天，我们是否坚持协调推进、整体推进、系统推进这"四个全面"，也当然成为检验我党在全面深化改革过程中，是否始终自觉贯彻与灵活应用科学社会主义本真思想的一种真理标杆，成为检验我们党能否坚持科学社会主义原则并致力于使之一步步地实现中国化、时代化、大众化，从而使中国特色社会主义事业呈现出生机勃勃的发展局面，给广大人民带来更多福祉、使中华民族迎来伟大复兴光明前景的一种价值标杆。②

可见，"全面建成小康社会、全面深化改革、全面依法治国、全面从严治党"，是扎根于当代中国的科学社会主义理论的最新进展，是马克思主义中国化、大众化、时代化的最新成果，是指导继续推进党和国家事业

---

① 余荣华、朱家顺等：《"四个全面"引领追梦中国》，《人民日报》2015 年 3 月 7 日。

② 张书林：《试析"四个全面"战略构架的内在关系——基于党的十八届四中全会全面推进依法治国的纵深思考》，《宁夏党校学报》2015 年第 1 期，第 7—13 页。

深化发展的战略思维，是凝聚人心、催人奋进的强大精神纽带，是战胜困难、赢得胜利的力量源泉，是引导全党全国各族人民团结奋斗的共同纲领。这"四个全面"也是中华民族团结奋斗、共同发展的精神支柱与价值取向，是中华民族推进自身发展、实现民族伟大复兴之中国梦战略构架，它立足于社会主义初级阶段基本国情，汲取中华民族优秀文化因子，把马克思科学社会主义基本原理同中华民族的大局意识、系统思维、价值取向内在融通起来，彰显了鲜明的中国特色、中国风格、中国气派的当代中国的社会主义总体布局、战略意图。"全面建成小康社会、全面深化改革、全面依法治国、全面从严治党"，更是我党领导中国人民推进事业发展并实现辉煌的大布局、大思路，它深刻反映了我国社会主义建设的客观规律，集中表达了中国人民过上幸福美好生活的愿望和实现国家繁荣富强的迫切要求，体现了我党代表中国先进文化的前进方向、先进生产力发展的根本要求、广大人民群众根本利益的坚强意志，是党引领全国各族人民推动科学发展、促进社会和谐、实现伟大复兴的思想基础与精神支柱，从社会主义思想承继与创新发展的维度，表征了中国特色社会主义创新发展的新的"路线图"，[①] 深刻体现了我党在旗帜问题上的理论自信。

习总书记提出的"四个全面"，从目标体系、动力体系、保障体系、管控体系及其互相支撑的整体上，回答了什么是及怎样坚持中国特色社会主义道路的问题，这其实是关系到党和国家事业最新发展的核心问题，是决定社会主义发展方向和兴衰成败的重大问题，党的新的领导集体特别重视对这一问题的艰辛探索和科学认识。最近，习总书记从层层递进、互相关联的四个方面入手对中国特色社会主义建设做了精辟概括，这是对中国特色社会主义道路的最新注解与创新论述。[②] 其根本旨趣在于具体而深入地表明，我们党选择与推进的中国特色社会主义道路，必须在中国共产党领导下，立足基本国情，以经济建设为中心，坚持四项基本原则，坚持改革开放，解放和发展社会生产力，巩固和完善社会主义制度，建设社会主义市场经济、民主政治、先进文化、和谐社会，要把我国建设成富强、民主、文明、和谐的社会主义现代化国家。这"四个全面"内涵丰富，具体包括相互联系、相辅相成的总体构建方案，即根本保证（从严治党）、发展动力

---

① 颜晓峰：《全面推进中国特色社会主义新发展》，《解放军报》2015 年 3 月 4 日。
② 新华社：《习近平首谈"四个全面"》，《当代江西》2014 年第 12 期，第 68 页。

（深化改革）、法治保障（依法治国）和发展目标（小康社会）的统一。其中党的领导是根本保证，构成中国特色社会主义道路的领导核心与管控体系；深化改革是治国总纲，构成中国特色社会主义道路的内在机制与基本动力；依法治国是法治保障，构成中国特色社会主义道路的法理基础与法治保障；小康社会的发展目标是宏伟蓝图，构成中国特色社会主义道路的价值取向与目标体系。这"四个方面"的有机统一表明，在当代中国坚持了中国特色社会主义道路，就是真正坚持了科学社会主义道路，这是一条集中反映中国改革开放和现代化建设基本经验、实现国家繁荣富强和人民共同富裕的历史必由之路，这不仅为改革开放以来我国现代化建设的伟大实践所证明，而且也必将为世界社会主义的未来实践所证明。

关于当前我们如何"全面建成小康社会、全面深化改革、全面依法治国、全面从严治党"的问题，习总书记结合我国现代化建设的各方面具体问题，明确指出我们党要自觉坚持把马克思科学社会主义基本原理与不断推进社会主义理论与实践中国化、时代化、大众化结合起来，着力推进马克思主义中国化、大众化、时代化的新步骤，解放思想、实事求是、与时俱进，以实践基础上的理论创新为当代中国社会主义事业的发展提供理论指导。在他看来，我们在中国特色社会主义建设实践中，我党一贯坚持解放思想与实事求是的统一，大力发扬求真务实精神，不断深化对社会主义建设规律的再认识，自觉地把我们对社会主义的认识从那些不合时宜的旧观念、旧做法、旧体制的束缚中解放出来，从对马克思科学社会主义错误的和教条式的理解中解放出来，从主观主义和形而上学的桎梏中解放出来，以实践基础上的理论创新和与时俱进的科学态度，科学回答了当代中国社会主义建设与发展过程中一系列带有根本性的重大的理论问题和实践问题，为科学社会主义基本原则在当代中国的创造性运用和实际开展，提供了体现时代性、把握规律性、富于创造性的科学指导，不断开辟马克思科学社会主义中国化、时代化、大众化的新境界，不断拓展并系统构造科学社会主义原理及其在当代中国创新发展的新常态。他提出的这"四个全面"就是马克思科学社会主义中国化的最新成果，是扎根于当代中国的科学社会主义总方略、总概括、总布局与总抓手，全方位、多层面地为丰富发展科学社会主义思想做出了属于中国人自己的特殊贡献。遵循这"四个全面"的战略思考，就要把坚持四项基本原则同坚持改革开放结合起来，确保了我国改革开放和现代化事业的社会主义正确方向。四项基本原则是中国社会主义事业获得科学发展的政治基石和兴国之要,改革开放则是中国社会主义事业获得和谐构建的活力源泉与强国之路,二者是相互贯通、相互依存、不可分割的统一整体,须臾不可分离、丝毫不可偏废,必须全面坚持、一以贯之地统一于经济建设这个中心上。否则,若离开经济建设这个中心,中国社会主义发展就会缺乏足够多的物质基础,社会主义生产力总量就不能满足党和国家事业发展的最新需求,人民群众日益增长的物质文化需要同落后的社会生产之间的矛盾就会越来越尖锐化,而贫穷、落后就会疏离社会主义的本质要求;同样,若离开了社会主义建设的"两个基本点",我们的经济建设就会迷失方向和丧失动力,就做不到思想上坚信不疑、行动上坚定不移,就会走僵化保守的老路、改旗易帜的邪路,最终就会离开中国特色社会主义的康庄大道。所以,实现"四个全面",必须坚持党的基本路线不动摇,这是坚持科学社会主义方向和道路的政治保证,是国家强盛、民族复兴的重大法宝,是实现科学社会主义在当代中国获得科学发展的生命线,是确保生活在社会主义旗帜之下的广大人民群众获得最大福祉的战略部署。①

当然,要贯彻与实践这"四个全面",必须把尊重人民群众的首创精神与加强和改善党的领导结合起来,坚持执政为民、以人为本,仅仅依靠人民、切实造福人民,在充分发挥人民群众创造历史的作用中体现党的领导的核心作用,在坚持尊重人民群众建设社会主义主体地位与尊重社会主义客观发展规律一致性上集中体现科学社会主义的内在本质。建设并发展社会主义说到底是人民群众自己的事业,而人民群众是社会主义的力量源泉和胜利之本。在社会主义建设与发展过程中始终坚持执政为民、以人为本,这是坚持人民群众是历史创造者这一唯物史观基本原理的根本表现,是党的全心全意为人民服务宗旨的集中体现,是加强党的执政能力建设和保持党的先进性的本质体现,是领导社会主义和谐社会建设最根本的政治保证,是马克思科学社会主义人民主体原则的当代发展。这"四个全面",既是党的主张也是人民的愿望,在社会主义实践中我党一贯坚持马克思主义的群众路线与群众观点,坚持把实现国家富强与代表人民利益的内在统一起来,把人民拥护不拥护、赞成不赞成、高兴不高兴、答应不答应作为制定社会主义路线方针政策的出发点与落脚点,把一切是否有利于社会主义生产力

---

① 曲青山:《"四个全面":新形势下党治国理政的总方略》,《党建》2015 年第 2 期,第 27—29 页。

大发展、综合国力大增强、人民生活水平大提高作为根本判断标准，坚持问政于民、问需于民、问计于民，心为民所系、权为民所用、利为民所谋，切实把人民群众的实践创新与发展要求同全面贯彻科学社会主义的基本原则结合起来，把进一步推进中国特色社会主义伟大事业与推进党的建设伟大工程结合起来，使党始终走在历史前列、挺立时代潮头、经受各种考验，成为社会主义事业的坚强领导核心与人民群众的主心骨。总之，这"四个全面"坚定了中国特色社会主义的道路自信，既是对社会主义长期历史经验和我国基本国情科学总结、深入分析的结果，也是对社会主义发展规律与当代世界发展走势科学把握、运筹帷幄的结果，将不但得到中国人民的高度认同而且也会受到世界各国人民的广泛关注，将极大彰显中国特色社会主义的无比优越性和强大凝聚力，确证马克思科学社会主义的基本原理的科学性与可行性，体现社会主义人民主体地位的不断跃升。

在我党历史上，以毛泽东同志为核心的党的领导集体，创造性地完成了从新民主主义向社会主义的转变，全面确立社会主义基本制度，曾经实现了中国历史上最广泛最深刻的社会变革和历史进步，曾极大地推进了中国社会主义事业和世界一切进步事业的巨大飞跃。而进入改革开放新时期后，党的前几代领导集体为建立与完善中国特色社会主义制度体系、坚定制度自信，做出了极大努力，为当代中国社会主义事业发展和进步，集中彰显中国特色社会主义的制度特点与优势，做出了巨大贡献。在当前，习总书记在不同场合、结合各种具体问题，一再强调指出我们党更要致力于协调推进"四个全面"，以进一步实现社会主义制度的自我完善与自我发展，在发展目标、内在动力、法律保障与领导机制等各个领域形成一整套既相互衔接又相互联系的制度体系，这是马克思主义的治党治国原则，在制度层面实现进一步中国化、时代化、大众化的本质表现和内在要求，是在根本政治制度、经济制度与各项具体制度上确保中国特色社会主义正确方向、科学本性的有力举措。中国特色社会主义制度体系具体分为四个层面：人民代表大会制度是党和国家的根本政治制度，多党合作与政治协商、民族区域自治与基层群众自治则构成了新时期党和国家的基本政治制度，以公有制为主体、多种所有制经济共同发展构成中国特色社会主义的基本经济制度，建立在上述根本政治制度和基本政治经济制度之上的经济体制、政治体制、文化体制和社会体制，则构成了中国特色社会主义的各项具体制度。中国特色社会主义制度体系的四个层面与习总书记所提出的治国理政的"四个全面"，是一一对应、内在关联的，是当代中国治国理政的四种系统在社会实践中的具体体现和实际应用，也是构建社会主义法治国家并实现以法治国精神的根本要求。"四个全面"作为对社会主义制度建设的新概括，可谓完全符合我国基本国情，顺应了时代潮流与未来走势，有利于保持党和国家事业获得最新发展的内在活力，有利于极大地调动广大人民群众和社会各个方面建成小康社会的积极性、主动性和创造性，有利于解放和发展社会主义生产力、推动社会主义各项改革事业的全面发展，有利于维护和促进社会公平正义、实现全体人民共同富裕，有利于党和国家集中力量办大事、有效应对前进道路上的各种风险挑战，有利于从严治党、依法治国，有利于维护民族团结、社会稳定、国家统一。可见，以"四个全面"为总纲，坚持、完善与发展中国特色社会主义制度体系，就是在当代中国坚持和发展制度建设的法制意志和整体提升，无疑将极大地巩固和发展中国特色社会主义制度体系，"四个全面"实际上成为社会主义制度建设的新标杆。①

具体说来，贯彻实践"四个全面"，就要坚持和完善人民代表大会制度，这是党和国家进行社会主义建设的根本政治制度，它既符合中国基本国情和中国人民的根本意愿，又集中体现了社会主义国家性质和马克思主义的政治理念；既是中国社会主义政治文明的重要制度载体，又是社会主义国体与政体高度统一的法律表现；既是中国人民行使人民当家做主的根本途径和最高表现形式，也是党在国家政权中充分发扬民主、贯彻群众路线的最好实现形式；既为国家机构合理分工、高效运转、民主集中、相互监督提供了有力的制度保障，又为实现马克思科学社会主义基本原理原则中国化、时代化、大众化提供了广阔的实践舞台。我国社会主义建设30年来的历史表明，什么时候人民代表大会制度获得健康发展，人民当家做主就有了保障，社会主义事业就能顺利发展；什么时候这一根本政治制度遭到了破坏，人民当家做主就无法保证，社会主义事业就会遭受重大损失。习总书记的"四个全面"与坚持并发展人民代表大会制度是内在统一的，它内在构成了建设与发展社会主义的有机组成部分，是马克思科学社会主义国家、政党学说与我国具体实际相结合的一次伟大创造，是近现代以来中国社会发展和政治智慧构建的思想结晶，反映了我党马克思主义政

---

① 高健生：《"四个全面"：党中央治国理政的方略的深度展示》，《前进》2015年第1期，第24—27页。

治观的不断成熟与社会主义政治制度的不断觉醒。而以公有制为主体、多种所有制经济共同发展是中国特色社会主义的基本经济制度，是当代中国坚持和发展科学社会主义在经济建设方面的重要体现，也是全面深化改革、全面建成小康社会的总体要求。公有制经济是我国社会主义现代化建设的重要支柱和国家进行宏观调控的物质基础，是社会主义经济性质的根本体现，也是实现"四个全面"协调推进的当然要求。我们既然是社会主义国家，坚持巩固和发展公有制的主体地位就是马克思主义的天经地义，对于发挥社会主义优越性、强化社会主义经济基础、发挥国有经济的主导作用、扩大社会主义经济的支配力影响力，可谓意义非凡。而在坚持以公有制经济为主体地位的同时，毫不动摇地鼓励、支持和引导非公有制经济的快速发展，也是坚持和完善社会主义基本经济制度的一条基本原则，这对于充分调动社会各方面建设社会主义的积极性，促进经济增长、扩大就业、活跃市场、满足人民多样化需求、完善社会主义市场经济建设，推进全面建成小康社会，均具有不可替代的作用。另外，在从严治党与多党合作上以及在其他各项具体制度建设上，也同样是在制度层面实现科学社会主义基本原理进一步中国化、时代化、大众化的具体要求，是在各项具体体制上确保中国特色社会主义不变质、不走样、不折腾的根本举措。

总之，"四个全面"为高举中国特色社会主义伟大旗帜、坚定不移地走中国特色社会主义道路，为发挥社会主义制度优势创造了前提条件和支撑力量，为确立和发展中国特色社会主义制度体系，在制度层面保证中国社会主义事业的合法性基础与公正性本质，提供了法治保障与管控体系，进一步凸显了中国社会主义制度的无比优越性和强大感召力，彰显了社会主义建设的辉煌成就及其独具力量，吸引并聚焦着世人目光、赢得了中国和世界人民的普遍赞誉与尊重。这表明中国特色社会主义"三大自信"与习总书记的"四个全面"是内在统一的，"四个全面"实际上是对中国特色社会主义制度建设的新概括、新提升，是党中央新时期治国理政方略的深度展示与总体部署，是今后很长一段时期必须坚持的大政方针。

下 篇

马克思主义哲学中国化
问题研究

马克思主义哲学中国化：应确立一种群众性的根本立场并向着未来的实践积极筹划，才能使之成为革新时代所不可或缺的一种策略考虑；应张扬一种科学的批判精神并及时地对时代变革的主题发言，从而使其学术价值得以整体性的自我融贯；应确立一种自觉回应时代需要的实践向度，在其中国化的成功实践中获得具有时代特色和民族特色的中国式拓展；应将其理性文本变成"时代性的文本"，以便能够积极参与对当代现实的理论塑造；应将文本视域与问题视域、文本逻辑与现实逻辑内在统一起来，以是否及如何自觉融入实践为诠释限度，以是否及如何深入到生活的本质处运思为验证其真理性程度的当代标尺。"回到"、"走近"、"走进"、"转向"、"重读"、"重振"马克思经典文本的根本目的在于，通过对原始文本进行考证、校勘、梳理和辨析，以消除"无意的误解"或者"有意的歪曲"，悬置自己主观的偏见或先见而进入文本原创时期的精神境地和思想源头，只有对马克思文本的产生背景、写作过程、文本结构、定稿内容、重要思想、传播途径、历史影响等诸多方面进行历史性考证和实证性解读，才能从思想承继的关系入手、从古今中西的"历史大视域"出发，对马克思主义哲学中国化的文化底蕴予以客观定位，才能使马克思主义哲学中国化问题研究摆脱任何不属于原作者意图的非法增补，推翻任何在马克思头上堆砌的非法性建筑，以实现马克思主义哲学本性的真正回归。

第一章

马克思主义哲学中国化的当代路向

　　以现代的方式批判传统与以中国化的立场阐释西学相结合的过程也就是中国传统文化现代化与马克思主义中国化内在统一的过程，从而内在地规定了马克思主义中国化对传统文化的一面回眸、一面前瞻的双重思想品格。马克思主义中国化在价值选择上既接纳移植西学同时也重视对文化传统的当代重构，以诠释传统的方式接纳现代理念旨在为之探索更为方便快捷的思想通道，激活它与中国传统文化实现内在对接的文化之根，为它中国式的当代拓展提供更加适宜的文化土壤。

第一节　马克思主义哲学中国化的整体演进

　　以往，我们过多重视的是马克思主义哲学中国化文化底蕴问题的内在研究，片面强调了中国视域和文化图景的重要性，而忽视了对它的世界文化图景和文本视域的全面考察。正如有的同人所指认的那样，偏离世界文化视野而孤立地研究问题的旧习性，使马克思主义哲学中国化问题"大大简单化了"：要么只选择和运用它的一部分内容（如"二唯体系"）并将之中国化，这种以偏概全的"化"根本不能等同于整体意义上的中国化；要么则将马克思主义哲学中国化理解成"化中国"，完全撇开了它的世界文化图景尤其是中西马会通的根本路径。这就使我们：常常把马克思主义哲学中国化的过程，仅仅看作是一个单纯的马克思主义哲学如何输入的过程，即如何从海外舶来并得以传播、普及和发展的过程；还常常使我们仅仅在中国革命和建设这一具体实践层面，去考察马克思主义哲学中国化的政治诉求，而使得马克思主义哲学的形上诉求处于湮没不彰的状态；更重要的还在于，常常使我们仅仅停留在中国文化系统内部甚至是中国古代哲学系统内部来诠释马克思主义哲学中国化的文化基础，而不能把马克思主义哲学中国化置于宽泛的世界文化系统和世界哲学总体范围内，在一个无限开放的古今中西相互贯通的大系统、大循环中揭示其发展的时代性、民族性、实践性和规律性。

马克思主义哲学中国化文化底蕴问题研究的两大路径及其内在关联。一般来说，从不同的角度可以对同一个问题做出不同的回答，而一种新的研究视角的确立也必然带来原有研究方式、主要内容和问题领域的更新。这一点同样适用于马克思主义哲学中国化文化底蕴问题的研究。关于这一问题的研究，向来有两种不同的路径：一种路径强调从中国社会主义革命进程、社会主义现代化的实际过程和中国思想史的发展历程出发去考察马克思主义哲学中国化的文化图景问题，其研究模式、思维路径、问题领域，总是围绕马克思主义哲学与中国现实之间的内相关关系而展开的，它所得到的结果无非是为什么偏偏是马克思主义哲学的中国化以及马克思主义哲学如何化在了中国，或者说中国的具体问题如何被马克思主义哲学所"化"，它彰显的只是中国化的马克思主义哲学的各种具体形态，实现的是马克思主义哲学与中国文化及其哲学核心之间的民族认同和实践认同以及"马克思主义哲学在中国"的理论谱系和精神地图。而另一种路径则从世界文化整体和它的哲学核心及其发展规律上去考察马克思主义哲学中国化的文化底蕴问题，其研究模式、思维线路和核心论域却总要紧紧围绕中西马三家文化和哲学系统互渗互动而展开。这种内比性研究所得到的结果是中西马三家文化和哲学系统在实践基础上的内在融通，实现的是马克思主义哲学的世界化和当代世界的马克思主义"化"，彰显和表征的是中国马克思主义哲学发展的世界性和当代性、中国马克思主义哲学的世界认同和时代认同以及当代中国马克思主义哲学的世界视野和理论谱系。

前一种路径旨在通过马克思主义哲学"化中国"而去解决中国发展的各种现实问题，以便从实践的内在本源处构建中华民族的思想自我，后者旨在通过中西马三家融合而去解决马克思主义哲学如何面向时代、实践和世界，从而进行全景式的谋划理论发展和精神塑造的跨文化合作问题。应该说，这两个方面的研究对于中国马克思主义哲学自身的发展具有同等重要的意义，可谓相得益彰，缺一不可。没有前者，中国马克思主义哲学的发展就失去了活水源头和实践依据；没有后者，中国马克思主义哲学在面向未来筹划时，就缺乏足够的理论解释力度和世界胸怀。换言之，如果把马克思主义哲学中国化同世界历史文化动态演进的有机整体割裂开来，或者脱离世界哲学系统尤其是西方哲学、西方马克思主义文化系统而对它作孤立的、绝对的理解，就会小化、细化、窄化它的原意，低估它的当代价值。相反，只有从古今中西的历史大视域出发，将马克思主义哲学中国化置于全球化的历史背景中、置于世界各种文化和哲学相互交流相互撞击的精神氛围中、置于中国马克思主义哲学发展的世界图景和中国图景这种双重构架中，才能从学理上理清马克思主义哲学中国化形成和发展的历史轨迹，真正把握它发展的内在机制和实现途径。这就是今天我们要刻意研究它的当代图景和路径问题的根本旨趣之所在。

当代马克思主义哲学中国化在文化图景和路径选择问题上的策略考虑。从理论研究的中国方向和时代立场上透析，有些学者认为，我们平素一向专注于营造我们自己的哲学体系，谈论自己的哲学话题，我们在哲学上的一切努力，并不能被世界哲学所接纳，我们的哲学制造不能对世界哲学有任何实质性的影响，对世界哲学的发展我们不能做出属于我们自己的独特贡献，作为"槛外人"，我们中国哲学还游离于世界哲学之外，世界哲学之林中没有中国人的足迹。本来，马克思主义哲学的中国化是我们建设中国特色社会主义及其理论体系的自主选择，而中国化的马克思主义哲学也理应是中国人反思和解决自己生活问题的最优文化图景。但事实上，若偏离世界文化图景，马克思主义哲学中国化与中国传统哲学现代化的双向互动过程，肯定不是只产生积极后果的理想化过程，我们必须为之付出昂贵的代价：要么在文化认同上使之沾染上封建专制思想的毒素，要么在实践认同上助长它的教条化倾向。在此情况下，我们究竟该如何选择马克思主义哲学的文化图景和发展路径？又怎样使得它的一些极具时代意义的重要观念、方式和方法进入世界通用的思想概念体系，成为普世通用的思想工具、认知框架和概念系统，从而实现马克思主义哲学在整个世界上的普遍化和世界化？

如果我们的哲学研究确能向着普遍中生长，实现中国视野和世界视野的内在融通，这对整个世界哲学事业的未来发展而言，马克思主义哲学中国化和大众化将通过积极"入世"极大地提高人类思维的整体能力；而中国当代哲学的特殊问题域和信息域一旦进入世界哲学体系之后，也将大大丰富人类共享的核心论域、重叠共识和交往互惠，这同样可以最大化人类哲学思维的反思能力和批判精神。在有的学者看来，中外哲学的视域整合与和合取向，体现了人类思维的本性。人类理性思维的本质在于它的生成性和无限开放性，"永远不可能使之完全彻底地具体化或有限化"，因为哲学本质上"体现的是人类对某种至高无上的理想境界的追求，代表着人类的'终极关怀'"。鉴于此，笔者认为，在马克思主义哲学中国化过程中必须开展一场划时代的自我革命，以宣告同以往的一切与世界图景相脱节的单一研究路径的分离，不再致力于构造纯粹的中国体系，而在于努力发现它与世界的真切联系，在于用实践为自己的生存与发展开辟更广阔的道路；它追求的也不再是纯粹的中国式表述，而是全景式的概观，它的独特之处就在于始终致力于哲学理论与当代中国和世界实践的结合，致力于哲学对时代课题的求解，正是这种对时代课题的敏感性和对世界文化实践的参与热情，才使它的中国图景和世界图景得以双向建构。也正是由于它能够以特殊把握方式集中地反映了时代内容及其本质特征、代表和满足了全球化时代中国和世界发展所提出的新要求，它才能够存在于与时代、与实践的互动性的关系中，及时倾听来自时代的真切呼唤，从而思入时代、引领世界，成为时代前进的号角、世界文化历史变革的先导。

马克思主义哲学中国化两大图景的双向建构及其纵横联系。有人从全球化的文化语境出发来分析马克思主义哲学中国化的世界性图景，认为马克思主义哲学世界化不同于全球化的一个根本特点，就在于全球化是以民族化为基础的。全球化本质上是资本主义的世界发展，它是以单一的资本主义化为前提的，本质上是反对民族化、多元化的。而马克思主义哲学通过中国化而面向世界发展的战略则是以承认各民族的自决权为前提，强调各民族文化的合理性和发展道路的特殊性，本质上是主张民族化和多元化的。由于强调民族化和多元化，马克思主义哲学在通过中国化而走向世界化的进程中必然会出现不同哲学传统之间的冲突和交融，从而形成了马克思主义哲学中国化世界图景和中国图景错综复杂的横向联系。除此之外，马克思主义哲学还随着世界历史的变化而不断更新自身的提问方式和研究方式，呈现为不同的性质和发展阶段，这些又构成了马克思主义哲学中国化的世界图景和中国图景的纵向联系。马克思主义哲学中国化发展的横向和纵向联系，使我们能够从不同的理论视角切入马克思主义哲学中国化文化底蕴问题的研究，多角度地考察中国马克思主义哲学的当代建构问题。

马克思主义哲学中国化的纵横联系为我们确立了比较研究的理论视角，使我们能够从哲学形态的整体上把握中国马克思主义哲学的性质、特点，考察其与哲学传统的内比性。在马克思主义哲学中国化的纵横联系中，东西方哲学传统和马克思主义哲学传统的冲突与交融对中国马克思主义哲学的发展产生了最直接的影响。这三种哲学体系面对的历史课题不同，研究问题的路径亦不相同。正统马克思主义哲学面对的是政治、经济、文化落后国家如何变革生产方式、加速实现现代化的问题。为了解决这一高难度历史课题，历代的马克思主义者着重研究和发展了马克思主义哲学关于自然界和人类历史发展一般规律的学说，并使其成为辩证唯物主义和历史唯物主义哲学体系的核心问题。西方马克思主义哲学面对的是发达资本主义国家的意识形态变革问题。围绕这一历史课题，西方马克思主义者展开了马克思主义哲学的意识形态研究，建立了批判的马克思主义哲学体系。而当代中国哲学面对的是如何通过马克思主义哲学的成功改造而走向现代化的问题，围绕这一问题，中国学人早已开始了寻找两大哲学体系如何实现认同和会通的逻辑之桥。既然中西马是三种不同的哲学形态，且根源于它们各自面临的历史任务，各有其自身的合理性，那么，我们就不能简单地以一种哲学图景去否定另一种哲学图景，而是应该建立比较的研究视角，考察它们各自的特点、理论内容及其论争的实质，以揭示马克思主义哲学世界化的发展规律。

要同等重视马克思主义哲学中国化文化图景建构中的存量与增量。从马克思主义哲学中国化发展的纵向联系出发，为我们确立了文化底蕴问题研究的历史视域，使我们能够揭示中国马克思主义哲学无限开放的内在机制；而从马克思主义哲学发展的横向联系出发，为我们从共性与个性的结合上给马克思主义哲学以准确定位，以揭示它在世界马克思主义哲学发展中的地位和特点。横向联系旨在实现外部增量上的变化，而纵向联系意在实现内部存量上的增加。马克思主义哲学中国化在这两种不同的研究路径和视域中被描绘为两种完全不同的图景，在横向中，它被描绘为一种宏大的哲学体系发展的外部史，各种不同的哲学形态都构成了这一宏大哲学体系的逻辑环节；而在纵向中，它被描绘为同一哲学形态自我更替的内部史，在这里没有哪一种哲学能够穷尽真理，更没有哪一种哲学能够成为绝对真理。相反，哲学正是在各种具有局限性的哲学形态之间的冲突和碰撞中、在面对时代问题挑战中不断发展和更新的。于是，马克思主义哲学中国化就呈现为不断提出和追问哲学自身问题的历史。哲学问题层出不穷，把握哲学问题的方式和路径也就连绵不绝，显然这是一种面向未来的不断自我生成、自我完善、自我发展的哲学史。

　　一方面，如果不正视马克思主义哲学内在存量的增长，而只追求外部增量上的变化，就会割断内部史与外部史的关系，那它就没有质的飞跃，没有研究路径和模式的转换和哲学思维方式的变革。另一方面，如果偏离世界视野而重视存量上的变化，认为马克思主义哲学只能有一种文化传统，不存在多种文化传统之间的内在通约，马克思主义哲学的守望者大多囿于固定的精神资源及其人文背景，长时段地接受呆板而苛刻的专业规训，就会养成只对少数几个极具玄学意义的哲学难题进行偏执性操作的坏习性，那它就会病态地固恋于自己的特殊兴趣和切问方式，将自己定位并接纳于特定哲学社区的褊狭胡同中，定格为只知摆弄哲学碎片的"单面人"。一味片面追求十分狭隘且过度专业化的内在性研究，这种忘掉外在世界、刻意把哲学当成孤立的学术进行构建的努力，马克思主义哲学史已再三证明并不是一种成功的方案。"纯思"，的确是它守护"思的事业"的最高成就，但同时也是一种完全的文化灾难；它的确使哲学实现了纯净如水般的保洁，但惜乎又在纯洁中走向了堕落。因为，那种完全离群索居式的哲学研究，自我铲除了由于对日常生活广泛接触而产生的深厚的文化底蕴，丧失了在混合文化中生存的多点支撑，不能对哲学之外的新颖的文化刺激和极具精神性意义的重大事变积极地予以回应，保持高度的理论敏感性和深刻洞察力。

第二节　马克思主义哲学中国化的民族特性

　　当代学人从多元维度对马克思主义哲学所作的机械僵硬的比附和漫不经心的任意解读，曾一度遮掩了它的本真精神和当代价值，导致了它的泛意识形态化和自我边缘化并使之面临丧失独特规定性的危险。只有坚持中国化的时代立场及主导方向，将其原有的先锋理念注入中华民族精神和当代文化的精髓中，才能在以科学发展观构建社会主义和谐社会这一新的生活背景下，重新唤醒当代学人的时代良心以及对时代主题的政治敏锐性和参与热情，为重塑中华民族的"思想自我"进行积极的精神营造。而且，只有挺立时代潮头，打通各种研究视界，积极参与当代实践并在实践活动中经过逐步中国化，才能显现马克思主义哲学中国化问题研究的当代旨趣。作为对当代中国特色社会主义实践的哲学呈现，对中华民族思想自我的理论重建，对中国化马克思主义理论成果合法性的当代确认，马克思主义哲学中国化在今天已有了全新的理论内涵和实践意义。关于这一问题的研究，当代学人普遍认为，绝不能仅仅停留于理论层面，而应将研究的精神指向对准当代的时代课题。因为，马克思主义哲学中国化研究不只是理论建构的需要，更是革新时代、推动党和国家事业新发展的迫切需要，是建设中国特色社会主义理论体系的迫切需要，也是构造与提升社会主义核心价值体系的需要。唯有使之与中国革命、建设实践相结合、与中国优秀的思想文化传统相结合，使之在内容上和形式上均获得高层跃进，才能逐渐实现它的中国化、具体化、民族化、大众化。这些个"化"的当代旨趣在于立足中国实践和传统文化底蕴，在透析当代中国特色社会主义实践所面临的新课题时，创造性地构建出一个中国现代版的马克思主义哲学。为此，必须从古今中西的大视域出发，既重视哲学层面上的中国化又要重视政治上的中国化；既强调马克思主义与当代建设实践的具体问题相结合又注重它与优秀的传统文化、历史经验等历史发展的实际相结合；既重视对当代实践经验的概括和总结又注重对中国历史文化优秀遗产的继承和利用；既重视对中国社会主义实际相结合，又注重它与世界社会主义发展的实际相结合；既重视坚持它的基本原理与推进它的中国化相结合，又要重视它与国外马克思主义的理论实践相结合，如此等等。

时下，在马克思主义哲学中国化问题研究中，学术同人从多元维度对马克思主义哲学所作的机械僵硬的比附和漫不经心的任意解读，曾一度遮蔽了马克思主义的本真精神和当代价值，直接导致了它的多元取向和相对主义格局的形成，大大削弱了其作为"软实力"在"当代中国文化生产力"建设中的铸魂作用，导致了它的泛意识形态化和自我边缘化并使之面临丧失自我规定性的危险：语言上表现为汉话胡说，西方语言成为主导的语言，大量地重复和模仿西方的语言；问题的表述也存在许多问题，我们讨论的问题是西方早已讨论过的或者陷入死胡同的问题，让我们进入了自己虚幻的问题领域；表述方式和研究范式上也产生了严重的路径依赖，总想为自己吹一个西方式的牛，实际上则是用西方哲学的镜子照出了我们自己的一脸无奈。所以我们要重构自我，发挥我们自己的特长。我们应该清醒地认识到：只有坚持马克思主义中国化的时代立场及主导方向，将其原有的先锋理念注入中华民族精神和当代文化的精髓中，才能在"构建和谐社会"这一新生活的光辉照耀下，重新唤醒当代学人的时代良心以及对时代主题的政治敏锐性及参与热情，为重塑中华民族的"思想自我"进行积极的精神营造；唯有搭建"中国化"这一共同的时代立场和发展方向，才能真正摆脱纷争无序而导致的存在性危机，完成各种研究视域正确的学术定位和向马克思主义的理性回归。

当代的学者对马克思主义哲学的研究采取了多种取向和多种模式，具体可分为以下几点：一是以"书"解马。以"书"来解读马克思主义中的"书"，是指马克思和恩格斯的定型的书籍，以他们的经典著作来研究马克思主义哲学。认为只要我们仔细地揣摩和研读了他们的少数几个文本，就是掌握了全部马克思主义哲学，掌握了马克思主义的所有思想和理论。这显然是以偏概全。我们不可能从几部经典的文集中透彻地把握马克思主义哲学的整体，而只能对之进行割裂。二是以"史"解马。以"史"解马的目的最终落脚于马克思文献学或马克思学，对马克思主义哲学文本的版本源流及刊布状况进行梳理性的研究，自然是理所当然的，但是惜乎又形成了一种原教旨主义的情结，使马克思主义哲学的真义死在了古人的句下。三是以"苏"解马。以"苏"解马，或者"非俄是马"，以苏联教科书和"斯大林范式"来解读马克思主义哲学，长时段地执行一边倒的亲苏路线的结果是，使我们自己越来越"左"，越来越脱离中国实际。四是以"西"解马。以"西"解马，就是用西方的某一个框架（如分析哲学）来解读马克思主义哲学，使之严重打上了西方的印记。毋庸置疑，现代西方哲学已成为世界性的强势话语（文化中心主义），它使得任何非西方的哲学只有拉上它的解读平台才能谋求发展，换言之，只有借助西方现代哲学的理性框架，才能更新本民族哲学传统，促使民族思想自我的觉醒，否则本民族哲学就丧失了合法性根基，就会被淘汰出局。但，我们不能因为吃了牛肉而使自己也变成牛，我们不能丢掉自己的问题域而一味跟在西方人的后面跑。五是以"后"解马。以"后"解马，就是以各种各样的后现代主义来解读马克思主义哲学。后现代主义精神元素对马克思主义哲学的强行增补，不仅没有实现对马克思主义核心价值体系的积极肯认和切当确证，反而造成了它的精神低迷和意义放纵；靠引入后学思想不仅没有实现学科意识的觉醒，反而被后现代精神迷雾俘虏并被它引入自我异化之险境。后现代主义对马克思主义在表面上的热情拥抱，其实恰恰是其消解马克思主义策略的一种巧妙运用。六是以"马"解马。以"马"解马，也包括以"恩"解马。是指运用马克思、恩格斯、列宁、斯大林、毛泽东等思想，运用马克思的经典著作来解读马克思主义，仅仅靠组合一些权威引文来诠释马克思主义哲学的当代意义，实际上则凸显了一种本本主义情结。七是以"中"解马。以"中"解马就是推进马克思主义哲学中国化，这是笔者历来所提倡的，是带着中国的问题和现状来解读马克思主义哲学，使之在形式抑或内容上都带上我们当代的特性。

在当代马克思主义哲学研究中，几乎所有的哲学问题都是众说纷纭，莫衷一是，越是争论就越说不清楚，不但争论不出来一个稳定的结果，而且会使问题变得越来越多、越来越繁杂。一些人认为哲学的多元化是其常态，任何一种哲学都不可能集其大成，都不可能把众多的哲学派别整齐划一。因此，哲学研究的多元取向是哲学的本性使然，是理所当然的，是当代哲学与理性发展的正常结果，是其走向成熟的基本标志，而且将成为未来哲学研究和发展的一个持久的特征；另一些人则认为哲学的多元化是由于在全球化过程中各种异质思想和文明的强烈的碰撞、裂变和否定性的解读造成的；也有一些人认为当代哲学的多元取向并非由于时代的断裂或者脱节而造成的，也非由于多元思想和文明撞击的结果，更非由于哲学问题被任意地操作的缘故，而是由于实现的多元价值取向所造成的。我们应该看到，随着马克思主义哲学中国化问题的深入研究，由于种种原因，一度出现了相对性和多元化的复杂局面。这些原因主要是：由于当代学人大多缺乏文本基础，对"根"上的东西遗忘得太久，只习惯于断章取义或者抓住只言片语进行过度诠释，因而使统一的马克思主义哲学处于破缺状态；由于缺乏内在融通的学术机制和公共平台，使得诸多同人各执己见，一意孤行，彼此不可通约，难达共识；由于理论支点互异，评价标准不一，把当代马克思主义哲学的真义，弄得面目全非，导致了理论与实践的"差序格局"；由于不少学者社会责任淡化，担当意识低迷，因而对一些重大的时代课题，仅凭自己的管窥之见，任意解读、莫衷一是，使统一的理论基础被日益摧毁；统一立场的缺席、外在的科研压力、内在的思想焦虑，导致了马克思主义哲学研究视域中的话语无序和内在危机；研究者旨趣的相互疏离，加之多元思想和文明的强烈撞击，使马克思主义哲学中国化问题的研究面临丧失统一性基础和自我边缘化的危险等等。

一般来说，采用不同的研究方式和路径就可能会产生出不同的结果，而对于马克思主义哲学的研究显然不能够长期地陷入或者滞留在一个固定的框架之中。我们可以看出上述六种模式（"以中解马"除外）虽然在历史上曾经产生过非凡的影响，但是由于长期的自设樊篱、故步自封，长期滞留于一个打不开的框架之内，硬化了学科边界，致使学科僵化和教条化，这将会导致以下几种结果：一是抽象性。教条化的义理结构、假大空的宣讲模式，这与活生生的马克思主义的革命性批判精神形成了非常强烈的反差，即"经典形态"与"当代形态"的矛盾。只抽象性地解析出一些哲学理念，就会严重地摧残其原始的思想价值和思维力度，使其整体性和有机性的哲学链条拆得七零八碎，只会得到空洞无力的、平淡无奇的哲学语言。二是教条性。导致了运用充满霸权意味和具有准政治特色的原理体系来反注经典的奇特现象，导致让火热的现实生活屈就于冰冷的、僵化的逻辑，使理论和实际生活严重地脱节。在精神指向上越来越远离自己的时代、人民和生活，而自己的时代、人民和生活可能对其做出应激性的排斥和远化处理，即对其敬而远之。三是无我性。导致在其头顶堆积起各种各样的非法性建筑，使之面临丢掉自己、魂不附体、丧失本性的危险，导致其话语的无序，语义的低迷，存在的合法化危机。总之，在笔者看来，无论"以马解马"、"以苏解马"、"以书解马"或是"以史解马"、"以后解马"、"以西解马"等，都只是单一的解读模式，不仅会导致它的泛意识形态化和自我边缘化，而且还会使之面临丧失独特规定性的危险。唯有坚持马克思主义中国化的时代立场与主导方向，将其原有的先锋理念注入中华民族精神和当代文化的精髓中，才能在"构建和谐社会"这一新生活的光辉照耀下，重新唤醒当代学人的学术良知和对时代主题的政治敏锐性及参与热情，为重塑中华民族的"思想自我"进行积极的精神营造。

在当代中国，马克思主义哲学之所以能够成为永远的光荣，发挥它的指导功能，关键在于它坚守着中国化的发展方向和时代立场，它满足了为我们的现代化事业飞速发展提供智力支持这一最大的政治需要。中国化不仅是其研究的特殊的时代立场和政治出口，而且也是其发挥重大政治效应和文化功能的根本路径。在我们看来，只有捍卫马克思主义的中国方向和时代立场，才能在与时俱进中保持政治上的清醒和坚定，实现理性的成熟和自觉，从而从不合时宜的旧观念、旧做法中解放出来，才能在强化意识的同时，不断地提升我们对民族精神的感召力、创造力、凝聚力。使它的本真精神作为普遍性的原则和方法全面贯彻于中华民族"精神自我"的重构过程之中，从而成为民族精神之精华和时代文明之灵魂。真正体现时代之重、把握文化律动、保持民族特点。是否捍卫及如何捍卫马克思主义

"中国化"的时代立场和发展方向，是关系到党和国家事业的兴衰成败的大事。服务于广大人民的阶级本位，决定了马克思主义哲学中国化的时代立场，而马克思主义哲学的实践本质，则决定了其中国化的发展方向。我们只有坚持"中国化"的时代立场和发展方向，把马克思主义哲学中国化与中国化的马克思主义哲学内在地统一于中国特色社会主义现代化建设实践之中，才能推动哲学建设事业的进一步繁荣。

我们目前研究马克思主义哲学的根本任务是如何在当代民族思想的自我重建中巩固马克思主义的指导地位。前面所述的几种研究模式"以马解马"、"以苏解马"、"以西解马"或是"以书解马"、"以后解马"等将我们的研究视野局限于马克思、恩格斯当年的历史语境之中，而对当代的重大课题置若罔闻，以至于只顾恋旧而忘记了活生生的现在。当代马克思主义哲学研究必须摆脱对学院式、学究式研究的过分的路径依赖，而应该开展对当代亟须解决的时代课题的切身性诉求。如果当代的学人只是一味地躲进象牙塔中，唯恐时代之火灼伤自己的手指，沉醉于编织纯概念性的思辨之网，沉陷于具体的个人领地——高楼深院、书斋讲坛，就会远离自己的时代，陷入片面从而走向虚无，就会从生活中淡出并最终彻底地消解哲学自身。我们今天应该带上时代思想的疑难和民族的期待走进和回到马克思。回到马克思，指弄清马克思经典文本究竟表达了什么，并不是在追问马克思当年实际上说了什么、做了什么，根本旨趣在于探究马克思所说、所做的一切在我们今天民族精神的创建中究竟引发了何种作用。只有当代的现实矛盾和理论困境才将我们的目光引向真正的马克思及其文本。马克思当年的精神资源可以用船来装、用车来载，如果不进入当代中国的话语实践和精神空间，那就只能被无情地悬置，就不能"越来越多地亲近当代中国人"。马克思主义哲学应作为活生生的中华民族精神和当代文明的活话语而存在，这就要求它不断实现自我革命，它的本真精神不是自足地存在于抽象性的教条里、书本上，而是存在于社会变革的滚滚洪流中，哲学只有及时地关注时代课题，保持与实践的内在相关性，才能在变革社会的实践中并作为它的内在组成部分一道得以改造。我们知道马克思主义的发展是一种内在的超越，它的不可超越性与可超越性是辩证统一的。不可超越性是指它不可能被一种非马克思主义或者反马克思理论所超越；可超越性是指它本身的自我完善和自我发展。这种辩证性正是马克思主义哲学的批判性、实践性本身的内在要求。因此，要用发展着的马克思主义指导新的实践，并随着实践的发展开拓创新、与时俱进，这正是维护其辩证本性、实现其内在价值的合理要求。

马克思主义哲学的科学价值只有存在于当代中国特色社会主义实践的运用之中，才能获得中国的民族性的当代表述，它的本真精神才能被重新唤醒，并使之作为普遍性的原则和方法全面贯彻于中华民族"精神自我"的重构过程之中，从而及时地对当代主题发言，这样才能作为当代文明的活的灵魂而存在。这就要求它不断实现自我革命，力图使自己在每一表现形式中都必须带着为中国老百姓所喜闻乐见的民族形式，从而在自己深度中国化的进程中不断获得内在超越（自我完善与自我发展），按当代民族精神发展规律的内在要求不断地丰富自己，在任何一次精神创建中都要产生与时俱进的创新成果，使之开阔新视野、发展新观念、进入新境界。而重建我们的精神自我，离不开马克思主义哲学的中国化，而是在中国化的过程中完成的。这是因为思想自我的创建是对马克思主义哲学当代价值的进一步彰显，旨在深化其在中国的各种认同（如政治认同、民族认同、实践认同等）。从而能够使中国化的马克思主义的各种理论成果成为我们的民族精神支柱，并以它来消解被各种教条化的、主观化的理解，将其全部的科学思想贯彻落实于当代实践之中，融聚在民族精神的凝聚力之中，使之成为中国人民的坚强的整体信念和民族信仰，成为具有强大吸引力和感召力的民族之魂。只有使马克思主义哲学的本真精神与中华民族的时代精神实现内在统一，才能实现马克思主义哲学本性的全面复归，既保持它对时代课题的理论敏感性和实践参与热情，又全面提升中国化了的马克思主义哲学在民族精神创建中的主导地位，拓展马克思主义哲学研究的中国方向和民族视野。

关于马克思主义如何成为新时代民族精神之精华的问题，其实也就是马克思主义如何获得民族性切当表述并建构当代中华民族"思想自我"的问题，这是"马克思主义当代性问题"深入研究中所引发的一个核心命题。目前论争的焦点主要有：有人认为，当代马克思主义研究应以当代实践和民族视界为尺度，重新反思马克思主义的历史语境，并通过"回到"、"走进"马克思的文本学解读模式，以展现它的本真意义和当代价值及其民族性出场路径。有人认为，马克思主义研究的当代视野，必须解答它在当代遇到的各种挑战，高度关注并反思当代各种挑战所引发的深层次的矛盾和问题，通过积极主动地参与以引领多元思想撞击以激活和弘扬它的本真精神。还有人主张，马克思主义要成为中华民族的时代精神，就必须实现"中西马"这三大思想资源之间的融合与互动，通过多元化生的途径以提升马克思主义作为中华民族精神和主流意识形态的战略地位。应该说，这三种观点都具有代表性，的确深化了马克思主义当代性这一问题的研究，对彰显马克思主义中国化的当代价值，意义重大而深远。但在笔者看来，无论"以马解马"、"以苏解马"、"以西解马"或是"以中解马"、"以今解马"、"以后解马"等，都只是单一的解读模式，不仅会导致它的泛意识形态化和自我边缘化而且会使之面临丧失独特规定性的危险。唯有坚持马克思主义中国化的时代立场与主导方向、将其原有的先锋理念注入中华民族精神和当代文化的精髓中，才能在"构建和谐社会"这一新生活的光辉照耀下，重新唤醒当代学人的学术良知和对时代主题的政治敏锐性及参与热情、为重塑中华民族的"思想自我"进行积极的精神营造。

第三节　马克思主义哲学中国化的方向选择

时下，在马克思主义研究视域中有一个抢眼的亮点曾一度大放光彩，即学界诸多同人对马克思主义当代性问题所开展的多元维度的考察：不仅从原意、原本的角度进行实证性、考证性的文本学解读，而且从历史流变的宏观大视域出发进行正本清源、博古通今式的历史性诠释；不仅从马恩列斯等经典派的角度进行"以马解马"，而且从超越苏联教科书模式入手进行"非俄是马"；不仅从"西方马克思主义"（包括各种所谓新马克思主义）的语境中探索"以西释马"的可能，而且还将马克思主义强行拉上后现代主义的解读平台进行"以后解马"的尝试；当然，更多的则是从当代中国现实问题入手致力于"以中解马"，即致力于使马克思主义获得深度中国化方面的问题研究。凡此等等，不唯而足。从学理层面上看，应该说，不同的阐释方法与模式对马克思主义的研究往往会得出不同的结果，而对马克思主义经典文献的解读当然也不能机械地固守在某个单一性的原理体系中。以前我们"以苏解马""以书解马"，诚然功效非凡，但若是几十年都强制性地拘泥于一个超稳定的框架中，势必导致抽象性、教条化的义理结构和假大空式的宣讲模式与马克思主义活生生的革命性、批判性之本真精神的强烈反差，导致用充满霸权意味和准政治特色的原理体系来反注原典的奇特现象，甚至不惜用"思想中的现实"任意剪裁"现实中的思想"，让火热的现实生活屈就冷冰冰的僵化逻辑。这样操作马克思主义，就会使之越来越远离自己的时代、人民和生活，而自己的时代、人民和生活从心理深层对之进行"应激性的排斥与远化处理"，从而使马克思主义本真精神与当代中华民族的时代精神互相疏离，自然也就在情理之中了。从目前研究的现状与后果上分析，情况还更严重些。各种"解马"模式对之所进行的机械僵硬的比附或者漫不经心的随意解读，不仅在它头上堆砌了各种各样的非法性建筑，造成了它的泛意识形态化和自我边缘化，严重遮蔽了它的本真精神和当代价值，而且还直接导致了它的相对主义格局的形成，使之面临丧失其独特规定性的危险。在当代马克思主义研究视域中，几乎所有的问题都众说纷纭、莫衷一是，虽有争论却无结论，无结论性成为当代理论研究的最令人瞩目的特点，这直接决定了它的话语的无序、意义的低迷和存在的合法化危机。当马克思主义的"自性"和本性尚且处于被解构、被消解、被异化的危险境地，又何言肩负改变世界、指导生活的使命，更遑论注入当代民族精神中以塑造中华民族的"思想自我"、提升其特有的精神风貌和思想品格了。

在当代中国，马克思主义之所以能成为"永远的光荣"且具有强烈的民族特色和时代价值，关键在于它坚守着自己原有的中国化立场和精神指向，满足了为当代中国现代化事业飞速发展和实现民族复兴而提供精神支撑这一最大的政治需要。"中国化"不仅是马克思主义研究特殊的时代立场和政治出口，而且也是它发挥重大政治效应和文化功能的根本途径。只有捍卫马克思主义研究的中国方向和时代立场，才能在与时俱进中保持政治上的清醒与坚定并达到民族理性的自觉与成熟，从而从相对主义的无序纷争中解放出来，真正体现时代之重、把握文化律动、保持民族特性，在彰显其主流意识形态地位的同时不断提升其对民族精神的感召力、创造力和凝聚力，使它的本真精神作为普遍性的原则和方法全面贯彻于中华民族"精神自我"的重构过程中，从而成为民族精神之精华和时代文明之灵魂。但如何开展这方面的研究呢？近年来，随着中国化问题研究的不断深入，不少学者着手从马克思主义与中国传统文化的逻辑对接点和哲学共同点上探寻二者实现契合的文化根源，试图从哲学的世界观层面和逻辑的方法论层面揭示马克思主义的本真精神与中华民族时代精神的内在一致性。比如，有人主张，辩证唯物主义是实现马克思主义本真精神与中华民族精神深层融合的文化基础。因为，中国文化自古就蕴藏着一个"朴素的辩证唯物主义"精神传统。它既是马克思主义生成与发展的广阔而深厚的历史文化背景和思想资源，又是马克思主义不断取得中国民族形式，并在每一表现中带着必须有的中国特性、中国作风、中国气派的文化根基，更是与作为马克思主义精髓的科学的辩证唯物主义，实现互渗互动、内在融通，从而不断构造全面体现中华民族时代精神新形态的思想桥梁。正是以之作为中介，才实现了马克思主义的本真精神与中华民族精神的内在统一，一方面，马克思主义原典的精深义理经过中国革命和建设实践的成功改造而"化"在了中国；另一方面，中国传统文化也经过马克思主义的改造而跃迁到了现代形态，这样马克思主义的中国化与中国传统文化的现代化就在当代民族精神中达到了内在一致。但是，另一种观点却认为，是唯物史观而非别的什么，才是理解马克思主义之所以能够中国化并不断实现理论创新的关键。因为，唯物史观是马恩时期原生态的理性成果，而唯物论与辩证法则在马克思主义创立之前早已风行于世，如若寻找马克思主义中国化的文化根源，人们更容易找到古希腊的哲学精神，怎么会跋山涉水、费尽周折地到中国古代探寻文化之根呢？而且，从实质上看，唯物史观不仅是马克思主义世界观的核心，更是它中国化的最大成果，是中国化的马克思主义新形态不断得以构建并实现与中华民族精神内在统一的理性基础。其实，现在看来，这种论争不过是先前关于马克思主义体系之争在中国化问题上的简单移植，不仅无助于问题的进一步解决，反而增加了许多不确定性的变数和复杂性的语义。马克思主义中国化的动态历史真相已再三表明，辩证唯物主义与历史唯物主义是由"一整块钢铸成"的统一的科学体系，它在民族精神的活化、蒸馏与升华是一道得以完成的。如果说将之分离并各执一端尚属门户之见的话，那么强词夺理、滥造体系，则无疑就是恶意炒作。

那么，马克思主义中国化如何在文化层面获得民族性的当代表述呢？有人依据斯宾格勒的文化形态演变学说认为，凡文化都有彼此独立、相互隔绝并且受内在生命周期限制的超稳定结构（"文化范式"），这种特殊的文化范式造就了文化的独特的个性、独特的发展形式、独特的发展规律和独特的精神力量，于外则成就了它的独特的话语系统和表达方式，于内则成就了它独特的精神品质和内在灵魂。文化范式及其精神特质的不可改变性直接决定了文化系统的封闭性和保守性，因而任何文化间的交流和融通都是不可能的。每一种本土文化都先天地被它的文化范式和精神特质所钳制，都只能从自己固有的框架和模式去解读外来文化，尽管可以将异质文化因子所催生的外在形式暂时移植到本土文化上，但无论如何都无法将其独特的精神内核一并予以接纳；虽然外在形式（外源因子）的强行移入也可以多少唤起一些本土文化中固有理念（内源因子）的某些回应，产生些浅表性、随机性的对话与交流，甚至迫于外源因子的强势压力而不得不暂时放弃或改变自己的内源因子及其构成方式，从而产生类似"假晶现象"的东西，然而从骨子里却很难实现实质上的苟同。文化范式规定了各个文化深层的不可通约性，作为文化交流的壁垒，它使各种文化越是在深层越没有公度性，其对流和融通的可能性越小。并推断说，中国传统文化也不例外，它的深层结构中固守着一种文化惰性，使之固执于本土文化特质的特殊申认，过分强调对外来文化的抗拒和排斥，它只可接受外来文化的浅表信念，一触及世界观和方法论等深层领域，则极易采取自然思维，伴随原有的文化范式顺向滑行。其特殊的文化壁垒，使之严重沉陷在了封建主义的文化氛围中，死在了特定的历史情境中，怎么可能升华与活化出既体现马克思主义基本精神又体现中国时代文明的新形态呢？所以从文化演化的内在机制与发展规律上看，有人认为"中国化"只能是一厢情愿，只能得出马克思主义在中国"化不出"的结论。其实，在笔者看来，这种观点是极其肤浅与片面的。因为它只强调了文化的个体意义，将文化系统视作一个自我封闭的"单子"，文化硬核使自己僵死在了特定的"历史上下文"中，在随后的发展中变得气度十分有限，对一切外来文化皆保持着有距离的肯认和接纳。这种文化不可通约性的观点，不仅学理根据不足，而且也不符合文化交流的历史事实。从学理上看，文化交流与对流是整体推进、立体互动的，其表层和深层是交织在一起，共生共存、协调发展的，而且越是在深层越具有内在一致性，越易找到足够多的共点实现内在的契合。其共度性越大，对流与互补的可能性就越大。从历史事实上看，自马克思主义在中国得以广泛传播普及以来，它早已与中国传统文化融合为一，并不断产生出真切体现马克思主义本真精神的民族表现形式。这些民族化的表现形式都是在核心层面会通古今中外的一切文化资源，并成功实现互渗互动、内在交融后所产生的一种极具当代价值的文化新视域，表明它是一种代表中国先进文化前进方向的公共思想平台，是在多元互补、公共商谈基础上所形成的深度对话和重叠共识。在文化交流史上，文化自身的封闭性、保守性无论多么强烈，都不会成为"单子状"的文化壁垒，在与外来文化的对撞中，不可避免地会发生对流、互补、融聚与合流，文化交流和思想撞击所产生的多元化生，往往会产生很高的文化价值和实践效应，时常会为一种文化形态注入新的精神能源和文化活力，甚者会导致文化形态的不断刷新、与时俱进。中国传统文化的现代化与马克思主义的逐步中国化，就是最恰当的例证。

能否通过"回到马克思"来实现马克思主义本真精神与中华民族精神的内在统一，中华民族"思想自我"的重塑是否意味着原教旨意义上马克思主义的再度彰显？笔者在教研活动中曾多次指认，马克思主义文本学研究十分重要，但它不是唯一的研究，更非最重要的研究。马克思主义本真精神既在自身之内（自在性、本己性）又在自身之外（时代性、民族性），是二者的高度一致，但就其辩证本性和发展趋势看，它始终是时代精神和民族文化的集中表现；它决不是外在于我们民族精神上的某种东西，而是内在地生成、实现并发展于我们民族文化、民族精神实践之中的"汉化物"；它决不会轻易地死在特定的文化情境中，也决不是已经过了时的计划，相反，它恰恰是活跃在当代民族精神创建中的中华文明的活的灵魂。如何在当代民族精神的营建中重新确立马克思主义的主导地位，是当代开展马克思主义研究最根本的任务。如果我们一味强调要"回到马克思"，并将自己限制在马克思当年所开拓的历史语境中，限制在马克思思想的时空框架内，而对当代切身性的时代课题置若罔闻，那我们就会只顾恋旧而遗忘了活生生的现在。"回到马克思"，弄清马克思经典文本究竟表达了什么，并不是在追问马克思当年实际上说了什么、做了什么，根本旨趣在于探究马克思所说、所做的一切在我们今天民族精神的创建中究竟引发了何种作用。我们应带着当代的思想疑难和民族期望而"走近"或"走进"马克思，只有当代的现实矛盾和理论困境才将我们的目光引向真正的马克思。换言之，马克思当年的历史叙事、文化资源如果不进入当代中国的话语实践，不进入当代中华民族精神的话语空间，就只能被无情地悬置。马克思主义的理论价值只有在当代中国构建社会主义和谐社会这一新生活的光辉照耀下，才能获得中华性的当代表述，它的本真精神才能重新被唤醒并及时地对时代主题发言。马克思主义应作为活生生的中华民族精神和当代文明的活话语而存在，这就要求它不断实现自我革命，力图使自己在每一表现形式中都必须带着为中国人民大众所喜闻乐见的民族形式，从而在自己深度中国化的进程中不断获得内在超越（自我完善与自我发展），按当代民族精神发展规律的内在要求不断地丰富自己，在任何一次精神创建中都要产生与时俱进的创新成果，使之开阔新视野、发展新理念、进入新境界。相反，如果将民族文化、民族精神强行纳入到传统马克思主义的先验解读框架或者强行置于原典形态的"鸽子笼"中，除了能满足学者们索隐式的准文学爱好外，还能有什么创获呢？所以我们应带着当代的思想诉求去辩证地、历史地对待马克思主义的精神资源，使那些通过马克思并借助于它来到我们面前的东西，重新以变换了的姿态复活在中华民族的时代精神中，活在当代中国人的生存实践中，再次激发与活化它特有的文化再造力，使之成为当代中国主导性的精神文明和生机勃勃的新文化精神。

在全球化语境下，尤其是在全球化浪潮所引发的思想多元撞击的精神氛围中，如何复归马克思主义的理论本性又同时创建属于中华民族自己的信念价值体系呢？随着全球化的加速发展，我们越来越感到如果离开马克思，就不能准确地理解自己的时代精神和民族风格，我们已先在性地处于马克思主义的话语空间中，再也不可能有马克思那样的"纯粹性"思考了。但我们也同样感到，马克思主义与当代和谐社会的新生活似乎存在着越来越明显的时空间距，在马克思已经做出的结论和推动人类最终解放的马克思主义之间存在着一个裂隙。马克思身后的实践事实已变得无法辨认，虽然能够在许多方面确证它的科学性，但仍然有大量的信息还是超出了马克思的估计和设想，新的矛盾和问题的不断涌现，自然构成了对它的固有思想观念和方法的严峻挑战，这迫使我们必须从长期的教条主义理解中解放出来，从根深蒂固且习以为常的旧文化范式中解放出来。在当代，如何既根植于马克思主义的本真精神又使之获得民族性的当代表述，如何既创建属于中华民族自己的主导文明又赋予它马克思主义的内在魂灵，如何既彰显和谐社会建设的当代意识又不被传统文化的负面影响蒙上眼罩，这的确是一些进退维谷的理论悖论，也是学术中人普遍感到的高难度的时代课题。刚刚辞世不久的高清海先生，在其可算是遗嘱的最后一篇力作中，主张要"创建中华民族自己的哲学理论"，可以说是从哲学层面展开的对这些问题探讨的标志性符号。在他看来，就本源意义而言，哲学代表的是一种人所特有的对自身生存根基和生命意义的永不停息的反思与探索，其理论旨趣在于不断地提升人的自我意识和生存自觉的根本使命。因而哲学有强烈的个性和民族性，是情理之中的事，作为民族之魂，哲学标志着一个民族对它自身的自我意识所达到的广度与深度，体现着它的心智发育和理性成熟的水准。从这个意义上说，创建当代中国自己的哲学新形态实质上就是要创造中华民族的"思想自我"，这乃是中国人反思自己的生命历程、理解自己的生存境遇、找寻自己未来发展道路的内在要求和迫切需要。当然，创造中华民族自己的"思想自我"并不能远离马克思主义的中国化，相反，而是内在于这一过程中并与之一道完成的。因为，创建属于我们本民族的"思想自我"并不意味着要回到国粹主义的老路上去，不可能使当代的一切理论全都"汉学化"，更不意味着要以理性的民族主义拒斥马克思主义。恰恰相反，中华民族"思想自我"的创建实质上是对马克思主义当代价值的进一步彰显，旨在深化马克思主义在当代中国的实践认同、民族认同、文化认同，使中国化的马克思主义成为中华民族精神的主导因素和精神支柱，并以之去破除以往我们对马克思主义的各种教条化、主观化的理解。换言之，今天我们特别强调召唤中华民族思想自觉的重要性，其根本用意在于使马克思主义本真精神能获得更科学、更切当、更完善的民族性表述，把马克思主义的科学思想全面落实在和谐社会的建设实践中，熔铸在民族精神的创造力和凝聚力之中，让中国化的马克思主义成为中国广大人民坚强的集体信念和民族信仰，成为具有强大吸引力和感召力的民族之魂。

第四节　马克思主义哲学中国化的文化转向

当代中国社会的文化转型与马克思主义中国化的价值选择，二者可谓相互为用、相得益彰，文化转型促成了马克思主义中国化及其深入发展，而中国化的价值选择反过来也加快了文化转型的格局构造与品位养成。马克思主义中国化是中国迈向现代社会与现代性构建历程中极具标志性的文化事件，它正式开启了中国文化在多元异质思潮相互撞击中艰难抉择与现代拓展的序幕，从民族理性的最深处孕育了以移植西方现代性理念为契机、以重建中华民族思想自我为核心内容的文化转型的积极探索。这一探索在随后的发展中超越了原来单纯的政治维度或者革命指向，不断开展出致力于实现中国思想、中国文化、中国学术走向现代转型的文化维度或者建设指向，并努力从大文化观的角度对马克思主义中国化之文化底蕴问题进行视域反省与文化批评，这无论对于当代中国人文精神的发轫、培育与成长，抑或对于马克思主义中国化如何获得宽泛性的文化氛围，都具有重要的范导和牵引作用，不愧是当代中国社会各种现代性建设方案的思想渊源与文化原动力。在马克思主义中国化的发轫阶段，中国各种现代性思想文化的生成与培育，显然主要是从外源文化因子中简单移植而来的，初期是由一些极具思想启蒙意义的一代文宗，有意识地予以引介、宣传、普及和推广，随后很快获得了一些集理论家和革命家于一身的思想领袖们的引申解读与实践阐释，并在中国文化语境中对马克思主义能否及如何化在中国、活在中国的价值定位和文化选择问题进行了深入探讨，对西方各种现代性思想蓝图与建设方案进行了中国式的评析，这些举措自然引发了中国文化的一场革命性变革，实现了某种程度上的文化转型和价值定位。毋庸置疑，中国当代社会的文化转型既与马克思主义在中国的引介与移植内在相关，也与中国的思想先驱们对西方现代性理念的中国式解读密不可分，既有传播、普及中的简单移植，也有基于中国文化传统对它的当代解读，更有基于马克思主义思想平台对中国传统文化的创造性转换，当时中国的文化转型就是在这几个方面所进行的价值选择而开创性努力的共同结果。

可见，在当代中国文化转型语境下，马克思主义中国化的文化选择与价值定位这一命题本身具有多种意义，而我们长期对之理解得比较狭隘。在文化论争史上，有的因强调外源因子的重要性而主张"全盘西化"、"充分西化"或者"根本西化"①，认为中国传统文化已经从整体上不适合现代化发展的需要，早已堕落为闭关时代苟延残喘的旧文化，只有实现全盘、充分或根本的西方化、西洋化才是冲破传统文化的思想网罗而获得未来发展的唯一出路。与之相应，在对待马克思主义的态度上，西化派认为马克思主义是"放之四海而皆准、诉诸百代而不夭"的永恒真理、制胜法宝，只要严格固守它的所有思想、特性与方法，一切应遵循马克思主义的原教旨意义去行事而不能有任何的背离，任何根据实践的需要对之所作的变通与发挥都是对它的亵渎和不恭，都会在它的头上堆砌起各种非法性建筑，都会使之丧失自我规定性，并在各种各样的思想演绎与文化解说中使之成为不伦不类的东西。为了捍卫马克思主义的纯洁性，必须运用它的批判性方法与革命性武器去荡涤一切，摆脱中国传统文化和其他外来文化对它的羁绊，克服中国社会发展的现实需要对它的污染，在现代化发展的任

① 郭建宁、张文儒：《中国现代哲学》，北京大学出版社 2001 年版，第 13 页。

何一步都要高高树起原教旨主义的旗帜，任何微小的变化都会改变马克思主义的自性，并最终会在变形扭曲中走向异化、他者化。西化派认为，现代化就是西方的现代化，马克思主义就是纯纯正正的马克思思想，所谓马克思主义中国化压根就是一个非法性命题，是一个悖论，马克思主义与中国传统文化是两个根本不相关的文化系统，没有任何公共性可言，怎么能够实现融通并"化"中国，因而只能得出马克思主义中国化不可能的结论，即使能中国化也"化"不出什么积极的成果来。总之，马克思主义中国化违背文化发展的根本规律，只有破除对它的任何中国式的解读才能获得现代性的意蕴，否则将会与现代性越来越远，使之成为半封建、准政治性的杂拌。

当然，也有的因片面强调内源因子的重要性而主张文化保守主义，极力维护中国传统文化的原有价值，力主捍卫传统文化固有的思想精髓，并在此基础上主张对东西文化进行调和与折中。认为，西方文化中的现代性理念，如民主、自由、平等、人权等等都是些"求诸外而不求诸内"的雕虫小技，实实在在不切合中国的实际，如果任西方科学理性张扬，会使中国人文理性低迷，正所谓："功利倡而廉耻丧，科学尊而礼义亡"；如果在文化发展上主张全盘西化，必然导致人心不古、世风日下，道德沦丧、思想堕落，最终造成中华民族传统文化及其核心价值体系的彻底灭绝，导致中国人精神家园的荒芜和文化认同的严重危机。相应地，在对待马克思主义的态度上，文化保守主义强烈反对马克思主义入住中华大地，拒绝它的传播普及、民族认同和实践操作。认为马克思主义作为漂泊而来的异民族文化，在中国不可能实现中国化，它缺乏"化"在中国的最起码的理性根基和文化土壤，因为马克思主义作为西方理性是"循理而顺事"，它的作用在于"格物致知"、"即物穷理"，是一种纯粹的认识工具和生活手段，这种理性只能用于外而不能用于内、只能用于物而不能用于人；而中国理性则不然，它表现为一种特殊的人生智慧，强调"临财毋苟得，临难毋苟免"的伦理担当意识和道德感情力量，在一个以伦理为本位的中国传统社会中，中国文化非常重视情谊情理，而反对事物理则。总之，中国文化的人文价值理性与马克思主义的西方科技工具理性，相去甚远、格格不入，是两种血缘关系最不相关、最不相近的文化学脉。若是强行把马克思主义引入中国，并竭力推行它的中国化，这种"拉郎配"的鲁莽行为，要么打断了中国文化道统的脊梁，使之发生文化断层、思想缺位，要么则会造成

"二王并立"的尴尬局面，难以安立中国人的精神家园。只有采取"返本开新、内圣外王"的发展策略，以儒家文化"心性之学"的内在超越去排斥来自西方的马克思主义文化实践的外在超越，整理国故、弘扬国粹，实现儒学的现代复兴以重建中国民族思想自我，以文化保守主义作为唯一路径和根本原则去解决中国社会发展中的现代化困境和民族文化复兴的世纪性难题，才是唯一可行的文化方案。

西化派固守"西方中心主义"立场，强调马克思主义文化的"西源性"，而国故派则捍卫"国粹主义"立场，重视马克思主义的"中源说"，二者都反对中西融通、"体用一如"的主张，坚持中西对立、各行其道、互不干涉、独立生长的看法，显然都只抓住了各自片面性的真理，实际上具有很大的局限性。而融通派正是看到了这一点，强调内外源因子的相互配合，重视对中西文化的批判继承和综合创新，认为中国文化的发展必须坚持民族化、科学化、大众化的方向，不能闭关自守、盲目排外，相反，而要大量吸收西方的进步理念作为自己发展的原料，但是必须经过自己的口腔咀嚼和胃肠运动，将其分解为精华和糟粕，吸收精华、排泄糟粕，绝不能生吞活剥地毫无批判地吸收，从而表明全盘西化的主张是一种极端错误的投降主义文化观；同时也反对国粹主义企图复兴儒学的主张，认为对中国传统文化也必须剔除糟粕吸取精华，综合利用批判继承，绝不能无评判地兼收并蓄，既要尊重历史、珍惜国故，又要区别对待、继往开来，要以开放的胸襟与和平的态度面对传统文化和西方文化及其二者之间的关系，摒弃中西对立、"体用二元"的僵化模式。这种融通，不论采取中体西用抑或西体中用，根本旨趣有二：一方面，凭借中国传统文化中的先进理念及其价值取向对马克思主义中国化做出符合中国文化需求的当代解读，使马克思主义中国化在当代的亮相具备了一种中西融通的独特文化魅力，呈现出既有别于西方中心主义又不同于国粹主义的文化发展路径；另一方面，中国传统文化经过马克思主义先进性文化的成功改造，实现了内在的理性对接，逐步摆脱了各种封建性毒素，在中西融通的当代语境下获得了当代发育，使得马克思主义中国化与中国文化的现代化达到了有机统一，中国文化获得了马克思主义性质的解读，而马克思主义文化也获得了中国式的解读，但在互相移植和互相对流过程中发生着符合中国民族根本利益方向的衍生与转变。这表明，现代性思想在不同的国家、地区，在不同的时代都有不同的实现方式，它在当代中国的建构与生成是与马克思主义中国化的价值选择联系在一起的，是在中西马三家融通与互动的大视域中经过综合创新而实现的，这内在地确定了马克思主义中国化的逻辑起点、历史使命、价值定位与功能选择，也内在地规定了中国传统文化现代化构建与转型的马克思主义立场与方向。①

上述所分析的三种价值选择方案揭示了中国当代文化转型的两面性，即建构性与反思性相伴而生，对中西文化的批判反省与对马克思主义中国化的建构伴随着中国文化现代化全过程。"以中解马"常常站在文化保守主义的立场上，以国粹主义对抗西方中心主义，以中国传统文化的博大精深来凸显西方理性的异常贫乏；"以西解马"常常坚持马克思主义的西源性，反对马克思主义与中国文化传统的并生共存，恰恰相反，主张用马克思主义解构并取代中国文化。前者认为中国文化的现代性不可能从西方移植，只能从中国儒学中转换而来，马克思主义在中国，"化"不出任何积极的成果来；后者主张马克思主义与中国文化水火不容，力主对传统进行解构，回到马克思、走进马克思，从现代的角度对传统进行修正和扬弃，以现代的方式批判传统与以中国化的立场阐释传统统一起来，也就是中国文化现代化与马克思主义中国化统一起来，并只能统一到马克思的原有文本上。综合创新说则表现出马克思主义中国化对传统的一面回眸、一面前瞻的思想品格，在反对保守的同时也主张对传统的革新和改造，在接纳移植现代性的同时也重视对传统的现代性重构，以诠释中国传统文化的方式接纳马克思主义其目的在于为马克思主义中国化探索更为方便快捷的思想通道，激活马克思主义与中国传统文化实现内在对接的文化之根，为马克思主义中国化的顺利发展提供更加适宜的土壤。这种综合创新虽有别于单纯的西化和中兴，然而，也只是理论上说得好听而已，在实践中根本行不通。因为，中西马的实际融通并没有那么简单，无论以传统批判现代、对西方现代理性进行检讨和反省，使马克思主义中国化的价值选择和实际生成过程具有批判西方现代性诟病的反思风格，或是以现代批判传统、以马克思主义荡涤中国传统文化，打倒孔家店，唯马独尊、唯马是从，这二者的根本旨趣要么是以复兴对抗移植、要么是以西化反对中源，骨子里都渗透着守护民族文化家园、抵御外来文化扩张的保守主义理想，认为马克思

---

①　赵剑英、庞元正：《马克思哲学与中国现代性建构》，社会科学文献出版社 2006 年版，第 363 页。

主义中国化会对以儒家传统为主流的中华道统带来冲击，对作为维系民族认同的独有文化遗产与情感纽带带来危险。在对马克思主义中国化诸多批判性视域中，综合创新的批判反思最犀利、最深刻，这表明它与马克思主义发展的未来走向虽然大异其趣，然而却与之内在相关，既是相互区别、相互对立的价值体系，又与之并生共存于一个思想框架中，对立统一于中西马对流的文化大潮中，它们之间存在着复杂的离合、交织关系，正是由于此，才限制并避免了马克思主义中国化价值选择的单面性、相对性，使之成为一种意义复合体和不透明的光，以至于在马克思主义中国化的复杂性语境中产生了各种各样的意义蕴含，使各种非马克思主义和反马克思主义的理论主张也能借助这一公共性的思想平台，道貌岸然地大行其道、混淆视听，这无论对于中国文化传统的现代化或是马克思主义的中国化都是一剂无疗效的药、一种多余的手续。可见，文化融通说（或者综合创新说）如果离开特定的话语实践和社会活动，就是一种很可疑的文化方案。

正是基于一种模棱两可的所谓的融通方案和综合的策略安排，有人对马克思主义中国化的价值选择提出了种种质疑①：（1）我们对马克思主义中国化主体的各种因素的复杂情况和重要作用考虑不够，对马克思主义中国化客体即马克思主义自身的情况也少有分析，对其中的主体客体化和客体主体化的相互关系，更是缺乏深入研究，以至于对马克思主义中国化的价值选择作了简单化、平面化、片面化的处理，曲解了马克思主义中国化的基本内涵与功能指向，误解了马克思主义中国化所引发的文化转型的实质与特性，严重制约了马克思主义中国化事业的健康发展。（2）马克思主义中国化就是马克思主义在中国革命实践中的具体运用并通过这种运用使之具有了中国作风与中国气派，这个说法基本上是不能成立的，因为，马恩有着丰富的思想但从没有对之做过系统性的表述，我们不可能有一个现成的完整的马克思主义等着我们去运用，即使能够运用也必须对之进行价值选择，换言之，被"化"的不是马克思主义的全部而只是被选中的那一小部分；再者说，运用不等于"化"，运用只是用它去解决实际问题，只是为"化"提供了条件，而"化"则是实质性的变化，是彻头彻尾的变化。"化"不是简单移植的物理反应而是实质性改变的化学反应，被中国所"化"的马克思主义只是在精神上保持了它的一些外在特点，实质上与

①　安启念：《马克思主义哲学中国化研究》，中国人民大学出版社 2006 年版，第 2—5 页。

原原本本的马克思思想已然大相径庭，马克思主义已然被中国"化"掉了，怎么还能够产生出什么积极成果来，只能得出马克思主义在中国"化不出"的结论。（3）马恩主要是依据革命实践的需要作为选择自己理论发展方向的，其理论研究中的任何成果都要运用于革命实践中去，不能运用于革命实践中去的理论一开始就被抛弃了。马克思主义的革命性、实践性指向也深刻影响了马克思主义中国化价值选择的实际进程和根本性质，使得任何一次"化"都带有明确的选择性、实用性、时效性，这样被中国所"化"的马克思主义实际上只是我们用得着的革命性的内容，换言之，过去中国化的马克思主义只是革命性的而非建设性的，而今天我们谈论的马克思主义中国化主要面对的是建设性任务，对之以往的革命性的马克思主义又如何能够担当得起价值重构的历史使命呢？（4）中国接受的马克思主义是以俄国为中介的，只是俄国人所理解的马克思主义即列宁主义，中国马克思主义者所使用的理论框架也是苏联的教科书模式，所看到的马克思文本很有限不说，而且都是苏译本，所运用的基本原理不系统、不全面不说，而且都是夸大阶级斗争作用的、张扬主观能动性的、一分为二的、用于颠覆社会的革命性理论，与真正建设性的、整体的马克思主义已有了天渊之别，将它的一些皮毛"化"在中国会有积极成果、会丰富发展马克思主义理论宝库吗？显然不能。在对马克思主义的许多重要经典文本读不到、弄不懂、行不通的情境中，更不可能接受其中的先进性思想，即使勉强能够"化"在中国，谁能保证化出来的一定不是非马克思主义、反马克思主义，在文本缺席、急功近利、本末倒置、价值错位的情境中，又如何建构马克思主义中国化的最新理论形态？

　　对这些质疑，笔者曾在多篇文章中已予以批判分析，阅读此文时可参阅拙作，本不打算赘述，但为了再次揭示其荒谬性，笔者结合当代文化转型与马克思主义中国化价值选择问题，从学理上立意对之进一步深刻指认：在马克思主义中国化中推进当代文化转型最可行的方案，莫过于中国共产党所领导的中国特色社会主义建设事业对马克思主义所实现的实践超越和理论创新了。中国共产党是一个以马克思主义为指导思想的先进性政党，从成立伊始就特别强调将马克思主义基本原理与中国实际相结合，并在马克思主义中国化两个伟大的理论成果引领下，确保了中国社会主义革命和建设不断迈向现代化发展的快车道。在中国的马克思主义者看来，历来没有抽象的马克思主义、只有具体的马克思主义，即只有通过中华民族形式而做出价值选择和主动接纳的民族化的马克思主义；历来也没有只写在书本上的马克思主义，没有只存在于书斋讲坛、高楼深院中的马克思主义，只有积极参与革命建设实践并成为其内在精神变量的活的马克思主义，只有实践中不断发展着的与时俱进的马克思主义。换言之，所谓中国化就是相结合，就是把马克思主义思想、方法和原则灵活地运用到中国具体的革命建设实践中，而不是抽象地谈论它如何具体化，要使之化为中华民族精神之一部分并与这个民族心理之深层血肉相连、水乳交融，而不能离开中国特点来抽象而空洞地高谈阔论马克思主义能否及如何"化"的理论问题。中国共产党按照中国的特点去运用马克思主义，并使之在每一具体表现中都带有中国的特性，具有中国作风和中国气派，这既是一般文化发展规律的内在要求，也是对中国发展经验的高度概括与总结，既是解决中国革命与建设实践具体问题的实际需要，也是马克思主义理论本性的当然要求。从内涵上讲，马克思主义中国化，首先意味着马克思主义的具体化、实践化、实用化，而不能将之教条化、机械化、正典化，必须紧密结合不断变化着的中国实际，将之运用到具体实践环节，化理论理性为实践理性，化一般原则为具体措施，使它的灵魂和精髓活在具体行动中；其次意味着把中国革命建设中的一般性的中国经验提升为马克思主义基本原理层面加以强调，质言之，"使中国革命丰富的实际马克思主义化"①，就是使马克思主义实践化、具体化、中国化，使之"化"在了中国也就是活在了中国，并使二者在实践中达到了内在统一。另外还意味着，把马克思主义植根于中国优秀文化传统中，使之与本民族文化的特点相结合，经过一定的民族化处理才能成为中国人民所喜闻乐见的东西，既不能照搬西方理性更不能复制传统文化，只有将其基本原理与传统文化实现融合，并在革命建设实践中予以提炼与升华，才能使马克思主义在中国文化土壤中繁荣发展，不断赋予马克思主义以鲜明的实践特色、民族特色、时代特色。当然，马克思主义在当代中国的发展根本不能离开世界文明发展的大道而我行我素，它必须与之内在牵手、一同前行，这表明马克思主义中国化价值选择方案中不可避免地蕴含着中国视野与世界视野，只有打通二者并不断走向兼容，才能保证马克思主义文化转型的健康推进。马克思主义中国化在当代的价值选择与功能定位一再表明，马克思主义已然成为中华民族的

---

①　《毛泽东文集》第 2 卷，人民出版社 1993 年版，第 374 页。

思想精髓，成为社会主义核心价值体系的主导思想，中国化的马克思主义理论成果的系统性建构和当代拓展，强有力地批驳了马克思主义"化不出"的种种歪理，从理论上抑或实践上证明了毛泽东思想体系与中国特色社会主义理论体系是马克思主义中国化的两大最新理论成果。在当代中国，坚持马克思主义就必须坚持这两大理论体系，而坚持了这两大理论体系就是真正坚持了马克思主义，它们是坚持与发展马克思主义的当代典范，是中华民族思想自我重建的理性根基与精神支柱。

第二章

马克思主义哲学中国化的科技背景

现代科技的高度发展虽促进了人们对物质富足的过分重视却忽视了对精神生活的内在追求，因其不能为当代人提供何以这样过下去的正当理由，在对人说来性命攸关的地方却不能帮助我们识破生活的真谛和生命的意义。基于现代科技对人的生活过量介入所导致的价值负载现状，后现代主义者力图以解构的方式对科技的理性基础进行全面颠覆，只是宣泄了一种极端的反科学主义情绪，其实于事无补。与之有别，马克思主义哲学科学观认为导致科技价值负载的根源却不在科技自身，而在科技应用的社会机制特别是社会制度是否健全，要克服科技应用的各种负效应必须从根本上变革不合理的社会制度。正是在总结批判现代科技发展新成就的基础上，马克思主义哲学不断实现深度的中国化。

第一节　马克思主义哲学生态观及其中国化

"人类中心论"单纯从人的生命意义、价值与尊严出发，否认或者忽视自然界的生态位次与系统平衡，把人与自然界绝对对立起来，随着主体能力和主体性的不断自我膨胀，人类对自然界的肆意征服和无穷算计势必把人类逼入"自我中心困境"；基于反思这一困境而建立的"反人类中心论"，在现实生活中同样存在着诸多无法解决的理论困局，不可避免地将人类整体利益虚置并与反人道主义不谋而合，不仅削弱了对生命个体内在价值的尊重，而且最终成为一种生态法西斯主义。而唯有将作为完成了的自然主义与作为完成了的人道主义二者高度融合的"生态中心论"，才真正在人与自然关系问题研究中获得了某种层次上的重大跃迁，使当代人真正占有了自己的全面本质并与自然达到了和谐共生的"天人合一"之境。

人类中心主义生态观的基本内涵。概览学界近年来的讨论，"人类中心主义生态观"这一概念，一般在以下几种意义上被使用：一是，从本体论意义上看即从人与自然关系的角度看，认为人类在本体或者实体这个层次上处于宇宙的中心，宇宙的万事万物都是围绕着人类这个中心而展开的，人类与宇宙万事万物的关系是中心与从属、主宰与被主宰的关系，人是自然界的主人，人是万物之灵；二是，从认识论意义上即从主客体关系的角度看，主张人类的认识总是以人类固有的内在尺度（超过物种尺度以上的人的价值尺度）进行的，总是以人类特有的视角、方式和需要来认识自然客体的，人是严格地受人与自然特有的主客体相互关系制约的，主客体关系中的那种从属被从属、利用被利用关系，自然推广到了人与自然之间，人是绝对的主体，自然是处在被支配地位的客体，客体围绕主体转，物为人而在、因人而显，物为人而生、因人而存；三是，从生物学意义上即从人与动物的关系上，认为人是有灵性的生物，是两足无翼的高等动物，他必然要借助环境来维护自己的生存和发展。在生物逻辑的限制内，老鼠以老鼠为中心，猫以猫为中心，因此人也必然以自己为中心，这是人作为动物的一种固有的类特性和类本能，以人为中心是人类本能所决定的，人也遵循自己生物本性的需求，完全符合自然存在的丛林法则；四是，从价值论意义上即从满足与被满足的价值关系上看，认为人的利益是道德原则的唯一相关因素，人在设计和选择一项道德原则时，只看它能否使人的需要和利益得到最大化的满足和实现，是根本无暇顾及自然万物是如何体验的，因为人的本性是自私的，只有他的利益才能推动他的行为；而且人是唯一的道德代理人，也是唯一的道德主体，只有人才有资格获得道德关怀；人是唯一具有内在价值的、合目的性的存在物，其他存在物都只具有工具价值，自然价值只是人的感情投射的产物，一切都服从人的根本价值所需。总之，人类中心论单纯从人的生命意义、价值与尊严出发，否认或者忽视自然界的生存与价值，把人与自然界绝对对立起来，强调人永远都是自然界的主人，知识就是力量、人的理性能够征服一切，人的主体地位无法撼动，随着主体能力和主体性的不断增强，人类对自然界的征服将永无止境，而自然界则成了人类任意摆布的私有财产或者忠顺的奴仆，这样的设计不能不把人类逼入"自我中心困境"，这显然也是当今引起各种生态危机、自然灾害频繁、生存环境恶化、全球问题加剧的主要原因。人类中心主义在人与自然的关系问题上，一般来说其价值取向具有貌似合理的成分，这一点不可否认；但是，同样不可否认的是，在对实际问题的认识和处理上，人类中心主义不仅于事无补，而且适得其反，关键的问题在于它并没有真正以人类为中心，也没有能够真正代表人类整体的利益，在现实生活中人类的利益恰恰成了一种虚置、旁置或者悬置，而各个民族或国家的特殊利益却得到了优先考虑的绝对中心，这样的特殊性的而非普遍性的人类中心主义，极易陷入认识和实践上的双重误区。

人类中心主义生态观的发展过程。从人学会处理人与自然关系的文明发展历史上看，人类中心主义生态观并不是一种独立完整的理论体系，也不存在人类中心论上的生态学派，它只是一种伴随着人类对自身在宇宙中的地位的思考而产生，并随着人改造自然的活动中不断变化着的生态观念或者生态运动而改变着自己的理论形态。随着人类生存与社会发展状况的巨大跃迁，它也经历了由古代人类中心论及其生态观到近、现代人类中心论及其生态观的历史演变。古代人类中心论及其生态观，是人类最初摆脱因生产力和科技水平低下而受到大自然困扰后逐渐产生的以自我为中心的自然观，又称为自然目的论的人类中心主义生态观。其核心要点是，人天生就是其他存在物的目的，人是目的，其他都是人存在的手段。在西方思想史上，关于人类中心论及其生态观的最早表述可追溯到普罗泰戈拉，他说：人是万物的尺度，是存在者存在的尺度，也是不存在者不存在的尺度。这表明，物能否为人所用，是它能否存在的根据。随后，柏拉图、亚里士多德等人虽然不断丰富发展这一生态思想，但是这种朴素的自然生态观及其人与自然关系问题，一直是处于混沌状态，主客体混一，人与自然混同，人的主体性、能动性和创造性，没有得以凸显，人在自然中的唯我独尊的主体地位并没有真正确立起来。近代人类中心主义生态观是以反对中世纪神学生态观并要把人从神那里解放出来的生态学说。譬如，笛卡儿提出人要借助实践使自己成为自然的统治者，因为动物是只具有躯体、没有心灵、不会说话的低级存在物，只具有物的属性，如广延、体积、重量、形状等，与无生命的客体并无区别，它受人支配与驱使，理所当然。而人这种高级存在物则拥有不朽的灵魂或心灵，上帝将之创造以后，就将灵性赋予了人类，使之自由地征服和掠夺自然以维持人的生存与发展。此后，康德尤其是黑格尔把人类中心论从朴素的生态观念提升为完整的理论形态。他们主张人是目的、是自然界的最高立法者。认为对于理性存在物来说，理性本身就具有内在价值，是一个自在地值得人们追求的目标。对人这种理性存在物来说，利用自然并使之为我而在的目的都是相同的，因而所有时代、所有民族的理性存在物追求的都是一个共同的目标——处于理智世界的人的自我完善与发展。只有人才是理智世界的唯一成员，因而只有人才有资格获得道德关怀和伦理牵挂。动物不是理性存在物，人们对待非理性存在物的任何一种行为都不会直接影响理智世界的变化，因而把他们仅仅当作工具来使用是恰当的。近代自然观上的人类中心论，明确地具有了认识论的支撑，以主客二分为基本原则，主体性力量得到极大捍卫，这种思想一直延续到现代并被推到极端。

在生态观上"人类自我中心困境"的形成。当人类进入到 20 世纪以后，特别是伴随着全球性问题的出现和科技理性的日益发展，人类中心论改变了传统的理论范式，发生了历史性的巨大转向，现代西方著名人类中心论者，明确强调了人类统治主义、人类征服主义、人类沙文主义的正当性，断言造成人类生存困境的根源不在于人类利益本身，而在于人类对自然认识和改造上的不够深入。为了人类的共同利益（当代人和后代人可持续发展的利益）必须加大对自然的利用层次和强度，按照自然规律办事，事实上就是按照人学原则征服自然，向自然索取一切。至此，人类中心论已经演变为一种立足于人的利益需要及其满足来看待人与自然之间关系的人类利益至上的生态观念。人可以为了满足自己的任何需要而毁坏或灭绝任何自然存在物，只要这样做不损害人的利益，对人的需要大可不必作某些限制，理性的人应该满足那些经过审慎的理智思考后能够表达出来的任何欲望或需要；只有人才具有内在价值（是合目的合规律的存在物），自然存在物最多只具有工具价值（没有任何能动性）。换言之，人的价值是内在的，物的价值是外在的，自然存在物的价值不在于它自身而在于它能满足人的利益、能丰富人的精神世界。自然存在物不是道德载体，不具有道德权利，根本不是价值主体，所以人对自然有机体做出的一切行为都是合乎道德的，人类的行为具有无上的优越性，与人的生命联合体的其他成员都只能服从人的需求。所以，人类与自然之间的关系不具有对等性的关系，所谓价值、伦理、道德等等概念都是特别属于人的，对自然谈什么伦理道德和价值利益，简直是天方夜谭，因为与人不发生任何关系的自然、任何不被人利用的生态，对人来说都是毫无意义的。可见，人类中心困境说到底是一种人类至上的人学价值论，是人类为了寻找和确立自己在自然界的优越地位、维护自身利益而提出的理论假设，人类的整体利益和长远利益都是从人这个中心出发的，人是利益的唯一中心和载体，也是评价人与自然关系的根本尺度，人是主体、自然是客体，人处于绝对支配地位，不仅对自然有开发和利用的权利，也有对自然进行索取和征服的权利，人的主体地位意味着人类拥有运用理性的力量和科学技术的手段改造自然和征服自然以实现自己目的和理想能力的巨大力量，意味着人类对自己力量和前途的无比自信。人类理性和欲望的无限膨胀，终于使之跌进了"自我中心困境"，危及到了自己生存家园的被毁灭。

对"人类自我中心困境"的反思与批判。一方面，人类中心论生态观伴随着人类从原始时期的蒙昧、中世纪的神学和近代的理性启蒙走向了现代社会的文明，为人类能够很好地生存于世，提供了足够多的物质财富。然而，当我们一次又一次征服自然，创造了巧夺天工的人间奇迹的时候，人的理性、人的智慧、人的主体性，尤其是人在自然面前的强大征服力量一次次受到了人们的歌颂。而今天，当人类由于践踏自然规律，对自然的肆意妄为而导致了自然界的一次次报复，使得全球性的生态危机威胁了人类进一步的生存和发展的时候，人们也开始了对人类中心困境这种观点的深刻反思。诸多学者都认为，人类中心论正是造成人们今天面临全球问题的深层学理，应该完全抛弃之，人类面临的全球问题完全是人类中心困境造成的，是我们没有彻底实行自然中心主义的后果。对于人类中心论思想应该随着人类历史的发展而被人们抛弃，而对那种在科技理性发展、人道主义思想勃兴、启蒙精神振起的背景下所形成的生态中心论，则应该予以张扬。但是，另一方面，在历史上，人类中心论及其生态观，的的确确是一种伟大的生态思想，它表示人类认识到了人自身的利益与生物圈中其他物种利益之间存在对立，并且坚信我们应该而且有可能靠着人类的智慧来满足人类的需要，实现人类的利益最大化。也正因为如此，人类借助于科学技术来改变自然和利用自然，生产各种丰富的物质资料，以满足自己生存和发展的需要。正是基于对人类利益的理解和满足自身需求的欲望，在人类中心论思想的指导下，发挥了人的巨大创造力，不断地按照人类需要的尺度来改造自然，改变了人在自然界中的自在状态，改变了人从属于自然和完全依附于自然的地位。人从神的奴役中终于解放出来了，但是，惜乎又陷进了对物的奴役之中。应该指出，导致环境危机、全球问题的主要原因，不是由于人们只把人类的利益当作行为的最高准则，而是由于大多数人、大多数民族，特别是那些最先运用科学技术来改造自然的发达国家，并没有把全体人类的利益和后代人的利益当作衡量行为是否合理的根本标准。尽管人类中心主义生态观的确在一定程度上实现了人的解放，抬高了人的主体性地位，但是，不可否认的是，人类中心主义生态观也存在严重的缺陷和错误：第一，它只关心人类的利益及其环境的优越，不顾其他生物的生态环境如何被改变，仍然是一种传统的人学伦理观的无限膨胀；第二，人类中心论只把自然界看成是人类被使用的无穷无尽的资源库，只需研究人类利用的合理与不合理，而不顾及生态是否失衡的问题，显然这是不全面的。因为自然界不仅是人类的资源，而且是一切生命体的资源，同时也是包括人类在内的一切物种的共同家园，所以，把自然仅仅当作对人类有用的资源来看待，在实践中也会遇到能否可持续的困难；第三，人类中心论从人类功利的角度考虑人与自然的伦理关系，有一定的局限性。人从功利的角度考虑人与自然的关系是以局部利益为尺度来衡量全局，仍然会造成人类为自己的暂时的局部的利益而损害长远的整体的利益，当前人类面临的生态危机正是在这种生态观急功近利的驱使下造成的。摒弃人类中心论而确立反人类中心论，早已成为一种强烈的愿望。

反人类中心主义生态观的产生及主要观点。正是在对人类中心论进行批判反思的基础上，才产生了各种反人类中心主义生态观。其代表性的主要观点概括如下：认为应该把生命的意义与价值扩展到人类之外的动物界，建立一种以自然为中心的生态伦理观，以挽救人类所面临的生态危机；动物和人一样能感受痛苦和愉快，因而它具有与人平等的生命权利，我们不能为了人类的利益而牺牲动物的利益；我们不应该靠牺牲动物的利益来使自己获利，而应该把道德的应用范围扩展到动物身上，这是自由、平等、博爱原则的伟大应用和当代发明；人类与动物都是生命的体验主体和价值主体，人类能感受到的快乐和痛苦等感觉，动物也能感同身受。动物不是为人而存在的，它也具有自身的天赋价值，具有动物的天然权利，应当把自由、平等、博爱的伟大原则推广应用到动物界，主张无论是人、动物还是植物，凡是有生命的存在物都应当得到道德上的同等尊重；应建立一种敬畏生命的大地伦理学，其伦理学的基本原则是敬畏生命、爱护生灵，生命没有等级之分，一切生命都是神圣不可侵犯的。而传统的伦理学只涉及人和人的行为，认为对动物的生命之爱在一定程度上只是附带物，显然这是不完整的、有界限的伦理学，必然会被抛弃并为新的大地伦理学所取代。不要伤害所有的有机体，不要限制有机体的自然生长，顺其自然，不要辜负野生动物对我们的信任，那些违背了上述规则的人应该对被伤害的生物做出补偿。生态中心论强调的是生态系统的整体性，认为物种和生态系统具有道德性、伦理性，人从事的任何一种活动都要考虑到整个生态系统的平衡问题；泛伦理、泛道德成为反人类中心主义生态观最有代表性的观点，构建什么生态社会主义、生态人类主义的深层生态体系则是反人类中心主义的未来目标；强调人类应该移情于生态体系，凡是有助于整个生态共同体的完整性、稳定性和美好性的行为，都是正当的，反之就是不正当的，这就是赫赫有名的所谓当代生态学的"利奥破特原则"。

反人类中心论生态观的根本志趣。反人类中心论生态观如同人类中心主义生态观一样，也主张科学技术的合理进步，强调人应该拥有支配、控制自然的主体性能力，但是，可贵的是，认为人的这种能力的获得不是让人随心所欲地征服自然，而是使人从自然界的征服地位上升到调节地位，人对自然生态系统具有首先责任和保护义务。事实上，人类的理性常常滞后于科技变革的实际过程，不能及时认识到自己应负的责任与义务。在缺乏对自然系统深刻理解的情况下，人类无法避免与自然界的激烈冲突，因此，反人类中心主义生态观提出移情效应是有道理的。人与自然是同一的，对自然的理解应当包括对人自身的认识。这样，控制自然的观念便具有双重内涵，即对外部自然的控制和对内在自我欲望的控制。早期人类控制自然的能力很弱，人也很少具有自我调节功能，因而控制自然主要表现为对外部自然的征服上，这样，随着支配自然能力的迅速增强，人类对自然的破坏力也相应扩大，从而陷入人类中心困境。为避免这种情况，认为控制自然也应当包括对人类干预自然造成的负面效应的控制，只有对人自身能力发展方向和行为后果进行合理的综合调控，约束人类自身的行为活动方式，才能保证对人的创造力的强化和对自然的破坏力的弱化，把人与自然关系中的负面效应降到最低限度，真正实现共存共荣、并育并化、美美与共、和谐共生，建立一种人与自然的新型关系即生态观上的人与自然协调发展关系。这种新型关系强调：应把地球看作是人类赖以生存的共同家园，它以人与自然的协同进化为出发点和归宿，主张适度利用自然，反对过度掠夺自然，尊重和爱护自然，反对对自然的占有和征服，在肯定人类对自然的权力和利益的同时要求人类对自然承担相应的责任和义务；强调应把人与自然看成高度相关的统一整体，强调人与自然相互作用的整体性与系统性，人对自然更为深刻的理解方式就是按照整体性原则去思考，自然界是由物质循环、能量流动、信息交换多样性构成的巨大有机系统，每一物种都占据着特定的生态位次，都离不开与其他物种的有机联系和对环境的充分依赖。当代生态危机，某种程度上看，就是人类从生态系统中取走过多的东西，而向生态系统输入超出系统净化能力的废物，从而引起生态系统熵增，使之快速退化的结果，也是人类尚未充分认识和能动把握生态规律情况下，受生态系统必然王国影响的集中表现。随着生态运动的纵深发展以及生态中心论的逐步确立，人与自然关系的研究范式正在发生转变，生态中心论将日益成为显学。

反人类中心论及其生态观的当代意义。的确，从人类中心论到反人类中心论生态观的演变，是人类思想史上的一次重大飞跃，伴随着这场生态观念的变革，人类把道德关怀和伦理担当的对象从人类扩展到所有自然物，重新定位了人与自然的和谐关系，努力超越狭隘的人类自我中心困境，极力扭转破坏自然的人类至上倾向，重铸了一种新的"和实生物"的生态观念，可以说这是一次巨大的思维跨越。这一"跨越"使我们认识到人类中心主义生态观并不能解决环境伦理的所有问题，诸如，如何实现人类生态观念的积极扬弃，如何按照可持续发展观的指导搞好生态伦理、环境伦理的重建，等等，这些问题实际上都是在对人类中心主义生态观内部进行的深度反思。反人类中心论及其生态观的旨趣在于把道德义务和生命伦理的范围扩展到人之外的一切自然物，人类和其他非生命物体在各自的生态链中都发挥着维系生态系统平衡的作用，都确保着整个生态系统和谐稳定健康有序地发展，其事实上就是对天人合一这种最高境界的自觉践行。反人类中心论及其生态观积极扬弃了人类中心论及其生态观的原有痼疾，并对之进行了自觉的理论反思，对生态中心论的主张某种程度上予以肯认。对于原来奉为圭臬的人类中心主义生态观的各种观点，譬如，人成为宇宙的主宰，理所当然地成为万物的尺度，自信没有任何事物比人的存在价值更高，没有任何事情比人的存在更具尊严，等等，进行了最强烈的反击。明确告诫，如果人类肆无忌惮地享用万物资源，视万物的意义完全由是否对人类有用来量度，那么，结果使得人类改造万物就彻底地变成了破坏万物，于是乎，环境污染、物种灭绝、臭氧消失、温室效应、核战威胁，等等，一系列实在的和潜在的灾难，就会接踵而至。而且指认，事实上，生态危机同时也意味着人类的生存危机，反人类中心主义生态观作为解读人与自然关系的新视角，它的确摆脱了人类中心论生态观的理论困惑，是建立在对人类中心论生态观自觉反思基础之上的。反人类中心论及其生态观进一步完善了道德内涵和实现了对传统人类伦理学的超越，作为一种崭新的人与自然一体性的伦理视角，它认为道德、伦理不仅规范人与人之间的行为，而且规范人对于自然的行为，衡量一种道德的标准，必须是看人类的行为是否能够自觉地爱护自然、保护自然、维护自然和维系生态系统健康稳定发展，而不能仅仅满足人类眼前的需求。作为完成了社会化的自然与作为完成了自然化的人，其本质上是内在合一的，从原初的天人混一的朴素生态观，到自然与人异化的人类中心主义生态观，再到重建人与自然和谐的反人类中心主义生态观，这种正反合的发展路径真正体现了生态观上的成熟与自觉。

反人类中心主义生态观的理论困局。但是，反人类中心论生态观在现实中却存在着诸多自身无法解决的理论困局：反人类中心论生态观不可避免地打上了人类中心论的烙印，反人类中心论生态观本身与人类中心论思想密不可分，原本是自相矛盾的，它的理论建立在人类中心论的基础之上，生态伦理是对人说的而非对物说的，只有人才自觉其是伦理存在物，才对自己的行为做出自觉的规范和约束。时下，正是因为面临日益严重的生态危机和生存危机，重铸伦理理念并反思人类中心论的弊病，用一种谦恭的和合态度重新审视人与自然的关系，其目的仍然是为了人的生存与发展，所以，反人类中心主义生态观的产生依然是人类为保护生存利益、改善生存现状所作的生态观上的反思，其根本目的依然是为人类服务、是人类中心论思想自觉调整的产物。尽管人可以站在整个生态系统的角度来考虑人与自然的关系问题，但人类依然是站在自己的角度来提出问题并寻求解决方法的，它根本无法真正站在其他动物或整个生态系统的高度来审视一切。换言之，人类把自己置于自然系统中并试图充当伦理代言人的角色，却依然从人之所想、所思、所欲的人学原则出发去考虑问题，真正撇开人的纯粹自然中心主义理路，根本不存在，即使存在也没有任何意义。反人类中心主义生态观引导人们检视了传统生态观的缺失和弊病，并把一切自然物都看成是主体性的生命存在，并赋予其拟人性的地位，要求人类爱护自然、尊重自然的权利，但是，实际上，在自然界中只有人才在自我意识的支配下，主动参与到对自然权利的维护、对自然环境的保护中，而权利主体的泛化在客观上将会淡化人类的责任意识，使人在生态危机面前无所作为，从而违背反人类中心主义生态观建立的初衷。而且，人与自然的道德伦理关系是以人类的自觉调节为主反映出来的，没有人类这个中心，虽然没有了人的掠夺和破坏，但也没有了人的保护和捍卫。就终极而言，人类对环境的道德行为，最终还得落到以人类为中心的人类个体及其群体的生存目的上，人类中心主义这个情结，到了什么时候都难以割舍。反人类中心主义生态观认为生态系统的整体价值大于个体价值，人只是自然界中的普通臣民，按此推论，若人类的存在妨碍了自然生态系统的协调，消灭人类也将是一种善行，从而使反人类中心主义生态观与反人道主义不谋而合，而反人类中心主义生态观所倡导的整体主义的生态观（生态社会主义），也会削弱对生命个体内在价值的尊重，许多人因此把反人类中心主义生态观称为生态法西斯主义，并对其中所包含的这种反人类倾向深为忧虑，甚至斥责反人类中心主义参与了社会主义对人的压制，借此呼唤生态中心论的出炉。

马克思主义哲学生态观的中国化，需要整体把握当代生态观的三种范式及其内在关联。马克思将把握人与自然关系的主要范式分为三种：一是，从前的一切唯物主义（包括费尔巴哈的唯物主义在内）的把握方式，对事物、现实、感性，只是从客体或者直观的形式去理解，这是一种"唯客体主义"范式，它直接导致了自然生态论的产生。二是，和唯物主义相反，唯心主义把握方式却发展了能动的方面，但只是抽象地发展了，因为唯心主义当然是不知道真正现实的，感性的活动本身的。这是一种唯灵主义范式，它主导了人类中心主义及其生态观的出现。三是，把事物、现实和感性当作人的感性活动，当作实践去理解，把人的活动本身理解为客观的活动，真正人的活动具有"革命的"、"批判的"的意义。这是一种实践唯物主义的范式，它引领了真正的人道主义与自然主义的合一，是当代生态中心论产生与发展的哲学依据。与此类同，中国古代哲学把握人与自然关系的方式，也主要有三：天人混一（在古代主要的把握方式）、主客二分（在近代主要的把握方式）与天人合一（在现代主要的把握方式）。当然，总体上它们是互相蕴含的，实际上都反映了天人之间的对立统一关系，同时，只要有人存在，这种互相蕴含是一个没有止境、没有终极的动态过程，天人不分、天人二分与天人合一都不可能各自孤立地成为一种静止的、终极的状态。在天人关系存在和展开的历程中，不可能在某一阶段是单纯的天人之分，也不可能在某一阶段是单纯的天人合一。这种对立统一关系是人类生存和发展的根本基础与根本机制。正因为如此，只要有人类存在，天人关系就是一个没有止境、没有终极的辩证合一过程。但是，中国一直以人与自然的合一作为主要的把握方式，注"合"是它的基本特征，其间也有注"分"的，但是不占主导地位；而西方近现代以前一直以人与自然的分离作为主要的把握方式，注"分"是其重要特征，其间也有注"合"的，但是声音不高，直到后现代阶段才强调实现天人合一，主张人和自然的和谐共生。我国著名哲人冯友兰将人与自然关系也分为三种：从物下手、从心下手，从人下手。从物下手的处于自然境界（类似自然中心论的观点），自然境界中的人，其行为是顺才与顺习的，行乎其所不得不行，止乎其所不得不止，不了解其意义与目的。从心下手的处于社会境界（类似人类中心论的观点），社会中的人，其行为是为利或者为义的。图利或谋义的人，对于行为与目的非常清楚，他的行为、他的目的都是为利或为义，义利之所在，尽力为之，和自然境界的人决然不同。从人下手的处于天地境界（类似生态中心论的观点），在天地中的人，其行为是事天的。天即宇宙，天地一体即主张天人合一、天人不二，处于天地境界的人，了解有宇宙大全，其一切行为都是事天、同天、乐天的。综上所述，笔者认为把握人与自然关系主要有三种基本范式：见物不见人的把握方式，一种持物本主义态度即从纯客观的意义上规定人与自然关系的方式，它强调人与自然的混一，泛自然主义和万物有灵论是它的特点；见人不见物的把握方式，一种持"人本主义"态度即从纯主观意义上规定人与自然关系的方式，它主张物为人而存在，自然为人类而生存，人的利益高于一切；见人又见物的把握方式，一种持生态中心论意义上的把握方式。笔者倾向于最后一种，因为它才能达到马克思所说的三个环节的辩证统一：即"真正的唯物主义"就是"完成了的自然主义"；"彻底的自然主义"就是"现实的人道主义"；"实践的人道主义"就是真实的"共产主义"。换言之，作为完成了的自然主义等于人道主义，而作为完成了的人道主义又等于自然主义。只有在这样的自由王国中，人才占有了自己的全面的本质，并与自然达到了和谐、可持续发展的"天人合一"之境，为此才能实现马克思主义哲学生态观的中国化发展。

第二节　马克思主义哲学科技观及其中国化

现代主义科学观的核心要点及其反科学立场的确立。在现代西方科技哲学视域中，对科学技术从普遍怀疑到反思批判再到猛烈声讨，其实从人类第一次科技革命时就已经开始了，到19世纪初发展得更是风起云涌、波澜壮阔了。此后，基于对科技生存悖论的批判反思而产生的反科学主义的浪漫主义及其所激起的悲剧意识，一致是西方人文主义哲学思潮的共同特征与文化主调。早期的人文主义者，如尼采、柏格森等人，他们从非理性主义、直觉主义出发，认为科学理性只是权力意志的工具，只是一种必要的假设，是科学家从主观愿望出发解释对象的权力意志的体现，是人们控制与支配自然的欲望的表达，毫无客观性可言，更不是对客观规律的真实反映。正是由于科技工具理性的过分张扬，"非人格化"的机械主义及其错误的"分工经济"，扼杀了人的生命意志与精神生活，导致了野蛮化的普遍蔓延和荒诞性的精神梦魇，一切"生命便成了病态的了"，①使人类生存陷入总体性的"二律背反"之中，工业社会的这些弊病的总根源在于对科学的盲目崇拜与不正当应用，而非别的什么，不能归因于资本主义制度本身。生命哲学家柏格森从直觉主义出发，认为只有神秘的自我内省才能理解生命，而科学理性由于受客观必然性的支配、受语言符号的束缚、受机械分析方法的影响、受现实功利的羁绊，因而注定其天生不能认识生命的本质，只能获得作为假象的自然知识。而且科技理性的凸显，常常压制人文理性并使之处于低迷状态；工具理性的泛滥，常常导致社会价值取向的品质趋下；基于此，认为人们开始对科技产生怀疑与拒斥立场，是可能的、也是合理的，滋生一种反科学主义的浪漫思潮也是顺理成章的。

而从19世纪后半期到20世纪中叶，非理性主义和反科学主义已经成为西方科学观的主导图景，人们普遍感到构成科学概念和理论依据的那些要素以及科学中的基本结论，并不是如科学家所宣称的那样牢固与可信，因而提出一种反科学主义立场并以之直接否定科学家意识深处的纯粹客观性的偏见，这也是对科学家狂妄心态的最好批判。譬如，胡塞尔从其"超理性主义"立场出发，认为在现代西方社会中，科学技术的发展固然满足了人们的物质需求，但是却把人物化了，造成了精神空虚和道德沦丧，形成了无法解脱的技术生存悖论；现代科技的发展促进了人们对物质的重视，而忽视了对精神的追求，使之陷入了精神危机，丧失了做人的积极意义；追求物质的自然科学虽然是有用的，但是不能为人提供何以这样过生

----

①　夏基松：《现代西方哲学》，上海人民出版社2006年版，第67页。

活的正当理由,它在那些对人生命攸关的地方什么也没有说,不能帮助我们识破生活的真谛和生命的意义,不能揭示做人的真正奥秘,若用科学方法对待人生就会使活生生的生命枯竭了,使人生价值泯灭、人的尊严丧失、人道主义颓废、人文主义倒塌,技术生存悖论及其对人的日常生活的过量介入和普遍播撒,就会导致人类文明整体处于悲剧梦魇之中。而其弟子海德格尔从存在主义出发,极力贬低现代科技的物化价值取向,认为现代科技的数学与物理学基础,从总体上否定了作为社会存在物的人的丰富性、多样性、生动性,把人的生活纳入数学的或者物理的思维框架("编织物")中,以筹划预期中的精确性、规律性,这些结论即使能够获得也恰恰是对丰富人学语义的"物化处理";现在的科学家已经很少甚至无力从宏观上反思科技导致的生存悖论,他们日益陷入一种狭隘的专业偏见中,在现代科学观的核心存在致命的缺陷,正是由于现代科学对精确与专业化的追求,它日益失去对科学本质及其与人的内在关系的理解;而且对科学技术的盲目崇拜和极力神化,使之成为一种超于人之上的异己力量,成为一种驾驭着人的各种装置的聚合体,不是人在控制与驾驭着科技,恰恰相反,而是科技在时时处处控制并驾驭着人的一切,它驱使人把一切存在物筹划在科技框架中,不仅使之丧失了种种的丰富性、生动性与多样性,而且仅仅成为科技所操纵下的片面性的东西。于是,一座座雄伟的山峰丧失了灵性,成为有待开发的一个个矿石堆积物;一条条秀丽的河流丧失了诗性,成为了有待技术去利用的一张张动力网;一团团拥挤的人群迷失了自我,成为身份不明的一个个物欲持存物。现代技术的高度发展,加强了对自然资源的横征暴敛,毁坏了人类赖以存在的自然家园、破坏了人与自然的生态和谐。其实,在他看来,科技高度发展之日,便是人类极致危险之时;科技理性的片面张扬,换来的必然是人的全面异化。

除了人文主义者,即使在科学主义派别内部,也有许多人对技术生存悖论采取批判立场,如费耶阿本德就曾阐发了一种无政府主义的科学观。在他看来,理性主义哲学为人提供了一种片面的科学观,它要求科学具有同一性、规范性的规则,但事实上人的生存样态不整齐得多、非理性得多。技术生存条件下的这些偏差,非但不是科学进步的阻力,反而正是科学进步的先决条件。科技史证明:科学理性不可能是普遍有效的,非理性也不可能被排除在外,而现代技术生存境遇的这个特点要求一种无政府主义的科学观。因为构造人学世界观的方式各种各样,有神话,有宗教,有形上理性，也有人文情怀，当然还有科学以及许多其他技术方式。显然，科学和那些非科学世界观之间要进行富有成果的交流，必须采取科际融合、交往互惠的方式。但是，现代科学已经沦为最新的、最富侵略性的和最具教条性的宗教，它的独断性严重地损害了人性的完美，而这是与人道主义精神完全背离的，当科学怀着这种优越感闯入社会生活时，它的沙文主义狰狞性格便暴露无遗。为了真正矫正人的技术生存悖论，人们不再依靠一种并不存在的科技权威，唯一可行的法则是"怎么都行"。唯此才能为世人开出一服理性的解毒剂，以便当科技理性因自欺而产生独断症和僵死症时，能够求得自我解脱。

此后，法兰克福学派的主要成员如霍克海默、马尔库塞等人，从其社会批判理论出发，认为现代科技的飞速发展，非但不是人类幸福指数的急速增长，反而是对人性的压制和异化的迅速飙升，非但不能提供自由发展的空间，反而增强了统治者对被统治者剥削的力量；科技不仅为现代社会的一切野蛮和残忍提供了基础，而且为人类社会的整体性崩塌埋下了种种祸端。现代科技不仅增长着人类征服自然、掠夺自然的强大力量，而且也在增长着人类自我毁灭、自我颠覆的种种可能；现代科技成为人们生活的集中营，成为绞刑架下的文明记号，它将导致社会的配件化、程式化、机械化，人的全面的异化、物化、他者化，人的主体性、自主性、自为性丧失殆尽，科学沙文主义及其生存悖论将泯灭一切，它将构成资本主义压制人类文明的最后工具。马尔库塞站在弗洛伊德主义立场上，认为资本主义对人的压制不是体现在经济、政治制度上（故而，无须进行政治革命），而是体现在技术理性对人的欲望的控制上（因此，只需进行意识革命），资本主义的一切弊端不是制度造成的，而是对科学技术不正当使用的结果。现代科技早已成为人类实现自由的最大障碍，科技与幸福是严重对立的，科技愈进步，个人的爱欲和本性所受到的压制就愈深，科技主导下的人类发展史其实就是一部压制史，技术的进步就等于奴役的扩大，资本主义一切罪恶的终极根源就是科技的迅猛发展。在他看来，在发达的工业社会，科学技术变成了一种新型的社会统治力量，它的发展处处体现为对人性的非法压制：由于科技的广泛应用，社会文化对人性实施了全面压制，达到了无以复加的程度，使之穿着迷惑人的文明外衣，深深侵入人的私人领地，成为操控人的爱好、兴趣和生活习惯的高压手段，向人灌输各种虚假需求以替代、转移或者抑制反抗冲动，高度自动化、机械化使人丧失了种种自由与创造，现代科技成为吞噬人的自由理性的工艺装置，抑制一切离心力量的恐怖措施。人在这种高压下，成为了只顾享受现代生活盛宴而丧失一切反抗本性的单面人，社会也变成了没有反对思想和异己力量的"单面社会"了。① 总之，发达工业社会的现代科技导致了人和社会的全面异化和深度危机；特别是在晚期资本主义社会，由于科技一体化加剧，科技日益成为第一生产力，国家政权与现代科技联手日益成为统治人民的暴力工具和"解放的桎梏"，科技统治代替了以往的政治统治，现代科技参与资本主义实施了对人的全面统治与奴役，晚期资本主义成为科技异化的别称，在其科技逻辑深处流荡着一种浓重的悲剧意识。

后现代主义科学观及其试图消解一切的策略选择。现代科学观的逻辑深处弥漫着悲剧意识，后现代科学观将做出怎样的策略选择而给人以生活信心呢？首先，与现代主义者一样，后现代主义者对人的技术生存悖论也进行了深刻剖析与极力批判，认为伴随着科学技术对人的生活的过量侵入，从宏观视域即从人与自然的关系维度看来，科技的推广与应用导致了人口的急剧膨胀、资源的快速锐减、核威胁的四处传播、生态平衡的严重破坏、自然环境的日趋恶化、基因重组和克隆技术的潜在生存危机、由各种因素导致的人类新疾病的出现等等一系列关乎人类命运的全球性问题，这些问题使得现代科技变得越来越敌视人了，"表现为异己的、敌对的和统治的权力"②；而科学技术成果的无控制的、不负责任的、不道德的甚至惨绝人寰的滥用及其所造成的对于人类生存的现实的或潜在的威胁与危害，表明现代科技对自然界的非法支配是以导致人的全面异化为代价的，随着时代的物化和人性的丧失，现代科技事实上已经聚合成了一种全面统治人的总体性异己力量，它导致了对人的自由和个性的普遍扼杀。正如马克思所说："技术的胜利，似乎是以道德的败坏为代价换来的。随着人类愈益控制自然，个人却似乎愈益成为别人的奴隶或自身的卑劣行为的奴隶。甚至科学的纯洁光辉仿佛也只能在愚昧无知的黑暗背景上闪耀。我们的一切发明和进步，似乎结果是使物质力量成为有智慧的生命，而人的生命则化为愚钝的物质力量。现代工业和科学为一方与现代贫困和衰颓为另一方的这种对抗，我们时代的生产力与社会关系之间的这种对抗，是显而

---

① 夏基松：《现代西方哲学》，上海人民出版社2006年版，第360页。
② 《马克思恩格斯全集》第47卷，人民出版社1979年版，第571页。

易见的、不可避免的和毋庸争辩的事实。"① 科学家一旦被各种名缰利锁束缚住自由欢畅的心灵，要么急功近利、浅尝辄止，要么唯利是图、曲学阿世，那他就失去了求真务实的科学精神，不会顾及怎样正当地使用科技才能克服生存悖论。可见，技术生存带来的异化效应，时时处处拷问着科学家的良知。

从微观视域即从人与社会的维度上看来，现代科技没有也不可能给人类自身带来期望已久的全面解放与充分自由，人不得不依附于越来越复杂的机器装置、不得不绞尽脑汁地应对各种各样的算计，人们的创造性天赋与自由性本质全然被科技垄断，成为机械系统操控下的现代奴隶，甚至人的为我性与自为性的主体能力与主体地位也逐渐丧失，使之在精神上产生了一种无家可归、身份迷失的深度荒诞感；现代技术所主导的所谓高级享乐生活，特别是它大规模地复制和传播商业性的"文化工业"产品来满足人们感官上的低层次的虚假需要，这不仅直接否定了以个体性、独创性和批判性为特征的本真生存，造成有限的物质文化资源的不必要浪费，更可怕的是会导致一系列品质趋下的非人性、反价值现象的滋生和蔓延：譬如，人们在对物质利益的追求和向外部自然的攫取过程中，迷失了自我人格，丧失了内在意义，彻底遗忘了对终极价值的关怀；对自然的过度征服和肆意蹂躏，导致了人类周围技术生存空间的急剧恶化，使人的很多生理的与心理的机能遭到了可怕的压抑与摧残；使社会成为病态的社会、成为人间地狱；使人不知片刻止息地追逐着"虚幻的幸福"，人的意义大为萎缩、人生价值也黯然失色；现代科学技术融入主流意识形态中，在无意识层面加强了对人的心理、认识的操控，甚至成为一种隐性的话语霸权、造成潜在的精神垄断；在科学技术的过量介入下，社会通过影视电台、报刊博览和新闻发布等大众传媒，无孔不入地占据了现代人的闲暇时间与生存空间，却又使之与物化的时代一同庸俗化了，对后工业及其科技负载，再也激不起逆反心理与疏离情绪；科技理性已转化为人统治人的暴力工具，从人性解放的希望走向了它的反面，成为危及人类自身生存、造成人的主体性困境的否定性因素，成为没有人性、背离人文价值的祸害。

其次，后现代主义者解构了现代科学观的主要理论基础即"文明进步论"，而提倡一种价值负载最小的、熔科技理性与人文理性于一炉的宽容

---

① 《马克思恩格斯选集》第 1 卷，人民出版社 2012 年版，第 776 页。

的"大科学观"。后现代主义者主要批判了作为现代科学观基础的进步观念，认为科学的发展不一定带来人类社会的无限进步。20 世纪人类经历的史无前例的两次世界大战，就使进步观念开始受到人们的普遍怀疑，从而在科技观上发生了根本的改变，已经从最初的解放叙事蜕化为追求实用功利的手段。现代科技已经成为国家之间竞争的主要战场，也是主导国际新秩序的一种无声的判决，在这个转变中渗透了知识霸权对作为主体的人的宰制，出现了福柯所谓的"主体之死"、"人之死"的可怕景象，科技进步观念的异化导致人类社会出现大面积的无序现象。原先在这种科技进步观的导引下，使得科技工具理性张扬而人文价值理性低迷，有意无意地忽视了人文价值理性、伦理道德规范在引领人类社会发展中的重要作用。正是基于这种悖反性效应，后现代主义思想家利奥塔曾经指出，现代科学发展的内在机理面临着合法性危机的严重问题，因为科学原先所承诺的确保人类不断进步的宏大叙事，已经成为一张无法兑现的支票、虚幻的幸福承诺。现代科学观为我们树立的现代科学形象是有缺陷的，科技的价值负载已发展到临界点，在科技政策的制定以及科技资源分配中存在的严重不公平现象，时刻都在无形中孕育着新的科学危机。① 如果我们把思考的基点放在整个人类文化发展的高端，就会发现现代科学观在当前已经日暮而途穷，其原本具有的解放功能基本上丧失殆尽。基于拒斥技术生存悖论所需，后现代科学观的出现应该是一种历史的必然。正如利奥塔指出的那样，现代科学观的虚幻幸福承诺，早已无法兑现，而高度分化与专业化的现代科技，原本无法培养关注社会与人类命运的思想家。在这个意义上，我们再也不能对技术生存悖论视而不见听而不闻了，对之进行后现代解构，理所当然。在罗蒂看来，科学是可错的、技术也可能害人，科学追求的并不都是客观真理，我们并不认为科学家掌握一种值得大家学习和模仿的唯一正确的方法，科学家也并不一定具有值得其他人学习的德性，正如不能将科学结论等同于圣经一样，也不能把科学家当成人类的牧师，科学理性只有与人文理性实现自觉融合才有出路，因为科学不再给人以知识或者真理，而充其量不过是人类交谈中的一种声音，技术并不一定给人类带来福音，而充其量不过是人类日常生活中的一种游戏，现代人更乐于建立一种"大科学观"，以便对各个文化领域特别是在科际合作与视域融通中

---

① 姚大志：《现代之后——20 世纪晚期西方哲学》，东方出版社 2000 年版，第 351 页。

找到足够多的兴趣。

　　对此，另一位后现代者莫顿更是激进地认为，科技完全是一种情景主义的、纯粹地域性的东西，是在实验室里制造出来的、人们使用起来比较方便的工具而已，毫无客观性可言，对之迷信或者崇拜没有任何道理。尤其是当科学发展到"大科学时代"，处处以民族国家或者国际联盟的面貌出场，组建超大科学家集团对重大课题进行大兵团作战，因极权的介入与黑金政治的驱使，使之负效应更加凸显了，常常给人带来灭顶之灾，成为人类文明主导野蛮并走向毁灭的主要标志，今天人类面临的一切可怕灾难大都与技术生存悖论内在相关。后现代者力图以解构的方式对技术生存悖论的理性基础进行颠覆，以消解其赖以产生与发展的合法性根基，如科学技术的整体主义、逻各斯中心主义、等级制的理性主义、两体思维模式等等，试图粉碎科学的整体结构以防止思想的独断性、集权化，试图排除科技的元话语或者权利话语对现代人性的非法抑制，强调科技发展的多样性、多元化、异质性和差异性；对后现代由于科技的过度使用而导致的：社会不断熵化、等级界限崩塌、人生意义缺乏、深度模式削平、虚无主义泛滥、普遍遭遇荒诞等等生存悖论，进行了猛烈抨击，倡导在科技观上的实现民主、自由，认为科学技术只是人类探索与认识世界坐标系的一种方式，不是唯一的、绝对的方式，更不是最重要的方式，它不能带给人们以客观真理化的确定知识，科学只不过是解释世界存在的一种"元叙述"，由于它深深融入人类社会的各个领域、潜移默化地发展成了人类思想的桎梏。当然，后现代科技观是基于全面反思科技与社会的内在关联而进行的最新表述，是基于对人类与自然关系的重新审视后而确立的一种"和合科学观"，其根本旨趣在于向人类昭示：科技本身的双重性要求人们在利用科技建设现代化的同时，也需对之进行系统反思和综合运用，以便消解其生存悖论带来的负面效应，有效迎接后现代科技革命的早日来临，让当代科学重新拥有更多的人性温情。后现代者消解科学并非是为了颠覆理性或者排除知识，而只是限制它的过度使用，促使人类进行理性自省或者自我纠偏，以便从现代科技的藩篱中逃脱，尽量消除现代科技所造成的弊端与恶果。这些思想，对于我们当前按照科学发展观要求，促进人与自然的和谐共存，避免现代性发展困厄、消解科技不正当使用所导致的可怕周折，均具积极意义。

　　马克思主义科学观在对后现代科学观的合理扬弃中走向了逐步中国

化。后现代科学观的成功之处恰恰又是它的偏颇之处，在如何对待科技正负双重效应问题上，后现代主义科学观异常偏激地选择了反科学主义的消极路线，认为一切都是科学惹的祸，唯有人类退回小国寡民的纯粹自然生存状态，才真正摆脱技术生存条件下的各种弊病。其实，科学技术与社会实践密不可分，科技在实践领域里的大规模应用必然带来正负双重效应，在人与世界关系的各个方面产生一系列消极后果，对人类社会的当下存在及其未来发展构成严重威胁。正是基于对这种消极后果的刻意关注，在科技史上才曾促使人们对科学进行各种谴责，引发了一次次反科学主义思潮的崛起和科学破产论的泛滥。不仅惨绝人寰的第一、二次世界大战严重动摇了人们对科学的公信力，在心灵世界投下一层挥之不去的阴影，而且，世界各地相继发生的因科学在各个领域中的应用而导致的全球性问题，更使人们对科学负效应的忧虑与戒心与日俱增，科学悲观主义早已成为世界通用语。后现代主义科学观的错误不在于明确指认科学的负效应及其危害，而在于将科技负效应完全归罪于科技本身，认为既然各种问题皆导源于科技应用，因而唯一可行的办法就是阻止科技进步和禁止科技使用，天真地幻想人类从技术生存状态应该返回到自然生存状态。马克思主义科技观认为，科技活动是一种社会性活动，这不仅是因为参与科技活动的主体总是社会性的人，而且还因为科技从一开始就是由社会实践特别是生产实践决定的，"社会一旦有技术上的需要，这种需要就会比十所大学更能把科学推向前进。"① 既然科学活动作为一种社会活动总是在一定的社会关系中进行的，科技对社会历史的推动作用是通过科技的广泛应用来实现的，因而科学应用的目的、性质与后果当然要受到社会关系特别是生产关系的制约与影响。譬如，在资本主义制度下，科技作资本增值的工具使用，科技的应用处处打上资本的印记，资本家为了生产过程的需要常常采取技术壁垒的措施，常常非法地、非正当地使用之：限制科技发明、使科技智力衰减，重军事轻民用、重尖端轻传统、重前沿轻基础，很难可持续地、以人为本地使用科技成果。在资本主义制度下科技与劳动常常处于分离状态，科技成为凌驾于劳动之上的一种异己的、敌对的力量，科技的应用及其对社会发展的作用受到很大的限制，"只有资本主义生产才把物质生产过程变成科学在生产中的应用，——被运用于实践的科学，——但是，这

---

① 《马克思恩格斯选集》第 4 卷，人民出版社 2012 年版，第 648 页。

只是通过使劳动从属于资本，只是通过压制工人本身的智力和专业的发展来实现的"。① 马克思主义科学观同样十分关注科技成果运用所带来的巨大负效应，但它与后现代主义科学观所主张的反科学主义或者科学悲观主义不同，认为不能将科学应用的负效应完全归罪于科技本身，弃绝科学、阻止科技进步的主张更是荒唐。在人与世界的关系上因科学的非正当使用而产生的一系列问题并不是科学应用的必然后果，科学应用所带来的消极社会后果也不完全是科技本身的过错，"科学是一种强有力的工具。怎样用它，究竟是给人类带来幸福还是带来灾难，完全取决于人自己，而不是取决于工具。刀子在人类生活上是有用的，但它也能用来杀人。"② 事实上，科技应用所带来的种种负效应是由科技成果的不正当使用带来的，诚然，这种不正当使用有科技本身不够完善方面的原因，但是这方面的原因导致的负效应也只有进一步发展科技认识去克服。这方面的原因，显然不是最重要的原因，将负效应完全归罪于它，没有道理；即使这方面原因存在，也不能成为阻止科学进步的理由，反而需要进一步发展科学、完善科技应用。在这个问题上，马克思主义科学观与科学万能论也有明显不同。马克思主义科学观认为，存在科技本身发展不完善可导致它使用不当的原因，承认消除科技负效应只有靠科技的进一步发展，但是马克思主义者反对科学至上主义或者科技万能论，认为促使科技发展能够解决它本身发展不够完善的问题，但是科技发展解决不了一切问题。相反，科技至上主义认为科技是万能的，科技发展不仅能够克服科学应用所带来的各种消极社会后果，而且能够解决人类社会面临的一切问题，甚至能够消除资本主义社会的固有弊病、拯救资本主义制度的危机，使人类社会进入一个普遍富裕和幸福的时代。马克思主义科学观认为，科学并不是万能的，万能的东西常常不是科学。单单依靠科学的发展并不能保证人类社会将迎来一个普遍富裕和幸福的时代，甚至也不能保证科技发展将消除一切负效应。科技成果应用所带来的各种各样的消极后果，不仅存在科学认识本身不够完善、不够深入的原因，而且，更重要的还存在科技应用的制度选择问题、发挥科学职能的社会机制、社会环境问题，还存在属于科技应用的社会机制特别是社会制度不健全的问题。无论从学理上抑或从事实上讲，要从根本上克

①《马克思恩格斯文集》第 8 卷，人民出版社 2009 年版，第 363 页。
②《爱因斯坦文集》第 3 卷，商务印书馆 1979 年版，第 56 页。

服科技应用的各种负效应，防止和避免科技成果的不正当使用，还必须从根本上变革不合理的资本主义制度，唯有在社会主义制度中才真正能够实现科学进步与人类社会的协调发展。因为，只有在社会主义制度环境下，才能用系统的、协调的、可持续的科学发展观应对当代科技的发展及其成果应用问题，才能真正树立人与自然和谐相处、科学与社会内在统一的当代发展理念，从而树立全球观念和危机意识，克服眼前利益和局部利益的狭隘视界，克服急功近利、唯利是图的短视行为，增强全社会合理控制生产活动和消费活动的能力与手段，为人类彻底摆脱科技成果应用负效应创造新的发展机制。正像爱因斯坦所强调的那样，科技理性固然具有强有力的身躯，但它却没有足够多的人性，它对于方法和工具具有敏锐的技术性眼光，但对于人生目的和价值却只能想当然地推断与猜测，"关心人的本身，应当始终成为一切技术上奋斗的主要目标；关心怎样组织人的劳动和产品分配这样一些尚未解决的重大问题，用以保证我们科学思想的成果会造福于人类，而不致成为祸害。"① 社会主义制度的优越性在科技成果应用上的发挥和实现，必然是克服一切科技负效应、促进科技事业与人类社会协调发展的正确途径。在社会主义制度下，科学的社会地位、目的发生了根本的改变，社会主义改变了科学技术的服务方向，并为科学技术的发展和科学作用的发挥开辟了广阔的道路；社会主义使科技进步成为全体人民的事业，从而可能有计划地、可持续地、全面协调地发展基础科学研究、进行科技的普及应用、按科学发展观要求全面协调地进行技术改造与革新、利用社会主义集体性优势快速推进尖端科技的研发。社会主义还使得遵循科技发展规律并进行各方面的科技创新成为可能，使得科技与自然、与社会、与经济的全面协调发展成为可能，在充分调动与发挥广大科技工作者进行科技创造与发明的积极性、能动性、创造性的基础上，能够组织好协调好国家重大科研攻关项目，顺利解决涉及中国特色社会主义重大政治经济利益的关键性科技课题，发展好、代表好、维护好、实现好先进性科技发展的最新需求和民生取向，大大加快我国现代化步伐，全面促进科技进步在其同社会主义辩证统一、协调发展中的科学化水平，使社会主义真正成为科技得以充分发展与切当使用的理想家园。

---

① 《爱因斯坦文集》第 3 卷，商务印书馆 1979 年版，第 349 页。

第三节　马克思主义哲学对科技异化的超越

现代科技悖论及其后工业文明的畸形发展，导致了人性扭曲、本质异化、信仰危机和道德失序，致使人格分裂、魂如飘絮、家园失落、意义低迷等普遍性的"人性问题"日益凸显，如何重建人文精神以复归人的本质、建构合理的信念价值体系以安身立命、为人提供终极关怀并获得新的精神支撑，就成为西方哲学流派亟须求解的高难课题。就其矫治方案看，都幻想通过发动温和的心理革命以达到对科技理性的根本拒绝和对人性尊严的高端护持。但从实质上说，这不过是治标不治本的"爱的呼唤"而已。唯有通过社会革命才能彻底摒弃科技异化滋生的制度根源，实现人的自由个性的全面发展。

在当代西方，社会转型的加快、工业文明的发展、技术理性的张扬、人文价值的低迷以及深层矛盾的凸显、不稳定因素的增多，使得人的自然性与社会性、集体性与私人性、物质性与精神性、理智性与非理性之间的张力平衡系统、道德平整机制，均遭到了严重破坏甚至是肆意践踏，从而造成了人性的扭曲、本质的异化、信仰的危机和道德的失序，这迫使西方哲人必须对技术理性至上和科学高于一切的传统思想，做出深刻检讨。近现代以来，知识就是力量、科学成就梦想，人类自我中心、技术理性至上，科学技术万能、确证本质力量，工业文明进步、社会财富膨胀，这早已成为人类社会的普遍信仰与集体肯认。然而，对科技理性的顶礼膜拜并使得工业文明获得凯歌高奏之时，并没有将人类带入普遍向往的幸福乐园，反而使之陷入种种不能自拔的危机之中。从人与自然的关系上看，产生了诸如：环境污染、资源短缺、气候恶化、灾害频发、人口爆炸、城市病态、交通紊乱、金融危机、核弹威胁等等一系列带有全球性的问题；从人与人的关系上看，产生了诸如：人情冷漠、缺乏交流、尔虞我诈、互相猜忌、竞争残酷、人际紧张、矛盾加剧等等社会问题，而人与自然、人与人之间的紧张与冲突，必然会渗入人性内部导致人性的扭曲、产生各种人性痼疾，诸如：人格分裂、精神空虚、心态失衡、家园失落、生活无着、意义迷失、内在焦虑、恐惧增大、压力增强、遭遇荒诞、普遍绝望等等"人性问题"，甚至导致打架斗殴、酗酒滋事、聚众赌博、公开抢劫、暴力犯罪、涉黑涉恶、贩毒吸毒、卖淫嫖娼等等丑恶现象的滋生与蔓延，使人在"不能成为其人"的方向上渐渐丧失了做人的基本善良与品质，成为无灵魂的行尸走肉和无自我的植物僵尸。时代的发展、文明的进步，强烈呼唤矫治技术理性的畸形发展，重建人文精神以复归早已异化了的人的本质，彻底矫治技术生存视域中的人性痼疾以确立全面自由发展的人生价值取向，培植和谐共存、亲善宽容、各美其美、美美与共的人际环境以克服狭隘心态及自私本性，建构核心价值体系为人类确立安身立命之本、提供终极关怀，建立合理的信仰体系为人类提供新的精神支撑点和终极价值依据，以摆脱因信仰危机造成的迷惘失落、魂如飘絮的精神坍塌、品质趋下情形。但是，无论胡塞尔现象学的"精神清扫"抑或海德格尔生存哲学的"向死而生"，无论莱维纳斯"面孔理论"所主张的心灵救赎抑或阿伦特反极权政治所呼吁的"政治参与意识"，无论法兰克福学派霍克海默、阿道尔诺的心理学变革抑或马尔库塞、弗洛姆所主张的生物学革命，他们对科技异化导致的人性痼疾所开出的矫治方案，虽然对晚期资本主义文化逻辑及其人性问题的批判，说得上机智与深刻，然而却无论如何说不上对症下药，根本原因在于他们都没有找准造成这一切的制度根源，而只是在科技本身及其使用问题上绕圈子，故而是断清了病开错了方，仅仅靠皈依上帝或者"爱的呼唤"焉能达到标本兼治、实现新的人学革命？

最早对这一人性痼疾进行矫治的是现象学大师胡塞尔，在其晚年的"生活世界理论"中，他以敏锐的眼光察觉到了晚期资本主义文化逻辑对人性的野蛮摧残，以辛辣的笔锋深刻揭示了在表面的虚假繁荣中所隐藏着的凄惨颓景：后工业科技的迅猛发展致使物欲横流、贪婪成性，商品、货币拜物教几乎吞噬了做人的基本品格与道德良知，物化时代的滚滚洪流造成了普遍的精神空虚、人格畸形、伦理颓败、道德滑坡。然而，遗憾的是，他认为这一切并非是资本主义制度惹的祸，而是科技发展及其文化逻辑本身原本就蕴含着对人全面抑制的异己性力量。科技快速发展仅仅促使了人们对物质欲望的高度重视，而忽视了对精神富足、境界提升的高品位追求，从而使人成为只知埋头享受现代"生活盛宴"的豕中枯骨、一堆腐尸。广泛性的精神危机、信念残缺酿造了充满病态的社会瘟疫、心灵荒芜，使之在温柔繁华的富贵乡中却怎么也找寻不到做人的积极意义与伦理依据。物质财富积累的"马太效应"与社会尊严的货币化标准，在给人们提供较好的物质生活基础的同时，却怎么也不能为之提供何以这样生活下去的正当理由，不能为人类提供任何精神所需的内在富足感、幸福感。科学技术带来的后工业文明在人们生命攸关的内在精神需求方面，不仅缄默以对，而且常常诱导人们跌入物质欲望魔窟而不能产生丝毫的心灵慰藉，不能帮助人们识破晚期资本主义文化逻辑是如何参与资本积累对现代人性的非法镇压，不能帮助人们反思做人的意义和生活的真谛，使活生生的善良人性、担当意识、伦理操守与道德规范，因横遭质疑、连根拔起而枯竭殆尽。这样，物质繁荣了而精神却空虚了，科技发展了而道德却沦丧了，生活富裕了而人的意义却迷失了，寿命延长了而人的尊严却伤残了，改造自然的理性谋略胜利了，而合理的人性却被无情地谋杀了。基于此，胡塞尔认为，科技理性与人文理性的根本冲突、货币主义与人道主义的严重对峙，使得整个后工业时代陷入深深的危机之中，而跌入这种危机的总根源恰恰不在于资本主义制度本身的好坏优劣，而在于片面追求物质的科学技术对人的精神生活的严重侵犯，在于科技工具理性的过度膨胀造成了人文价值理性的泯灭，在于物化时代人类良知的亚健康发展无法保障对科学技术的正当使用。科技理性对人的意识结构和心理特征的操纵是一种无意识的隐性操纵，政治经济制度等外在层次上的变革（社会革命）丝毫不能触动它的皮毛，唯有开展一场反科学主义、反理性主义的"思想清扫"运动（人类智能革命），才能为人类重建精神支撑点、价值"根据地"以拯救人类文明的普遍危机，以大无畏的胆略矫治人们对科技理性的偏执运用，使之从绝望的洪流与荒芜的废墟中挺身而出，使一种懂得自我约束、自我规制的新资本主义精神获得浴火重生。总之，神性之爱的憧憬、心智生活的完善，就能确保科技的正当使用，不断使人品质趋向高尚、赢得新的文明。

海德格尔从人的生存性状上，细致描绘了晚期资本主义文化逻辑对人性的扭曲。在他看来，由于上帝死了，人人都是孤立无援的，人人都是无缘无故地被抛入这个物质世界中的，彼此之间充满了争斗和冷漠，密密麻麻相互挤在一起似乎关系很亲密，其实心灵之间的距离比星球之间的距离还远，而且人与人的关系不是内在的而是外在的，它在本质上不是属于人的关系而是属于物的关系，故而，彼此利用、尔虞我诈，残暴异常、互为地狱；在现实生活中，人总是面临着各种可能性，但是，只有一种可能性才能实现，需要人不断地进行自我筹划、自我设计、自我奋斗，需要不断地进行自我开脱、自我超越。这样，在日常生活中充满着各种不如意，与物相处则锱铢必较，与人相交则钩心斗角，不论与他人合谋抑或为敌，个人总是要维系于他人（社会），成为按他人意志举手投足的玩偶，人的本质与关系脱身而去，被一个异己性的他人所占据，使人的本质处于遮蔽状态，成为一种没有本质的存在，人人只能混迹于世，沉沦于俗务之中：要么，饱食终日、无所事事，整天说着言不由衷、无关痛痒的废话；要么，为各种物质利益所驱使，浑浑噩噩地被物质欲望裹挟着，心甘情愿地在声色犬马的温柔陷阱中堕落。可悲的是，由于人人终日沉湎于世俗生活中，往往不能与自己的人生真义照面，不能领悟自己做人的真正本质，即使整天过着非本真的生活却乐此不疲，只有当经受苦难与折磨，才能向死而在、向死而生，领会生命真谛、发现真正的自己。但，吊诡的是，现代科技已然成为一种超于人之上的异己力量，已成为一种驾驭着人的精神的牢笼（"座架"）①，使人成为技术生存下的单向的持存物，日益丧失丰富完满的人性，现代科技的异化带来了人的全面异化，毁坏了人的精神家园，使人成为无家可归、身份迷失的"物"了。本来，人的这种烦恼、孤寂与绝望，是晚期资本主义文化逻辑畸形发展的人性结局，是"人对人如狼"的资本主义制度的文化副产品，惜乎囿于阶级局限，海氏却不能予以识破，反将这一切归咎于科技的滥用。因而，其矫治方案也不会求助于社会变革而只能依靠神秘的临界体验，只有"先行到死"才能"向死而在"，只有诗意生存才能回归本我。因为，畏惧死亡的高峰体验造就了一种心灵上的良知，常常聆听它的真诚呼唤，就能使人良心发现、回归性善本体（"此在的本真的能在"），惊醒人的世俗迷梦从沉沦中逃生，"只有自由地去死，才能赋予存在以至高无上的目标"②。晚年他也感到毕竟仅仅依靠"畏死的启示"，力量很有限，普通人只有具有诗意境界，才能摆脱外物与世俗的种种羁绊，以诗去思、诗意生存，才能得到完全自由、听到上帝的心声、达到人神合一，从而凡中入圣、获得解脱。

与海德格尔这种非理性的心灵革命（诗学变革）不同，莱维纳斯激进地认为，即使人在面临死的启示时，也很难回到自己的本真存在状态，很难做到直面现实人生、领会做人真谛、实现本性复归。因为人的存在（本质）只是一种"无名的有"，是一种没有任何规定性的不可名状的怪影，它揭示了人的全面虚无或者遭遇荒诞，显现了人性的普遍丧失，存在意义

---

①　《海德格尔选集》（下），孙周兴译，上海三联书店1996年版，第938页。

②　夏基松：《现代西方哲学》，上海人民出版社2006年版，第284页。

的被消解。无魂灵的物质欲望使一切都无差别地物化了，它带来了无限的寂灭，处处充满着不确定性的恐惧，非但不能给人以积极的人生启迪，反而由于窒息了良善人性而使之陷入无穷无尽的人间地狱，给人以无法生存的巨大恐慌感与不安感，唯有超越自我，在"存在之外"才能与拯救人类的上帝相遇，达到"人神合一"、实现自我救赎。在其著名的"面孔理论"中，他认为上帝并非存在于认识论领域，更不可能从逻辑上加以证明；并非存在于本体论领域，更不可能从存在论意义上加以确认。其实，上帝情感超越我们的知识系统、文化传统，它作为"漂泊不定的踪迹"，只存在于伦理学领域（后现代主义伦理学），时时显现于他人的面孔中，处处现身于人与人的伦理关系中，常常通过他人的面孔显现自身、回到自身并拯救自己。因为，自己与他人的相遇总是"面面相对"的相遇，自我直接遇到的他人，总是他人的面孔，而面孔就是一种人生意义的表达。面孔的外部表情属于存在论领域，是清晰可见的，而面孔所表达的意义则属于伦理学领域，它只可意会不可言传，面孔的真实意义不是在世界之中的可见之物，人不可能直接读出他人面孔的实际含义，面孔的意义来自于世界之外，唯有真诚的爱心（面孔背后的面孔）才能感知到它的存在。质言之，面孔是无言的言说，唯有上帝才能聆听到这种言说的实际意义，面孔所言说的意义直接与上帝相通，在他人的面孔中显露着上帝。面对科技异化导致的人性扭曲，海德格尔强调在自我体认中获得超越和升华，提倡把自我从他人的关系中孤立出来，独自沉思、恬然澄明，在畏、烦、死的启示中领悟人生真谛。与海德格尔割裂人与人的关系不同，莱维纳斯认为，离开社会的孤单个体，根本无法通达澄明之境，更不可能超凡脱俗、得大自在之福，"单子化"的个体根本无法生存，根本不能得到上帝的心灵救赎，唯有与他人纠结在一起，并通过他人的面孔领会上帝的关爱，才会摆脱科技异化而获得真福。这样，真正需要的不是什么制度转换而是伦理学上的心理革命，唯有从内心深处普遍皈依上帝方能实现自救，借助神灵之光撒播爱的温情，解除科技魔咒对人的心灵缠绕，识得上帝那张人生幕后的神秘面孔对人所做出的最高指示。

　　与这种超验的上帝救赎方案有别，阿伦特则主张通过反对资本主义的极权政治方案而实现自我救治，并把科技异化及其人性扭曲的根源归咎于晚期资本主义极权性的文化逻辑。在她看来，由于科技理性的片面膨胀，确证着人的本质的劳动，本来是合目的性与合价值性相统一的劳动，在晚期资本主义社会中，却演变成了目的的合理性与价值的合理性极端对立的劳动，机器不仅不受人的支配，反过来却支配着人，使人成为听任机器支配的工具，丧失了自主性和创造性活力，成为一种会说话的物。人要获得自由并本真的存在，却不能依靠浪漫的反科学主义策略和神秘主义的宗教情绪，而要依靠人们积极的政治参与意识，没有政治就没有自由，没有对公共领域的积极占领，就不可能获得真正意义上的本真生存。在后工业社会中，由于科技异化带动的全面异化，私人领域与公共领域泾渭分明的界限逐渐模糊，井然有序的公共领域遭到破坏，而且一种变态的社会领域（拟家庭化的私人领域）常常侵入人的公共领域，使人的政治生活一步步陷入灾难与危机中。这种"拟家庭事务化"的所谓社会领域，常常使得私人领域无边放大，越来越侵入、僭越、吞并了公共领域，从而使得公共政治活动家庭事务化了，公共权力非公有使用了，民主政治家长制化了，公共生活变成了资本性的私人生活的附属品，文化娱乐变成了资本家的家庭欢宴。在她看来，人们对物质消费的关心代替了对政治生活的积极参与，成为一种听命于资本统治的经济动物，人性在极权统治中变成了哈哈镜中的怪影，在精确、高效、统一的"科层制"专制下，统治机器与现代法学联手造就了铁笼般的高压独裁，人成为被关在铁笼中的兽群，成为没有思想、没有自我、没有灵魂的群氓或者暴民。一旦人们政治意识淡化并主动放弃公共参与热情，以至于除了私有财产外一无所有，其政治浩劫就会达到顶峰。事实上，晚期资本主义文化逻辑导致了极权主义，而极权主义通向了帝国主义，它的总特征是"意识形态＋恐怖"，它把个人的私人领域和公共领域的所有方面全盘纳入了所谓国家的控制（社会的管理），发动了一场反文明、反人类的压制全面升级的社会运动，造就了声势浩大的人权终结、人性扭曲的现代法西斯浩劫。其救治方案是，以"人权"对抗极权，人权就是公民权，唯有通过意识革命、人权革命，才能对当代人重新启蒙，终结传统理性自欺欺人的人权思想，弥合已然断裂的人性根基，使人在公共性参与活动中获得社会觉醒，并在反极权主义浪潮中实现人性复归。但是，这种人权变革不是诉诸推翻腐朽的资本主义制度体系，而是在意识深处唤醒人的公民心理、人权观念与参与热望，唯有发动一场社会心理的大变革，因现代科技异化主导的极权主义压制才能有望破解。

　　同样诉诸社会批判的法兰克福学派的霍克海默、阿道尔诺也认为，晚期资本主义文化逻辑使人的所有行为都按照满足利益最大化需求的模式来理解，这最终导致科技理性的恶性膨胀并势必走向自我毁灭。现代科技文明的畸形发展导致的不是人类幸福的增长，而是统治者对被统治者全面奴役力量的增长，它不仅为现代社会野蛮普及化提供了强大基础，而且为人类社会的全面崩溃提供了基础。科技理性不仅是人类征服自然的力量而且也是毁灭人类的异己力量，科技理性的迅猛发展带来了全面倒退，物质文明的高度进步造成了人性痼疾，现代启蒙的人生理想造成了集中营式的残酷现状，科技主导下的文明成为绞刑架下的文明。因为，科技工具理性的恶性膨胀，导致了人的思维的程式化（自我意识丧失）与人的机器配件化（个性主体的沦亡），人与资本能力彻底同化了，对资本支配力的认同换来的是人性的自我泯灭，科技理性参与资本扩张实施了对现代人性的全面扭曲；晚期资本主义文化逻辑更是一种全面商品化、技术畸形化、强迫压制化的文化逻辑，它不再为普通民众提供高级精神食粮而是追逐利润最大化的隐性毒品，因从心理深层全面控制了文化消费者的欣赏力、选择力、鉴别力，从而可以变政治的显性强制为精神的隐性强制，虽然淡化了意识形态痕迹却反而强化了意识形态教化能力，不再是陶冶性情的美化教育而变成了公共舆论的控制器，不再是高级精神享受的审美愉悦而是变成了商品拜物教的流行曲，总之，美学已全面堕落为丑学；晚期资本主义的物质生产机制也对人性进行了全盘否定，标准化的生产线实际上取消了人的本质差别，人们不仅在劳动职能、技术分工上而且在精神需要和思想习惯上都被广加宣扬的科技文明整齐划一、彻底同化了，人的自主性、创造性、个体性、本己性越来越少，而标准化、模型化、机械化、工业化的程度越来越高，人们从贵为万物之灵的崇高祭坛推向物质欲海，降低为单纯的生产要素和"经济原子"，商品化、资本化本来作为人生手段的意义，直接演变成为人生的唯一目的，人在本质上被贬低为赚钱的工具。要克服异化、复归本我，必须进行"彻底的"社会批判，使传统的革命理论"重新革命化"，虽然反对像马克思那样把革命的火种引向资本主义制度自身而开展外在性的革命，但是又不主张像传统批判理论那样采取"顺从主义"的不作为方案，而主张开展积极的内在性革命，要采取积极的全面否定策略即开展由内而外的心理深层的意识革命，彻底唤醒人们对人性异化的心理自觉，通过订立自由协议、集体抗拒资本的同化而实现普遍快乐。在他们看来，西方现代理性由近代启蒙理性衍生而来，它在人类文明历史进程中担当了祛除愚昧、指引光明、完善心智、资政育人的重要使命。

然而，随着后工业文明中科技理性异化的日益加剧与人类中心论的甚嚣尘上，科技工具理性出现了内在缺失与人学悖论，技术生存视阈下人性痼疾的恶性增长，暴露了晚期资本主义文化逻辑单向度发展的反生态、反人类、反科学的本质。科技异化与资本主义双向互动、内在一体，克服异化就意味着对资本主义的合理扬弃，启蒙自反与人性复归只能通过意识觉醒（内在革命）来完成，必然要诉诸社会心理的变革尤其是人的主观内部的调整。

而在弗洛姆和马尔库塞看来，人的本质是本能的冲动，其核心是爱欲的冲动，爱欲是人的本质规定，对爱和自由的不懈追求就是人的生存命义，生存斗争不过是一场争取快乐的斗争，快乐原则就是生命的根本原则，幸福的实质就是自由，自由的实质就是爱欲压制的解除，快乐就是压制被解除时的感受。因此，社会革命的对象不是资本主义制度本身而是造成压制的晚期资本主义文化逻辑对实施人的"非爱性强制"。科技理性愈进步、物质文明愈发展，人的爱欲本性遭到的非法压制就会越来越多，人的历史就是一部压制史，而技术进步史就是奴役不断扩大的历史。晚期资本主义人性痼疾的症结就是现代科技理性对人的过度压抑，不仅压制了人的社会存在而且压制了人的生物存在，不仅压制了人的一般方面而且严重窒息了人的本能结构。无论从广度抑或深度上看，科技早已变成了一种新型的社会统治力量，其对人性造成的全面管理与非法压制达到了无以复加的地步。从广度上看，由于科技的滥用，晚期资本主义发展机制对人实施了前所未有的多方压制，不仅在政治经济、文化教育领域是如此（如在选举制上虚伪的民主，选民只能按照预定的候选人进行选举，事实上成为了极权者迷惑大众的外衣），而且早已全面侵入人的社会生活的方方面面，任何人都无法摆脱多种新闻媒体所操纵的精神灌输和文化渗透，更无法拒绝铺天盖地的广告欺诈所带来的虚假需求与声色利诱，高科技主导下的超前消费、虚假满足与极度虚荣，转移并抑制了人们对社会现状的不满情绪，人的自由自在的反抗精神遭到了彻底毁灭；从深度上看，现代科技带来的高度机械化和自动化，使人的创造灵性与自由个性彻底压垮了，后工业文明成为吞噬人的善良本性的工艺装置，个人主义的合理性被统一地压制成了工艺的合理性，科技成为征服社会上的一切离心力量与反叛势力的最好武器，技术的压制达到这样的程度以至于一切反抗都成为不可能的了，人在技术压制下变成了只求物质享受而放弃精神追求，只顾眼前利益而抛开终极牵挂的无灵魂的躯壳，变成了泯灭一切创造性和批判性而全面认同资本化逻辑的"单向度的人"了，时代也变成了不再思想、拒绝思想的单面性的时代了。唯有开展一场真正意义上的生物学或者心理学革命，彻底宣泄人的爱欲本能与生命意识，清除资本化逻辑对人的爱欲本能带来的非法压制，根本改变人的深层心理结构而实现本能觉醒或者意识自觉，在新的"大拒绝"精神感召下建立反科技的文化同盟，实现爱欲本能的普及化、大众化，才能构建真正和谐宁静的幸福乐园。至于马克思主张的外在性的制度变革，他们认为，这根本不能改变晚期资本主义文化逻辑的实质与走势，只能为极权主义政府机构对现代人性施加野蛮摧残找到更荒唐的借口，使原本畸形发展的人文理性全面陷入荒芜。

　　现代西方哲人再三强调的后工业文明、人文自我中心的批判立场及其浪漫的反科学主义情结，事实上都反映了他们崇尚人的生命活动、肯认人的主体存在、张扬人的个性价值、追求人的自由幸福的基本倾向。但是，就其矫正方案来说，不论现象学诉诸向死而在、以诗去思抑或存在论诉诸上帝救赎、政治参与，不论法兰克福学派诉诸社会批判、心灵自觉抑或本能解放、心理革命，其实他们都一味幻想通过温和的"微观规制"来达到对科技理性的根本拒绝和对人的尊严的高端护持。总是乐观地认为，尽管现代社会还在不断地异化、人性还在不断地扭曲，但是只要设计一套能够促使本能解放、意识觉醒的人道主义变革计划，使得晚期资本主义文化逻辑及其社会运动的一切内容都自觉服从于人的本性复归、生命实现的价值目标，只要秉承人道主义革命路线并不停地进行爱欲本能的真诚呼唤，就能唤起人性深处的善良本质，让沉沦的人性荒漠变成完美异常的爱的天堂，科技悖论所主导的一切人性痼疾就会烟消云散，一种完美和谐的人间新伦理原则、精神支点、信仰体系就会建立起来。与现代哲学家所倡导的温和革命有别，后现代大师们清醒地看到，这种温和的心理革命只是对极权的晚期资本主义文明的刻意粉饰，不仅无助于人性痼疾的矫治反而助长了其反人类的文化梦魇的蛊惑性，从而几乎不约而同地选择了颠覆一切的全面整合方案、走向了与资本主义制度分道扬镳的实践革命阵营。正是在这个意义上，后现代主义的颠覆指向、社会变革方案与马克思主义的实践指向、社会革命方案具有内在的通约性，二者在当代不期而遇、内在联手，的确是其共同的批判对象使之集结在一起。马克思也看到了科技悖论及其价值负载对人性的非法压制，认为现代科技的非正当运用使之成为一种"异己的、敌对的和统治的权利"①，但是他认为对这种科技异化及其人性痼疾的矫治不能只诉诸文化批判或者心理革命，而要通过制度变革才能彻底铲除科技异化产生的社会基础（制度根源），既摆脱人对人的依赖、又摆脱人对技术的依赖，实现人的自由个性的全面发展（社会发展与个人发展的真正统一），人类最终从支配他们的生活和命运的科技异化中真正解放出来，实现"人类从必然王国进入自由王国的飞跃"②，真正自觉地开创自己完美生活的人类文明史。

第四节　马克思主义哲学中国化的科技支撑

自然事实就是通常我们所说的客观事物或者客观事物本身，是指不以人的意志为转移的一切存在之物，它对于人及其活动而言，既是先在的又是外在的，是自然而然、自在而在的。哲学上说的客观事实是指特定的实践事实、真实的事件，它是指已被正确认识到的客观事物、本质及其规律性的总称。科学事实是通过观察和实验所获得的经验事实，是经过科学整理和鉴定的确定事件。无论自然事实抑或客观事实，一旦被人类认识并用语言对其描述而做出经验陈述或观察判断，就形成了经验事实。由于它受主观认识能力的限制，极有可能歪曲真相，其真理性有待于科学共同体的进一步审查，所以，科学事实并不等同于客观事实。从理论上弄清这三种"事实"的联系与区别，意义非常重要。

自然事实是指一般意义上我们所说的"客观事物"，若从人与自然的关系来看，是指"天然事实"；而若从人与人的关系来说，是指"日常事实"。它与我们在哲学意义上所说的"客观事实"，是既有联系又有区别的。二者的根本区别只在于，它们与实践保持什么样的关系。凡是与实践具有内相关关系并保持敏感性的事实，就构成实践性的客观事实；而凡是与实践是外在相关的、或者与之根本无缘的，就是日常事实或者天然事实。而哲学所说的客观事实与科学哲学上所说的"科学事实"，也同样是既有区别又有联系的，它们的重大差别只在于，究竟其可靠性是取决于它与描述体系的一致性抑或是与实践的一致性。弄清这一点，对于我们坚持

---

① 《马克思恩格斯全集》第47卷，人民出版社1979年版，第571页。
② 《马克思恩格斯全集》第3卷，人民出版社2009年版，第564页。

马克思科学的世界观、方法论，一切从事实出发，尊重事实、研究事实，进而以事实为基础、实事求是地建构科学理论，具有重要的现实意义；而对于我们以事实为基础，与从狭隘经验出发且"沾沾自喜于一孔之见"的经验主义、与从本本出发且在主观观念中虚构事实的主观主义，划清原则界限，提高认识能力、推进科学发展，也极具理论意义。

自然事实（天然事实或日常事实）及其非实践性。自然事实（天然事实或日常事实）就是通常我们所说的客观事物、人的生存性状，即客观事物本身或者人的非本真存在。既包括不以人的意志为转移的一切存在之物，又包括人们现实生活中的人生万象，它是与客观存在、或者客观实在属于同一序列的范畴。对于人及其活动而言，它既是先在的又是外在的，是自然而然、自在而在的。当纯然外在的日常情态或者事物表象尚未进入人的认识—实践领域时，它还只是自在自存的"物自身"（如，花自飘零水自流），只有当它与主体发生认识—实践关系，即发生反映与被反映或者改造与被改造的关系时，日常情态或者事实表象这种"自在之物"才转化为"为我之物"，具有了认识对象或者实践客体的意义，才成为我们认识—实践的客观事实。日常情态或者事物表象是偶然堆积、无限多样的，它具有自主性、自在性、自因性，在人类认识—实践发展的某一历史阶段上，斑驳陆离、纷然杂陈的日常情态或者事实表象，只有一部分能够进入人的认识—实践领域，成为人们真正的认识—实践客体。随着人类认识—实践能力与水平的日益进步和提高，日常情态或者事实表象越来越多地向认识客体转化。而促使日常情态或者事实表象进入人的认识—实践领域并向认识客体转化的根本力量，仍然还是人们的客观性的社会实践活动。日常情态或者事实表象无疑是任何一个理论得以确立的经验基础，是判断该理论是否及在何种程度上具有真理性的生活基础。尊重日常情态或者事实表象的实在性、真实性、唯一性，是从事一切科学研究的前提和基础，从日常情态或者事实表象出发，进而按照事物的本来面目来认识事物，也是保证科学研究顺利进行的当然要求。任何一个不从日常情态或者事实表象出发而是从主观愿望出发，进而不从客观事实本身及其真实的相互关系出发而是从想当然出发，以主观臆造的联系替代真实的关系，是很难在科学上有所收获的。巴普洛夫认为，事实就是科学家的空气，没有事实，人们永远也飞腾不起来；没有事实，人们的一切"理论"就是在枉费苦心。中国古代历史上人们为了长生久视而进行的炼丹术、巫术，西方历史上进行的视灵者的实验、以太实验等等，最终都证明是荒诞的、背离科学本性的，关键在于没有以客观事实为基础。

客观事实本质上是一种实践性事实。哲学上的事实是指特定的、真实的事件，它是指已被正确认识到的客观事物、事件、现象、关系、性质、本质及其规律性的总称。客观事实就是我们认识论上所说的客体，显然并非指所有客观存在的事物，而只是指可诉诸实践的事物，是一种实践性的事实或者基于实践而确立起来的事实。它同样具有客观实在性，这是由客观物质世界具有不以人的意志为转移的物质本性所决定的。但是，物质性或者先在性，只是它的自然前提或者本体论基础，而非本质性要素和决定性环节，构成其本质内涵与决定环节的只能是社会性的实践。因为，哲学上所说的客观事实是属于人的事实、打上人活动印记的事实，哲学上所说的自然是第二自然、属人的自然。马克思讲，存在于我们周围的感性世界（日常情态或者事实表象），决不是那种开天辟地以来就有的原始自然，而是世世代代实践劳动的产物。我们总是生活于人化自然中，没有留下人化印记的天然事实或者自在自然已很难寻觅。自然和社会一样，在本质上都是实践的，是一本打开了的关于人的本质力量的书，是感性地摆在我们面前的人的心理学，人与自然的关系如同人与人的关系一样，都是在实践中相互生成的，实践是整个感性世界非常深刻的物质基础。单纯外在性的自然，对人说来是"无"。这里所说的"无"，并不是不存在，而是没有意义。易言之，客观事实之所以能成为客体，之所以能够取得客体的地位，从根本上说不是取决于它的物质性和先在性，而是取决于它的对象性或者指向性，关键取决于它能否及如何进入人的实践活动范围、被人的实践所捕捉并成为人的实践和认识的对象。因此，认识—实践客体的广度和深度，依赖于主体及其主体性能力与水平的发展程度和状况，认识—实践客体的界限也取决于主体的探索手段、能力与范围。客体是指在主体之对象性的认识—实践活动中，同主体一起构成活动的两极并发生了相互作用之功能关系的外部事物或者客观事物，它是主体实践和认识活动所实际指向的对象。马克思认为，人并没有创造物质本身，甚至人创造物质的这种或那种生产能力，也只是在物质本身预先存在的条件下才能进行。质言之，人不可能创造或消灭客观事实，只能在实践基础上予以改造。而那些在实践活动中被改造并打上主体烙印的客观事实，只不过改变了物质的表现形态而已，其客观性并未因此而消解。客体首先属于客观世界，是的的确确客观存在着的客观世界的一部分。但，并非所有客观世界都是当下意义上的现实客体，只有被主体纳入其实践和认识活动中的那部分，才能从潜在意义上的客体变成现实意义上的客体，从天然之物变成人化之物。

旧唯物主义对客观事实作了纯自然主义的理解。旧唯物主义者仅仅把客观事物当作直观意义上的客观事实，把直观对象等同于客观事实，没有从主体的能动的本质力量和实践活动方面，从相对于主体及其活动的角度去理解和把握客观事实的客观规定性，因而陷入了"唯客体主义"（机械唯物主义、形而上学唯物主义）的泥潭。正如马克思所讲，"从前的一切唯物主义（包括费尔巴哈的唯物主义）的主要缺点是：对对象、现实、感性，只是从客体的或者直观的形式去理解，而不是把它们当作感性的人的活动，当作实践去理解，不是从主体方面去理解。"① 在旧唯物主义者看来，哲学的对象是感性的人及其自然，自然和人都在直观意义上构成了人的认识基础，一切非思维的存在都是人的现成的客观事实。并从"唯物"的角度出发，认为思维是从存在而来的，然而存在却并不来自于思维。存在是从自身、通过自身而来的，是自在自因的，而思维只是这种存在的主观映象。客观事实就是与"思维"相对应的"存在"，即它是作为人的感性对象而存在的，客观事实就是感性的存在、直观的存在、非思维的存在。旧唯物主义事实观的一个根本缺陷就在于，它不是从与实践的关系上区别客观事物与客观事实的，而是从与思维的关系上来区分，他把客观世界看作人的感觉、直观反映的对象，而没有看到客观世界是人的"实践"这种"感性活动"的对象，即不是把它们当作人的感性活动，当作实践去理解。"旧唯物主义把自然界看成是与人无关的独立存在，看起来很'唯物'，实际上完全不了解自然界的真正本性。"② 譬如，费尔巴哈，他虽然强调人属于自然，却没有看到人也能动地改变自然。他把人只看作是感性对象而不是感性活动，他对客观世界只是从客体的或直观的形式去理解，而不是从主体方面、实践方面去理解。换言之，费尔巴哈只是对事实作了唯物主义的理解，而没有同时对之作实践的理解，在对事实的理解中，没有实践的位置，没有看到实践作为客观事实中的一个特殊部分的重要意义，没有看到他周围的感性事实并非从来就有、始终如一的东西，而是工

---

① 《马克思恩格斯文集》第 1 卷，人民出版社 2009 年版，第 499 页。
② 肖前等：《实践唯物主义研究》，中国人民大学出版社 1996 年版，第 34 页。

业和社会状况的产物，是世世代代活动的结果。离开使现存世界革命化的物质性实践，就不能真正理解已经在实践的作用下改变了的自然事实，也不能理解人类生活中的历史事实。

科学事实本质上是一种经验事实。科学哲学上所说的科学事实，既非是指那种普遍存在的简单事物或者特定事件，亦非指客观事实本身，而是指通过观察、实验、测量等实践活动、借助于一定的语言描述体系对简单事物或者特定事件进行判定所形成的单称命题或者经验事实。科学事实是指与个体存在相对应的主观陈述，作为经验事实而存在这一特点说明科学事实描述的是个体经验而不是个体所在的类的经验。科学事实强调的就是认识特殊事物的感性活动及其经验内涵，而不是由特殊到一般的理性活动及其抽象表达。凡是经验事实都应有可复核、可重现的特点，在相同的条件下能够对同一现象再次经验并且对认识结果的陈述是相同的。那种不可重复、不能复核的事件（如文史哲上的特殊事件），都不是科学事实，不能在科学的意义上探讨它们的真实性。凡是经验事实都应该具有精确性和系统性，我们可以通过科学观察和科学实验来对之进行定量和定性分析，不能进行系统描述和精准测量的事实，构不成科学事实。而要保证经验事实的客观性，不是取决于事实本身或者实践需要，而是主要取决于获取经验事实手段本身是否科学，也就是通过观察和实验等科学实践活动获得的关于经验事实的信息是否可靠，并且还取决于以什么样的科学语言来对经验事实进行确切表达。人们要描述自己观察到的事实，就必须使用特殊的话语，而这些特殊的话语总是属于特定的理论体系。可见，人们对客观事实进行描述的过程，也就是该事实获得理论解释并使之转化为科学事实的过程。仅仅成为客观事实的，还不直接是科学事实，它只有得到一定的理论解释才能成为真正的科学事实。当然，对于同样的客观事实，由于人们解释它的方式方法不同，就可以获得不同的科学事实。

科学事实与客观事实的根本差别。科学事实与客观实在之间是存在误差的，科学事实是通过观察和实验所获得的经验事实，是经过科学整理和鉴定的确定事件。哲学上的客观事实本质上属于实践性事实，它是在时间和空间中存在的事物、现象和过程，是一个从属于实践意义上的范畴，无所谓对错之分。而客观事实一旦被人类所认识，并用语言对其描述而做出的经验陈述或观察判断就是科学哲学所说的经验事实。经验事实是一个科学意义上的范畴，因而它的形成经过了人类大脑的加工，当然有对错之

分。科学事实作为一种经验事实，它的内容虽然是客观的，然而它的形式
却是主观的，因而其认识—实践结果就具有可错性。因此，科学事实与客
观事实之间是存在误差的，引起这种误差的原因主要是实验方法、思维方
式和人文环境的制约。一个科学事实往往是先通过观察，然后通过推断，
紧接着需要经过一系列的验证和应用才被人所承认。这期间当然要受到人
文环境以及实验手段的制约，不能保证百分百正确，只能说它在一定条件
下是正确的。而且，科学事实由于受主观认识能力的限制，主体极有可能
歪曲事实，它作为描述物质现象与过程的经验事实，其真理性有待于科学
共同体的进一步审查。只有经过科学共同体系统鉴定的事实，才能成为公
认的科学事实。但是，科学共同体的认识能力与水平也受各方面的限制，
因而，即使是公认的科学事实，也是相对的、可错的。科学事实描述的都
是个别事件，形成的都是单称判断，极其复杂的综合事件及其全称命题，
根本不属于科学事实，而只能是哲学意义上的客观事实。科学事实具有可
重复、可复核的特征，不能在相同条件下做出反复检验的事实，其客观性
就会受到质疑，就不会被承认。但是，是否具有可重复性，需要科学共同
体来确定，"非科学人员的'重复'，甚至是行政当局、新闻报界的大肆鼓
吹，即使一时得逞，最终仍不能确认为科学事实"①。科学事实需要精准检
验，在定性与定量上都需要高度准确，而这非常不易。当代混沌学认为，
由于混沌系统初始条件的极度敏感性，初始条件的细小变化就会带来整个
系统未来性状的极大差异，真可谓差之毫厘、失之千里。科学上的真实要
靠事实来验证，科学事实是任何理论获得确立的基础，离开足够多的科学
事实的支撑，再优美的理论也不能成为科学真理。科学事实既可以出现在
科学理论之前，亦可以出现在它之后，在当代，科学假说就常常走在科学
事实的前面，当它遭受质疑与反驳，就需借助更多的科学事实来验证，这
就成为拉动科学前进的动力。

　　科学事实与客观事实的内在统一。古典经验主义者如培根和洛克等人
主张一种纯粹性的观察，认为客观事实就是客观事物本身，对它的观察不
能携带任何主观因素，观察不能受任何理论的污染，仅仅是一种纯粹的感
官反映活动，要像镜子那样直观地映现事实，反对主体的先见（前理解）
对事实的构建作用。正如赫胥黎所说："要像一个小学生那样坐在事实面

---

　　① 刘大椿：《科学哲学通论》，中国人民大学出版社 1998 年版，第 67 页。

前，准备放弃一切先入之见，恭恭敬敬地照着大自然指的路走。否则，就将一无所得。"① 现代经验主义者如卡尔纳普、石里克等人主张一种中性的观察，认为客观事实与语言描述相联系，凡是通过语言规则系统与观察事实发生关联，就可从中获得经验蕴含。只有保持科学观察的中性，进而才能保持科学事实的中性。要防止主体先见的无端介入，就必须使自己的观察要么直面事实本身、按照事实的本来面目反映事物，不能掺杂任何主观因素，要么就要依据特定的、大家公认的逻辑规则进行客观性的描述，以确立公认的经验命题，科学事实的客观性取决于观察的逻辑蕴含、逻辑规则的客观性。后现代主义者如德里达、福柯等人主张一种"无自性观察"（又叫零度观察、零支点观察），认为观察纯粹是随意的、任性的、毫无目的的。观察就是观察，理论就是理论，二者风马牛不相及，一切都仅仅停留于当下。观察不为任何理论提供经验基础，也不接受任何逻辑规则的检验，更不顾及实践的需要，它仅仅与人的那种无限延异、无穷解构的情绪内在相关。后现代经验主义试图推翻任何带有整体性、主体性踪迹的客观性描述，认为回到事实本身就是仅仅切问碎片与泡沫，事实的客观性与科学性二者都被纳入解构环节之中，连一切科学理论都被解构了，哪里还管什么科学事实与客观事实的差别与联系呢？其实，在我们看来，观察与理论是辩证统一的，观察是理论的基础又不断推进并检验着理论，而理论则导引着观察并使之日益延拓和深化。二者之间良性的循环发展、不断开放，使错误的观察得以矫正、使错误的理论得到淘汰，长此以往就会逐步实现科学事实与客观事实的内在一致，促进科学理论的合理进化与不断成熟。当然，二者获得统一的基础是社会实践，而不可能是主观虚构或者逻辑表征。

　　笔者认为，科学事实并不等于客观事实和自然事实，科学理论及其使用都是有严格条件限制。因为科学理论、科学真理都是可错的，"科学至上"与"科学万能"的说法本身就是不科学的，"当代形态的马克思主义科学观认为，科学并不是万能的，万能的东西不是科学"②。这似乎有点不可思议，但却是不争的事实。其实，科学发展史就是一部不断被反驳、被质疑、被充实和被修正的历史，也是错误的理论内容与方法不断被发现

---

① ［澳］贝弗里奇：《科学研究的艺术》，科学出版社1979年版，第53页。

② 陶德麟、王信砚：《马克思主义哲学的当代论域》，人民出版社2005年版，第217页。

并被纠正的历史。正如波普尔所说,一个理论的科学标准就是它的可证伪性、可反驳性、可错性,该理论"不管曾获得何等的成功,也不管曾经受过何等严格的检验,都是可以被推翻的"①。波普尔"唯有可错的才是科学的"的观点,可能有点极端,但他却说出了一个真理,即不能把科学理论等同于真理,更不能把科学事实认定为客观事实,否则就会把科学绝对化、神圣化,造成科学迷信和科学崇拜,这非但不能推动科学前进反而能够束缚它的发展。

---

① 〔英〕波普尔:《科学知识进化论》,生活·读书·新知三联书店1987年版,第51页。

第三章

马克思主义哲学中国化的时代处境

随着西学东渐在理性王国中的冉冉升起，从此颠覆压倒了启蒙、消解替代了建设，形上理性成为明日黄花、风光不再。西方哲学之反理性、非理性试图截断众流、开创新说，锐意在彻底边缘化、碎片化中改变自己的身份性，渴望在诗美语境中进行重写重振。但将诗作为祭品庄严地献给理性，不足以安顿精神家园，旨在陶醉自我的矫情之举实际上乃是画地为牢的自我保护、慨叹无奈的自我放逐。因为诗性之光虽照亮了对人类生存极具意义的一个方面，体现出可贵的生活智慧，然而其核心却有一片灰暗，无法担保人何以更好地生活于世的终极关怀，不能为人提供当下生活何以值得过下去的真正理由，当代马克思主义哲学在夹缝中求生存。

第一节 马克思主义哲学中国化的生活境遇

西方形而上学一向主导文化集群，无论国家决策抑或民间日用，无不以之作为价值基准，无论文化转型抑或科学革命无不以之作为理想支点，以至于长时段百家罢黜、一家独显，其至尊地位代相传递、延绵不绝，虽时有变更、但质无大改，然而遭遇后学精神冲洗之后，它竟然歧义迭出、杂芜丛生，顿失居所、无从容身，有的另起炉灶、攀缘别式，有的离经叛道、悬置思想，这使之与学理大统了无相涉、分道扬镳，完全处于无从置喙、瞠目结舌之失语窘境。受后学流风所及，机械僵硬的简单比附、漫不经心的任意解读随处可见，牵强附会之说、荒诞不经之词沉渣泛起，人文精神低迷、身份认同危机、学术日益衰微、价值信念悬空，大有江河日下、人心不古之势。如果说青年学子能够较为自如地进入后学视域，用解构策略来消解任何带有总体性踪迹的思想记述，可以较少或不受形而上学的羁绊，因而显得应付自如、负担较少的话，那么，一些在传统理性中摸爬滚打、深陷其中的资深学者，在形上理性四处飘落、走向终结的尴尬境遇下，急于振臂高呼以实现突围，然而应者甚稀、徒遭白眼，深感理性启蒙的一切艰苦努力皆化为乌有，虽不甘用新瓶装旧酒，终因方法过时、资源陈旧、镣铐沉重，顿觉欲振无力、回天乏术，日暮途穷、前景渺茫。

随着后学视域在哲学王国中的冉冉升起，从此颠覆压倒了启蒙、解构替代了建构，形上理性成为明日黄花、风光不再。反理性、非理性的积极营建试图截断众流、开创新说，使得形而上学要想在哲学中谋得一席之地就不得不改头换面、脱胎换骨，在彻底边缘化、碎片化中改变自己的身份认同，时时处处按后学规则进行重写重振、重新表述，那些宏大叙事结构及其虚幻幸福承诺，渐渐变成了被人遗忘的历史遗产，一种发霉变质的故纸堆，仅仅成为材料性的存在，与现实生活的间距拉大、与思想的裂隙加宽，跻身于边缘角落、屈尊于文化旮旯，或者成为附着于生活浅表的应对技巧，或者成为"为稻粱谋"的权宜之计，或者成为高楼深院、书斋讲坛的调侃，或者成为少数人的俚语黑话，总之，已排挤出主流话语的局外，成为个别人的特殊爱好和艰难操持的另类事业。

随着后学的全面介入、平稳运行，形而上学试图充当中间理性、过渡形式的种种谋略，已变得十分可疑，将理论化为方法、将知识化为智慧、将理性化为德行的种种腾挪，已成为一道多余的手续，后学那种由整体到碎片、由中心到边缘的强劲消解力、冲击力，使之或者丧失了因应变化、与时偕行的回应力、再造力，突然面临连根拔起的灭顶之灾；或者被遗弃到思想的阴沟，"迷头认影"、失去真我、成为他者；或者沉积于学术的深层，往碎片上拥挤、向泡沫中靠拢，在自残、自虐中气绝命丧，或者撒落在文化的破损处，成为恍若隔世的呆望者。衰微已极的形而上学最终消失在了后学精神凯歌高奏的欢声笑语之中，它对生活的种种谋划而产生的话语霸权也在冉冉升腾的后学旨趣中显得微不足道。拒绝经典、反叛理性、打倒传统的阵阵呼声，早已盖过了往日恋旧的精神记忆。理性解释的种种框架和思想平台，被彻底置换成了后现代主义思想坐标，后学转向所引发的革命变革不亚于一场精神地震，彻底改变了形而上学的存在状态和文化使命，在崩溃性逻辑中传统理性必须向反理性看齐，必须被打磨成一种合乎后学精神要求的无支点的批判、无原则的诠释、无立场的考察，才能成为当代通用语进入主流意识形态。这是理性的觉醒抑或思想的泯灭，是启蒙的胜利抑或全面的撤退，是意义放任抑或本性回归，是自我消解抑或成功超越，这一切新后现代主义或后后现代主义者又将对之作何评说？是否又会将后学的反理性看成是理性的自我纠偏行动，究竟是把解构一切的原则看成是形而上学复兴的前提还是把它视作是一种心存僭越的非分之想，是把传统理性看成是已经完成了的历史记忆还是可能得以自我拯救的未来计划？看来形而上学真是到了日薄西山、左右两难的境地，要么赖以生存的、可供根系蔓延滋长的土壤被彻底铲除，要么将获得某种超理性的先验幻象、非逻辑的奢望表征。

　　现在的问题是谁将赢得并见重于时代、生活和未来，理性、非理性、反理性？考虑到思维的层次性、明晰性，我们还是分而述之：若是一个操持理性的哲人，他的精神追求内在地体现了他的人生风格、文化品位和生活情趣，凸显着与他人截然不同的精神风貌和伦理操守，每时每刻都流露出一种思维的缜密性和做人的良知，他的精神期盼就是要确立一种令人羡慕的知识体系和逻辑基础，基础主义和心灵之镜是其两大特征。为此，就必须消除一切非理性的东西，设计出能够使一切知识统一起来的稳定根基，而要为一切体系奠基就必需一种科学的哲学为之导航，使人们通晓所有领域并能够驾驭和支配理性的力量，并自信能够正当地使用，从而成为自然知识的主人和拥有者。作为智慧的最高等级，哲学能够为人类提供幸福之果，是最大意义上的人学，把为人谋幸福视作神圣使命和致思取向，强调应对之终生不渝、充满自负，只要一息尚存就将不遗余力、苦心经营，力争为世界建构一套无限完美的知识系统。

　　若是一个非理性的哲人则认为，人根本不受理性的限制而是受非理性的本能和欲望支配，人压根是一种非理性的存在，人内心中充满了各种被压抑的原始冲动、破坏欲望和死亡本能，它们具有强烈的心理能量，总是寻求各种时机渗透到理性自我中，总能找到释放和发泄的各种出口，人的理性完全是由非理性决定的，人生注定要受非理性的奴役。而且认为人是绝对自由的，根本不存在什么固定不变的本质，一切包括人自身都是人自由创造的，万物及自我将成为什么完全取决于人的自由选择，现在的一切之于人都是不存在和有待超越的，而未来又只是一种可能性、同样不存在，人就处在这种双重的不存在之间，人压根是一种虚无和荒诞，是一系列不可捉摸的、非理性的情绪和感受的集合，是一个既没有现在又没有未来的虚幻的影子，对人来说，一切都是无用的热情，人终极的悲剧宿命使之一切都陷入虚无，此时，那个确定的、自足而又凝固的理性主体瓦解了、破碎了，成了一个在时空中永恒飘荡的流云。

　　而若是一个反理性的哲人又该做何描述呢？在反理性的人看来，根本不存在线性的因果链条和规律设计，而只是一连串偶然事实的随意摆放。用某种理想的人类目标来解释人类的过去并设想人类的未来，这其实只是意识形态偏见，是虚幻的幸福承诺，是一切乌托邦的源泉，靠这种总体性的、简约化的精确设计，不仅不能为人类指明一个美好的未来，反而给人类带来了虚妄和欺骗，可见一切都是意识形态的虚构，任何历史、规律、体系、真理的记述都走向了终结。人类中心主义及其主体性哲学的各种旗帜都应该统统卷起，透过掩盖在各种时髦话语上的伪装和表象，人们看到一种面具性的主体开始浮出水面，人完全是一种理性的牺牲品，充其量只是一种意识形态虚构、一种怀旧怜惜的肖像。根本不存在一个作为类的主体，即使存在也不过是一个幻影、一个心理碎片或欲念的闪烁，人类、主体、规律、历史、真理等等都不过是语言的效果，都寄存于飘忽不定的神秘踪迹中，任何整体性的叙述方案都不过是一些符号化的幽灵，不仅历史终结了，主体死了，而且人也死了，人的一切价值之维完全被颠覆了。

　　近现代形而上学由于自我缠绕的加剧，在全球化、工业化、都市化浪潮中早已发生了深刻变化，由致思本体、形上追问演变成了不再思想、放弃思想，导致了思想诀别和意识形态瓦解的局面；在受到后现代理性和民族文化复兴双重打压下，已由主流话语蜕变为裂散的、漂浮的文化泡沫，由中心主义的霸权语调滑落为边缘化、隐匿化的理性残渣，它赖以生存的宏大叙事及其政治背景悄然出现崩裂，并在各种解构主义策略的巧妙运用之中，面临本根上的质疑和拷问，其合法性基础日渐贫瘠，其文化生态日趋凄惨。传统理性的残片如何起死回生、重新恢复到在场地步呢？那它就必须与后现代主义秘密牵手，经受解构策略的洗礼，在日常生活领域找到自己安身立命之处。日常生活似乎极易介入，解体飘零的理论资源重新被切割整理一番，做着各种各样的后学转述，成为对应与比照昔日生存状况的参考指标，形而上学的后学转向在日常生活领域发现了英雄用武之地，也使后学者心中普遍滋长着一种心安理得的慰藉情绪，个个不甘示弱，使出了浑身解数辗转腾挪于各种理性的对接处，都试图在生活世界开辟自己的自我生成之域。这样，易于存活的生活领地安顿下了后学转向的种种文化谋划，使得后学研究一时间火爆异常，论者云集、大家辈出，大有成为显学之势。各种理性的较量，最终在生活层面这种可疑的话语中，揭开了反体系化建构的序幕，在后学的麾下获得了参与主导性生活的准入证，引导出一种张扬个性的反理论化姿态，贴近生活成为各类哲学最好的避风港，各种文化碎片纷至沓来，各种理性因子交互作用，都期望在视域整合中达成共识。但生活为哲学提供的庇护是极为有限的，根本不可能满足形而上学置之死地而后生的最终要求。一个可能的转换向度就是回到诗意境界中，通过理性的诗意表达、诗意传送和诗意接受，在情形特别复杂而界限又极其模糊的诗意中，为之找寻一个栖身之所，借助复杂而微妙的诗意阐释为理性之光的再次闪现开出一片天空。海德格尔及其嫡传弟子们正是朝着这个方向拓展的，凭借语言的诗性把传统理性及其叙事计划尽量撇开，尽力抛离总体性记述的一切痕迹，割断形而上学赖以生存的特定背景、叙事脉络和外在形式，着力提升后学精神的当代意义，凸显思想与诗性的融合，展示诗化理性的时代风貌和永恒价值。

语言学转向中的诗意叩问，不仅约略窥见了未来哲学发展的路径，也为反形而上学的激进思想打开了方便之门，为哲学的生活转向找到了文化出口，使得传统理性的文化土壤日益贫瘠，渐渐成为人们遥远的记忆和漂浮的观念。为重振对生活的启迪，哲学的诗意接受实现了对思想的当代提炼，在场域收缩、思想游弋的后文化语境中，诗化理性缝合了传统文化的诸多裂隙，并将之以生活话语的非逻辑形式编织成一种新的体系，在文史哲的关合处尝试着延续哲学的生命力，在理想与现实之间找寻各种理性资源契合的共生点，最大限度地保存现代人文理性的活性因子，而避免使之完全沦落为一片瓦砾和废料，多少唤起一些人们对思想重建的某种联想。面临当代各种文化相互撞击、纠葛其间所形成的既互相交叉重叠又充满断裂与脱节的复杂背景，哲学的诗意表征似乎为理性张扬自我并走向生活提供了前所未有的机遇，要想借此机遇复兴理性昔日光辉，就需使之捕捉时代发展脉搏、顺应大众意愿，扎根实现沃土、呼吸人文情愫，重塑自己的身份认同、重建自我精神家园。

哲人何以聆听理性的人文真意及其借以呼吸的一切自由信息，又怎样通达情感与理智交融的玄妙境地并巩固安身立命之基，诗化哲学所开显的思想通道也许能够担当此任。真正的哲理诗可涵盖乾坤、静远空灵，独标孤愫以通尽天人，亦可慷天地悠悠、人生苦短之慨，抒随缘任云、顺应自然之情。究其缘由在于，诗寓于理趣又不坠入理障、善于写意又不阻于理碍，大多蕴蓄在灵透的诗美意境中启窦人之心扉又不诉诸议论，描绘秀丽物象又不滞留于临摹写真，温馨爱抚中颇具超越精神，集结生活慧眼以点亮理性形象，在信念积存、涵养人情基础上，以非逻辑的思维跳跃扣动人之心弦，产生瞬间的体认和精神的震颤：可以倾听到灵异之音、领略异域风情，在诗意话语中悟透初露端倪的深邃睿智，在诗美情境中塑造自我，使理智之光向世界开敞，说不可说、思议不可思议人间大自在。无怪乎，海德格尔声称，人诗意的栖居，诗中有人本真的居所。其实，诗美是不透明的光，虽诱人却难堪重任，以之去拯救理性最终不免颠覆厄运。将诗作为祭品庄严地献给理性，无论以诗去思抑或以情见理，都不足以安顿精神家园，这种旨在陶醉自我的矫情之举，实际上是画地为牢的自我保护、慨叹无奈的自我放逐。古人援佛入儒、以道释理，虽皓首穷经却难以默会于心，已再三证明是一种不成熟的方案。今之以诗释理、寓哲于美这种东施效颦行为，无论如何精雕细琢却不能表征内识、参悟人生。诗性之光虽照亮了对人类生存极具意义的一个方面，体现出可贵的生活智慧，然而其核心却有一片灰暗，无法担保人何以更好地生活于世的终极关怀，不能为人提供诗美生活何以值得过下去的真正理由。

当代理性真的言语道断、思维路绝了吗？后哲学所主张的反理性就力主此意。认为传统理性的元话语及其宏大叙事方式窒息并扼杀了思想活力，强调用死亡的意义和冰冻的符号彰显一个无深度的世界，试图粉碎整体、消解结构以防止思想的独断化和极权化，倡导由中心到边缘、由整体到碎片的无序滑动以实现意义的完全自我呈现，对抗理性的总体化、颠覆知识霸权以占满生活的各个空间，破除等级体系的纵向思维、城邦思维以成就一种意义无边放任、文化的无地域化构建，推翻合法化的理性基础以朗显微型叙事的生命语义，颠覆人道主义以确立生存风格的个人选择，如此等等，不一而足。这种非理性铲平了一切又不事建筑，使得杂芜丛生又袖手旁观，在崩溃性逻辑中甘愿理性的萧条和精神的危机，无怪乎新后现代主义对之强烈不满，立意重振理性以实现纠偏。问题的实质在于新后现代主义拯救措施究竟是为理性开辟了诸多自我生成之域并赢得了全面性胜利，还是造成了它的意义放任、思想低迷并陷入合法化危机？面对它的质疑和拷问，我们究竟应该执行一种退行性的收敛、紧缩策略抑或是一种积极的扩张、开放计划？马克思主义的实践理性能别开生面并成就一种永久性的文化特征吗？对此已有另文述及，无须赘言。但这里必须予以明确指认的是，后学语义的解构策略究竟在当代哲学研究中造成了什么样的意义断层和逻辑崩塌：（1）后学语义以解构的方式颠覆了传统形上理性得以确立的合法性根基，将宇宙自然的秩序性、规律性、整体性以及据此而产生的理性主义、科学主义、整体主义，统统予以消解，试图粉碎整体、破解结构，终结一切带有整体性踪迹的逻各斯中心主义、语义中心主义及主体性形而上学。（2）为防止思想的极权化、独断性和僵死性，后学语义常常把西方形而上学与现代西方资本主义的种种弊端内在地勾连起来，认为正是传统哲学的那种权力话语方式、宏大叙事结构、虚幻幸福承诺、人道主义梦魇、政治理想奢望及其理性体系霸权等等，才窒息并扼杀了哲学思想原本就有的形而上的那种感召力、再造力、引领力，以至于产生了哲学研究的多元异质取向并面临丧失自我规定性的危险。（3）后学语义倡导反人道主义、反人类中心主义，认为不仅上帝死了、主体死了，而且人也死了，传统哲学中的一切人学语义都自我消解了，当代哲学试图构筑的任何核心价值体系都毫无例外地丧失了学理根据，而主张打碎一切人学框架，不给人强加任何理性范式，而倡导自我关切、自我设计、自我奋斗，自由地选择自己的生存风格，时时处处为自己打造一种大美的人生，并创造一种向善的、光荣的美好生活，为世人树立难忘的伦理习惯和道德楷模、留下一个可敬的生活记忆，从而使所有伦理学和人学都自觉建立在对一种生存风格的个人选择之上，使哲学语义现实对人的真正还原和本性复归。可见，后学语义的一切努力不过是从哲学层面捍卫晚期资本主义的文化逻辑，是对过度现代化而产生的种种价值负载所进行的一种自我纠偏，骨子里仍然属于一种资产阶级哲学。

第二节 马克思主义哲学中国化的诗意穿越

诗意想象及其对生活世界的意义穿越是一种极其可贵的思想品质，哲学研究比任何文化门类都更需要对它的激发与活化。须知，每一种哲学思想的意义构造及其逻辑关系的每一步推理都要靠它予以嫁接和构境。否则哲学真意就会枯竭、思维灵性就会堕落、生活语义就会低迷，若哲学不能使人的心智生活在享受快乐中产生灵异和飞动，就很难成为一切文化艺术之母和思想创新之源。诗意想象及其对生活世界的意义穿越，是哲学思想产生和发展的原动力，它能激活与驱动思维的固有能量，无边放大思维对象的意义蕴含，使人的思维处于高峰体验状态，不失时机地捕捉到尽可能多的有用信息，使之灵思泉涌、有如神助。作为对人与世界关系的一种观念把握，诗意想象及其对生活世界的意义穿越，体现了人类心智生活的自我觉醒，那些充满瑰丽的诗意之思和深邃隽永的睿智之辩，历来是人类文化形态、人格精神的一种最高体现，它对古今中外哲人的世界观、价值观、文化心理、道德操守以及人文思潮都产生了深远的影响。从根本上说，诗意想象及其对生活世界的意义穿越，是在哲学家头脑中创造一个哲学理念或构造一个思想画面的综合能力，在创造性思维中哲人们常常运用它去创造一件美好事物的清晰形象，并继续不断地把注意力集中在这个清新思想或生动画面上，给予它以肯定性的意义观照，直到最后它成为系统化的理想世界为止。哲学的诗意想象及其对生活世界的意义穿越的伟大功用规定了人乃是万物之灵，人世间最蹩脚的建筑师也比蜜蜂制造蜂蜡的技巧高明，就在于人在建房之前已然在大脑中把它建成了。正是因为有这种诗意穿越，哲学家才能从事精神生产、发现新的人生哲理，否则我们人类文明将不会有任何卓异的发展与进步。哲学不仅是一种展示理性才华和思辨才能的平台，更是一门充满着诗意创造的艺术舞台。诗意想象构成了哲学的生命之源，为之注入了生命活力，但是只有广闻博览，才能为积淀想象力释放文化厚土，只有善思好问，才能打开放飞诗意想象及其对生活世界意义穿越的大门，只有重视思维锻炼，才能在体验激情中召唤仿佛灵光乍现般的创造性思维。

诗意想象及其对生活世界的意义穿越是哲学创新的源泉，其魅力在于它可以将人带入一个虚拟世界，构造生活中不可能实现的理想意境，使人的思想在享受快乐、享受惊奇、享受自由中激发出少有的灵异和飞动，产生思极而奇的人性召唤力。哲学史上的那些贤者们大都是那些十分富于诗意想象和意义穿越的人，他们总是积极主动地使用合理想象进行意义构境，在思入生活时总是用它开道，在理想的遥远彼岸获得启示之后再返回到现实之中，因而其哲学思想的跨度极大，获得的是一种思维的跳跃和瞬间的灵感。今天的哲学研究比以往任何时候都更需要对诗意想象力的激发，每一个哲学理念都要靠它来养育，如果缺乏对生活语义的穿越和对善良人性的召唤，就会使人类的哲学智慧走向委顿，如果哲人丢掉了这种可贵的思想品质而仅仅面向宇宙的奇迹进行致思，那么就会导致人类灵性的堕落和担当意识的飘散，这才是人类文明开始走向衰落的真正征兆。缺乏科学的智慧之思就会产生病态的理性，无法为人提供如何这般过生活的充足理由，而缺乏对生活世界的意义穿越也很难拔高人的生活质量、获得精神境界的提升。人类凭借哲学对可能性的未来生活世界的意义穿越，将为特定时代人类文明的大幅度向前伸展奠基，这是人类思维发展的关键性环节。一般来说，诗意想象的程度就是哲学思维所能达到的深度，没有一种思想能力比自由想象更能自我深化，更能深入研究对象本身，生活哲学对人性的善的选择和对诗意存在的开敞，是打开人的一切能动的活知识大门的金钥匙，是一切创造力和智思之流的必由之路，是人类灵魂得以净化和飞升的奥妙玄机。

哲学的诗意想象及其对生活世界的意义穿越，比具体性的理性知识和逻辑推演更重要，因为知识总是有限的而逻辑总是僵硬的，诗意想象则能概括生活世界的意义共性，为无限伸展理性张力保留足够多的思想空间，使旧的知识体系获得创造性的进化和重构，这是哲学思维摆脱细小文化节点的纠缠而走向卓越的思想通道。一个缺乏诗意想象的哲人，将不可避免地幽闭在个人狭窄的精神王国里，受到各种各样逻辑框架的局限，使之产生的哲学思想淡而无味、机械僵化、晦涩难懂。一种能够穿越生活意义并获得人学思想跃迁的哲学理论，不可能仅仅靠搜集、整理各个观察结果而形成，相反，它必定需要借助突如其来的诗意想象而豁然顿开。诗意想象及其对生活世界的意义穿越是一切希望和灵感的源泉，万万不可因怕想入非非、走火入魔而放弃它给人的思维灵性带来的极大激励和重要启迪，思维借助于诗意想象常常获得跨越层次的理性链接。思维若缺乏了浪漫，也就缺乏了诗意真情；缺乏了诗意真情，也就泯灭了可能获得突破性的意识流；若缺乏了思维的突破性关联，就会限制思维向宏阔的视野发散；而若缺乏了思维的意义放任，哲学的人文价值理性就会处于低迷状态，就失去了对人生理想境界之美的追求，就有可能导致人生目标的过分现实化和功利性，形成致命的短视行为，从而使人的生命真谛、人生价值、精神境界和生存命义都处于遮蔽状态。

诗意想象及其对生活世界的意义穿越是人类思维能力是否具有现实性的试金石，人类正是依靠它进行推理、论证及其他创造性活动的，但诗意的创造不是哲人生来就有的先天素质，而是后天思维开阔的结果，它是完全能够培养的一种哲学感悟力。作为一种创造性的认识能力和一种强大的精神执导力量，它能从实际研究对象的外表性状获得理性的抽象，创造出只能在思维中存在的理想性对象，不仅将日常生活语义提升到比眼见的更大、更奇、更美，还能觉察到生活理性的缺陷、不足和弊病。一切哲学推理如果丢掉了它，势必得不到任何有深度的思想，这表明哲学思维与科学思想不同，哲学不能仅仅停留于一堆堆事实上，哲人的心灵渴望诗意飞升，需要借助它完成对现实意义的真正穿越。最聪明的智者总是能够在相互矛盾的思想论争中，知道借助诗性之思穿越理性羁绊而实现某种洞察。应该说，哲人丰富的诗意想象来源于饱满的创新激情，当一个人的创新激情处于高潮时，常常会发现他会有一种神奇的灵感或者顿悟，并靠着这种卓越的感召力从事伟大的精神生产。哲学思维既是抽象的又是想象的，理性之思与诗意之思的有机结合，使发生其间的具体景象虽然还有形迹可循，可是它们对于哲人来讲却是莫名其妙的，完全具有陌生化效应，理想世界中残存的一点最基本的、最熟悉的、最敏感的生活细节，经过诗意想象的艺术性处理仿佛被抽空了，只留下一种从遥远的、不知道是哪个方向传来的异域之音，而这足以能够给一个人的灵魂带来强大的震撼，使之产生智慧的痛苦，进行卓绝的精神塑造和意义构境。

　　文化变迁与转型的不断加速，人们很轻易被纷至沓来、几近爆炸的各种信息所淹没，处此生活语义任意播撒、到处弥漫的情境之下，人们需要借助一种非凡的哲学慧眼，才可能获得对周遭世界及其自身意义的清明释解。这种"慧眼"就是诗意想象及其对生活世界的意义穿越能力，它使我们能够理解人与世界的各种复杂性关系，能够从那些表面上最与人无涉的、最遥远的外部变化和情感细节，转化到人的最隐秘的自我特征和心灵视界。仅有事实罗列，即使再丰富也构不成哲学智慧，只有不拘常规和既定路数将客观事实中极具精神性意义的内涵揭示出来，才能把现实生活中的生动情趣与价值之维上升到哲学层面。合理的诗意想象并非只是文学艺术的专利，人类一切创造性思维领域都离不开它的积极参与，它乃是一切思想创新之源、精神升华之途，对此仅有博学多识、文艺修养还不行，只有借助"悟觉思维"并进入"道思境界"，方能激活它对生活的意义穿越活力。简言之，哲学的诗意想象不是一种漫不经心的随意解读和机械僵硬的简单比附，它的全部使命就在于培养并发展一种探究人类存在的神圣性维度，弘扬哲学理性所具有的那种创造性精神，以便在一个更高的思维层级上实现哲学对人的自由本性的最大开放和对生活世界的意义穿越，否则既无跻身人类知识殿堂的学术资格，也无启发人类实践的实际意义。有人会说，哲学之诗意想象及其对生活世界的意义穿越，是一种类似天分的东西或者一种类似艺术灵感的东西，可遇而不可求，没有足够多的灵性、慧根的普通人就只能去认命和守常。其实，这种看法似是而非，虽然诗意想象不能进行系统的练习、复制或模仿，但它的培养并不真的很玄虚。其实，哲学让人着迷之处，往往在于它能让我们能够以一种新的眼光看待我们的日常生活世界，哲学对人们视作当然的一切说法都表示存疑，以某种审视的眼光去揭穿人们用来相互掩饰自己行为的各种借口，将个人在其周遭碰到的问题与理想中的美好世界之间建立一种联系，当人们这样做的时候，必然会质疑过去视作当然的现象和说法，必然会从理想和实现的统一中产生批判性联想，从而思维就会深入到社会生活的内在本源运思，哲学思想就会如井喷一样爆发，超越一切有形有状的实有、实然的东西而走向无限性的应有、应然的真善美世界。

若离开了哲学的诗意想象及其对生活世界的意义穿越，人与世界相关联中所隐蔽的人学语义根本谈不上敞亮。换言之，是诗意想象打开了人的存在意义的展示口，只有深深地潜入其中才能真正理解人之为人的人生真义。在人所融身于其中的相互联系、相互作用、相互影响的人与世界的关系中，每个人、每个事物都是普遍联系大网上的一个纽结，它们汇聚起来就构成人之为人的真实性境遇。这个境遇就当前显现于人面前的方面来说，它是在场的东西，就与人相关联的背后隐蔽的方面来说，乃是不在场的东西。哲学通过诗意想象把在场与不在场、显现与隐蔽相互勾连起来形成一个人生基底。因为，不在场的、隐蔽的东西是显现于在场的东西的本源，因而需要从在场者追溯到不在场者去找这个本源。这里的不在场者不是思辨性的概念或者一类事物的本质，而是与在场者一样具体而现实的东西。哲学由从抽象的概念王国转向具体的现实王国，由天上转向人间，由枯燥、贫乏、苍白的世界转向活生生的有诗意的生活世界，就需要借助于想象才能诗意地栖居在这种人学境界中。哲学不再是以写出具有普遍性的东西而是要求通过在场的东西显现出不在场的东西，从显中看出隐秘的人生真相。只有在显隐相互构成、人与世界相互构成的整个联系、作用、影响之网络中，在此人性本源中，才能看到人之为人的真实性，就是回到作为本源意义的境域看到人之为人的真义。生活语义的喧嚷不能改变哲学的本真精神和主导形态，诗意的想象也不能成为哲学的解构之旅，若对生活意义的穿越造成了"他者的浮现",掏空并瓦解了哲学体系,那就无法捍卫人之为人的自由领地,更无法在"内在性分"上获得自由和快乐。

哲学的理性思维把同类事物中的不同性、差异性、特殊性抽象掉而获得一种普遍性,而诗意想象及其对生活世界的意义穿越则是把在场的东西和与之不同的、包括不同类的不在场的东西综合为一,它不是在在场与不在场之间找共同的本质,而是从哲学存在论的意义上显示出当前在场事物之背后的各种关联,从而得到去蔽或敞亮的人生境界。生活哲学把显现与隐蔽综合为一的途径是诗意想象,而旧哲学借以达到本质概念的认识途径是思维,即把特殊的东西一步一步地加以抽象从而把握普遍性本质。诗意想象是在直观中表象出一个本身并不出场的对象,主张应把它放在一个既有在场又有不在场的人学领域加以阐述,使之成为把不在场的东西与在场的东西综合为一。可见,诗意想象把事物背后隐蔽的方面综合到自己的视域之内,但又仍然保留其隐蔽性,而非直接让它在知觉中出场。诗意想象不像旧哲学那样只注重划定同类事物的界限,而是注重不同一性,不仅注重同类事物所包含的不同的可能性,而且注重超越思维已概括出来的普遍性界限之外,达到尚未概括到的可能性,甚至达到实际生活世界中认为不可能的可能性。思维总是企图界定某类事物,划定某类事物的界限,但这种界限在无穷尽的现实生活中是不能划定的。我们应该承认思维的局限性,但也正是在思维逻辑走到尽头之际,诗意想象却为我们展开一个全新的人学视域,诗意想象及其对生活世界的意义穿越开辟了哲学思维的诸多自我生成之域,使之人学语义无限丰满。诗意境界的提升虽然不能改变不如意的生活性状,却可以让可能陷入尴尬际遇中的现代人努力扩充个体本性中的想象潜能,从而以超越的情怀尽可能地有尊严的活着。

诚然,由于隐蔽的东西的无穷尽性给我们带来了对哲学的无穷想象、无穷玩味的思维空间,诗意想象及其对生活世界的意义穿越要求从显现的东西中玩味出隐蔽的东西,不仅冲破某一个别事物的界限而玩味到同类事物中其他的个别事物,而且冲破同类的界限,以玩味到根本不同类的事物中去。理性之思只是从个别事物中写出和看出普遍性,并没有给我们提供言有尽而意无穷的哲学根基,与诗意想象相比,僵化而机械的思辨理性是多么的贫乏与枯燥。因为,一种普遍性概念所界定的事物范围无论如何宽广,总是有限度的,我们从中得到的充其量只能是与此个别事物同属一类的其他事物,因此这种思维所给人留下的可供诗意想象、玩味的可能性的余地显然是有限度的，而不是无穷的。在崇奉普遍性概念的思辨性思维指引下，总是强调把现实中不同人物的不同性格作集中的描写，于是哲学中的人都被普遍化、抽象化了，虽然也能在一定限度内给人以启发，但总令人有某种脱离现实之感，严格来说，思辨理性是一片无人之地和价值空场。而诗意想象及其对生活世界的意义穿越所要求显示的在场者背后的不在场者，与在场者一样，仍然是现实的、具体的东西，这样的哲学所描写的人都是活生生的、有血有肉的具体现实，而非经过抽象化、普遍化的东西。只有通过诗意想象才能敞开一个使事物如其本然的那样显示出来的整体境域，没有它就没有在场与不在场相结合的现实整体，哲学所包含的丰富性人学语义和内在魅力也不可能得以显发，是诗意想象而非别的什么才获得了对人的再度发现，实现了对人学语义的解蔽和生活本质的还原。

哲学家应努力获得一种超越主客式、超越概念的诗意想象及其对生活世界的意义穿越，因为人与世界的关系不只是主体与客体的外在关系，人生的意义不止是在主体与客体之间搭上一座认识的桥梁而已，人生乃是作为知情意的人与世界万物融合为一的整体。理性之思把人引向概念世界，使人生变得枯竭、贫乏、苍白，诗意想象则超越主客、超越知识以达到酒神状态即一种人与万物融合为一的天人合一境界，天人合一就是万物一体，物各不相同而又互相融合、一气相通，这里没有任何主客之分、物我之别。这万物一体的境域是一切事物之所以可能的本源或根源，它先于此境域中的个别存在者，任何个别存在者因此境域而成为它之所是。人首先是生活于此万物一体之中，或者说天人合一的境域之中，它是人生的最终家园，无此境域则无真实的人生。理性之思总是忙于对主客体无穷尽的认识与无穷尽的征服和占有而忘记了对这种境域的领会，忘记了自己实际上总是生存在此境域之中，也就是说，忘记了自己的精神家园。诗意想象及其对生活世界的意义穿越就是打开这个境域，就是一种返回家园之感，就是回复或领会到天人合一、万物一体的纯真状态。诗意想象才能显发意识的中间状态、初醒状态、愚人状态或复归于婴儿的状态即真正的诗人境界，理性之思最终只能达到一些表达客体之本质的抽象概念。理性之思成了远离诗意的枯燥乏味、苍白无力、脱离现实的东西，诗意想象则能达到人与存在的契合，人一旦有了这种感悟就是聆听到了存在的声音或呼唤，因而感到一切都是新奇的、都不同于按平常态度所看待的事物，而这所谓新奇的诗意想象之物，实乃事物之本然，诗意生存使哲学获得了人之为人本然所是的本真性存在。

哲学家的诗意想象及其对生活世界的意义穿越因感悟到人与存在的契合而引起的新奇或惊异，并不是在平常的事物之外看到另外一个与之不同的事物，而是在平常的事物本身看到最不平常的东西，以此种超越性、综合性的态度看待人与世界的关系，人之此在（本质）就可能获得开敞。在人与存在契合的惊异中，平常事物被带进了存在者的整体视域，事物不再像平常所看待的那样成为被理性之思人为地分割开来的碎片性东西，而显示了不平常的诗意想象的视域综合，从而敞开了事物之本然之所是、人之本真性的人学语义。所以要达到诗意的惊异之感，只有超越主客关系，进入一种类似中国的天人合一的人与存在相契的境界之中，哲学的人学真谛才能借助于诗意想象来到我们面前。旧哲学思维一般都把人学语义放在主客二分关系中来讨论，有的主张人学语义主要源于主体，有的主张主要源于客体，有的主张是主客之间的统一，不管这三种观点中的哪一种，都逃不出主客二分的思维模式。实际上，哲学是人与世界的交融，用中国哲学的术语来说，就是天人不二。人与世界的交融或天人合一不同于主体与客体的统一之处在于，它不是两个独立实体之间的认识论上的关系，而是从存在论上来说，双方一向就是合而为一的关系，就像王阳明说的，无人心则无天地万物，无天地万物则无人心，人心与天地万物一气流通，融为一体，不可间隔，这个不可间隔的一体是唯一真实的人生际遇。可见，诗意想象及其对生活世界的意义穿越高于旧哲学的理性之思，理性之思从属于诗意想象，哲学不能让渡出思维，但是又不能仅仅听命于思维，而必须从以往高高悬浮于空中的思想领域回到真正的生活世界，赋予哲学以积极的人学蕴含，才能实现对人的生活真义的解蔽或者开敞。

哲学的形上之思把不应归它研究的东西硬当成了对象，像追逐地平线一样，于是哲学也卷入了无节制的无穷追问之中，盲止地追问思想链条末端的那些所谓最大的问题，诸如本质与现象、自由与目的、无限与有限之类，这些最大的问题恰恰是无意义的伪命题，它们超出了人类的思想能力。所以形上追问往往是无用的，它只是无由性的追问，而不能产生新思想、新观念，不能听从思想的实际召唤而思入生活。而富有诗意的哲学以追求逍遥无待的精神自由为目的，通过诗意想象和意义构境，散漫流衍地把哲学道理传播开来，将深邃的思想和浓郁的情感贯注于哲理之中，形成一条哲理与情趣交融的纽带，把看似断断续续的孤立的诗意联结在一起，融为一个思想的活的有机体。这样避开逻辑推理下判断而以抒情诗般的诗像作结，表现出超常的想象力并构成了奇特的形象世界，使诗性之思意出言外、怪生笔端，博大精深、深奥玄妙，用概念和逻辑推理无法直接表达的人生结论，只能通过想象和虚构的形象世界来象征暗示，往往超越时空的局限和物我的分别，奇幻异常而变化万千，构成了五彩缤纷的艺术境界并具有散文诗般的艺术效果，使人从奇特荒诞、生动形象的诗意想象中去体味、领悟其中的无穷哲理。而诗意之思则不然，可借助诗象去表征生活神意，以喻象通达那情理交融的玄妙境界，这便是诗性哲学所彰显的诗意送达与意义接受。诗意想象及其对生活世界的意义穿越，虽然极其抽象但又不缺乏美所借以呼吸的一切形象，深沉的理智之美时常凭诗象以朗显，诗性之思亦非无拘无束的幻想之光，在诗象中蕴含着深邃哲理，哲理与诗情极处相通，抛出一片意味深长的智慧流云。

第三节　马克思主义哲学中国化的人文视域

时下，基于后学语境对人学语义的"孤岛写作"，不是什么创调意识，而是一种错误的治学路向，不但无益于"作为人学的哲学"的微观探析和生活还原，更无助于宏观上的整体把握和规律探索。究其原因，不在于它对人做了某种形上牵挂，而在于这种牵挂仅仅停留某一个特定的方面；不在于对人做了非理性的召唤和牵引，而在于这种召唤和牵引不能在实践生存论基础上获得内在融通。唯有从古今中西的"历史大视域"出发，对当代各种人学语义进行符合时代要求的实践整合与内在梳理，才能走出"人学空场"、实现对人学本质的切身性表达。

目前关于后哲学视域下的人学研究，核心的论点有：有人主张，新世纪以来在哲学论坛上，一种后现代主义情绪普遍播撒在理性的形上层面，后学立场及其孤岛写作风靡一时，大有愈演愈烈之势，哲学人几乎把所有的目光都聚焦在哲学史的边缘化、碎片化材料的发掘与整理上，热衷于对原来不居中心的微型叙事、直接性生活事实及其情感细节的白描，这种小众化的叙事方案，显然不是什么创调意识，亦非开什么后学的风气之先，而是一种错误的治学路向和集体性的精神误认，不但无益于"作为人学的哲学"的微观探析和生活还原，更无助于宏观上的整体把握和规律探索。

一言以蔽之，时下，哲学研究的学理价值、理性依据与现实基础都亟待重新定位和评估，哲学的人学底蕴及其研究格局更需用一个"大哲学观"或者一种"历史的大视域"进行符合时代要求的实践整合、形上梳理。也有人认为，随着后学精神元素的过量引介，后现代语境下的哲学表述在当代文化转型中已来到了一个新的文化节点，其复杂而微妙的人学蕴含应该借助马克思实践生存论的研究平台予以廓清。一方面，后学视域的广泛介入，的的确确突破了对人性的抽象议论，转入对人的个体生存性状和情感意志细节的哲学反思，以关注人的现实生活及人性的完满与自我实现为切入点，马克思主义哲学固有的批判意识再度强盛，形成了对传统人文主义思想新一轮的理论冲击；另一方面，后学视域的强行揳入，对我们坚守人性的崇高价值、提高人的生活质量与生存境界，对主体行为动力、认知结构、价值选择、实践交往等诸多方面的研究，注入了新的人文精华和文明元素，极有利于当代人文精神的重建。更有人分析说，在后学语义的严重冲击下，原本具有潮流导向意识、文化引领能力的哲学人，大多背弃了自己早期关注人学转向并把哲学作为人学来研究的根本宗旨，纷纷转入了孤岛写作、零度写作、无深度写作、无蕴含叙事、无立场描述、无原则批判，沉迷于玩无聊、玩深沉、玩技巧的白色语调、平民风情，旨在割断与现实生活相勾连的理性脐带，甘于反复咀嚼自己内心深处的那点可怜的有限资源及其人性体验，蜗居于象牙塔之中像蜘蛛一样吐丝结网，其纸上谈兵式的精神操作因缺少现实性力量和对时代进行思想塑造的感召力，以至于在后学理念的强烈冲击下形成了一片"人学空场"。其实在张志伟先生看来，迄今为止，始终困扰哲学人的一个不解之谜就是人学语义的本质是什么的问题，对之在中外哲学历史上，从来就没有停止过艰苦不懈的追求，由于受制于人本身的各种感受和体验，不同时代的人从不同的角度对之尝试着各式各样的回答。但令人感到费解的是，随着人类认识生活世界能力的越来越强大且无比深入，人反而对自身是什么的问题感到茫然，根本不知如何回答才是完满的、全面的。因为，各种各样的回答不仅没能把人学语义之本质揭示出来，反而使之处于晦暗之中，使人的整体形象碎片化、妖魔化：人究竟是什么存在物，自然存在物、社会存在物、能思维的存在物、文化存在物、符号存在物、神秘的存在物等等，哪一种更接近对人学语义本质的切身性表达，对之，哲学人向来是众说纷纭，莫衷一是。然而，在笔者看来，由于长期以来，哲学人把本可作为人学研究的各种精神资源分割成互不联系的碎片，使得当代哲学从来就不能对人学语义在总体上予以思考与追问。当代哲学主流未能有效应对后现代主义的严重挑战，而是以被动顺应的方式换来了它濒于崩溃的媚俗状态，坚持人学立场、捍卫人性尊严的担当意识和伦理共识，早已逸出了他们的视界之外，哲学那种在思想上引人上路的理论志趣和在精神领域成全人、成就人的内在魅力，早已风光不再且严重退落，其表面上的繁荣和虚骄无论如何掩饰不住其人文价值理性的低迷与颓废。走不出极端自我复制的死穴尚且不论，更致命的还在于当代哲学根本未能凭借现代生活阳光照亮人之为人的一切美轮美奂的人性光华，反而一再唱衰人学语义中的怨毒、阴暗、畸趣和恶俗，将后现代社会的种种精神垃圾强行涂抹在当代哲学的胸腔，处处凸显一种玩世不恭、游戏人生的无奈情调，使哲学论坛长满了各种理性杂草并成为一片人学空场。若当代哲学研究被皮里阳秋的所谓后学语境所把持，哲学人都一哄而起地热衷于解构和颠覆任何带有整体性踪迹的形上体系，从中心滑向边缘、从整体退到碎片，拒绝大众理解、反叛主流意识，那肯定是一种哲学与人学的错位阐释和深度误读，最终只能被排斥在主流思想的局外，陷入一场精神的崩溃性逻辑中，这种自虐自残性的研究路径，要么彻头彻尾地丧失自我，要么心甘情愿地沦为他者，一切果如是，其自保尚且成为问题，更遑论代表并引领先进文化前进方向了。唯有从古今中西的"历史大视域"出发，对当代各种人学语义进行符合时代要求的实践整合与内在梳理，才能走出"人学空场"、实现对人学本质的切身性表达。

那么，究竟在何种意义上"哲学应当是人学"？让我们首先回望西方哲学发展轨迹，看一看不同时代的先哲们是如何在各种迥异的文化语义上追问形而上学的人学内涵的。在漫长的自我认识的求索过程中，西方哲学家总是那样执着而顽强地艰苦诉求着两个互相关联的人学疑难："人是什么"与"我是谁"，为解开这个人性之谜，他们或者站立在纯粹自然中心主义的立场上，从自然万物的那种灵秀之气或天籁之音中，尤其从人与动物的自然差异上去找寻人之为人的身世起源；或者驻足于人文主义思想平台，从社会历史的各种变迁与精神文明的兴衰里，尤其是从人类中心主义的理性之光中去挖掘做人的本真存在；或者肃立在宗教神学的祭坛上，从聆听至善万能之主的灵异之音和子民颂祷声里，尤其是从玄览无字天书而获得的顿悟中去感知上帝的神灵与做人的罪孽；或者逗留于非理性主义的框架下，从孤独个体的生命悲歌与人生虚无中，尤其是从物化时代各种欲望与本能的喧嚣里去发现人遭遇荒诞后的各种无奈和悲痛；或者徜徉在后现代主义精神自杀的氛围里，从破解整体、击碎结构并颠覆一切知识霸权的声讨中，尤其是从文化的各种泡沫和碎片里去领略新新人类那种延异飘逝的生存风格。从古至今，无数哲人都曾用他们的思索记录下了人类自我反思的思想历程，不仅从形上层面映现了人学语义的历史变迁与西方哲学文明演进的内在相关性，而且从各个不同文化语境中诠释了哲学思想那种独特的人文情愫与终极关怀，当哲人们真的把人之起源与形成、人之本性与尊严、人之自由与幸福、人之价值与命运、人之理想与现实、人之生存与虚无、人之欲望与本真、人之悲悯与憧憬、人之渴望与无奈等等这些人学难题置于哲学研究的中心论域加以殚精竭虑时，那哲学实际上就成了不折不扣的最大意义上的人学。的确，从古至今，无论哲学研究的主题怎样变换，无论哲学研究的范式如何更新，永恒无解的人学之谜犹如一个巨大的引力场时时刻刻都在焦聚着哲学人的慧眼，都试图站在人学立场上找寻到一种能够普遍解释一切的、带有终极性的人学思维原则或模式，但是犹如追赶地平线一样，大都无果而终。古代本体论转向中的自然主义和泛神论、近代认识论转向中的经验论与唯理论、现代语言学转向中的科学主义与人文主义、后现代生存论转向中的解构主义与反理性主义，这些各具特色的人性理解体系，从不同层面对人类的本性与命运及其他种种疑难问题进行了独特的理性思考和设计，虽然饱蘸了各个时代精神的思想内蕴、强烈地打上了哲人独特灵秀的思想印记，然而一个个眩惑一时的人性模型终究不过是对人作了碎片性的解读，彰显出的仍然是一个个支离破碎的人性论主张，人学语义的那种意义复合体依然处于遮蔽状态。哲学的确是一个九头怪，每一个头上都长着一张嘴，每一张嘴里都说着关于人的不同的言语，都集合并传颂着各种各样的人学信息，具有各种面相的人学体系之间的激烈论争还在主导着哲学的各个论域，使之不断聚敛自己的研究触角并将目光专注于人学语义的形上之思，从而使哲学自始至终都成为一种"不透明的人学之光"，这对每一个时代的思想精英都充满着极大的诱惑，在对人进行无穷无尽的致思中、在对某种至高无上理想境界的追求中，代表并体现着人生终极关怀的人性情结不断地自我缠绕，早已成为一个个打不开的超稳定结构和一道道颇具神秘色彩的人生梦魇。诚然，每一种哲学体系内部都蕴含着特定的人学思想，都试图从终极对人类自身的生存命义做形上之思以指引人类理智地选择自己的生存方式、发展道路和理想目标。因为，一切哲学体系都源发于其对人类生存和发展的终极牵挂，其内在本源处都蕴含着挥之不去的"人性情结"，都有一种思入生活、响应生活的能力，对人的生活本质和生存命义不仅具有积极的内在牵引，而且更具有一种神圣的生命召唤力——将人的全部丰富性生活语义和社会关系引向人自身的召唤力，每一种哲学都能在思想中引人上路，在对人的形上运思的各种谋划中成就人、成全人。但人性是复杂的、是多种规定性的统一，西方哲学史对人的整体把握之所以是一种错误的治学路向和集体性的精神误认，原因不在于对人做了形上牵挂而在于这种牵挂仅仅停留于某一个特定的方面，不能在实践—生存基础上获得内在融通，从而对人作全面性的理解。

在西方人学思想发展史上，苏格拉底可以说是实现哲学之人学转向的开山鼻祖。由于时代震荡的加剧和致思形上本体的困厄，苏格拉底应时代感召率先悬置了虚妄的本体之思，而展开了关于"人类行为的神秘指导者"的人学追问，实现了哲学对人的发现，极力赞颂智者们所主张的"哲学应当是人学"的观点，认为未经思考的人生是最没有价值的人生，对人最有益的知识莫过于关于人类自身追问的知识，只有"认识你自己"才是切问人类精神的自我灵魂、确保让人充满德性之福的真正使命和根本路径。在他看来，"美德即知识"而"作恶出于无知"，人应当不断地审视自己的心智生活，不断地反思自己所面对的种种人生矛盾和悖论。唯此，人才能成为自己的真正主人，过一种善的灵魂生活；德性是一种理解而非技能，它不在于练习而在于内省，除非对人生真谛有深度的理解，人切问外物只能干扰心灵的宁静，受物欲的驱使而丧失自己的本真之在。所以，人的理性是人之为人的本质属性，是破解人性之谜的真正出口，只要拥有了智慧和理性人就能辨别真假善恶，就能成为一个充满德性的内在富足之人，就能不为物役、不以情牵、不为环境所左右、洒脱超然于世相纷扰之外，成为一个懂得节制和禁欲修身的有德性的圣人。此后，从柏拉图到亚里士多德、从培根到笛卡儿、从康德到黑格尔，理性至上主义的人学路向和思维原则一致占据上风。对他们来说，人学语义中的一切难题都只能由理性来破解，人的本质最终只能由理性来规定，人若顺应于情感欲望只能成为外在力量的玩偶，人只有被理性彻底浸透而成为一个理性存在体，才能赋予人以充分的自由意志、伦理操守、生命力量和担当情怀，总之，人的一生都需要理性的庄严捍卫和内在支撑。然而，叔本华和尼采所开创的唯意志主义人学路向，用一种非理性主义的人学观颠覆了理性致思之大统，认为自我的生存欲望冲动是人之为人的全部生命本质，人一生下来就有着无穷无尽的欲望，在各种欲望的裹挟下，人被欲望俘虏并被它引向一条布满荆棘和坎坷的不归之路。理性只能洗涤意志，缓解欲望带来的各种痛苦，理性不能泯灭意志，更不能实现意志的升华与转向，理性不过是意志实现自我的一种工具，它时时处处听命于意志并常常受到意志的愚弄，故而倡导一种非理性主义和反人道主义哲学，以拯救理性至上主义普遍陷入虚妄的人学危机。此后，从柏格森的生命哲学到胡塞尔的现象学，从海德格尔的生存主义哲学到萨特尔的自由主义存在论，从马尔库塞的爱欲解放论到弗洛姆的规范人本主义理论，都普遍拒斥传统理性主义的人学语义，将人的生命存在与自由选择置于哲学的中心位置进行考量，凸显了人的非理性的生命体验和自由个性之无限张扬，对人的自由和尊严的呵护已盖过一切。在他们看来，人的存在先于人的本质，人的自我奋斗、自我设计规划着自己的本质。由于世界是荒谬的，人与人之间必然充满了各种冲突、抗争、残酷、丑恶和罪行，人与社会真是欲合不能、欲离不成，陷入极端的荒诞之中，抛入一个不得不自由选择的尴尬境地，只有向死而在才能向死而生，只有强化自我生命意识并在绝处逢生，才能超越非本真的存在而回归真我，勇敢地担承全部伦理重负，积极地站出来并活出属于自己的一片真性情来。然而吊诡的是，存在论抑或生存论的哲学思想并非真正的人学出口，它把人看成是各种欲望的无序滑动，一种存在的欲望流，既渴望成为自为存在的生命主体而享有充分的自由，又渴望成为上帝般的存在以享有自然自在的超然飘逸，这种主客二分、人神两离的人性格局，只能使人遭遇无端无由的心灵痛苦和彻底绝望，注定人在本质上不能不是一种"无用的热情"。

正是不满足于理性主义对人的发现和非理性主义对人的设计，后现代主义人学语义才在一种"无由性"的追问中实现了人的再次诞生。后现代哲学分析说，在理性与非理性框架内，真正的人并不存在，人要么仅仅是理性的傀儡要么仅仅是生命的潜能，被烘托的是抽象性的人或者是某种欲望的闪烁，虽然他们赋予人以至高无上的主体地位和精神能量，然而具有讽刺意味的是，将上帝拉下神坛而将人无限抬高的结果，反而使人的精神力量和权能的有限性被照亮：证明人恰恰是一种有限性的存在物，人穷其一生只能依赖于自己的语言、欲望和劳动而存在，通过欲望发现了人之为人的本能性的生活方式，通过劳动发现了人之为人的社会性的生产方式，通过思维发现了人之为人的精神性的话语存在方式。人的有限性既使人自立为王又使之遭遇荒诞，既使之赢得无上荣光又使之面临彻底消解，说到底，人在理性—非理性、现实—理想、历史—逻辑的双向背反性场景中，成为了既无家乡也无年代、身份迷失且下落不明的"物"了。这样，人的诞生实际上就意味着人的死亡，随着上帝之死，主体死了、人也死了，人学语义中的一切论争被终结了，人也成为了"最后的人"，对人的现代启蒙重新陷入了人类学的昏睡之中，人注定像画在海边沙滩上的一张脸那样，将会被海水无情地轻轻抹去，留下的只有一些孤独无助的怅然唏嘘和悲愤情怀。怎样才能像凤凰涅槃一样，摆脱现代理性—非理性的阴影而实现对人的再次降生呢？后现代主义人学认为，只有基于生存论语境对人作行动主义的界定才能找到积极的人学出口。在他们看来，人只有义无反顾地注重自我关切、自我修养、自我塑造，自由地选择自己的生活风格和伦理习性，才能创造出自己的美好生活、理想人生，使自己的生活方式成为一种艺术品和令人尊重的道德榜样。因而，只有将当代人学建立在对一种生存风格的纯粹个人的自由选择之上，而非建立在对每一个人都有效的大众立场上，人才能成为自己的真正主人，人的的确确"在存在的近处"、是"存在的邻居"，人是因在而生、为在而在、凭在而显，这恰恰映照了在者永存、"人即此在"的人学真义。但是，在笔者看来，若人只能在去存在、去选择、去开展中才能自由地造就自我，人的一生岂不又陷入了一场焦虑、孤独、烦恼、恶心的人性魔咒中，那样人又成了一种一系列不可捉摸的情感体认的集合，成了一个在永恒延异、无边流动的虚幻泡影，成了无意识的语言学构造和诗性隐喻，果如是，也就从根本上消解了一切带有总体性倾向的终极希望和伦理担负，借助具有精神分裂特征的欲望魔镜只能照出一个破碎性的人学空场。对此，还是让我们回到马克思实践生存论对人的自为自在的真正解码上来吧。在马克思看来，人是世界上唯一一种具有自我认识和反思的社会存在物，人积极自觉自为的实践活动是他处理自己与外部世界关系的基本生活性状，实践是人特殊的存在方式和生存命意，社会的人和人的社会在本质上都是实践性的。换言之，人是通过自己的实践活动来创造和表现自己的存在与生活的，而人怎样创造和表现自己的存在与生活，他也就是怎样的。正是在人创造的人的世界中，才打造了人的社会关系的总和，能够使人作为人并成之为人，只有在社会实践中才能实现对人的本质还原，将人的一切人学语义和社会关系还给人自己，"人就是人的世界"实际上就等于说"人就是人的实践"，[①] 离开了人的社会实践也就没有了人的一切，人就是在社会实践中自我生成的，人是一种自我生成性的实践存在物。马克思向来认为，整个所谓世界历史不外是人通过人的劳动而诞生的过程，是自然界对人说来的生成过程，实践创立了而且每天都在创立着显示人的本质的各种各样的社会关系，使之获得了多方面的社会性规定并日益成为全面性的人。离开社会实践这一支点，只在极端个人主义的理性—非理性的思想盘旋中进行孤岛写作，根本无法整合人学的多种语义、实现对人的全面解码。唯有马克思实践生存论才实现了人的自为的、开放的、历史的统一，作为阐释人的自我生成、自我解放的基础存在论，它是当代人学语义真正的形上之思、是人的真正的"生活世界的形而上学"，[②] 从人文价值理性的核心领域昭示了当代人学发展的新方向。

第四节 马克思主义哲学中国化的时代视野

时代主题的转换与实践程度的深化、科技创新的发展与知识信息的爆炸，引发了多元思潮的撞击与文化语义的泛滥，时代内容分化整合的日益加剧使得作为"被把握在思想中的时代"的哲学，必然在关注重大现实问题、迎接各种质疑与挑战中增添新的内涵、注入新的活力、提升新的语义。当代马克思主义哲学必须与世偕行、与时俱进，拓展视野、革故鼎新，运用科学的世界观与方法论体现时代性、把握规律性、富于创造性，才能不断实现理性自信与方法自觉、积聚精神能量、顺应时代要求并走在时代前列。

哲学的高贵本质体现于对时代精神的集中反映。近年来，特别有感于哲学研究中出现了一些尴尬状况，产生了把学术性看作是要向纯粹的学院化看齐的态度，一味片面强调思想淡出、学术凸显，认为哲学只能是哲学而不能成为其他，只有做纯净如水的纯粹性研究而不能有任何非分之想，只能从事"醉醺醺的思辨"或者编织一些"虚构的精神花朵"，而不能弯

---

① 夏甄陶：《人是什么》，商务印书馆 2000 年版，第 327 页。
② 邹诗鹏：《生存论研究》，上海人民出版社 2005 年版，第 391 页。

下腰去、蹲下身来以哲学方式实现生活还原和终极关怀。现在看来，若疏离时代所需，根本无法使哲学的智慧充分沾满社会生活的各个空间，而只能停留于高楼深院或书斋讲坛，满足一小撮人的平庸志趣，无法使之以变化了的姿态重新复活在当代思想集体中，而只能在圈内自说自话或者秘密传递，很少受到社会普遍关注和时代认同，这样就会逐渐失去对现实生活的解释力、再造力和穿透力。若哲学研究失去了真切笃实的问题意识，若哲学人热衷于谈论饾饤枝节、隔靴搔痒的问题，那么它原有的那种探讨问题的独特把握方式和解决问题的独特能力，就会逐渐消解或者隐退，使之既没有多少实践性又没有多少思想性，失去了本真精神并蒙上了物化时代嘈杂喧哗的浮躁阴影，只能在日暮而途穷的哀叹声中被时代所抛弃、被人民所唾弃。哲学若"迷头认影"、丢掉真我、意义低迷、沦为他者，存活在一种虚无缥缈的虚假意识中，固守着只在特种语言中才真正存在的那种虚幻的幸福期许，这样它将随着时代的物化而就会丧失了原有的崇高形象和历史使命，使之本真精神、职业操守、社会良心皆被嘈杂喧哗的时尚话语所遮蔽，使之固有精义、神圣使命、道德责任、担当意识急速走向消解，作为精神家园守望者的职业操守和人文情愫也随之处于晦暗之中或者处于湮没不彰的状态。一切果如是，膨胀的物欲就会吞噬哲学人的学术良知，花样翻新的快餐文化就会使之在低俗中徜徉，无病呻吟的语言游戏就会冲淡其引领文化、关怀终极的使命；若自保尚乏力、意义被放逐，如何彰显理论价值和捍卫学术品位，实现理论自觉、强化理论志气，更遑论能够把握时代脉搏、解释重大现实问题，靠自身的理论魅力与逻辑力量赢得认同，从而巩固自己在意识形态领域的指导地位了。事实上，哲学的本质集中于它所反映并升华了的时代精神上，如果说反思性、批判性等只是哲学的一般属性，那么时代性、人民性则是哲学的本质特性，哲学对时代的理性诉求就是由其本质特性所引发的一种内在冲动和原有张力。哲学是活在思想中的时代，像黑格尔说的那样，哲学是思想所集中表现的时代内容。哲学的时代性律动，决定于其时代追求的方向性，很难想象一种泯灭了的时代律动性和无方向性的时代追求，能够营造出具有什么样生命力的哲学类型。真正的哲学应当做到：在其宁静的思维涟漪下奔涌着时代的激流、在其哲理沉思中激荡着时代的风云，在紧扣时代主旋律中奏响前进的凯歌，在力求与时代精神保持同步发展中彪炳千秋，在实现对民族精神凝聚统一中推陈出新，在刻意与当代革新实践的视域整合中勇于进取。真正的哲学向来不是世界之外的无端遐想，不是悬浮在空中的思想领域，而首先是通过智慧的大脑和时代内容相联系，然后才用双脚站在地上并且把它应用于现时代的革新洪流中。的的确确，哲学来源于时代，也必须立足于时代，但是哲学对时代的关注决不是空洞的和想象的，准确理解哲学的时代意识和大众立场，不能离开特定的实践内容和策略选择，若离开了生动的实践生活和民生取向，哲学的时代意识只能变成抽象概念，其结果就会像恩格斯所说的那样，使之变成不过是可以用来在缺乏思想和实证知识的时候及时搪塞一下的词汇语录罢了。真正的哲学总是程度不等、形式不同地反映和揭示着时代的各种矛盾，关注和回答着时代提出的各种问题，并随着时代变革的进步而不断改变自身的形态，任何创新性的哲学都必须着眼于时代的变化、把握创新的时代需求并自觉地以哲学的方式回答时代的挑战，当代哲学人应积极主动地适应变迁着的时代，及时调整自己的研究格调和表达方式，使哲学研究能够尽早找到自己存在的价值和前进的方向。哲学只有以时代前进为坐标，才能准确把握自己研究的理论方向，在积极回应时代性问题对理论的挑战中永葆青春活力。

哲学与时代保持互动旨在思入生活、引领时代。哲学与时代变革休戚相关，它具有强烈的时代意识。马克思讲，任何真正的哲学都是自己"时代精神的精华"和"文明的活的灵魂"，是自己的时代、自己的人民的最高的理性产物。哲学是时代理性的升华和时代变革的批判武器，它以其特有的方式荟萃时代精神的文化底蕴，反映时代的本质特征和核心内容，从而为人们进一步认识世界和改造世界提供一般的世界观和方法论，以推动社会实践、科学知识不断深化以及社会历史、人类文明迈向新的纪元。任何哲学都可以从产生它的特定时代中找到赖以存在的理性根据与现实基础，历史条件不同、文化环境不同、时代条件不同，人们认识和改造的客观对象以及对之认识和改造的深度和广度、所期望实现的结果都不尽相同，一个时代，人的认识和实践在广度和深度上的差异形成了诸多的文化特点和精神风貌，构成了不同时代相互区别的特殊本质。哲学作为被把握在思想中的时代，它就必须始终站在具体的时代环境中去思考和认识自己时代的特殊本质，从总体上教导人们善于支配、驾驭和处理自己与时代的各种关系，并用哲学的把握方式将人们处理和驾驭这种关系所表现出来的智慧集中到自身上来，通过概况、凝练、蒸馏与升华使之具有特殊的理性内涵和逻辑图式，再通过范畴的变换、思维的净化使之获得某种层次上的跃迁,成为抽象性、普适性最强的理论体系。可见,哲学不仅从内部就其内容来说,而且从外部就其表现来说,它都必须和自己时代的现实基础、文化环境紧密接触并相互作用,一定时代的哲学究竟以什么样的内容和方式去调整人们的思维、去紧密接触现实并与之发生互动作用,从而引导人们接近客观真理、把握时代走势,主要的并不取决于哲学家们如何地凭空构想或者意义构造,而必须从时代的本质需求和社会运动的主导趋势中去解释:这个时代的哲学是否及如何(以什么方式、在什么程度上)挺立时代潮头、稳居核心地位并发挥统摄一切的内聚力作用。哲学向来是不断发展、开拓创新的科学,它严格以现实需求为依据、以时代呼声为依托、以广大人民为依靠,具有强烈的实践性、时代性与人民性,哲学以人类实践的历史经验以及各门具体科学成果为反刍的对象,同时又以科学的世界观和方法论指导人类实践和科学研究,不遗余力地引领社会进步与时代变迁。反过来,随着时代主题的转换、实践程度的深化、科技创新的发展、知识信息的进步,作为时代精神之精华的哲学,必然在关注重大现实问题、迎接各种质疑与挑战中增添新的内涵、注入新的活力,以新的理论观点、体系建构、表现方式满足着时代的变迁和实践的需要,为此才能保持旺盛的生命力、感知力、凝聚力与再造力,发挥其认识世界、改造世界的作用与使命。为此,一方面必须坚持解放思想、实事求是的基本精神,紧密联系当代实际,紧扣时代主题,既要反映当代中国发展的实践,又要反映当今世界人类社会进步发展的潮流;既要与中国传统文化对话,又要与世界哲学交流,使当代中国哲学具有鲜明的时代性、现实性、民族性和世界性;另一方面,必须打造强烈的问题意识,实现理论研究与问题研究的实践整合。须知,若没有特定的问题意识,就不可能有理论上的聚焦;而没有理论上的聚焦,就不可能形成对哲学问题的特别关注;进一步,若没有新的哲学问题的不断追问,哲学研究只能像陀螺一样,不停地在原地打转,不断地重复原有的老话,在象牙塔中迈着悠闲的步调,嘟囔着谁也听不懂的废话,唯恐革新的时代烈火烧着自己的手指头,这怎么能够实现理论创新,不断地思入生活本源、引领时代前进呢?哲学研究自己与时代互动关系的真实意图,在于使时代状况在观念里能够切近地同我们照面。因为时代状况及其问题的真相并非是现成地给予我们的东西,旧哲学非但不能使这种真相绽露,相反却使之遮蔽起来。真正的哲学能够在实践基础上实现深刻变革,使哲学不仅在观念领域而且在事实领域真正能够切中时代，并深入到时代的本质中去。故而，哲学不能只是限于叙述经典作家的思想发展，同时要以问题的方式提出新的研究领域、激活传统哲学资源；不能只是靠组合一些权威引文以显示自己理论研究的不同凡响，而特别需要将文本语录与哲学问题置于当代境域中加以新的考察，以生发出新的理论价值和意义空间。为此，才能摆脱传统研究理路那种暮气沉沉的窘境，不再使哲学成为一种僵化的、颓废的、堕落的文字堆砌，而是成为富有生机、活力无限的思想能源。

哲学创新需要艰辛探索与语义提升。事实上，理论是问题的答案，哲学是时代的号角。每个时代总有属于自己时代的问题，问题就是公开的、无畏的、左右一切个人的时代声音，问题就是时代的口号，是它表现自己精神状态的最实际的呼声。由此可见，任何时代的哲学都是在回答特定时代问题中获得思想创新的，哲学是时代精神的集中概括、民族精神自觉繁衍的理性结晶，其理论创新的重要根源、动力与标准，就在于深刻体现了某种时代性、反映了自己时代的精神诉求。因此，从根本上说，哲学研究既需要大胆创新的探索精神，也需要严肃认真的求实态度，但是更需要的是体现时代性的执着反思。衡量一种哲学是否与时俱进、开拓创新的根本标准，不是看它堆砌了多少新语言元素，而是看它的内容中是否包含着经得起实践检验的对时代性问题的求解方案；同理，检验一种哲学理论意义大小的尺度，不是看它能否背过身去、嘟囔几句陈腐的气话，而是看它能否紧紧抓住和回答时代性问题并不断开辟自己理论创新的方向和道路。哲学并不是神秘的海市蜃楼，也不是梦幻中的香格里拉，它自始至终代表的是一种群众性的根本立场、向着未来实践的积极筹划和革新时代所不可或缺的一种策略考虑，唯有张扬一种科学的批判精神并及时地对时代变革的主题发言，才能使其时代价值得以整体性的自我融贯，从而树起自觉回应时代需要的实践向度，变纯粹的理性问题为真正的时代课题，在积极参与对时代的理论塑造中思入时代、超越时代、引领时代。可见，哲学只有正确地反映时代潮流，才能科学地揭示社会发展的历史必然性，为解决各种社会弊端提供独特的哲学方案；只有批判地继承以往哲学发展的全部优秀成果，并把哲学研究推进到新的发展阶段，才能实现革命性飞跃使之成为科学形态的世界观和方法论的理论体系；哲学只有以实践为基础并在实践中不断吸取新的养分，才能使自己不断丰富和发展，具有无限的生机与活力，从根本上适应时代发展的需要，为人们研究和解决时代所面临的各种问题提供不可或缺的理论参考；哲学只有着眼于时代的变迁，把握改革创新的时代走势并自觉地以哲学的方式回答时代的重大抉择，才能通过对自己时代精神的深刻把握来塑造和引领自己时代的科学发展。唯有符合时代进步要求的才是真正的哲学，作为对时代精神的提炼和表达，它反映时代并影响时代，在任何哲学思想内部都会打上它那个时代的烙印，哲学对时代课题的深切关注，应该是一种"理性的深呼吸"，需要活的灵魂的积极参与、客观冷静的审时度势，更需要一丝不苟的艰辛探索、高屋建瓴的理性凝练。真正的哲学创新应该具有"不唯书、不唯上、只唯实"的胆略与气魄，面对各种挑战与质疑，哲学人绝不能精神萎靡、意义放任，更不能惰化、矮化或钝化哲学的批判锋芒，强化哲学时代的敏感性和对实践的依赖性旨在以特殊把握方式集中反映时代内容及本质特征、代表和满足时代发展所提出的最新要求。黑格尔讲，哲学是时代精神"最盛开的花朵"。其时代精神不是自足地存在于任何抽象性的教条里，而是蕴含在该时代人们的各种实践活动中，特别是体现在该时代人类文明的积极成果和科学发展的精神背景中，若脱离特定时代的社会实践和科学发展状况，就会失去它的对象性基础和把握时代本质的契机；若仅仅从经典文本中找灵感，纠缠于细枝末节和野史传言，固恋于烦琐考证和文本细读，就会死在古人的句下，变成"跳蚤式"的饶舌者。唯有密切关注它与时代、与实践的互动性的关系，及时倾听来自时代的真切呼唤并时刻保持对社会变革的参与热情，才能跟进时代、与时俱进，思入生活、引领实践，成为时代前进的号角、社会变革的先导。真正的哲学是关注人的生活世界的哲学、是改变世界的哲学、是注重科学发展的哲学、是与时俱进的哲学，在它的形上诉求和观念体系的深层背后，涌动着的永远是时代变革和文明进步的动态历史原像。越接近时代内容并捕捉本质特征，就越能领悟哲学的本真精神和文化妙谛，若离开时代而一味陷于文本解读，只重视文献搜集、文献分类、文献整理、文献解读，而忽视对时代方位、时代特征、时代精神、时代问题的动态考察，就有可能远离哲学自身，变成纯粹性的特种逻辑学。

　　哲学变革需要理性凝练与品质养成。真正的哲学要反映时代并为现实服务，必须避免应用中的某些庸俗化倾向及功利性谋略，必须能够思入生活本源、引领时代发展，若过多地注重把它当作学问来研究，过少地把它作为利器来铸造，过多地重视它的学理性和形上性，过少地关心其时代性和人民性，那它就无法面对生活的拷问和时代的挑战，无法将现实生活中人们处理自己与时代关系中所积淀下来的最精致、最珍贵和看不见的精髓，加以概括与提炼并升华为最前卫的先进思想。哲学是培养战略眼光、训练理论思维的，是提升时代精神、从事精神生产的，是提供知行合一的方法选择与价值取向的，它具有引人上路的理性功能，具有在思想中成全人、成就人的人类学性质，其把握时代走势、注重与时代相互推动的根本志趣在于精心从事精神性领域的文化营造，并以这种无形的精神指引确保时代发展的科学推进。哲学从来不是空洞而贫乏的逻辑思维，也不是已过时了的理论观点的纠缠，哲学研究不能仅仅在观念世界里自食其果，只进行书斋里的革命，成为玩弄词句的空谈家，而必须以哲学的方式走进时代、贴近生活，为时代的科学发展提供先锋理念。哲学是时代精神的化身，而实践是哲学与时代发生互动性关系的桥梁。哲学真的要贴近时代、复归自我，靠的不是突发奇想或者机械比附，靠的是及时捕捉来自时代发展所催生的重要的问题意识、实践意识。相反，若在研究中一味以形式替代内容、以迎合替代独行、以造势替代务实、以敷衍替代担当，这种哲学语义的虚假营造就会使之陷入一种无深度的扁平世界中遭遇各种诘难与挑战，形成一种自我解构甚至彻底颠覆的差序格局。哲学只要在自我发展中变成自由的批判精神，它在与尘世的现实发生关系时，就会变成强大的实践力量，就会从哲学旧框架中解放出来，以崭新的精神姿态重新复活在主流意识形态中。对此应牢记马克思的谆谆教诲：少发些不着边际的空论，少唱些高调，少来些自我欣赏，多说些明确的意见，多注意一些具体的事实，多提供一些实际的知识，正确的理论必须结合具体情况并根据现存条件加以阐明和发挥。今天，时代和实践的重大变化也要求我们开展哲学与时代关系的研究，致力于建构符合时代发展最新要求的当代新形态。恩格斯说过，每一时代的理论思维从而我们时代的理论思维，都是一种历史的产物，它在不同的时代具有完全不同的形式，同时具有完全不同的内容。而且，随着自然科学和社会实践领域中每一个划时代的发现，哲学作为自己时代精神的光辉凝聚、文明灵魂的广泛播撒，必然也要改变自己的形式。我们今天所处的时代发生了前人难以想象的剧烈和深刻的变动：科技取得了一系列突破性的划时代发展，已经在很大程度上改变了人们的世界图景，经济、知识、信息等等各方面的全球化成为一种不可阻挡的潮流，生态、人口、能源、粮食危机等一系列全球性问题威胁着人类的生存和发展，资本主义出现严重危机而社会主义在曲折中前进，如此等等，不一而足，这种新变化催生了许多新问题、新情况，迫使我们对之予以深度关注、认真反思、积极应对、规范引导，否则就会被排斥在主流思想的局外，成为一道多余的手续和一剂无疗效的药，从而无情地被抛弃在思想的阴沟里。而当代后工业社会的洗礼、初露端倪的知识经济和后现代主义、新自由主义、历史保守主义思潮的强烈撞击，也要求当代哲学善于将理论之根深植于自己时代的问题谱系或时空结构中，适时而深刻地反思时代变迁、正确指认时代本质、及时解答时代问题、尽力拓展时代视野、总体把握时代方向，从而充分地适应自己时代向前、向上发展的智力需求。总之，真正的哲学是民族精神盛开的花朵、时代理性的深呼吸、时代精神之精华、文明之活的灵魂，在其宁静的思维涟漪下奔涌着的是时代的激流、在其哲理沉思中激荡着的是时代的风云，在紧扣社会主旋律中奏响了时代前进的凯歌，在与时代同步发展中刻意追求彪炳千秋。若仅仅从本本中找灵感、在字句中找题目，纠缠于细枝末节和野史传言，固恋于烦琐考证和文本细读，就会"死在古人的句下"，变成"跳蚤式"的饶舌者或者玩弄词句的空谈家。唯有密切关注自己与时代的双向互动性关系，及时倾听来自时代的真切呼唤并时刻保持对社会变革的参与热情，才能跟进时代、与时俱进、思入生活、引领实践，成为时代前进的号角、社会变革的先导。在当今时代，和平、发展、合作已成为时代潮流，经济全球化趋势深入发展，科技进步日新月异，各种思想文化相互激荡，等等，这就要求当代哲学人：但凡前行、实应奋力；但凡倒流、俱该猛醒。研百氏而创新论，截众流而开新途；为往圣继绝学，为万世开太平。为此，必须与世偕行、与时俱进，拓展视野、革故鼎新，运用科学的世界观与方法论揭示时代发展的基本规律，使哲学实现思想自觉，积聚新的能量，顺应时代要求，走在时代前列。

总之，只有科学把握哲学与时代的关系问题，才能准确领会与自觉担负哲学的时代使命。哲学是一个时代社会文明的活的灵魂、科学精神的集中概括、实践活动的理性沉淀、民族精神的思想结晶，它从思想上记录并保留了时代发展的大主题、大脉络、主旋律与总趋势。当代中国的马克思主义哲学，就是这样的一种能够真切反映并集中体现时代本质特征的科学哲学，作为现时代精神的精华，它的全部问题和真正使命就在于实现现存世界的革命化改造、实际地反对任何因循守旧的东西。因此，真正的哲学并不站在它的时代以外，它就是对它的时代的实质的知识总括；作为被把握在思想中的时代，它并不要求人们无条件地信仰它的任何结论，而只要求以之出发去反思、衡量与检验那些精神迷思。马克思主义哲学就是我们时代的伟大的真理和社会良心，它只有保持对实践的依赖性和参与热情、保持对现实的批判性和革命性，才能体现时代发展的总体要求、坚持与时俱进精神、紧跟时代步伐、保持旺盛生命力。

第四章

马克思主义哲学观及其中国化

在全球化、市场化及其裹挟的多元异构文化的冲击下，尤其在后现代哲学拒斥形而上学、解构本质主义及其话语霸权的影响下，以致思形上本体为根本旨趣的现代哲学已处在夹缝中，其昔日作为"崇高智慧"的现代形象，也早已晦暗不明。这使得现代哲学人不得不将哲学的触角伸向社会生活和人文学科的各个层面，而哲学理念及其方法的普遍播撒和广泛应用，不仅为拭亮哲学的现代形象找寻到了许多颇具意义的价值勾连，而且在对其培根固本的同时，也为之开拓了新的自我生成之域。

第一节　马克思主义哲学的自我形象

现代哲学家习惯于藏匿在公共话语的面具后面，借以表达自己的真实想法，这种现代形象的自我设计，既出于现实冷遇处境的考虑，也是多方寻找价值勾连的谋划。哲学将触角伸向人学、生活、政治、历史、语言和科学，并没有丢掉自我，也不会沦为工具而丧失内在的科学魅力，相反，哲学理念的普遍播撒，使之更便于为人提供鲜活的思想，并以之引人上路，提高人的生命质量。本文意在表征：哲学的现代形象在现代生活和人文境遇中，早已走出晦暗并显得更加明亮。

在现代人学视域中，哲学是试图拥有最高智慧的终极性诉求，它在现实的人之上又虚拟了一个本体世界，并以这个抽象的本质对人作反身性的诠释，其实一开始便将人遗忘了，人的真实的生活世界被消解、被放逐。哲学走向了人的智慧的反面，变得不近人情甚而与人为敌了。要消除这种理性的虚妄，就必须多角度地洞识哲学在当代的自我形象，以便弄清哲学的现代命义并使之真正回归到它长期失落的生活世界。

哲学曾经是有用的。诚如冯友兰所说，它是"无用之用"，无小用而有大用。因为，哲学提供给人的不是让人成为"某种人"，而是"使人作为人能够成为人"①，成为自由自觉的全人。哲学史上的精品，作为撼动人心的精神性事件，常读之，确能使人回归他的善良本心，倾听到来自内心深处的真诚的呼喊，在励志怡情中净化心灵，恪守平素的伦理操守与日常承诺，在快心娱志、澄明心境中，超越现世俗务，赋予自我一种尊严、一种浩气。中国古代许多哲学大师都认为，哲学乃源于人之天性，是人性修己之学，它精于内而博于外，修于心而束于行，人常切问之，可得性分之乐和清淡境界。

但，现代的哲学却陷入了"人类学沉睡"之中。哲学所致思的形上理性，本来是人的自我规定和自我创设，却在发展中走向了异化，并将人禁锢在它的铁笼中，使人的生存时空悉数加以切割，使人的生存丧失了内在性和整体性，人的生存命义和价值变得异常空洞和支离破碎。哲学的这种自我异化形象，充分显示了它自身的背反性和荒谬性，并宣告了它作为最高智慧之神话的破灭。自尼采宣告"上帝已死"，福柯认为"主体死了"，"人也死了"。因为，人的理性走入虚妄，哲学陷入异化，人安身立命的精神家园被摧毁，人无家可归、遭遇荒诞，成为丧失身份和下落不明的"物"。哲学要重视自我形象，它必须放弃"人类主体主义"的立场和解放人类运动的幻想，放弃参与主流话语对人的压制，扭断它与宏伟叙事间的一切价值牵连，在时尚话语留下的空白处重新思考"人是什么"和"我是谁"，② 也只有在"人"的消失所产生的空档内，哲学才开始重新思考并谋划打造新的自我。

后现代哲学更激进，更不怕说哲学的坏话。认为，我们只有摘掉自己头上的现代性的假面具，去掉自己身上的现代性身份，将滞留于哲学理性中的大写意义上的"人"消解，"'人'将被抹去，如同大海边沙地上的一张脸"③，真正的活生生的个人才能出场，才能被发现。在后现代哲人看来，现代哲学利用各种策略造成了人的自我误认。例如，现代哲学认为，是人自己赋予世界以意义并因意义而行动。而后现代哲学指出，这不过是

———————

① 冯友兰：《中国哲学简史》，北京大学出版社1985年版，第16页。
② 张志伟：《西方哲学智慧》，中国人民大学出版社2000年版，第156页。
③ 莫伟民：《福柯的反人类学主体主义和哲学的出路》，《哲学研究》2002年第1期，第57—64页。

人的自欺和自怜而已。因为，人的所有意义都是人自己强加给自己的行动的，是哲学的谋略造成了人的自我肯认的误认。其实，一切"意义"大概只是一种表面效果、一种闪光、一种泡沫，而彻底贯穿并支配我们的只是哲学的理性。这个理性，在人存在以前早已存在，并道与世更、与时俱进，成为左右和支配人的一切行动和意义的最顽固的结构，使得我们的思想、行动、生存方式、日常生活都从属于它，成为它内在的构成部分。质言之，人被哲学吞噬了。只有解构理性权威提供给人的异己性的"保护伞"，在人道主义、人类中心主义的断裂声中，人才能倾听到"西洋禅"的另类主张而获得新生。

现代生活节奏的加快，工业化程度的提高，使得人富了口袋，瘪了脑袋，物质欲求的强化与精神追求的弱化形成强烈的反差，物欲横流中，人自我异化为物，人为物役，过着物一般的生活，人的精神成为一毛不生的贫瘠地，而哲学早被边缘化了，被生活挤压得透不过气来，无怪乎许多有识之士呼吁哲学应回归生活并成为生活的向导。

哲学本应回归现实生活世界，但绝不是回到没有深度的荒唐的平面世界，回到没有哲学理性导航的所谓民间化的世界。回到这样的世界，的确也能多少发挥一些哲学的功能，起码可为人提供生活应对技巧方面的学问，为人谋略以自我保存，这在生存竞争日趋激烈的市场洪流中，确实得到了许多投机者的青睐，一些贪官也对之表示了几分热情。然而，这样做实际上是在嘲弄哲学、是在取消哲学，因为，这样做完全背离了哲学的超越旨趣和批判本性。可见，附着于生活表层，与大众流俗的意见相妍居，以这样下贱的方式向生活示好，其实是在媚俗中慢性自杀，在精神的慢性自残自戕行为中，哲学不会有什么真正的发展，更不要期望成为什么显学了，有的只是退化和崩溃。

哲学要真关心人的生活，就必须对人的生存境遇作切身性的反思，关注人的现实生存矛盾和生存悖谬，为人能过上幸福的日子而拔高生命质量和生存境界。可是，现代的哲学不仅不愿下嫁生活更不愿贴近于人的生存，养成一种好高骛远的坏习性。其实，认真反思一下，原来我们认为不能回避的重大而基本的哲学问题，现在看来只是哲人们自己的事，只是他们自己回避不开，因为撇开这些个自我缠绕性的假问题，他们实在无话可说。因而，宁肯拒绝公众理解，也甘愿蜗居象牙塔中，嘟嘟囔囔地说着只有少数业内人士才能听得懂、才能欣赏得了的一堆大而无当的废话，并把这种闲适的语言游戏，标榜成文明的"活的灵魂"和精神的高级奢侈品。说实在的，不过是一堆病态的文字拼凑、精神垃圾和文化泡沫而已，更不可指望它引领时代，范导人生了。难怪有人说"让哲学留给哲学家们争论吧"，① 我们可要好好地享受一下生活的盛宴了，管它哲学景气不景气呢。

真正的哲学是一种爆发性的灵感，不管它以何种方式播撒于生活之中，只要人信仰它，只要它切问人的本真生存，人就会受到它的影响，从内心深处受到它的启蒙。但，哲学是人的一种智慧而非智慧的全部，它的理智之光的核心仍有一片黑暗，对之认识不够，不仅是一种危害更是一种危险。这是由于，哲学具有极强的自我缠绕性，这种缺陷能形成各种盲点并产生各种智力洞穴、情感洞穴、价值洞穴，人一旦跌进去，就会成为"拘于虚"的井底之蛙和"束于教"的清淡之士。可见，生活是哲学的源头活水，融入生活又超越生活，才能起到精神导师的作用，而附着于生活表面或者漂浮在生活之上，只能成为空穴来风和无根浮萍。

哲学有范围但研究者可以没有范围，可以将之运用到任何领域，这既可将现实生活中的智慧集中到自身上来，对自己培根固本，又可照亮生活前进的方向，成为时代精神之精华。但，哲学研究无禁区，宣传却有纪律，许多问题政治敏锐性突出，宣传时要谨慎。而且，哲学具有两面性，它既可为正确的观点提供智力支持，又可对反动的学说、宗教乃至邪教提供理论论证。须知，错误的谬论也同样积极地寻求理性的理解和支持。如果研究者做不到理性的自觉，其理性基础异常薄弱或脆弱，他就不会有高度的政治敏锐性、政治嗅觉，就缺乏洞识哲学词句中隐藏的各类政治陷阱的政治洞察力，就不可能避免不犯重大的原则性错误，过早地断送自己的政治生命。可见，没有深度理解的、缺乏政治启蒙的哲学理性，最容易陷入危机。

张曙光先生在其《生存哲学》中向人们展示了哲学之政治形象的另一面。在他看来，政治是激动人心的活动，革命尤其是让人热血沸腾的事业。特别是在那个动乱的岁月中，政治将人平时处于游荡状态的潜能激发并活化出来，共同的政治热望强化了命运的高度一致性和文化认同感，使之接受超越私人事务的政治话语。哲学也抵挡不住这种政治诱惑，乱了自己的方寸，成为政治的工具。其实，政治作为一种宏大的解放叙事，贯以

---

① 陈先达：《处在夹缝中的哲学》，《现代哲学》2002 年第 1 期。

政治集团为单位进行社会变革活动，以人民的生存状况的根本变化为价值
导向，因而它必然要求一种整体主义的理性支撑，而现代哲学自身的特性
可谓与之不谋而合。当政治活动本身成了目的，人完全被政治化，成了政
治的奴隶，政治及其职务成了人格的化身时，哲学也异化了，走向了自己
的反面，最终成为遮蔽人性弱点，提供虚幻幸福承诺，参与政治对人挤压
的帮凶。①

　　在时下的哲学研讨中，顿失了以往的政治激情，"打擦边球"的现象
多了起来，不少论者主张哲学的中立化立场即非意识形态化取向，号召所
谓无色写作或白色语调，不带任何颜色和激情的创作与交流。对一些事关
重大政治原则性的分歧和论争，尽量回避，不予介入，把自己研究哲学的
方向和立场，离政治远点、再远点，敬而远之、不述不作；对一般性的政
治问题，则采取模棱两可、悬置判断、隔靴搔痒式的中立性表述。这样
做，既淡化了政治的痕迹和意识，又淡化了政治的功能和目的。以往，哲
学的红色的、高调的创作，总把自己与重大的政治事件进行价值勾连，以
凸现它的高贵身份和合法外衣，结果平白增添了几分政治虚骄，造成了自
欺和异化；而目前，哲学的无色的、低调的写作，由于与政治疏离、放弃
了为"党营策略"的谋划，则导致了民间化、私人化和庸俗化，其发展前
景也同样非常有限。可见，哲学的边缘化的微型叙事方案，既保不住自己
的"饭碗"，也很难创制出能摆放到哲学殿堂中的精品，有的只是些"意
气和文章"，② 要么若矮子观场，人云亦云，要么若提灯寻影，丢掉自我。

　　海德格尔曾讲，我们的时代已成为一个"不再思想"③ 的时代。这不
是说现代哲学缺乏理性，而是说缺乏对理性的正确的运用，而之所以不能
恰当地运用理性及其能力，乃在于哲学的历史理性的不够健全，从而表
明，若哲学不能实现"由智人史"，缺乏历史的引导就没有能力运用自己
的理智，就不会积淀出厚重的历史感。哲人的真正不幸不在于对哲学的无
兴趣而不着力培养，恰恰相反，而在于太执着于自己的理性世界而遗忘了
历史的一切内容，并因缺乏历史事实的依托而陷入疏芜、难以自拔。哲学
对形上理性的营建，导致了自己历史之源的断裂。

---

① 张曙光：《生存哲学》，云南人民出版社 2001 年版，第 16 页。
② 邓晓芒：《思想中的学术与学术性的思想》，《中国社会科学文摘》2002 年第 1 期。
③ ［德］海德格尔：《林中路》，上海译文出版社 1997 年版，第 94 页。

其实，哲学就表现为一种历史。按张志伟先生的看法，哲学不是知识积累的历史而是问题的求解史，确切地说，是以不同的方式对永恒无解的难题求解的演变史，了解哲学就是学习哲学史。由于哲学难题永恒无解，没有唯一的答案，只能有不同的解答方式，但每一种方式都是等值的、平等的，因而，哲学并非只有一条路，而是有许多路，其中任何一条都不足以代表哲学本身，所有运思之路合起来才构成哲学的整体画卷；哲学永远在历史之中，它的智慧并不存在于某一本教科书、某一种哲学体系之中，而存在于过去、现在、将来所有哲学运思的历史整合之中。

任何历史也都是哲学的历史，是经由哲学理性诠释而形成的历史。哲学的历史都是现代史，历史过去了，思想并没有过去，而是成为现代哲学的一部分，成为现代人存在方式的一种，它的历史性变成了现实性，离开历史，现代人的哲学就是残缺不全的。按照诠释学的观点，历史是理性的产物，是在历史发展中被人们有选择地保存下来的，并构成现代人的视界，不管意识到它与否，理性诠释之始就被抛入历史之中了，哲学史就表现为一种理性与历史互相纠缠，双向互动的"效果历史"。

由哲学诠释历史，不仅造成了历史的终结，又反过来瓦解了哲学自身。西方现代哲学认为，历史只是一系列偶然事件的堆积，毫无规律可循，不存在那种内在的、线性的因果关系。用形上理性诠释历史，只能产生意识形态偏见和乌托邦情结，给人类带来虚幻的幸福承诺，并给统治者以理想的名义从事杀戮、战争、暴政、迫害等提供口实。后现代者更是急于终结历史，在他们看来，无论历史进步的观念、方向或是历史记载和书写的方式，都终结了，任何历史都不过是哲学的意识形态伎俩，都是哲学话语的编码或重组，犹如一张"羊皮纸"，历史可以按人的意愿随心所欲地擦写。这种擦写不仅抹去了历史，也造成哲学的晦暗不明，留下的只是人的无法左右的语言结构而已。受之影响，我国当代一些史学论者，主张纯学术的研究理路，强调历史即恢复记忆，反对依托己见和依托成见，而追求无"论"写作，以纯客观的描述替代了"论从史出"或"史论结合"的旧模式，用史料说话而不用理性臆断，结果从相反的方向造成了哲学与历史的分离，这种研究误区必将重蹈西方后现代者的覆辙。

在西方，哲学对形上本体的致思一开始就表现为一种语言上的诉求，即表现为一种营造"语言王国"的努力，到黑格尔哲学达到了巅峰。而此后的现代各派大都拒斥形上理性，倡导哲学的语言学转向，但皆因囿于语言的牢笼而没能使哲学的真义得以开显。海德格尔认为，要打破传统哲学概念语言的桎梏，必须以诗去思，致力于哲学的诗意表述和诗意接受，的确独树一帜。在他看来，思与诗内在一致，共生于人的生命的内在本源处，因而诗与思比邻，诗的语言是最恰当的哲学表达方式；而且，人诗意的栖居，只有借助诗意的领会，人才进入澄澈之境，言说哲学之玄奥。

哲学是思想者致思终极关怀的事业，其抽象性、概括性程度极高，发展到一定阶段，的确能达到那种"言语道断"即不可说、不能说、不可表达、无法概念化的境地。对此，曾有人主张，"悟透无语"，能说的要尽量说清楚，不能说的最好保持沉默。语言不能滥用，否则将导致虚妄，扼杀思想，因而"沉默是金"。但是，哲学不是天书，不能因专业局限而晦涩难懂，思辨难懂不是它的优点而是它的缺点，是它的尴尬之处；有真精神的哲学恰恰是那些对不可思议者之思议，不可言说者之言说的哲学；而且，真正有智慧的哲学一定能够让人听明白、看得懂，它只有融入生活中，交给普通大众，才能引领时尚、范导人生，这自然就要考虑它的语言接受问题。

哲学的诗意接受是理性误入语言牢笼，遇到难以克服的障碍时才发生的语言学转向，以诗作为祭品，庄严地祭献给真理，探索诗意中的哲理，确能倾听到来自诗美中的异域之音，领悟那没有出场的辽阔无垠的异域风光。而且，诗与思极处相通，思极则奇，极深而研几，诗入思中，以诗显道，可摆脱理性的自我纠缠，避免跌入智力洞穴；感受诗化理性，让哲学境界在诗中朗显。其实，诗是理性与情感的结合处，诗之所以能点亮哲理，原因在于它能将万物情感化，以自由想象凌驾于事实之上，绕过理性专任情感，在诗美中给人提供终极观照，安顿人的灵魂；更重要的还在于，诗能将抽象的哲理化成虚幻的场景，以象明理，以诗释思，更能化虚幻的想象为生活的实感，让人在艺术陶醉中忘记生活中的烦恼，活出一片超远的境界来。但是，也有人担心，哲学的这种诗化取向，会导致它的贵族化和边缘化，若"唱和者甚稀"，"高处不胜寒"，虽贵为"阳春白雪"，却不愿为众人接受，就会限制它的理性的普适性，最终只能在士人中吟唱，其前景必然日暮途穷。

西方后现代者对哲学的诗意接受以及其他接受，统统不满，以解构的方针破解了西方形上理性的语言王国，认为这个独立的语言王国是一种语言霸权和文化帝国主义，它违背了哲学给予人安身立命的本性，戕割了哲学发展的活活生机和内在魂灵。强调消解一切语言中心论，击碎整体主义、本质主义，克服哲学理性的总体化和纵向思维，取代哲学的无话语及其宏大叙事方式，而倡导哲学语言的碎片化、个性化、日用化等，彻底摧毁语言霸权对人造成的各种非法压制。这样，哲学与语学之间的脐带便被剪断了，语言死了，人如何表达都行，这种语言上的无政府主义导致了哲学的大萧条。可见，哲学要真正消除"失语症"，获得公众的普遍理解和接受，就必须牢记马克思的教诲，让哲学语言实现生活的真正还原，由思辨语言还原成"现实世界的语言"。① 诗意接受或者杀死语言皆是极端行为，于事无补。

有一种观点认为，哲学植根于人的本性之中，它给予人的是成人之智，而科学则是有限性的思维，提供给人的是学以致用的求知之智。一切科学都比哲学更有用，但唯有哲学才是真正自由的学问，它对人的终极牵挂比任何功利性的科学更能从本质上切近于人。科学不过是一种工具理性，它自己不能决定自己的目标和发展方向，它虽然向我们敞开了对人类生存极具意义的一个方面，即科学的"真"是人类能够更好地生活于世的基本保证，体现了可靠的生活智慧，但它自身又具有严重缺陷，不能为我们提供这种现代生活何以值得过下去的理由。因而，如果将哲学科学化或者以科学归并哲学，势必造成哲学的工具化，丧失其原有的高贵品性，从而使人类文明和科学的发展丧失终极性的伦理重负和精神指向。

在笔者看来，正如科学从哲学中逐步分化的过程并不意味着哲学丧失了自己的对象和本性，而是在这一过程中获得了一种层次上的跃迁一样，当代哲学的科学化取向也并不会造成哲学品性的下滑，更不意味着它将沦为工具化而丢掉原有的内在魅力，而是在其与科学的联手中实现了科学理性与人文理性的内在交融与整合，从而为哲学的发展开辟了新的自我生成之域。这是由于，科学与哲学二者存在与发展的基础都是实践，都是对实践经验的概括和总结，离开了生活实践，二者都将成为无源之水、无本之木。若哲学不能深入到科学事实中，汲取新鲜养分，它的存生之根将被铲断，而且会陷入永无休止、不得要领的语言泥沼中，沉陷于大而无当、转弯抹角的螺旋论证中，这将丧失其科学意义，使之成为无病呻吟的哲学怪物；而若科学丧失哲学的导引，科学理性就会陷入歧途，就不能将科学体

---

① 《马克思恩格斯全集》第 3 卷，人民出版社 1960 年版，第 525 页。

系中的各种精神因子有序地组织起来，并推动它们按照特定的程序、方式和方法，协调地、整体地发挥作用，就会失去灵魂和核心。可见，二者实在是水乳交融、不能离分。①

虽然现代科学家大都拒斥形而上学，不满意现代理性的那种本质主义、整体主义的独断性迷梦，但又经常越出自己研究的实证领域，而切身于元科学的领域进行思考，从而提出了许多哲学家所忽视或重视不够的重大课题，如科学发展的动态模式，评价的标准、意义的划界标准，发明与发现的逻辑，科学发展与社会历史的联系等等，大大推进了哲学的发展，扩大了它的研究视界、开辟了新的边疆；而哲学家又总是不失时机地将自己的触角伸向科学研究的活动的各个方面及其正负效应上，主动地把大量的哲学新理念、新方法引入到科学探索活动中，使科学取得重大突破的同时，也验证了哲学思想的现实性、可行性和实践性。科学与哲学的这种长期的互动和思想对流，矫正了工具理性张扬、人文理性低迷的发展畸形，为哲学的发展找到了新的生长点，拓展了新的自我生成之城，哲学的现代形象在科学事业中显得高大了许多，已从思辨进展为科学了。②

总之，一方面哲学对概念语言的营造，成就了理性的独立王国，但现代人在漂浮压抑之际又开始了对它的解构，使理性的一切又都归于虚无，徒为后人留下颠覆的笑柄。其实，另一方面，哲学作为一种形上之思和智思之流，崇高智慧的自我形象虽已风光不再，但它在现实生活及人文学科中并没有销声匿迹，它的现代性理念早已深入人心，我们自觉与否都已生活于现代哲学的影子中，而且哲学已成为我们存在的构成部分，我们再也不可能没有哲学那样的思考了，哲学已从高楼深院和书斋讲坛真的走向了民间生活，并将触角伸向了人文学科的各个研究领域，不仅在事实上而且在理念上都改变了现实世界，我们无法绕开哲学的纠缠而存在了。哲学理念对现代生活的这种发散性的影响虽刚刚开始，但它必将为哲学的未来发展开阔新的视界。可见，应颠覆的不是一切哲学理性，而应是那种残缺不全的（病态的、片面的、狭隘的、走向极端的、未充分发展的、已陷入自我矛盾和理智洞穴的）哲学理性；哲学的暂时冷遇并不意味着它的穷途末路，相反，它在现实生活及其人文境遇中的别开生面，恰恰印证了哲学作

---

① 孙正聿：《简明哲学通论》，高等教育出版社 2000 年版，第 86 页。
② 舒炜光、邱仁宗：《当代西方科学哲学述评》，人民出版社 1987 年版，第 2 页。

为对人的生存命义的自我关注绝不会被任何现实力量所消解，当然也不会在后现代主义思潮中走向精神崩溃乃至自杀。同时，哲学与政治、历史、语言及科学等的价值勾连，更不至于因造成工具化、异化而丧失其高贵的品性，相反，却对其生存和发展的基础起到了培根固本的作用，开辟了许多新的边疆。不仅如此，哲学理念在人文学科中的引入与播撒也照亮了这些学科进一步发展的航标，为实现人文理性与科学理性的双向互动和内在交融，搭建了逻辑之桥。

第二节　马克思主义哲学的公共表达

众所周知，当代哲学研究中的分工过细、结构失衡与思想隔断，虽一度彰显了研究者个体日益精湛的象牙塔功夫，却造成了其普遍视域和总体方式的被遮蔽，以至出现了公共视域与私人吐槽相互对立的尴尬情形。尽管任何哲学都离不开哲学家个人的独特创造，都毫无例外地要打上他本人的思维特色与表达风格，但无论如何哲学书写的都不是纯粹的"个性吐槽"，而是属于它的那个时代的"百姓言谈"。研究当代哲学多元存在样态实现视域融通的公共路径，旨在对其存在特性及实践功能进行深度反思，并渴望借此而实现集体的方法自觉与理论自信。

事实上，有多种资源、多种动力在推动着哲学的理论研究，哲学的理性思考既要基于哲学史上的精神资源及其思想性拉动，更要基于社会实践中的问题资源及其现实性拉动，它既离不开对以往哲学思想的历史承继与历史展开，也离不开对社会现实问题的自觉探索与理性把握。但是，以往我们对哲学问题的实际研究，囿于职业上的分工过细和专业领地的固化，使得研究者个人的研究视域受到了特殊的专业限制与思想隔绝。这种人为的学科划分与思想隔断，虽然集中凸显了一个个研究者个体独特的思想方法、内涵与特性，却造成了哲学研究中整体思想视域和总体把握方式的被遮蔽。以至于出现了"个性吐槽"与"百姓言谈"两种方法与路径自然分离乃至相互对立的研究情形。倚重研究哲学史的学者，将哲学研究视作一种历史研究、实证研究，认为哲学史研究首先是一种历史研究并应自觉地将之归属于历史范畴，哲学方法与史学方法无实质差别，对历史上的哲学思想进行实证描述、文本解析、单纯译介、注释清理，对历史传承物的刊布状况进行史料考证、碎片分析，甚至将个人传记、典籍整理等编年史研究视作唯一一种可靠性的研究方法。有人认为，哲学研究染上一种历史癖，恰恰是哲学本身的本性使然。因为，哲学很难说有什么进步，它只有历史。它不仅实际上被历史所制约，与历史共生，而且始终处于它的历史中，面对自己的历史。这种木乃伊性的僵死研究、活化石研究，不仅把哲学研究私人化、个体化了，而且严重地拒绝了思想创新与方法自觉。或者说，它将哲学的一切创新都看成是最贫乏的东西，只有对历史事件的真切回忆与原初复制才是真正的创新，对哲学史一无所知不仅仅是一种背叛而且必然成为稍纵即逝的泡沫。可见，史学方法在哲学史研究中的简单移植并不成功，它只是挖掘了思想资源而没有很好地利用资源，它只是为进行深入的思想研究进行了外在性、前提性的准备，而没有真正地进行这种有深度的研究，有"史"而无"论"，或者说"史"掩饰了"论"。哲学家处处"拿证据来"，一切让史料自己说话，恰恰成为无思想的资料员或者思想传记的记录者，哲学失去了思想及其创新，哲学的本性何在呢？哲学研究成了无创造性、无思想性的碎片复原和史事再现工作，哲学也仅仅成为私人话语的个性表达了。

而倚重研究哲学思想本身的学者，又往往与哲学史互相隔断，不仅仅缺乏文化底蕴的厚重感与历史原像的真实性，而且不可避免地流于闭门造车的虚假营造与追逐政治的时评描写，缺乏了思想创新的源头活水、生命活力，哲学研究仍然沦为了空洞性、空想性的一家之言。研究哲学离不开沉入历史理性中内在咀嚼构成思想灵魂的原初文化与历史资源，没有学术根底的思想创新严格说来根本算不上是一种思想，犹如一种无根的浮萍，又恰如一阵空穴来风。哲学思想就是在时间性的历史展开中逐步攀升的，正是由于研究者捕捉住了哲学与哲学史的内在张力及其思想律动，从而成就了他以哲学家的美誉。唯有带着时代性的课题与历史上的哲学家进行建设性的对话，才能让历史性的思想内容进入当代的思想集体中，才能赋予哲学史以鲜活的生命元素与存在样态。之所以研究哲学史就是在研究问题哲学本身，之所以研究哲学问题根本离不开对哲学史的追问与反思，关键的原因不仅在于，犹如树枝与树叶一样，哲学与哲学史原本就是"一而二、二而一"的一体性的东西，而且还在于二者具有共同的存在论基础。历史上的任何哲学都是对人的存在命义的理性表征，哲学研究也与人的存在矛盾、生存悖论内在相关，它是对每个人生存经验的独特表达，也是人的存在本质的集中映现，更内在地提升与整合着人类生存的基本经验，确立着人作为人的存在方式、存在意义与终极关切。所以，科学是集体性的、无个性的，科学的研究成果属于人类的、是无姓氏的，每个人不可能都有自己的科学，但是，哲学研究就不同了，每个人都有一种专属于自己的哲学理解与建构，却是极其可能的，哲学是私人性的表达，在某种意义上说是有道理的。但是，二者除了具有共同的存在论基础以外，还有共同的实践论、现实性基础。再具有个性的哲学表达也离不开对时代课题的追问与把握，哲人们只有把呕心沥血的智慧化为五彩缤纷的生活元素，透过个人谱写的心中愿景及字斟句酌的精心设计而沉入到人生哲理的历史深层，才能成为测量历史文化厚度的内在标杆和传承历代先贤睿智的道德文章。如若不然，如陈先达先生所言，"马克思主义哲学研究著作和文章，如果从头至尾没有'烟火气'，没有一点点热气，只有概念到概念，满篇都是建构、解读之类的东西，说内心话，我不佩服"。特别是近年来，在哲学论坛上出现了一些奇特的现象，后现代话语成为关键的核心词，纯粹个人化的"后学操作"大行其道、风靡一时，消极一切、颠覆一切造就了当代哲人的"吊诡的快感"，一些私人性的愤懑表达与义愤吐槽，恰恰掩饰了自身生存处境的困惑与尴尬。哲学那种真正切入时代和生活本质的批判风格、"百姓言谈"，早已丧失；而其真正捕捉时代发展律动并召唤社会前进的实践指向、大众心声，早已委顿。哲学不再反思、不再思想，无关痛痒的"微抵抗"策略到处风生水起，激发了人们对喜剧性的政治内涵及其极端性的物化图景的虚伪认同，基于虚假体验、回避生活矛盾而进行的谨慎涂鸦，构造了一个个隔断真实经验的私人吐槽与精神自慰。

　　哲学是一种历史性的叙事，但对其精神视域的把握却不能采取历史考证或者文本细读的方式，编年性的历史解读、碎片性的考订史事，就会固化哲学研究的内容与视域，它只是哲学研究的一种而非研究的全部，且只是外在性的研究而非内在性的研究。我们需要的是一种将"论"置于"史"中的论从史出、以史带论、史论结合的研究。这种研究实现了哲学主体与思考主体的双向互动，实现了哲学的历史存在与实践视域的内在结合。在张志伟先生看来，这种结合是在对哲学问题的把握与求解中实现的。他认为，"西方哲学史归根到底乃是'问题历史'，因而'问题'并不是研究西方哲学的一个角度，而是西方哲学的活的'灵魂'与源泉，亦构成了它的最基本的整体特征"；由于"哲学的问题不是'问题'而是'难题'"——永恒追问但却无法获得最终答案的难题，"我们对之不可能有一个答案而只能采取各种各样不同的解答方式"，因而，说到底，"哲学就是哲学史"的真正含义在于哲学只能获得一种历史性的存在样态，哲学只能是对问题的求解史，或者，更确切地说，哲学只能是对永恒无解的难题之求解方式不断改变的历史，是求解方式不断革新的历史。由于切问哲学难题的方式完全因人而异、因时而变，故而哲学只能说是单个人的思考与省察，哲学不可能是集体性的反思与研判。似乎哲学的历史性存在，只能成就一种私人性的研究视域。与这种观点不同，黑格尔认为，哲学的历史性存在，不是哲学的外在性特征与属性，而是哲学的内在本性使然，哲学研究的问题当然需要不断地被反思、被追问，但是，我们重新反思与反复追问的哲学问题，并非是对同一个哲学问题的简单追问与思考。哲学智慧需要重思，但不是对同一个问题的重思，哲学问题不是固定不变的而是历史的发展着的，哲学不是随着它把握同一问题方式的不同而发展的，恰恰相反，而是随着它把握到的不同问题的演变和转换而实现自我更新的。哲学历史性地存在于它所捕捉到的问题转换过程中，并随着问题的不断求解而获得思想创新。在现代西方哲学家伽达默尔看来，如果把哲学研究视作"指向同一个'圆心'并不断地变换'基点'的'圆周运动'"，或者如果认为哲学就是问题史，哲学研究就是对历史上的永恒同一性的问题的求解史，这种看法才"是一种空疏的抽象，是一种纯粹的幻觉"。哲学只有在切问历史性的问题中才能获得创新性发展，这种创新并非表现在对同一个问题的不同方式的求解上，恰恰相反，而是表现在对不同问题求解的历史转换中。

作为继承哲学史而发展起来的马克思主义哲学，一方面它来自于对德国古典哲学的批判继承，从中获取了主体性与能动性的哲学素养；另一方面它又来自于第二国际以来流行的马克思主义对历史发展客观规律的认识，从中获取了普遍性的世界观与方法论。其主体性与客观性的两种逻辑看似充满内在张力，实际上又存在着同一种可能的解决路径。这就是马克思主义哲学所开辟的实践视域及其存在方式，它成就了哲学的历史性存在与现实性超越的内在融合。在马克思看来，哲学之所以不属于个人而属于时代，那是因为它真切地把握住了最迫切的时代课题。问题却是公开的、无所顾忌的、支配一切个人的时代之声。问题是时代的格言，是表现时代自己内心状态的最实际的呼声。一种哲学研究是否成为时代精神的精华，关键取决于它是否把握住了时代最迫切的问题，是否为求解这一问题提供了科学的策略选择。哲学家把握并求解时代课题时，的确存在一个如何进行视域整合的问题。按照伽达默尔，这种视域融通是哲学家们在历史性的诠释活动中实现的，历史上的哲人们通过问答逻辑、视域整合而形成了交往互惠与重叠共识，从而使得历史上的哲学成为活着的生命个体并借助新的时代课题而绵延开来。但是，在马克思主义哲学看来，个体性哲学间的视域整合并非是在问答逻辑上实现的，而是在实践基础上完成的。离开有个性的哲学家个人，的确无法进行真正的哲学研究，哲学家个人是从事自主创造性哲学活动的发出者，一切真正的哲学研究说到底都是以个人为主体而自我展开的。若仅仅从哲学的主体性存在视域上看，哲学研究的确具有私人性、个体性。但是，哲学家个人作为研究主体，不同于生物学意义上的单个个体，他们毕竟是在特定的社会关系和实践基础上进行哲学创造的。个体的哲学创造能力很有限，要受到个人的学业背景、个人禀赋、文化积存、思维习性、学术兴趣、情感意志、政治偏好及生理状况的制约，也要受到单个人哲学实践的广度及深度的制约，其个体的研究设想必须归属于研究共同体中并通过它才能完成与实现，这种研究集体不是单个人的机械拼凑与个体研究能力的简单叠加，而是一种整体功能的全新释放，正是依赖这种集合了各种个体性的整体研究，才真正产生了哲学研究的视域融通与实践整合。正如恩格斯所说，哲学"它是单个人的思维吗？不是。但是，它只是作为无数亿过去、现在和未来的人的个人思维而存在"。哲学样态的个体存在与公共存在是辩证统一的，这种统一的基点不是研究者的主观诠释或者个人的存在体验，而是社会历史性的实践活动。

　　人民性的社会实践活动推动着哲学研究的创新与发展，作为"被把握在思想中的它的那个时代"（黑格尔语）的哲学体系，它时时处处都最集中、最直接地贴近了人民群众的实践需要，人民的最美好、最珍贵、最隐蔽的精髓都汇集在哲学思想里。它总是基于特定的实践需要而产生、为社会实践的特定需要而服务，随着社会实践需要的变化而发展并内在地接受社会实践的严格检验。人民性的社会需求与实践活动是哲学研究的核心内容与根本任务，它的时代立场与发展方向归根结底要由人民主体性的社会实践及其根本需要来确定，社会一旦有技术上的需要，这种需要就会比十所大学更能把科学推向前进。哲学家的理论研究对人民主体性的社会实践具有强烈的依赖性，社会实践不仅是它产生的源头活水与发展的内在动力，而且是它接受检验与获得自我矫正的唯一标准。哲学家只有做人民理论家而非专业的文化匠人，只有热情而积极地参与社会实践变革，才能成为时代的代言人和社会良心；他只有透过文化的迷惘、浮躁的喧嚣、世俗的熏染而向人民学习、向实践学习、向生活学习，才能在与实践对话、向生活讨教的过程中提升自己对时代需要的敏锐性与洞察力，才能丰富时代智慧、升华大众情怀，进而赢得并见重于广大人民群众。哲学家的理论成果只有回到人民性的实践中去，掌握足够多的人民群众，才能把精神力量转化为巨大的物质力量，真正实现对客观世界的改造并释放出伟大的理性光芒来。正如马克思所说：哲学把无产阶级当作自己的物质武器，同样，无产阶级也把哲学当作自己的精神武器；思想的闪电一旦彻底击中这块素朴的人民园地，德国人就会解放成为人。哲学家理论研究时可以对一些知识性的东西做简化处理，甚至可以忽略一些不必要的烦琐论证，但唯独不能遗漏哲学思想产生时的社会实践过程及其极具精神性意义的事件。哲学发展史，的的确确是一种概念更迭史或者范畴发展演变史而非社会实践史或者生活变奏史，哲学它不是历史事实本身，但它不脱离历史并且总是形成于和表现于历史之中，它是逻辑与历史的统一。因而必须从哲学研究与人民群众的社会实践的联系中来说明思想的产生与发展，特定的社会实践需要及其精神性事件内在构成了哲学思想发展的"背后故事"，集中凸显这种"背后故事"并从中提炼出纯粹的思想精髓，是哲学家反映时代呼声、代表人民意愿的根本路径。

受西方后现代哲学影响，在当代哲学研究中，不少人认为，没有一般性的哲学，更没有普遍性的哲学原则或原理，哲学都是具体性的、个人性的。对"公共性的消解"已经成为当代哲学研究的一种共识，根植于个人兴趣而进行纯粹的理论构境已然成为一种时尚，窃窃私语并吐槽感怀是哲学研究的出发点与立足点，拒斥大众化而倡导小众化、拆解公共性而沉溺私人性是哲学出场的基本顺序。公共性立场与人民性方向的丧失导致了当代哲学的元价值情结，并主导了一种重大的理论后果即让哲学研究从复数走向单数、从人们走向个人、从无姓氏走向有姓氏。哲学是哲学家个人独特的心灵感悟与内在体验，它具有独特的私人性与本己性，即使是师出同门的哲人之间也缺乏内在通约的桥梁，彼此互不欣赏且文人相轻是常有的事。也有人主张，哲学没有超时代的可能和跨民族、跨文化的征象，哲学不可能有公共性或普遍性，哲学根本不可能在普遍中求得生长、在混合文化中求得发展，哲学只能是纯粹个性化的东西，只能自说自话、随意涂鸦。因为，哲学都是哲学家私人性的东西，哲学家总有自己的私属领地、专业范围，带着自己特殊的专业规训及思维惯性并进行着特殊的专业解读，无立场的考察与无我性的评价，对哲人来说都只能是一种奢望。当哲人们谈到哲学时，总是说哲学就是哲学史，这实际上是说哲学史根本不记载毫无个性的东西。这样，一个哲学家越是重要，受到的咒骂也越多；越是有个性，也越是触怒更多的同行。当然，他受到的咒骂与触怒越多，聚焦到身上的光亮与青睐就越多，他释放出的思想能力就越大。关于哲学的个性通常会被人们理解为强调哲学与其他各种文化样式以及知识形态之间的差异性。这种理解是有一定道理的，哲学在这个意义上确实有着自己不同寻常的自性，它一旦丧失，就会魂不附体、迷失真我，并沦为他者或者走向消解。不存在超越一切时代的一般性的哲学，也没有什么亘古不变的哲学原理，哲学纯粹是私人性的，对它的公共本性与政治旨趣不能界定，只能说它"不是什么"而不能说它的"是什么"。的确，哲学是既不同于艺术宗教也不同于科学文化，哲学是个人心意的宣泄，只能各吹各的号、各唱各的调。哲学就是哲学，哲学不能成为其他。哲学思考一定要心无旁骛，种了别人的地，就会荒了自家的田。这种理解的实质在于，既然人们已经认识到哲学是私人话语的表达，为什么还要把它视为关于自然、社会和人类思维普遍规律的学问，进而把它提升到不适当的地步并使之成为普适性、普遍化、共性化的东西？既然哲学作为哲学家理解自身的自我意识，是纯粹个人思想与文化灵魂的理性折光，为什么还要以公共的科学标准和普适模式来剪裁它，而且还以共同尺度去评价它？既然哲学是基于自己独特生存环境、精神空间而由哲学家以个体性的方式创造的个性化思想，为什么多年以来一谈起哲学总是将它归并到一种思想框架和文化摹本中？

其实，就哲学的本性及其转向而言，哲学怎样理解世界，它也就怎样理解人，反过来也一样，"意识有什么世界就有什么"，哲学正在从世界形而上学转向意识形而上学。因此，从本质上说，哲学表达的就是哲学家对自身知情意结构的独特识认。换言之，哲学是哲学家的自我意识和自我觉解。根据哲学的这一特点，我们可以看出西方哲学对世界的抽象理解，必然会导致对人与世界关系的抽象性表征，形成以共性泯灭个性的"坏文学"。这样看来，西方传统哲学丧失了哲学的个性，或者共性遮蔽了个性，从而也就丧失了通过哲学理解哲学家个性的思想能力和自由灵性。哲学本应该是个性化的自由切问，由此方能与人性相通，这正是哲学区别于其他学问的独特品格，哲学通过个性化才使之具有真实性和特殊价值。在当代，越来越多的哲学家不仅思考着哲学与其他文化形态的差异以便把握哲学的个性，而且分析各个民族国家地区不同的文化传统，进而总结和概括世界上历史悠久的民族在哲学上所具有的个性特质。这种探索是以反思哲学的思想特质、当代价值、理论创新为切入点的，旨在通过古今中西多重维度的考察，生成当代哲学的个性并从哲学个性这个独特的视角，提出和理解何为哲学及哲学何为这一根本问题的。就此而言，强调哲学的个性其目的在于确立哲学家的自我意识，以把握哲学的发展趋向、探索哲学个性化发展的道路、弘扬民族精神推动理论创新，使哲学家能够以原创性的思想理论为世界文化的发展，贡献独特的哲学智慧和先锋思想。因此，深入研究哲学的个性化问题，有益于改变原有的思维方式，走出传统哲学抽象普遍性和绝对化的误区，而且有益于理解哲学的特点、性质、价值从而创造有独特个性的哲学体系。

就专业研究看来，哲学家与哲学实为一体、须臾不可分离，"专业哲学就是哲学家的哲学"（非专业的哲学鱼龙混杂、良莠不齐，更无统一样态之可能），当人们谈起一种哲学思想时，总是自然而然如数家珍般地把一些哲学家提出来一并加以讨论。从这个意义上看，似乎根本不存在离开哲学家的哲学，哲学都是有姓氏的、都应归功于个人。比如，提起古代哲学事实上是指苏柏亚（苏格拉底、柏拉图、亚里士多德）的哲学或者孔孟老庄的哲学，提起近代哲学显然忘不了西方经验论、唯理论大师的思想成就或者程朱陆王的儒学复兴，更不能忘记康德、黑格尔、费尔巴哈与中国的王夫之、康有为、孙中山的英名，提起现代哲学则很自然地使人们想起了尼采、胡塞尔、海德格尔、萨特的哲学及中国的熊冯金贺及毛刘周朱等人的思想，提起后现代哲学事实上是指福柯、德里达、罗迪、杰姆逊等人的哲学及当代中国一些杰出的哲学群体，中外哲学史实际上就是哲学家名录累计的历史，若离开一个个鲜活的哲学家个人，哪里去找寻一般性的哲学史呢？而且，从哲学存在的个性样态上看也是如此，有多少个哲学家、哲学派别就有多少个关于哲学本性的不同理解，这样一来，哲学的定义、本质、价值、样式根本没有获得过一致性的集体认同，往往是众说纷纭、千差万别。从来没有统一而普遍的哲学类型或者样态，更没有对哲学"同归而殊途、一致而百虑"的理解，历史上存在的哲学样态如过眼云烟、风光不再，总是因人而异、因时而变的。哲学就是哲学家不断进行自我言说、自我表白的历史，就是哲人们不断实现着文化选择并达到思想觉醒的过程，哲学就是哲学智慧不断花样翻新的历史，就是一个个哲学家粉墨登场、展示精神风采的舞台。就中国哲学发展史来说，哲人们立异相竞、往复诘难几千年而不能定论，思辨玄想、参禅释经，煞费心机都想争个名堂，然而，其中有谁把自己称为哲学家、又有谁的哲学可以折服众人呢？没有。故而有人讽刺说，从严格意义讲，中国历史上没有一个哲学家，更没有一本纯粹的哲学著作，对于何为哲学与哲学何为这一难题，更是有口莫辩、回答迥异了。有人将之命名曰道、理、神、心之学，有人呼之为仁、玄、名、实之学。不同时代的哲人有不同的感悟对象与理性支点，各个哲学家就是从理论上对时代课题的反思与追问，经过"思入时代"即深入到实现生活的内在本源处，获得对时代内容的集中把握，哲学实际上就是不同的哲学家从事不同哲学思考的事业，就是各个思想者进行思想建构的过程。

就西方哲学发展史来看情形也是如此，许许多多的哲学家那么多的哲学派别，正像从一棵树上找不到两片完全相同的树叶一样，我们在历史上也很难找到两个完全相同的哲学家或者哲学派别，哲人们对于什么是哲学、哲学能做什么等问题的回答，从来没有一致过。著名浪漫派诗人和大哲学家诺瓦利斯曾说过，哲学就是怀着一种乡愁的冲动到处去寻找自己的精神家园，一旦自己的理性信念或者精神信仰破灭，自己就会成为绝思断想的孤鬼游魂，无所寄托、四处飘零。对之海德格尔说得更明确，人们根本不能想当然地规定哲学是什么或者试图做什么，哲学何为与何为哲学压根就是一个无法回答的难题，谁想对之言说最终只能愚弄自己。因为哲学发展的每一个阶段、每一个开端都有自己的法则，每一个时代和每一个民族都有自己各自不同的哲学使命和特殊功能，人们只能说哲学不是什么而不能说哲学是什么。无怪乎唯意志主义哲学家叔本华说，哲学就像一个九头怪，它长着九个头，每一个头上都长着一张嘴，每一张嘴都说着不同的语言。可以说中西古今的哲学各个不同，中西印三大哲学传统各自迥异。当年冯友兰先生曾将之区分为"意欲向前以求真"、"意欲向后而自悟"、"意欲圆融而求通"的三种不同的路径；而同属于意欲圆融的中国哲学，儒释道三家也是各有千秋，新儒学的复兴也是几起几落。这表明，如果按哲学方式而非科学方式、从本体论出发而非从知识论出发去反思哲学自身的话，的确可以得出这样的结论，地域不同、民族不同、时代不同、阶级不同就会有不同的哲学，根本不存在一种可以超越一切时代、民族、阶级的一般性哲学或者共性哲学。凡哲学只能说是某某时代的哲学、某某民族的哲学、某某阶级的哲学、某某人的哲学抑或某某地方的哲学，如此等等。换言之，哲学只有个性没有共性，只存在有称谓、有姓氏的哲学，而不存在没有称谓的、无姓氏的哲学，哲学不仅具有时代性、民族性、地域性、阶级性，而且还具有个人性、私人性、本己性。任何哲学体系都是些地缘差异、文化差异、血缘差异最明显的理论系统，都有它们得以产生的非常特殊的历史上下文，都有一些特殊的文化申认、价值选择和情感细节。任何一种哲学元素只有在自己的理论系统中意义才是确定的，离开这一体系根本不能从中抽象出一般性的、能为一切哲学体系共有的元素（原则或原理）。所以，一切哲学体系都是不可复制的，都是独一无二的，不可替代的。谁也掩盖不了谁的光辉、谁也替代不了谁的地位，整个哲学史就是一个无结尾的纯粹个性化的叙事，正是这些碎片化的东西才组成了异常壮丽的统一的哲学画卷。显而易见，如果有谁试图构造一种能够超越一切时代、民族、地域或阶级的一般性的哲学原理，能够放之四海而皆准、诉诸百代而不夭的哲学，具有永恒性历史价值并能够凌驾于一切科学或文化之上的"科学之科学"，那只能如制造永动机一样，徒劳而无功。同样显而易见，如果有谁企图操作一种包罗万象、具有普遍可解释性的最终哲学体系，往往也只能像黑格尔那样，以各种猜测和臆想来填补哲学发展中的各种空白，最终只能再三证明自己的荒唐可笑，其灵性和智慧只能被过分茂密的体系所闷死。以上阐述表明，哲学都是些非常个性化的作品，任何哲学思想都只能属于特定哲学家个人的思想。哲学的灵性、品格与哲学家本人的特定实践、境界，内在统一、水乳交融，离开哲学家的著作就无哲学可言，哲学只能说是哲学家的哲学，哲学只能说是某某个人的哲学，哲学只能个性化表达而不能公共性操作，或者说，在哲学里，个性就是一切，共性等于零。哲学史不是公共意见的集合也不是教科书信条的汇集，它只青睐有独特个性的私人言谈，从不记录没有卓异特征的一般表达。所以，事实上哲学不过是非常有个性的哲学家之非常有个性的思想总汇而已，离开特立独行的哲人及其桀骜不驯的思想吐槽，还能有什么值得称道的呢？

然而，吊诡的是，情况果真如此吗？果真如上所述：哲学只有个性吐槽而无共性表达吗？在笔者看来，显然问题没有这么简单。把握哲学的个性只是肯认了它的特性的一个方面而非全部，哲学不可能只有个性而没有共性，否则就会背离了自己哲学的辩证意涵。的确，哲学具有时代性、民族性、具体性，任何哲学都只是时代性的民族哲学，那是因为任何哲学智慧都不能仅仅成为私人话语，都不是从哲学家头脑中主观自生的，都不是蜗居书斋闭门造车的结果，更不是哲学家"醉醺醺的思辨"或者纸上谈兵的文字游戏。任何真正的智慧都只能是哲学家在积极参与并从事特定的实践活动中取得的，在处理和驾驭自己与外部世界的各种关系的活动中形成、发展与表现出来的公共性话语。哲学家这种透过个性把握共性的智力如同其他科学家的智力一样，是按照人们如何学会改变自然界的实践中不断概括总结发展起来的。在黑格尔看来，哲学是以普遍性的思想对象为内容的，什么时候哲学言及了一个普遍性的存在，哲学便从那里开始。罗素也说过，当有人提出一个普遍性问题时，哲学就产生了。特定时代的人们的实践活动及其积极结果，作为时代性的文化或文明凝聚起来，就成为一定的思想体系和学科体系，哲学要思入时代并引领时代，就不能不立足于特定时代人们的实践活动，更不能不以特定的范畴体系作为自己思想展开的理性基地和中介要素。哲学是个性的、私人的，又是时代的、人民的，哲学与人民的社会实践相交融，因而哲学体系不能不是社会实践的产物和群众智慧的结晶。对此，一些哲学大家早有明训，马克思认为：任何真正的哲学都是自己时代的精神上的精华，因而必然会出现那样的时代和那样的哲学体系，哲学不再是同其他各特定体系相对的特定体系，而变成面对世界的一般哲学，变成当代世界的哲学。各种外部表现证明，哲学正获得这样的意义，哲学正变成文化的活的灵魂，哲学正在世界化，而世界正在哲学化，——这样的外部表现在一切时代里曾经是相同的。如果有谁试图以统一的思想方式去把握时代的本质，妄想建构一种超时代的永恒性的哲学，那他肯定是极端愚蠢的。如黑格尔曾说，哲学并不站在它的时代之外，它就是对它的时代的实质的观念把握。作为现世的智慧，哲学时时处处都是自己时代内容及其本质特征的集中表现。作为人民性、时代性的伟大真理，哲学能够给人以真正的智慧，真正教导人们更有智慧地协调好和处理好人与世界的关系，并运用特定的概念和范畴、按照特定的原则逻辑地建构起来系统性的理论体系。哲学根本上就是特定时代的一切内容与特征在观念中的高度表征，它似乎高耸于天国只在象牙塔中徜徉，然而它的精神都来自对现实性的呼唤。它似乎是悬挂于空中的思想领域，然而它的根却深深地扎在特定的经济事实里。它不仅从内部即就其内容来说还是从外部即就其形式来说，都必须和自己的时代相接触并发生相互作用。因而哲学家及其哲学，不论从外表看来多么另类与奇特，都离不开哲学家所处的特定时代及其人民的实践，都是以哲学方式对时代课题及人民愿望的积极回应。

尽管哲学都是哲学家个人的独特创造，都毫无例外地打上了哲学家个人的特色与品格，都以哲学家个人的名字命名，但它并非仅仅属于他个人，而是属于他所反映的他的那个时代。同样，每个哲学体系都有它的个性，都受特定时代的局限和地域的局限，然而离开特定的历史上下文，它的那些个性不仅无法得到理解而且根本不能得以保存。哲学家只有凭着特定的哲学本能，及时地回应时代发展的内在需求和生存主题，以哲学的把握方式反映时代的生存命义和生活矛盾，才能成为时代的哲学代表，承载特殊的社会使命和伦理担当，挺立时代变革潮头，代表人类文化前进的正确方向。换言之，哲学家是成为时代的骄子还是时代的弃儿，这一切完全取决于他是否能够深入到社会生活的内在本源处那一度运思，是否能够超越特定的时代局限回应人类永恒性的历史主题即生存主题，思入时代、引领时代并积极地超越时代，是哲学体系永葆生命力的根本保证。正是因为哲学依存于时代，所以哲学不可能是纯粹个性化的，哲学必须面对时代并与之保持紧密联系，以便捕捉住时代跳动的脉搏。因而仅仅依据哲学自身的时代性或者仅仅依据哲学家本人的特殊品性，就去解释或论证哲学的个性化、私人性是很不够的。"马克思主义哲学不是哲学家的私语"的集结，而是时代性、人民性的话语体系。哲学当然具有时代局限和哲学家个人的品格，但哲学的可贵之处在于它始终是对人与世界关系的整体性表达。只要人类社会存在，就存在如何处理人与世界的关系问题，不论时代特征如何特殊及哲学家个人品性如何鲜明，都掩饰不住哲学通过时代性内容的透析而获得关于人与世界关系的共性追问，都阻止不了哲学去对人类生存理性之永恒主题的把握，而且这种追问和把握不可能在一个时代中完全予以穷尽。我们说哲学是发展着、实践着的科学体系，它虽然诞生于特定的时代，但没有停留于那个时代，早已跨越了时代的局限性而影响到了整个人类历史，它早已成为各个时代精神的精华。诚然，任何一种哲学理论都是时代的产物，它的产生和发展也有其深刻的社会、历史根源和实践基础，其产生、形成和发展也有其特定的历史背景、历史条件及其相应的精神资源和文化氛围，在它身上所发生的大大小小的变化，无不与特定的历史变迁和实践变革有内在关联。从这个意义上讲，可以说，特定的时代造就了特定的哲学，离开了这个特定的时代就谈不上对哲学的理解，更谈不上对它的发展、它的今天和未来有预示性的把握，哲学压根不是离开时代实践而存在的抽象理论。但，还要看到，哲学又的确是在实践中不断丰富和发展着的学说，时代孕育了一种哲学，但时代的发展又不断开辟并生成着它的多种可能性发展空间，只有超越时代才能积淀到人类历史的逻辑中去，成为具有普遍指导意义的一般性哲学，哲学是通过时代的个性来反映它的共性的，离开共性的个性根本不可思议。

在哲学的民族性、阶级性、地域性问题上，情形大致一样。比如哲学的民族性，不同的民族有不同的哲学及其思维方式，不同的民族性哲学也有自己非常特殊的价值选择和情感细节，中西印风格迥异，中西马大异其趣，"教西方哲学说汉语"抑或"教中国哲学说洋话"，都不是一件很容易的事。但是，哲学的民族性并不排斥不同民族哲学间存在着某种程度的共性和诸多相似的说法，可谓微观各异、中观交织、宏观相通。正是由于深层通约，不同民族的哲学才可以相互比较、取长补短、相互借鉴、融会贯通，并在此过程中，共同构造出一种普遍性的世界原理，在全球化过程中必然导致哲学的世界化与世界化的哲学。又如哲学的阶级性问题，的确哲学是有阶级性的，不同的阶级自然有不同的哲学，所谓哲学的阶级性是指在阶级社会中任何一种哲学体系以及由其引出的政治结论总是代表着某个阶级的根本利益。作为一种意识形态，哲学始终是一定经济基础的观念反映，只要经济基础中存在着阶级关系，哲学就必定是有阶级性的；而且任何哲学总是由一定的哲学家创造的，在阶级社会中，不同的哲学家从属于不同阶级并代表着不同阶级的根本利益，因而有着不同的阶级立场，其哲学也就必然打上不同阶级的印记。但哲学的阶级性并不意味着哲学只有个性，恰恰意味着它的公共性，哲学的阶级性并不排斥哲学的共性，并不排斥在一个个阶级性哲学中包含着对人类文化及其永恒生存主体的真理性表达。再如哲学的地域性，从表面上看，各个地域的哲学都是彼此独立、相互隔绝并且受内在生命周期限制的超稳定结构，这种特殊的文化范式造就了文化的独特的个性风格、发展形式、发展规律和精神力量，于外则成就了它的独特的话语系统和表达方式，于内则成就了它独特的精神品质和内在灵魂。而且，每一种本土性哲学都先天地被它的文化范式和精神特质所钳制，都只能从自己固有的框架和模式去解读外来哲学。尽管可以将异质文化因子所催生的外在形式暂时移植到本土文化上，但无论如何都无法将其独特的精神内核一并予以接纳，从而规定了各个地域性哲学在深层的不可交流。但从学理上看，哲学的交流与对流是整体推进、立体互动的，其表层和深层是交织在一起，共生共存、协调发展的，而且越是在深层越具有内在一致性，越易找到足够多的共点实现内在的契合。其共度性越大其对流与互补的可能性就越大，不同地域性哲学间的互渗互动、内在交融必然产生一种极具当代价值的新的公共性视域，并在公共思想平台上经过多元互补、公共商谈而形成深度对话、重叠共识、多元化生，这同样是哲学通过个性以彰显共性的又一明证。

总之，即使再具有个性的哲学若不能在多元混合文化中求生长，它就会停留于哲学家私人性的内在解释循环中，听命并依存于这种私人话语的独白，一切都根据个人的特殊爱好和兴趣而提问与回答。哲学作为文化的核心与灵魂，根本不能为了固守自己的个性而放弃跨文化、跨学科交流以实现科际合作、界外阅读的努力。视界融通以实现交往互惠并产生重叠共识，对哲学说来，永远都是一个无法回避的重大课题。的的确确，在当代，非比较的研究再也不可能了，即使那些地方性、阶级性、时代性很强的哲学体系，也必须能超越文化的地方、时代、阶级的限制而成为一种一般性、世界性的哲学体系。毫无疑问，哲学家都立足于创造关于人与世界关系的独特理解，形成自己理解生活与人性的完整而深刻、复杂而微妙的世界观、人生观、价值观，按照自己生活于其中的文化的特殊需要，不断塑造出具有高度复杂而微妙的信念价值标准和情感生活细节，对之，除非经过各种文化间的深度融通、互相通约的对话与交流，要想张扬一种永远也不可能放弃的超越精神、开辟哲学通达公共性视域的一道思想走廊、成就一种全新的话语实践和共同路径，谈何容易！为此，只有把时代性与历史性、私人性与公共性、民族性与世界性、阶级性与科学性，内在地予以打通，以便能够透过时代理性而切入到人类生存的永恒性主题中，从时代的实践逻辑上升到文化的理性逻辑，再从理性逻辑沉积到历史逻辑中去。黑格尔讲，"哲学乃是一种特殊的思维方式"，其特殊性在于它的"概念性的反思"，在于它总是透过哲学家的特殊申认而对时代本质进行公共表达。哲学思维高度的抽象性与广泛深远的普适性，既源自于它共同的世界观功能与方法论基础，又源自于它共同的阶级立场与文化底蕴。作为主流意识形态的哲学，它提供给我们的总体性和一般性的方法基础、价值准则、思维规范，并不是在哲学家个人的头脑中凭空建构出来的，而是人类共同的物质实践与文化实践逐渐内化的产物，它一经形成就会反过来将各种思想元素有序地组织起来，推动人们按照统一的世界观与方法论协调地发挥作用。无论哲学家本人自觉与否，他总是基于这种共同的方法基础、价值准则与思维规范来开展自己的认识与思考，也总是基于这种共同的时代需要、阶级立场与政治方向来刷新自己的精神世界、开阔自己的思维空间。在当代中国，无论哲学家个人的写作风格、思维习性、理论志趣、专业领域等等是如何的卓异与独特，马克思主义哲学的基本原理与原则都毫无例外地要渗透并活跃于他们的精神世界中，而且无论他本人自觉与否，他都这样或那样地将之作为自己的内在灵魂与精神支柱，正因为大家都"信马"，所以无论在专业上抑或在职业上大家都"姓马"。哲学家个人的理论主张与理性特质，是通过并借助于马克思主义哲学这一公共平台得以展现的，研究并宣示马克思主义哲学并没有埋没自己个性化的理性创新，恰恰相反，他们通过张扬马克思主义哲学及其中国化而成就了自己的哲学梦想与思想品格。一切个体性的私欲吐槽必须让位于姓马一族的公共表达，一切千流百派的私人追问只有纳入马克思主义哲学这种"世界意识"、"世界哲学体系"中，才能通过视域融通而达到既各异其趣又互相补充。马克思主义哲学本身具有多种阐释的可能空间与期待视野，其在学术形态上（而非政治形态上）形成多样格局的生态群落，实在情理之中。但是，若专业分工过细、结构先天失衡、学科森严壁垒、远离社会人生，这种日益精致的象牙塔功夫只能造就些个"冬烘先生"，只能吐槽性地说哲学而不能真切地做哲学，只能将哲学作为既成性的知识来欣赏、来建构，而不能以实践者的身份来践行、来开拓，更遑论为时代课题的求解提供哲学智慧性的思考方式了。

第三节 马克思主义哲学中国化与诠释学

现代诠释学认为，无论从认识论上抑或从存在论上来看，对理解的界定，都内在地蕴含着特定的人学语义，都在某种程度上凸显了现代哲学的主体性特征。作为对自我的积极筹划，文本理解具有主体性，它是人对未来各种可能性的善的选择和自觉运用，并使之不断从当下的可能性向着未来推进。一个文本有否及有何意义完全取决于理解者对它的意义期待，而它在何种层次上的哪些意义又能在何种方式上得以实现，则完全取决于理解者对它的实践筹划。任何具有主体性理解的目的都在于把人生语义从遮蔽状态中阐释出来，实现对人的生存本质还原和对人的生命意识解蔽。可见，文本理解是人对存在的领会和本质的把握，是实现自己并超越自己的特殊的生存方式。

哲学解释学是当代西方哲学思潮中极其重要的一脉，它的独创性的理论内涵不仅突破了传统解释学方法论的框架，而且也为当代西方哲学的发展开辟了崭新的精神视域。国内研究者已分别从不同角度出发，对诠释学所蕴含的主体性特质及其人学语义作出了各自的理解和评价，总体上认为诠释学面对的是人的精神世界，自然科学的实证性方法断然不能成为介入其中的理解原则。因为人的生命不是单纯的生理—物理事实，而是心理—历史事实，它体现为内在经验或内识，它是生命对自身的意识，通过它人将自身和外在世界勾连到一种整体的关联之中，从而获得一种整体经验。诠释学正是在内省经验的基础上对人的生命过程做了历史性分析，既为精神科学奠定了基础和方法，又借助于人学达到了对于历史的真理性把握，消除了历史主义所面临的困境，即历史的客观性和历史理解的主观性之间的内在紧张。而且，国内研究者大都认为解释学之人学语义从根本上说就是在理解者与文本之间的对话过程中生成的，因而根据现代理解原则，或者从视界融合与文化过滤的角度，或者从文本的空白与作者的期待的角度，或者从诠释的历史性与误读的角度，认为任何积极的理解并不是重建隐藏于文本或世界中的客观化的固有含义，而是一种人与世界之间的调解，即通过解释者把过去的意义置于当前情境之中的一种自我调解。从存在论出发，这种调解其实是一种效果历史意识，这种历史意识比存在意识具有更多的人学语义。具体看来，在当下我国哲学解释学研究中，曾有过三种不同的理解观，如，生活视域中的理解观认为，常识将世界纳入有序的框架，并为人们的生活提供何以这样过下去的正当理由，使得纷繁复杂的日常经验条理化，在某种程度上对生活琐事作了有序性的安顿，开悟了人们对人生意义的不可捉摸性、荒诞性、异己性，使生活世界呈现为可理解的品格，赋予人生以内在的意义。这种理解是自然的理解，是习惯性理解，是一切理解的前提，可以将之视作"前理解"。在科学视域中的理解观认为，世界的有序性并非日常实践循环往复的日常积累，而是通过特定的理论和逻辑活动建构的结果，通过对事物的内在规定，彰显了它的必然之理、生存之则，从而赋予它以可理解的形式并使之在科学层面具有意义。在哲学或宗教视域中的理解观认为，世界的有序性是在更高的抽象层面或者宗教的"天序"中得以理解的，一切都要在理性的法庭面前进行辩护或者在"去妄"的真如或涅槃境界加以整合，人生意义要在理念王国或来世天国中得以确认。以上三种理解观，都是语言学转向前的理论形态，构成了现代理解理论的基础性描述。与之不同，本文则从现代诠释学的语言哲学角度，试图从认识论和存在论的哲学层面讲清文本与意义的内在相关性，认为在认识论上理解被视作是人对文本意义的诠释，是指文本意图与作者意图的视域整合，是在主客体之间或主体间性中通过问答逻辑所形成的交往互惠和重叠共识；而在存在论意义上，理解被视作对人的本质的基本规定，理解不仅是对文本的理解更是对人的存在的自我理解，其根本旨趣在于揭示人的自我生成性本质。而无论从认识论抑或从存在论角度，现代诠释学对理解的界定，都内在地蕴含着特定的人学语义，都在某种程度上彰显了现代哲学的主体性特征。在现代诠释学看来，作为对自我的积极筹划，文本理解具有主体性，它是人对未来各种可能性的善的选择和自觉运用，并使之不断从当下的可能性向着未来推进。一个文本有否及有何意义完全取决于理解者对它的意义期待，而它在何种层次上的哪些意义又能在何种方式上得以实现，则完全取决于理解者对它的实践筹划。任何具有主体性理解的目的都在于把人生语义从遮蔽状态中阐释出来，实现对人的生存本质还原和对人的生命意识解蔽。可见，文本理解是人对存在的领会和本质的把握，是实现自己并超越自己的特殊的生存方式。

在古典诠释学看来，理解和诠释是语言学的中心问题，诠释学是一种避免误解的艺术，对一个作品的理解，其实就是对它自身固有意义的理解，它原本就是一门研究理解和解释的学科，其最初的动因正是为了正确解释文本的原有意义，以缓解或克服在文本流传中所产生的内在紧张，这样，一种正确理解和解释文本的诠释技术学或"技艺学"便诞生了。① 显然，对文本的理解绝不能只进行僵硬的、刻板的技术性诠释，而要发挥主观心灵的创造和再造作用。这样看来，理解的过程，并非仅仅是语言翻译

---

① 洪汉鼎：《理解的真理》，山东人民出版社 2001 年版，第 1 页。

的过程，而是主观心灵创造的过程。为此，理解必须遵循两条规则：一是客观性或历史性原则，即必须结合作者所处的具体条件来理解文本的意义；二是整体性原则，即必须在结合周围其他语词的意义的总体性语境中，去理解每个语词的意义。由于人的精神和心灵具有共通性，人同此心，心同此理，这样就为作者与读者的语义交流提供了基础。但由于人的精神和心灵又具有个性，即能动性和创造性，这就使得作者的书写活动的创造性与读者再创造的理解活动，并不一致，从而有了产生误解的可能。为了避免误解，读者必须走出自己的内心世界，进入作者创作时的精神境地即回到作者的思想源头，以重新体验或再现作者的心境。

因为，自然现象仅须说明就够了，精神现象仅靠说明是不行的，而必须加以理解。人文学科研究的对象是客观精神（指外化于物的精神）和精神世界（各种外化的精神与人的理解的相互作用系统），对之研究不能只做实现性地说明，而须创造性地理解。在这个意义上，理解就是通过外在的东西去把握内在的东西，就是通过可感知的外部表现去把握不可感知的内在精神。换言之，要进行正确的理解，读者就必须发挥自己的主观能动性，就必须走出自己的内心世界进入作者的内心世界，通过这种心理移情作用，对作者"表一番同情之理解"，以把握作者当时的创作心境，再现作者原来的创作体验。人们心灵的共通性（或"共通感"①）仅使心理移情作用的发生成为可能，要真正实现这种可能，还需要一种善解文意的爱心或同情心，唯此才能心心相印、息息相通，达到对文本的完全理解。因为受心理移情作用的影响，的的确确，读者有时比作者更能理解文本，读者比作者得到的东西还多，有许多东西原先对于作者来说是无意识的，现在恰恰被读者理解到了，读者对作品进行了二度创造和意义追加；读者与作者之间产生了生命同化和心灵契合，即读者把自己融入作者当时的处境，设身处地地想象自己在他当时的情况下会如何思考、如何行动、如何喜怒哀乐等等，这样，作者的生命就在读者自己的心灵际会中复活了，他们在心灵世界中就内在地交融在一起了。

理解不仅具有解释的功能而且具有实践的功能，传统解释学者认为，意义是文本自身所固有的，是不以解释者的理解所转移的客观的东西，因而解释的任务就在于清除自己的各种偏见，投入作者的原有处境，客观地

---

① 洪汉鼎：《理解的真理》，山东人民出版社 2001 年版，第 56 页。

理解和把握文本的意义。现代诠释学则认为，理解是解释者对生活经验的未来可能性的筹划，文本的意义并不完全是客观、僵化、静态地凝固于文本之中的东西，而是与解释者的理解密不可分的。文本与读者的关系不是独白而是对话，只有在读者与文本的相互问答的对话中文本才产生意义。因而任何一个文本只有当它们与人的主体性的理解相结合时，才具有活生生的意义，离开了主体性的理解就没有真正的意义。换言之，文本从根本上说都是未完成的，因为它还需要一个解释者，它的意义并不自在地存在，而是与读者发生联系的产物。意义不是在那里等待发现，而是在读者的创造性解释中发生的，并通过主体性的理解而实现的，只有把文本中的经验纳入读者的整个自我理解之中，这种经验对我们才有意义。既然文本有否及有何意义与主体性的理解相关，那么，是不是可以说，文本意义完全应该由主观任意决定的呢？显然不是。因为理解具有历史性，读者对文本的理解受"前理解"和历史条件的制约；而且理解又具有语言性，语言游戏自身的规则不以游戏者的主体性为转移。须遵循对话逻辑，在问答中产生，而非独白的结果。可见，理解不是封闭的，而是开放的，因为理解具有主体性，它是一种对未来可能性的筹划和应用，是一种对未来各种可能性的善的选择，它使理解者对文本意义的理解不断从当下的可能性向着未来推进。任何文本都是对人类生活的某一问题的求解，而对文本的理解则是从它们的回答中提出新的问题，以推进新的理解，对文本的理解就是人的社会生活的理解，这是一个面向未来的无限性拓展的过程。

当然这种观点也具有片面性：比如，对文艺性作品，其意义随理解者的变化而变化，可以有不同理解。而对非文艺性作品如法律文本的理解，能无视作者的原有意义而任意理解吗？再如，理解是作者与读者的视域融合，通过融合，双方意见得到沟通，获得新的理解。但作者和读者对文本的理解不同，获得的意义不同，二者都具有创造性和主体性，这样，正确无误的交流其实就不可能了，这就构成了解释学的不可翻译性原则。正是基于此，在以后的发展中才通向了后结构主义的语言学，认为语言是不可交流的、完全是私人的、不可传递的。那么，怎样才能消除误解而达到合理交往呢？必须首先区分两种不同的语言交往，即"曲解的交往与合理的交往"。自然语言是人类生活世界中的"元语言"，它与形式语言不同。形式语言是封闭的，其意义不随语境的变化而变化；自然语言则是开放的，其意义是随语境的变化而变化的，因而它可能常常产生"曲解"，构成人与人之间的理解的障碍，形成"曲解的交往"。当代解释学的任务就在于研究造成这种"曲解的交往"的原因，并提出消除它们的办法以达到"交往的合理化"。在不合理的阅读中，尤其是在诠释过度的危机时期，普遍地存在着"曲解的交往"。曲解交往的言语是病态言语。众所周知，精神病患者的言语是明显的病态言语，而"曲解交往"的言语则是一种看来似乎"正常"，实际上是病态的、很难察觉的、不明显的病态语言，它们构成的交往是"无效果的交往"或"伪交往"。伪交往也往往可以达到"意见一致"，但这不是真正的"一致"，而是"伪一致"，它们是一些"误解的系统"，是导致语义冲突的总根源。精神病人把语言私人化了，精神病医生对之医治的方法就在于，试译出它们私人病态语言的意义，从而引导他们把私人的语言内容重新纳入公共交往中。若一种理解理论只适用于正常的语言，对于分析曲解交往中的病态语言无效，那它怎能试图发现产生曲解交往并形成病态语言的深层原因呢？

可见，我们以前认为，理解必须以前理解即先见或传统为前提，传统是一致理解的出发点，人们只能接受之而不能批判之。显然，这种看法是错误的。因为传统往往来自曲解的交往，传统的意见一致往往不是真正的一致，而是伪一致。它们不是来自作者和读者双方的心灵际会，而是来自外在的权威和压力。只有建立主体性的解释学，才能澄清一贯被曲解的认识，获得真正的意见一致，这只能在理想的合理的交往条件——视域融合和效果历史中，才能实现重叠共识和意义增殖。理解的主体性表明，读者对文本的阅读过程就是对文本的理解过程，这个过程具有主体性，读者对文本的内容和意义的理解是可变的，即随读者的视域整合和意义期待的变化而变化的。这种整合和期待，构成了读者理解文本的起点和内在结构，不同的读者，透过不同的起点和期待，读出的意义是不一样的。一部作品的潜在意义不会也不可能为某一时刻的读者所读尽，只有在不断发展的接受过程中它们才能为读者所不断发掘，所以，从诠释学角度看来，文本发展史不是作品的积累史，而是文本的接受史，是其意义不断生产的历史。一个文本有否及有何意义完全取决于阅读主体对它的期待与筹划，而它的何种意义又能在何种方式上实现则完全取决于主体的选择或接受。

然而，在现代诠释学看来，对一个作品的理解，并非是仅仅遵守特定的技术规训，而刻意"回到事物本身"以发现它的愿意，相反，而是认为主体理解作品的目的其实在于把人的存在和价值从隐蔽状态中显示出来，即对人的本质解蔽或去蔽，其根本任务就在于追问作品中阐发的人生意义及其实现方式。人生意义非天生固有，而在他与物、与人发生的各种关系中产生。若他不与物、不与人相接则无任何意义发生，与物、与人相接的方式不同而产生的意义也不同，可以为社会做出贡献，也可以为非作歹、危害他人。问题是他在与物、与人的相互关系中具有各种各样的可能性，究竟哪种可能性能够真正实现，即他作为何种面目出场且具有何种人生意义，这全凭他的自我筹划。所以，对于一个文本来说，理解它就是对之意义的筹划，若只看它而不用它，那么，愈是看它，我们就离开它的意义愈远，其意义在于用途，意义生发于使用。对于一个人的生命本质（其实，也是一个文本）来说，又何尝不是如此呢？理解就是对人生意义的筹划，人的一生都在理解或筹划之中。人是非自愿地被抛进这个世界中的，人面临的世界是有待于实现的世界，即是包含着各种各样的为人所用的可能性的世界。理解就是人自由自在地对各种各样的可能性所作的自我筹划，从而以此种方式，在这个世界中实现自己并不断地超越自己，同时又向着未来筹划，不断放大自己的人生意义。换言之，理解就是人在可能性的基础上筹划自我的人生意义，理解本身就包含筹划这种内在结构，人存在着，并总是在"理解着"，没有理解也就没有人的存在，理解是人的存在方式，是人的本体论结构，人的存在在于理解，人存在于理解之中。理解是对存在的理解，而能被理解的存在才有意义，人通过理解存在而拥有存在，存在通过人的理解而获得生成。不与人发生理解关系的存在是没有意义的，也是不可想象的，只有进入人的理解实践中，存在才成为具有现实性的存在，理解和存在合二为一。

理解不同于认识那种静态反思，理解是人对存在的理解，是对自己本质的把握，是人对实现各种可能性的谋划即实现自己并超越自己的实践性筹划。理解与人的存在不是二元对立的，而是融为一体、浑然不分的。人因理解而存在，人的存在在于理解。但二者又有区别，区别性在于存在的无限的时间性与人的有限的历史性之间的矛盾，即人对自我本质的理解总是历史的理解，即在一定的历史条件下受一定历史条件的规定性的理解。这表明理解具有前结构，理解有不可缺少的前提，它是在这些前提之下做出的，这个前提就是解释学的处境，它由"前有"、"前见"、"前设"（前把握）三者构成。"前有"或前拥有，是指理解之前先已具有的东西，它包括解释者的社会环境、历史情况、文化背景、传统观念以及物质条件等，它们总是处于遮蔽状态，隐秘地影响并制约着人的理解，人的理解也总是植根于前有之中；"前见"或前见解，是指理解之前的见解，即成见。现实的人总是具有多种多样的可能性，究竟能把他解释成哪一种，他的哪一种可能性能够实现，那是由"前见"决定的。"前设"或前把握，是指理解之前必须具有的假设，任何理解都包含有假设，一个解释决不是无预设地去把握呈现于他面前的东西的。理解之前必须排除一切先见，这是不可能的；没有先见作基础，也就不可能有理解；理解就是人在理解的"前结构"的基础上对未来进行的筹划。理解的"前结构"决定了理解，甚至可以说，理解是理解的"前结构"的重复，但这不是简单的重复，而是向着未来进行筹划的重复，是积极的循环。决定性的不是走出这一循环，而是要以正确的方式进入这个循环，经过多次循环，理解就能深入和提高。从以上的分析中可以看出，理解本质上不是一种技术或方法，而是人的存在方式，是人向着未来筹划的存在方式。质言之，人是"理解着"的存在，存在因理解而生成，我理解我存在，理解贯穿于人的一生之中，是构成人生一切活动的基础。一个人是什么样的或者能够成为什么样的，这与他的自我理解是密不可分的。他只有存在于不断的自我理解中才拥有特定的人生意义，其人生价值才能不断被照亮。理解就是领会人的存在的意义，理解的任务在于把握人学真理，所谓人学真理，就是面向人的事情本身。或者说，理解就是回到人本身，回到事情本身，理解学就是最大意义上的人学，是人学本体论。

理解既然是人的存在方式，而人的存在是有限性的和历史性的即它是受历史条件制约的，它必须以前理解为前提，必须以"前有"、"前见"、"前设"为基础。任何理解都必须从已有的先见或偏见出发，都必须以之为前提，这是由于人总是生活在一定的历史环境中，历史文化赋予人以各种先见或偏见，人不能自由地选择它们，也无法轻易地摆脱它们。先见是必须的，要排除之是一种错觉，排除偏见本身就是一种偏见，因为正是我们的偏见才构成了我们的存在，偏见未必是不合理的，我们就存在于历史性的偏见中，偏见为我们整个经验的能力构造了最初的方向性，偏见就是我们对世界的开放的倾向性。其实，不应该笼统地反对先见，应有区别地对待它。先见有两种：一是合法的先见或正当的先见，这是指来源于历史文化传统的先见，它不应该否定，也无法否定，否定了它就否定了历史，就会造成历史的中断，从而否定了发展。二是盲目的先见，即个人在现实人生中接触和吸收的先见，它是可以修正的，也是应当排除的。但这种区分对人来说是不易的，不能凭先验的直觉，而是在理解的实践中逐步做到的。理解不仅是历史的，而且又是现代的，是历史和现代的汇合或沟通。因为理解不仅应以"前理解"为基础，并且还应对当前的可能性做出未来的筹划。由于理解的对象是人及其一切活动，它们包括历史、文献、思想、创作等各种"文本"，这些历史性"文本"都是前人（作者）的历史视域的产物，因而，当理解者（读者）以自己的历史视域去理解这些"文本"时，就出现了两种历史视域的对立，只有把二者融合起来，即把历史的视域融合于现代的视域之中，构成一种新的和谐，才会出现具有意义的新的理解，这就是视域融合。理解就是视域融合的过程，正是这种融合和沟通，不仅克服了自身的局限性，也克服了他人的局限性，是向一个更高的普遍性的上升的过程，在这一过程中，产生一种发展了的新视域，即"效果历史"。理解在本质上是一种效果历史不断迭出又不断修复的无意识建构过程。这里涉及现代文本观的后现代转向及其意义的无意识建构问题，对此已有另文讲到，不再赘述。事实上，作为人的存在方式的理解，不是静止不变，而是持续变化的，新旧视域的融合产生了新的理解，随时间的推移，这种新的理解又变成了先入之见，即旧视域，它与更新的视域融合又产生了更新的理解。人的理解就是在这种视域融合中辩证发展的。人的"文本"的意义也不是固定不变的，而是随历史的变化而变化；人生的意义和价值也是如此，也不是固定不变的，也随历史的变化而变化，在不同的历史条件下有不同的人生意义。理解（意义、价值）的变化是辩证的，是间断性与连续性的统一，因受历史的限制，在不同的条件下，内容是不同的，所以是间断的；因其视域融合，所以又是连续的，二者是相通的。可见，对人生意义的理解具有主体性和历史性。这种特性，既反对了客观主义、结构主义的理解观，因为人生意义随历史的变化而变化，没有客观的绝对不变的意义；又反对了主观主义、相对主义的理解观，因为人们对人生的理解又是受历史条件制约的，不能随心所欲地理解。在理解中二者是统一的，人获得了一种存在，又不断地在向着未来筹划的过程中，实现自我超越，形成新的存在方式，人的一生就处于"去存在"之中，所以人永远在途中。

本节的核心要点是：（1）作为前理解的常识理解、科学理解或哲学（宗教）理解，总体上看都是一种唯客体主义理解理论，仅仅从事实的秩序性上规定理解，忽视了理解主体的能动性、主体性，完全遮蔽了理解理论中的人学语义；而现代诠释学对理解的界定，都内在地蕴含着特定的人学语义，都在某种程度上凸显了现代哲学的主体性特征。（2）古典诠释学属于技术理解观或作品中心论，将理解视作一种技术，只有按照作品本身内在的结构去理解才是正当的，不能带有任何主观的先入之见去接近作品，相反，要尽可能地克服和排除偏见以实现对作品的纯客观性理解。为了精确地理解作品，作者与读者的意见应当终结，严格遵循作品的内在逻辑去理解，有一分材料说一分话，让材料或作品说话，只有回到作品本身的理解，意义才能完全彰显。（3）作者中心论认为，理解和解释是有区别的，解释必须忠实于作品而不能诠释过度或不足，理解则不然，读者必须走出自己的内心世界进入作者创作作品时的精神境地，回到作者的思想源头重新体验或再现作者的心境。一切以作者为中心，读者必须悬置自己的主观性判断和任何非分的心理期望，理解依赖于同情，读者只有产生移情作用即融入作者创作时的特定处境，设身处地地替作者打算，实现作者与读者的心灵际会，才能真正读懂作品。（4）读者中心论认为，理解的意图主要不在于作者在作品中写下了什么而在于读者在阅读中理解了什么，任何阅读都是三分读七分想，只有借助于想象才能填补作者在作品中未完成的各种空白，对之实现意义追加、完成意义重构。只有在主体性的阅读中，读者才能摆脱文本的特定逻辑和作者所处的历史上下文，文本或作品才能从一堆死材料中奋力挣脱并拥有现实性的生命。（5）后现代的非中心论认为，作品是零度的作品，写作是零度的写作，任何作品或写作都是非功利的、不涉及任何外在目的和主观意图的、非介入性的，一切文本的写作和读者的阅读都是零度的、白色的、中性的，完全是为了寻求愉悦而进行的读写游戏，理解意图既不是指向客观外在的事实、作品的内在结构、作者的历史处境，亦不是指向读者的心理期待、主体性建构、能动性创造，作品不再是表情写意的文本，作者也不再是精神生产者，在理解中主体被掏空了，有的只是缺席和沉默。读者根本无须尊重作者的原意，相反，而应充分参与游戏之中对文本进行任意的颠覆、解体、切割、重组，通过发现断裂、缝隙、边缘和空白，在碎片的拼凑中充分享受共同著述的乐趣。（6）实践中心论认为，理解者对文本的理解过程是一个读者与作者、文本与作品、主观与客观的辩证对话的历史过程，一切理解都要以文化交往实践为中心，读者只是部分接受前人的先见并将之与自己所处的历史情境结合起来，构成自己新的阅读视域和心理期望，以之出发对作品意义和作者意图做出新解，后人又以这种新解为出发点，并以之作为前见和自己的视域实现融合产生更新的视域，对文本做出意义更宽广的理解，如此类推、永无止境。同时认为理解不仅是历史的更是实践的，因为理解压根不是消极被动的，而是积极能动的，任何理解都是一种文化交往实践，既不是为了回到作品结构中试图把握文本的原意，也不是为了回到作者的立场上对之表同情性的理解，而是为了获得一种文化对流中共同的精神超越。在笔者看来，理解不仅仅是为了获得一种精神愉悦或者精神超越，也不在于获得自我理解或者在先见的预期中获得什么意义增值，而是为了获得一种能够解决问题的实践交往理性，将作者视域、文本视域与读者视域、问题视域实现内在整合，将理解理论活用于特定的文本解读实践中产生重叠共识、交往互惠，其根本旨趣在于阐释并张扬一种理解理论的主体性特征和特殊的人学功能，开辟现代诠释理论研究通达当代思想集体的一道思想走廊；并把理解理论与人的生存语义结合起来，在理解实践中实现对人的本质的发现，在整体意义上为之开释一个全新的理解实践路径，确立一种超越各种理解中心论的恰当的实践立场，提供一个考察现代诠释学关于"理解的实践性"的新人学原则，使人敞亮自身并获得具有普遍性的生存意义。

第四节　马克思主义哲学的后学视域

当代西方哲学在视域交融中的非哲学转向，不是走向反理性、反哲学，而是诉求思想的平面化、价值的虚无化、精神的游戏化和文化的平民化，其后现代之"后"既表示对现代性的接续和延伸也表示对它的否定和断裂。这种"积极的断裂"和"批判的接续"，其实意味着对思想的解放和对创新的呼唤，旨在疏离故步自封的僵化模式、打破画地为牢的价值体系，从相对褊狭的意识形态社区转向多元文化的公共走廊，从传统的准政治境遇中超拔出来而谋划在混合文化中的生长，以成就自己文化先锋的"新左派"形象，对现代性的各种文化积弊永葆一种生机勃勃的批判力。

20世纪末特别是21世纪初以来，西方后现代主义思潮之于我国思想界形成的强大冲击不亚于一场强烈的文化大地震，霎时间，后现代主义似乎成为我国思想界研究问题的公共平台，根本无法绕开的巨大阴影，大有从非主流蹿升到时代主流之势,渐渐成为一种弥漫于社会文化各个角落的文化时尚和思想气质。对这种斑驳陆离而又内涵丰富的后现代文化现象,有人投以鄙薄的眼光,认为简直是胡说八道、根本不屑一顾;有人则对之高调评价、备受青睐,认为它实现了哲学转向或文化转型,发动了一场新的哲学革命、产生了后哲学文化。其实,西方哲学的现代性与后现代性本身就是一对矛盾,二者既对立又统一,它们之间的彼此疏离与互为纠结,早已成就了一种所谓"后后现代主义哲学",并在"后后现代主义"或者"新后现代主义"等各种名目下开始了对后现代主义的纠偏与批判,希图为之未来发展找寻健全理路以重振现代性雄风,惜乎又以另一种方式重蹈了覆辙。从学理上弄清西方哲学的这种后现代之后的真实意义与内在本质如何,它基于何种语境产生又对未来哲学发展将产生何种影响,它的未来动势及其文化价值该如何评析等等问题,毋庸置疑对我们当代哲学新形态的建构与发展,都极具理论意义。

有人认为后现代性是西方理性主义文化传统的反动,因为它试图瓦解现代主义的一元性、整体性、中心性、纵深性、必然性、明晰性、稳定性、超越性等特征,而极力张扬具有后现代意味的多元性、碎片性、边缘性、平面性、随机性、模糊性、差异性和世俗性等特征。一句话,后现代性是现代性的断裂或者断层,二者如冰炭不能一炉、毫无共通之点。笔者不这样看,我认为后现代主义并没有摆脱现代主义的文化纠缠,而是完全保留着现代主义所诉求的一切精神指向,它是在批判反思并妄图超越西方现代哲学的浪潮中产生的,是在积极诊断现代哲学弊病并努力探索克服这一弊病的新的可能道路中发展起来的新思潮。它对现代性的批评是通过把现代性推向极致而完成的:一方面,因为后现代新思潮原本就是一场文化运动,很难将之归入一个统一的哲学派别,对诸多主要问题并无一致看法,是共同的批判对象将之集结在了一起——反抗晚期资本主义文化逻辑是它们共同的敌人。如果说后现代主义这一词汇在使用时可以从不同方面找到共同之处的话,那就是,它指的是一种广泛的情绪而不是任何共同的教条——即一种认为人类可以而且必须超越资本主义现代化的情绪。换言之,只要拥有这种超越资本主义现代化及其晚期文化逻辑激进情绪的人,皆可归入后现代阵营,后现代情绪不是摒弃、更不是放弃现代主义而是对它的积极扬弃,它并没有离开现代性而是对它的某种自我拯救。另一方面,虽然它具有一些反叛性质的文化面貌,但是总的看来,后现代主义表征的不是时间观念，而是哲学思想的实质性跃迁；不是回到、返回或者重复现代性，而是对它的分解、变形与改写，不是对现代性的弃绝、铲除与断裂，而是对它的扬弃、重构与重振，它是现代性"本源性遗忘的完成"、总体性踪迹的泯灭、统一性桎梏的消解，它要求被现代性压抑的一切因素都要揭示出来、被现代性遗忘的东西都要浮现出来。后现代主义者对现代性的重振，实质上是指从现代性内部打破现代性，从后现代维度复兴现代性，它号召人们向总体性开展，反而又以另一种方法完成了向总体性的靠拢；它处处试图打破统一、尊重差异，拒绝共识、激活分歧，重现虚无主义的光荣，为不可描述的东西作证，然而又试图在批判现代性中寻找到解决现代问题的有效途径，后现代性是具有真正意义的现代性，后现代主义其实是现代主义的晚期阶段，是一种极端形式的现代主义；我们可以从后现代性中发现补充现代性的积极材料，使之演变成激发现代性想象的无穷空间，并开发出能够使"现代性想象"表达得更清楚的特效语言——诗意表征。

有人认为，正是由于现代哲学理性主义的泛滥造成了一系列社会问题和人类的文化灾难，因而批判、否定、解构理性主义，推崇非理性乃至反理性，就成为后现代主义所致力诉求的目标，非理性是后现代性的别称，非理性、反理性直接导致后现代性。笔者也不同意这种看法，因为后现代主义哲学不仅摒弃理性而且同样摒弃非理性，非理性不过是另一种形式的理性，二者都同样纠结于对形而上学的固恋，都不折不扣地具有对形上理性、宏大叙事、元话语的推崇，非理性无非是理性的极端表达而已；因而，反不反理性不是现代性与后现代性的根本差异，二者的根本对立表现在：一个捍卫理性至上主义，而另一个则试图颠覆所有带有至上性的文化祈求。的确，现代主义张扬主体性，认为人类中心主义是现代性的一个特征，但是后现代主义并非反人类中心主义或者非人类中心主义，对主体性非但采取解构策略反而采取强化措施。后现代主义抨击人类中心主义，也不主张反人类中心主义，而主张生态平衡以重建人与自然的和谐关系，旨在赋予人与自然关系以浓厚的和合意识，以消除现代人对自然或者他人的任何一种统治欲和占有欲；其重建人与人、人与自然之间的和合相生关系，消解极度膨胀的现代性物欲，旨在造成人与人、人与自然之间的内在平等关系，消除任何中心论对人的非法压制。现代性提倡中心、整体、体系与本质，而后现代主义思想反对同一性和整体性，崇尚差异性、多元化。但是后现代性在对现代性的审慎反思中，把矛头直接指向的却不是什么存在意义上的整体性、同一性，而是如何对整体性、同一性的叙述方法问题。换言之，现代性所描述的整体性并非事实上的整体性，而是现代性语言的特殊构造，后现代性对现代性中许多不言自明的真理持怀疑态度，这仅仅是语言学上的考虑。对后现代主义者来说，异质的、矛盾的东西完全可以拼贴在一起，不是不需要统一与综合，而是同一、综合必须与差异、碎片纠结在一起，二者都不应该消除，而应保留，后现代分析和表述问题从微观入手，反对所谓的宏大叙事或者元话语，主张多元主义，强调不确定性。后现代性是一种不满现代性又试图对之改写的期望，它与现代性并非水火不容，而是采取了不同的表述方法，看似极端对立其实二者互为表里。可见，不仅在文化价值观上二者是纠结的，在自然历史观上同样是纠结在一起的。那么，怎样看待后现代主义对现代主义的批判，二者在哲学路线及其研究方法上互为纠结表现在何处，怎样评析这种文化纠结对后现代之后思想进程的影响？

西方哲学的现代性与后现代性在思想方法、表达方式上互为纠结，到底是催生了积极的文化效应抑或导致了消极的文化产能？对此笔者评析如下，西方哲学的现代性与后现代性的互相交融与同向伴生：一是，破除了传统哲学的一元性和同质化的桎梏，在使统一性得到保留、整体性得到存活的同时，也使多元化得到倡导、差异性得到尊重；在反对二元对立的固定性、城邦性思维方式的同时，又提倡平等宽容的游牧性、分散性思维方式；它以一种彻底的相对主义、实用主义、无政府主义的态度来张扬科学的怀疑精神、反思意识、批判理念，这对于防止思想的独断化、极权化，摆脱文化保守主义、文化沙文主义、文化帝国主义对现代精神的扼杀，克服文化霸权欲望或宏大叙事结构对文化活力的窒息，都发挥了重要作用。比如，在知识领域里拒绝对理论理性、本质主义和普遍原则、绝对真理的信仰，反对直线进步的价值观、世界观、发展观，提倡多元主义的文化价值观、社会进步论、自由发展论，这对于实行文化融合、推进思想自由，可以说意义重大；在社会生活领域中拒绝一切普遍主义的社会方案、社群主义路线，主张社会生活中的差异性、个体性、多样性和兼容性，拒绝任何囊括全球化与共产主义全部内容的宏大叙事策略，强调社会生活中的当下主义、相对主义、特殊主义和情境主义，要求人们尊重差异、包容个性，学会理解、学会宽容，这对于实现社会的和合发展、和谐万邦与大同理想，同样意义非凡。

二是，基于西方哲学现代性与后现代性的文化纠结而产生的后现代之后的文化思潮，突出创造性、开放性反对保守性、教条化，后现代之后最推崇的活动是创造性的活动，最推崇的人生是创造性的人生，最欣赏的现代人是从事创造性活动的人。后现代之后的社会价值取向及其核心，是社会建构主义、思想构境主义、文化发散主义，认为文化与知识不是现实的反映，而是社会建构的结果、语言构造的产物。故而，后现代主义之后的文化方案，极力倡导人们发挥自己的创造性天赋，突破传统思维方式的制约，寻求新价值观、新世界观的支撑，在社会生活和思想文化领域内创建生活与文化的最新价值、最新意义，在社会历史领域内创造多样性、有差异的人与自然、人与人、人与社会的新型关系，对现代精神和现代社会中的个人主义、利己主义、男权主义、等级主义进行反思批判，更为关注个人与社会的共生关系，以及人应该如何更好地适应正在极速变化的信息化和市场化的高科技社会，达到中国古代哲学所设想的那种"天人合一"、诗意共生、美美与共的人生境界。

三是，西方后现代之后的哲学路线，表现了一部分西方知识分子对当代资本主义官僚政治秩序之虚伪性的强烈不满，对当代资本主义生产方式摧残人性之野蛮性的严厉控诉，对现代科技进步所带来的价值负载之普遍性的深刻忧虑，对晚期资本主义文化基础之可靠性的严重怀疑。当哲学崇高的意义悄然引退、风光不再之时，也是高雅与通俗、哲学与生活的界限不断被打破之日。时下，无论政治还是历史、无论哲学抑或文化，无论主流抑或非主流、无论个人还是社团，诸多思想领域和事实领域已经渗透着晚期资本主义的文化逻辑，甚至连哲学理论也变成一种实用主义的叫卖工具，这在一定程度上为后现代主义之后实现哲学的大众化发展、时代性流行、生活性诉求提供了便利条件。崇高和高雅的哲学观念经过后现代之后的思想浸染变得相当模糊、日益淡化，从而导致文化生态的相对平衡和大众文化素养的普遍提升；千锤百炼、呕心沥血的文化力作、思想精品渐渐逸出人们的视界，但是一种相对平等的大众性文化、日常性理念——后现代的快餐文化却快速复制出来。在一个丧失了崇高性和神圣性的物化时代，人们的生存祈求、发展设计与精神支柱，靠任何宏伟叙事和元话语都无济于事，而此时，具有亲和性情、平易近人风格的后哲学文化，恰恰能够为当代人支撑起一片温暖的天空。易言之，后哲学文化的先进性依然体现在它的大众性和生活性，它同样要求用真实生活去战胜荒诞不经，而决不是听任或追随荒诞去战胜一切理智。可见，后哲学文化同样反对怀疑主义、虚无主义、荒诞主义，同样反对任何带来精神危机和道德失落的反人道主义、普遍消解主义，后现代哲学并非一种崩溃性逻辑，更非一种精神自杀行为，它在否定之中有肯定，在消解之中有建设。

四是，后现代之后的哲学路线变得扑朔迷离，哲学已不再被看作是为一切科学奠基或时代精神之精华，而被看作是与其他学科可以并驾齐驱的大众性文化、生活性智慧，昔日作为"科学皇冠上的明珠"的无上荣光早已随风飘逝，那种希图超越有限而通达无限的自由梦想，早已一劳永逸地被搁置。哲学家的文化使命也不再是构造体系、框剪结构，而是着眼于人世间的细碎风尘、杯水微澜，不再指望任何天上的或者地上的神灵庇佑，而是直接"思入"现实的、有活力的、在我们自身以及周边所发生的一切"风生水起"。回到事情本身，切问当下生活，成为后现代之后的文化理想，生活哲学、生存主义在当代西方哲学界的兴盛，正是当代西方哲学走向后现代之后的重要标志。这里的后现代之后显然也不是一个简单的时间概念，而是代表了一种与现代哲学虽背道而驰又不离不弃的哲学倾向，这种后哲学文化对现代性并非"乱始终弃"，而是逐渐引起大多数现代社会科学思想家的关注，这就使之大大超出了哲学范围而渗入到哲学以外的众多研究领域，并为当代哲学开辟了更多崭新境界和自我生成之域，使得当代哲学才真正走出了哲学家的书斋讲坛、高楼深院，进入了普通大众的文化视野、寻常生活。相对主义与实用主义是后哲学文化的实质，它不再追求大写的真理和普遍的善，因为考虑大写的真和善，无助于我们求真与行善；后哲学提倡怎么都行，没有标准、没有权威，但不是不要标准与权威，而是认为一切标准与权威都变得不合时宜；后现代之后人们缺失形上理性的安慰与神圣力量的救赎，并不感到孤独、寂寞与惆怅，相反赢得的将是解放后的那种精神自由与性分之乐。

后现代主义哲学的共同之处突出地表现在几乎都主张扬弃形上理性、体系哲学、主客二分、基础主义、本质主义、理性主义、理想主义、主观主义和人类中心论、一元决定论等等理论倾向，在后现代主义者的诸种否定性理论中，对基础主义或者本质主义的解构与颠覆具有判决性意义。如果后现代主义哲学可以用一句话来概括的话，那就是，它试图颠覆一切带有总体性踪迹的文化设计，有人就直截了当地讲：后现代性＝向统一性开战。现代哲学的基础主义、本质主义泛指一切认为人类知识和文化都必有某种可靠的理论基石的学说，它由一些不证自明、具有终极真理意义的特许的文化基点构成，这个文化基点一旦发现并确立，就可为一切知识体系的大厦奠基。从认识论和方法论上说，基础主义往往表现为将现象与本质、外在与内在、身与心对立起来的本质主义、理性主义、表象主义，从基本范式和思维路径上说，基础主义表现为遵循主客二分、心物两离的思想路线，把人心当作自然之镜，认为人为自然立法，主体创造客体并将之吞没，基础主义最终导致了主观主义、怀疑主义和唯心主义。

后现代之后的哲学发展动势具体表现在：一是，后后现代主义者大都指责后现代哲学家对现代性的批判不彻底，在批判基础主义时往往又陷入另一种形式的基础主义，在对形而上学批判时往往又导致另一种形式的形上诉求，而后后现代主义哲学力图克服这种不彻底性，譬如，德里达、罗蒂、福柯就生造了痕迹、延异等一套晦涩的哲学术语来表达他们对难于捉摸、隐喻难辨和不断自我再构造的东西的称颂，企图以此最终摆脱形而上学思维方式对当代思想集体的束缚。后现代之后的哲学不再成为一种体系化的东西，而是一种类似苏格拉底式的"反讽哲学"、"无镜哲学"，它不再给人以客观性的知识或者普遍性的真理，而充其量不过是人类交谈中的一种声音，是人们在公共商谈、彼此交往、对话交流中一种不可或缺的话题之一。哲学不再成为本质主义、形式主义的体系化的东西，而变成了跻身于文化中间的公共知识元素，没有了特殊的边界、原则的压制，没有了特殊的制度规训和意识形态桎梏，完全成为一种无立场、无原则、无标准的，纯粹敞开的、不自足性的自由文化；它并非只事解构和颠覆而不事建设和发展，它只是不愿在原有的小天地中建构、不愿在纯粹性的逻辑框架中营造，它唯一注重的是文化之间的相互协调或者协同，再也没有了传统哲学那种贵族化的高高在上的优越感，有的只是平等、宽容、和谐、合作的广泛兴趣。

二是，后后现代主义者对某些后现代西方哲学家早已表现出的反主体性和人类中心论的倾向作了进一步发挥，认为主体性的过度膨胀能够导致人的异化、时代的物化，使人失去其本真的个性，使时代物欲横流，故而，要求重新认识人的存在及其活动的价值和意义，把人看作是完整的人，把原本属于人的一切关系归还给人自身。但是，他们不同意后现代者将人视作一种不确定的存在，一种欲望的闪烁、一种心理的碎片、一种飘忽不定的幽灵、一种怀旧恋昔的幻象，认为人依然具有某种实在性的主体倾向，福柯之将尼采的"上帝之死"发展成为"人之死"，并不能合理地推出"主体必死"，认为人只有保持主体性自觉才能获得本真生存。当然人的本真存在不是作为自然的主宰，而是与自然融合在一起，并由此要求不把人置于宇宙的核心和支配地位，而只能当作众多的在者之一存在，人只有保持实在性的主体倾向，人才能由自然的统治者、主宰者变成世界上其他一切存在的倾听者、守护者。如果人连起码的主体性自觉也一同丧失，那么人就成了无中心、无本质、无长远目标和理想，不再担负任何社会职责和历史使命以及道德义务的人，不受任何外在的或内在的制约、而只知享用当下的、现实生活盛宴的人，这样的人显然并不是真正自由和自主的人，根本不能充分展示自己的人生价值和生活意义。后后现代主义者在生存意义上，对人的主体性做了某种辩护，试图彰显一种合理交往语境下的主体间性或者主体际性。

三是，后后现代主义者不仅要求超越现代哲学的理性主义，而且要求超越后现代哲学的非理性主义。后后现代主义者认为，一些后现代西方哲学家虽然看到了现代理性主义者把理性当作基础主义的错误，但又用意志、生命、无意识、先验逻辑等等后现代的非理性元素，取代现代理性元素当作基础主义的支柱，这不仅仍然是一种本质主义、致思取向，而且并未摆脱形而上学的最后羁绊。因为意志、生命、无意识、先验逻辑等等无非是在现代理性基础上构建出来的非理性结构，或者说是变了形的理性结构，用非理性非但不能克服理性，反而会导致反理性的存在。正是基于此，后后现代主义者要求在未来哲学发展中，要完全排除任何理性实在与非理性实在，要求不仅超越现代哲学的理性主义，也超越后现代哲学的非理性主义。显然后后现代主义者所说的超越理性与非理性，并非意义放任和随意谋划，它只是否定存在和认识的绝对稳定性和确定性，否定任何理性的或者非理性的认识形式和方法的唯一可靠性。而是认为，超越理性与非理性，不是克服之而是扬弃之，人的认识绝不会变成变动不拘的、非决定的、不可比较、不可公度的东西，人的认识不可能成为一种无政府主义式的自由嬉戏，否则，一切学习、写作或者阅读都会变得毫无意义了。

四是，后后现代主义者把对现代哲学和后现代哲学的超越发展成了对哲学本身的超越，消解了哲学的本来意义，也就是使哲学变成某种非哲学的东西，把许多非哲学的东西纳入哲学范围内进行拷问，哲学与其他诸多文化门类的界限不存在了，它成了一种公共性的知识花园；虽然没有自己独有的领地与专业、规范与体系、方法与问题，但它并没有将自己消融于科学或者文化之中，相反，而是科学与文化消融于哲学之中，哲学仍有自己的话题，它乐于对各种文化领域里的问题津津有味地谈论，它处于文化间获得的这种扩张性、发散性操作，使哲学成为一种"文化间存在"或者"混合性智慧"。后哲学一改传统哲学构建框架和繁殖体系的致思倾向，不仅用文学、艺术、心理学、社会学以及符号学等等诸多文化领域里的语言元素、表述方式，而且超越哲学原有的文化意蕴和精神境界并将其融化于这些学科之中，从而大大改变了它原有的形象与形态，从至高无上的神坛之上跌落到了大众文化之间，从原来的"文化之王"演变成了公共知识分子。后哲学所要作的只能是怎样将不同文化部门关联起来，只能"骑在文学的—历史的—人类学的—政治学的旋转木马"上行进打转而已，再也没有了传统哲学所期许的那种能够裁决一切纷争的最后标准；哲学人也并不比其他文化人更理性、更科学、更深刻，哲学家从"科学之母"变成了一个能够理解各种文化如何关联在一起的专家，只能对人类迄今发明的各种谈话方式的利弊进行权衡，旨在想弄清各种文化元素如何关联并协调起来的，这必然导致哲学的泛文化效应，使之成为一种"间性存在"或者"中性表达"。后哲学之反本质主义、反权威主义、反启蒙主义、反主体性、反形而上学、消解权力话语、多元共生性、思维的否定性和语言学转向等等特征，都可以从它的"间性存在"状态加以把握，"中性表达"也可以使人更深刻、更全面、更精确地掌握和理解后哲学的文化特质与真实意义。

总之，该节的核心要点在于强调：后哲学的非哲学转向不是走向反理性、反哲学，而是诉求思想的平面化、价值的虚无化、精神的游戏化和文化的平民化，后现代之"后"既表示对现代性的连续和延伸也表示对它的否定和断裂，这种"积极的断裂"和"批判的连续"，其实意味着对思想的解放和对创新的呼唤，它旨在疏离某些故步自封的僵化模式并打破画地为牢的价值体系，使之从相对褊狭的意识形态社区转而走向多元文化的公共思想走廊，从传统的准政治境遇中超拔出来通过谋划在混合文化中的生长，而成就自己文化先锋的"新左派"形象，对现代性积弊永葆一种生机勃勃的穿透力、洞察力、批判力。

第五章

马克思主义青年观、群众观、学习观、创新观及其中国化

　　本章研究了马克思主义哲学的青年观、群众观、学习观、创新观及其中国化发展的情况，认为当代青年在思想观念、价值取向及理想信念上呈现出多元异质的特点，唯有用马克思主义哲学中国化的最新成果去凝聚力量、鼓舞斗志，才能使之走出信仰迷失的误区，巩固与坚信中国化马克思主义的思想认同；习近平马克思主义群众观中灌注了深厚的马克思主义理性意涵，凸现了党的群众路线作为生命线的重要性，这是马克思主义群众观中国化的最新成果，也是对马克思群众史观基本原理的重要贡献；而坚持马克思主义科学学习观是马克思主义执政党建设规律的根本要求，体现了我们党一脉相承而又与时俱进的理论品质；马克思主义理论是一种实践的、发展着的创新体系，推进理论创新原本是它的本质属性和固有真义，马克思主义的发展史就是一部马克思主义理论与中国实际相结合而不断实现中国化的创新史。

第一节　马克思主义青年观及其中国化

　　当代大学生在思想观念、价值取向及理想信念上呈现出多元异质的特点。这本身并不可怕，可怕的是缺乏先进思想的统一引领。这内在要求我们加强中国化马克思主义最新成果对其进行思想融入，以确保当代大学生思想信念的健康成长。唯有用中国特色社会主义共同理想去凝聚他们的力量、用以爱国主义为核心的民族精神和以改革创新为核心的时代精神鼓舞他们的斗志、用社会主义荣辱观去引领青年学生的人生信念和生活风尚，才能有效整合他们在社会深化改革和文化转型期所可能接触到的各种信息

资源，使之从思想深处辨别出马克思主义与反马克思主义的原则界限，从而走出思想困惑、信仰迷失的种种认识误区，巩固与坚信中国化马克思主义的思想认同。

时下，文化的多元交融和思想的普遍渗透，这一方面有利于激发当代大学生进行积极进取的文化创造，但又使之面临着如何实现中国化马克思主义思想融入、如何坚定马克思主义信念并以之去指导自己行动的严峻考验。面对价值多元、思想波动极易产生信念动摇、信仰迷失的严峻状况，当代大学生只有刻苦学习并努力实践马克思主义科学真理，真正自觉地将之作为自己行动的指南，才能更好地高举中国特色社会主义的伟大旗帜，坚持爱国主义、集体主义、社会主义思想的主旋律，有效甄别各种社会思潮及其价值诉求，在内心深处形成强大的凝聚力和共同奋斗的坚强意志，积极投身社会主义全面深化改革的当代实践中，以自己的高学识、高素养报效这个伟大的时代和人民。党和国家对当代大学生寄予厚望，我们的人民对他们也寄予厚望，他们的思想境界如何、政治素质如何，他们能否成为马克思主义坚定的信仰者和实践者，事关党的事业的兴旺发达和国家的长治久安。作为新一代的中国青年，当代大学生一定要认真学习马克思主义的科学精神，自觉树立科学的世界观、人生观、价值观，用科学的态度对待马克思主义的当代发展，以中国化的马克思主义最新理论成果作为范导自己人生设计的价值标杆，不断提高自己马克思主义的理性自觉、理论自信与思想认同。本文就如何加强中国化马克思主义思想融入、引领当代大学生思想健康成长问题，谈些浅见以便与同学们进行进一步研讨。

加强中国化马克思主义思想融入、引领当代大学生理想健康成长，旨在引导他们树立正确的人生信念与道德良知，激励其对未来人生的积极向往和科学追求，坚定其对中国化马克思主义当代理论体系的思想认同和理论自信。近年来，思想理论界关于以马克思主义中国化引领当代大学生理想信念健康发展问题的研究，应该说已经比较深入了，也取得了相当多的成果，达成了诸多理论共识。其理论要点主要是：（1）马克思主义中国化的最新理论成果在高校"三进"（进教材、进课堂、进头脑）教育工作中，对当代大学生树立正确的人生理想信念具有极其重要的作用，特别有助于激发这一青年知识群体对中国特色社会主义这一共同理想的自觉向往。以马克思主义中国化引领当代大学生思想健康成长，不仅在思想领域有助于他们认清当前国内外发展走势，不断提高其马克思主义理论水平和素养，坚定其对马克思主义中国化的当代理论体系的理性自觉和理论自信，而且有助于他们在实践领域增强其用马克思主义中国化最新理论成果去考察问题、分析问题的综合能力，坚定对中国特色社会主义伟大实践的道路自信与制度自信。（2）坚持以马克思主义中国化引领当代大学生思想健康成长，实现马克思主义中国化与青年大学生思想教育工作相结合，在当前具有非常重要的现实意义。我们党自从成立以来就特别重视对青年知识群体的"信仰争夺和思想引领工作"，在高校通过开设马克思主义理论课和其他有关部门的全方位宣传，不断发挥主渠道、主阵地对青年大学生理想信念教育的科学引导，这有利于青年大学生对马克思主义中国化理论成果的自觉认同和努力实践。（3）以马克思主义中国化引领大学生理想信念教育，是当前思想政治理论教育工作最重要的内容。由于马克思主义中国化理论成果本身，既是先进的理论但又是发展着的理论，它反映了当下时代精神的核心主题，是对改革开放实践理性的科学升华，可谓是时代精神的精华和"文明的活的灵魂"。在高校对青年大学生进行当代马克思主义中国化理论成果的系统教育，旨在引导他们树立正确的人生信念与道德良知，激励其对未来人生的积极向往和科学追求，只有使之真正具备了较高的马克思主义理论素质，成为真正的青年马克思主义者，才能够牢牢把握当今中国和世界发展的大趋势，坚定自己热情参与中国特色社会主义建设的人生追求和理想设计。

　　虽然学术界对该课题的研究还算比较深入，但其对马克思主义中国化与大学生理想信念教育的意义归结不够全面，可以说只在某些方面谈到了以马克思主义中国化引领青年学生思想健康的重要性，只是结合了本地区、本部门的实际情况谈到了以马克思主义中国化对青年大学生进行理论教育的问题，没有能够从马克思主义中国化的整体发展上系统地对二者的关系进行学理研究。这实际上是没有能够结合当代大学生的思想特点、成才规律与认知习惯，来构建培养青年马克思主义者的当代教育体系，没有真正将中国化的马克思主义最新理论成果及时打造成青年大学生的信念支撑，青年大学生对中国化马克思主义接受不足的情况依然存在。基于此，本文刻意以之为切入点进行针对性的研讨，以引起学界对该问题的进一步重视。让我们首先回顾一下历史，十月革命一声炮响给我们送来了马克思列宁主义，自此中国革命的面貌就焕然一新了。随着马克思主义科学真理在中国的广泛传播、大量普及和大力宣传，特别是随着马克思主义理论与中国社会主义革命的不断结合，实际上就开始了它的逐步中国化、时代化发展与建构的光辉历程。马克思主义在中国大地上的这种中国化、时代化的光辉历程，其实就是与中国青年知识群体尤其是在校大学生的理想信念教育同生共长、并行并育的过程，这二者是相辅相成、互相促进而达到有机统一的过程。当代大学生是祖国和民族的未来和希望，也是党和人民的事业实现科学发展的未来与希望，他们作为中国特色社会主义事业的继承者、参与者和见证人，只有具备深厚的马克思主义理论功底和理论自觉，才能肩负党和人民赋予他们的重托。而马克思主义、科学社会主义的理论体系，作为伟大的科学真理只有赢得当代青年学子并见重于他们，使之成为真正学习和践行中国化马克思主义理论体系的时代英雄，才能真正赢得并见重于改革开放这一伟大的时代、伟大的实践，最终赢得并见重于中国特色社会主义事业及其未来发展。九十多年来的中国青运史的发展事实表明，我国当代大学生群体是传播、普及、宣传和推进马克思主义中国化的主力军和生力军，而中国化的马克思主义科学理论体系——毛泽东思想的理论体系和中国特色社会主义理论体系，也只有与我国的青年学子的人生理想和事业追求紧密结合起来，才能真正推动中国化马克思主义获得系统构建与未来拓展。为此，必须明确三点：（1）要以马克思主义中国化引领大学生思想健康成长，必须从整体上全面深入认识马克思主义中国化历史发展及其辩证整合的科学内涵，从中国化、时代化的总体布局与系统建构的角度弄清与当代大学生理想信念教育之间相互联系、相互影响的不可分割性，以提升当代思想政治理论教育的教学效果，增强大学生"三观"教育的亲和力、吸引力和感染力。整体把握马克思主义中国化的理论研究与当代大学生理想信念教育与时俱进的理论品质，旨在激发当代青年知识群体历史责任感、使命感和自豪感，高举马克思主义理想信念旗帜，把他们培养成合格的、适应党和国家事业发展最新需要的建设者和接班人，使之紧跟党中央走在时代前列，热情参与社会实践，为实现中华民族伟大复兴而贡献自己的青春。（2）以马克思主义中国化引领大学生思想健康成长，必须以科学理论武装人，以正确舆论引导人，以高尚的精神塑造人，以优秀的作品鼓舞人，使青年学子能够从改革开放的当代视野出发，重演马克思主义中国化的基本原理及其真实思想，使马克思主义理论体系的科学价值全面介于并活跃于对当代青年学子的理想信念教育之中，确保马克思主义和科学社会主义的科学信仰成为青年学子所不可或缺的一种人生支点和精神支柱。(3) 从中国共产党和中国共产主义青年团近百年的发展历史上看,弄清马克思主义中国化与青年大学生理想信念教育之间相互作用的历史发展进程,旨在从马克思主义中国化的历史发展的视角下,推进对青年大学生进行"三观"教育的方法创新。依据当代中国化马克思主义的时代立场与中国方向,从逻辑和历史相统一的视角审视当今世界全球化、信息化、现代化的走势,把握当代中国实现科学发展、促进社会和谐的时代背景,使青年大学生能够运用马克思主义中国化的最新成果,明确当代中国与世界发展的基本特征与未来走势,顺应现时代发展的潮流和方向,并以此为基础认识和分析中国特色社会主义改革开放深层开掘所引发的深层次矛盾和问题,唯此才能一方面真正揭示马克思主义中国化与时俱进的理论品质与创新机制。另一方面更深刻地从理论上表达当代中国青年向前、向上发展的精神要求,把爱国之情转化为报国之行,使之全面准确理解和掌握马克思主义科学体系的精神实质,察古观今、放眼世界,用中国化的马克思主义理论成果武装自己的头脑,坚持共产主义的信仰与马克思主义的信念,坚持对共产党领导的信任和建设社会主义的信心,用报效时代的使命意识来提升他们报国之志的思想境界。

着力以马克思主义中国化的最新理论成果,实施对当代大学生的信仰争夺与思想占领,重在探索和解决培养什么样的人和如何培养人这一核心问题,通过各种理论创新以架设当代青年知识群体与马克思主义中国化之间的思想桥梁,从而增强马克思主义中国化最新成果对他们的感召力、凝聚力和再造力。理想信念教育是当代大学生思想政治教育的核心,理想信念作为一种特殊的精神现象是青年大学生心灵世界的灵魂,也是他们世界观、人生观、价值观在生活目标、文化诉求、未来设计上的集中体现。我们党和国家历来高度重视用马克思主义中国化最新理论成果对青年大学生进行理想信念教育,引领其思想健康成长。进入改革开放新时期以来,思想文化的多变、利益格局的调整、社会结构的变化为当代青年学生进行理想信念教育提出了新的挑战与要求,能否用马克思主义中国化加强对青年学生的思想教育,事关党和国家的前途和命运,更关系到民族的兴衰与未来。当前,经济的全球化、文化的多元化、世界的多极化、社会的现代化、工业的信息化等,为青年大学生政治交往和文化交往拓展了更宽广的思想平台,尤其是以互联网为标志的思想文化交往方式的变革更是改变了青年大学生社会意识和思想文化的精神状态,促进了他们在思想观念、理想信念、价值观念的强烈撞击和交流，极大地影响了他们的生活方式、思维方式、情感方式，冲击着他们原有的学习方式、生活方式和价值选择。这一方面有利于他们激发新思想的创造活力与生命力、有利于使之推动思想文化的创新、有利于使之树立自立自强的现代意识和创新意识，更有利于不断解放思想，释放出科学探索的现代精神活力，使之思想文化内容更加丰富多彩、精神生活变得更加充实活泼。但另一方面，也很容易导致青年大学生在理想信念教育问题上产生价值相对主义、文化多元主义、历史虚无主义和新自由主义等各种错误观点，更容易被各种反马克思主义和非马克思主义的错误思想所俘虏，并被它们引向失败的人生之路，这显然会在一定程度上造成他们在理想信念层面的动摇与偏差，这不能不引起我们的高度重视与警觉。以马克思主义中国化最新理论成果引领大学生思想健康成长，强调中国化马克思主义对青年学生进行理想信念教育的必要性，正是基于这种背景而提出来的。

以马克思主义中国化最新理论成果引领大学生思想健康成长，这是当代我国思想政治教育的核心内容与根本任务，是帮助青年知识群体树立马克思主义科学的世界观、人生观、价值观的理性基础。对此，首先要明确用马克思主义中国化的最新理论成果对青年大学生进行理想信念教育的重要性，应将之作为大学生思想政治工作的核心内容和着力点，应深化马克思主义中国化与青年信念教育内在关系的研究。根据时代的发展和文明的进步，要把马克思主义中国化崭新的内容纳入到对青年大学生进行理想信念教育的当代范畴中，理清对他们进行马克思主义理想信念教育的时代内容与本质特征，以马克思主义科学世界观的立场、观点、方法，结合当前中国社会转型时期的文化特点和教育规律，以寻求加强青年知识群体理想信念教育有效性、针对性、实用性的现代教学方法和科学教育理念。通过分析大学生理想信念教育的现状、特点、原因和对策，进一步拓展马克思主义中国化在高等教育当中的当代作用和教育环境，把大学生理想信念教育放到马克思主义中国化这一特定语境中来加以把握，以彰显大学生理想信念教育面临的挑战和机遇，探讨社会转型、文化转型的特殊时期马克思主义信念教育的基本特征与旗帜功能，以寻求对大学生进行理想信念教育的新途径和新方法。根据自己在高校学习的亲身体会和一些专家学者对高校青年大学生理想信念教育现状的实际调查，表明在当代青年知识群体中一些青年大学生的确受到了历史虚无主义、新自由主义、后现代主义、

"普世价值观"等西方错误思潮的负面影响，为了克服这些错误思潮的迷惑性、有害性，为了避免它们对青年大学生心灵的麻痹和毒害，必须进一步推进马克思主义中国化的中国化进程，要及时地以马克思主义中国化最新理论成果武装他们的头脑，深化理论研究、加强校园文化建设、净化思想文化氛围、清除错误思潮的负面影响、抵制它们在青年理想信念教育中的滋生蔓延，使得马克思主义中国化与当代青年的思想愿望与文化诉求保持内在的一致性，充分发挥中国化的马克思主义立场、观点、方法对青年知识群体的宣传教育作用和思想引导功能。

以马克思主义中国化最新理论成果引领大学生思想健康成长，需要研究当代大学生理想信念教育的方法创新、理念创新和体系创新，这些创新是架设当代青年知识群体与马克思主义中国化之间的思想桥梁。加强这种方法创新、体系创新和理念创新，能够充分体现当代大学生理想信念教育的时代性、科学性和实践性，能够提升其理想信念教育的感召力、引领力，凝聚性和时效性。用马克思主义中国化对大学生进行理想信念教育，作为党和国家的优良传统和政治优势，应该随着社会历史的发展而不断发展。当前党和国家的各项事业进入了一个新的历史时期，中国特色社会主义改革事业正在向深层开掘，经济的全球化、文化的多元化、世界的多极化、社会的现代化、工业的信息化等，这一切要求对大学生进行理想信念教育在方法、手段、信念、体系等各方面都要有所创新，这样才能使之更能适应现时代党和国家事业发展的最新要求和青年知识群体思想实际的发展要求。以马克思主义中国化最新理论成果引领大学生思想健康成长，这是推进我国各项改革事业和实现高等教育科学发展的重要指导方针，当然也是加强高等学校青年大学生理想信念教育各方面创新的战略方针，其根本旨趣在于探索和解决培养什么样的人和如何培养人这一问题。以中国化的马克思主义最新理论成果为核心和灵魂，进行理想信念教育的各方面改革与创新，必须紧紧围绕培养中国特色社会主义合格建设者和可靠接班人这一根本目标而展开。这种政治目标的科学导引，关系到当代大学生理想信念教育的政治方向与时代立场，关系到如何提升青年知识群体在新的社会文化环境中成才成长的根本任务，关系到党和国家各项事业是否后继有人，这实际上凸显了党和国家在新时期对青年大学生成才成长的政治关怀、殷切期望和历史重托。为此，要以发展的视角和科学的思路看待青年大学生理想信念教育客观环境的巨大变化，注意立足于当代马克思主义中国化的实现路径，注意贴近青年大学生理想信念教育的思想实际、贴近青年大学生五彩缤纷的日常生活、贴近青年大学生积极进取的文化诉求，进行有针对性的教育和宣传，使知、情、意、信、行有机统一起来，全面提升理想信念教育的思想效果，这样才能用中国化的马克思主义正确引领当代青年大学生思想的健康成长，使之积极投身于中国特色社会主义改革事业，不断提高他们的思想道德素质和马克思主义理论水平，推动他们自觉实践社会主义核心价值体系和中国化的马克思主义。加强用马克思主义中国化提升青年大学生的思想境界和理想信念，必须勇于承认并直面当前社会思想意识多样化的发展态势，在多元异质思想文化的强烈撞击下，更要寻求科学普及马克思主义理想信念的应对之策。坚持中国化的马克思主义在社会意识形态领域的指导地位、在青年大学生理想信念教育中的指导地位，在多样文化相互激荡的复杂的思想局面中，主动增强马克思主义中国化最新成果的吸引力、感召力、凝聚力和再造力，努力转变青年大学生在理想信念教育问题上的思想紊乱、信仰迷失与文化断裂的现状，推进青年大学生理想信念教育的科学性、正当性与合理性。青年群体必须坚持解放思想、实事求是、与时俱进，从理论和实践的结合上不断研究新情况、解决新问题，做到自觉地把思想认识从那些不合时宜的观念、做法和体制的束缚中解放出来，从对马克思主义的错误的和教条式的理解中解放出来，从主观主义和形而上学的桎梏中解放出来，不断有所发现、有所创造、有所前进，这个问题至关重要。

以中国特色社会主义理论体系统领大学生的思想政治教育，意在使之坚定共产主义的理想信念，抛弃狭隘的急功近利的人生目的，提高马克思主义的理论鉴别力和政治洞察力及其明辨是非的政治嗅觉，真正找到符合自己未来发展方向的人生定位与价值诉求。

中国特色社会主义理论体系是马克思主义中国化的最新理论成果，是我党坚持与发展中国特色社会主义的根本指导思想，青年大学生只有建立在马克思主义中国化基础上的理想信念，才是真正科学的理想信念。以中国特色社会主义理论体系引领大学生思想健康成长，对我们青年大学生进行以马克思主义中国化为内容的理论教育的根本目的，就是使我们青年能够牢固地树立共产主义的理想信念，进而帮助青年大学生提高马克思主义理论水平和政治判断力，增强其明辨是非的能力和高度的政治嗅觉，当然也有助于青年学生从世界观和方法论上认清人类社会发展的基本规律、资本主义发展的现代规律、社会主义发展的基本规律。运用马克思主义的立场、观点和方法去分析问题、解决问题，就会坚定其正确的政治方向和积极的人生信念，而科学而正确的共产主义理想信念，能够给青年大学生在学习和生活上指明前进的目标和方向，因此必须对青年学生进行马克思主义中国化的理想信念教育，使他们树立正确的科学的共产主义理想信念。当前，以马克思主义中国化最新理论成果引领大学生思想健康成长，就要基于马克思主义科学的世界观和方法论，用辩证唯物主义和历史唯物主义思想引领青年的理想信念教育，把着眼点放在如何使他们科学认识人类世界的理论思维这方面来，着重激发、活化和引导他们对人民群众的历史命运、党和群众的血肉联系、中国特色社会主义改革的深层推进进行理性思考。如果没有这样的信念就没有凝聚力，如果没有这样的信念就没有理想和未来。无论过去、现在和将来，对青年学生进行马克思主义中国化的教育，都是我们真正的政治优势。我们一定要经常以马克思主义中国化，教育我们的青年学生，要使他们有理想、有文化、有纪律、有道德。在大力发展社会主义市场经济的今天，必须加强对青年大学生进行马克思主义中国化的理想信念教育，使他们在通晓"三大规律"的基础上，不仅树立对中国特色社会主义的坚强信心、坚定共产主义的理想信念，抛弃狭隘的急功近利的人生目的，培养淡泊名利、勇于奉献的高尚情怀，提高他们捍卫真理、胸怀世界的精神境界，把坚持马克思主义中国化与激发他们政治方向、自觉意识和行为内在统一起来，在自觉认同中国特色社会主义的优越性，在坚定中国特色社会主义的理论自信、制度自信、道路自信基础上，真正树立其共产主义的人生信念，找到符合自己未来发展方向的个人定位。

马克思主义理论具有彻底的科学性、坚定的革命性与自觉的实践性等本质属性，它之所以能够历久不衰、永葆青春和活力，关键就取决于它始终与广大青年的事业追求紧密结合在一起，赢得了广大知识青年对它的继承和发展。坚持一切从实际出发，实事求是，在实践中检验真理、发展真理，这是青年群体在建功立业中坚持并发展马克思主义必须遵循的基本规律和思想路线，违背了这种要求，就会使自己的思想脱离不断变化发展着的中国革命和建设实际，丧失在理论和文化上的先进性。只有在工作中不断地根据时间的发展和时代的变化，丰富和发展自己的马克思主义理论学识和素养，始终都着眼于改革开放的实际、着眼于历史条件的变化，以求真务实的科学态度对待马克思主义及其中国化的最新成果，随时随地都要以中国改革开放的具体情况为转移。在中国化的马克思主义发展史表明，如果当代中国青年不顾历史条件思想实际的变化而拘泥于马克思主义的个别词句、个别观点，就会因为他们的思想脱离现实而给自己的工作和学习带来严重失误。也表明创新马克思主义需要当代青年不断解放思想，实事求是，实践没有止境，青年群体创新和发展马克思主义也没有止境，实践不停顿，青年群体学习和实践马克思主义也不能停顿。当代中国青年既要坚持基本原理，又要突破前人，既要借鉴人类文明的优秀成果，又要不断总结新时期的实践经验，在理论上不断扩张新视野、做出新概况，在行动上要用中国特色社会主义理论的最新成果来武装自己的头脑。基于社会实践的不断变化而进行的理论创新是当代青年从事社会改革事业的理论先导，当前国内外面临诸多复杂的矛盾和问题，青年一代必须从理论上和实践上做出符合马克思主义的探索和回答，既坚持他的基本原理（老祖宗不能丢），又要善于谱写新的理论篇章；既要发扬革命传统，继承优秀文化，又要创造新鲜经验，善于在解放思想中去统一思想，努力用发展着的马克思主义来指导自己的实践工作，使自己的全部理论工作都能体现时代性、把握规律性、赋予创造性。

理想是指引人们奋斗方向的航标，也是推动人们前进的强大精神动力。对于当代大学生来说，如果没有马克思主义中国化科学理论的指引，革命的工作热情就会锐减。但是大学生的个人理想必须同中国特色社会主义事业的进步保持一致。大学生对美好境界的追求、对幸福生活的向往通过努力都是可以实现的。他们对共产主义的追求和向往也表现为一种社会理想，这种理想并不神秘，也不是不可实现的乌托邦，他与一切空想和幻想有着本质的区别。既不是凭空猜测，也不是空中楼阁，而是建立在马克思主义关于人类社会发展基本规律科学分析的基础之上，反映了历史发展的必然趋势。这种崇高理想的确立，为当代大学生指明了奋斗的道路和前进的方向，必然激励着他们团结起来为大力发展社会主义生产力、建设中国特色社会主义而奋斗。实现共产主义，一方面要求当代大学生树立崇高的社会理想，坚定共产主义信念，踏踏实实的努力工作；另一方面要求把远大理想与当前的奋斗目标结合起来，把最高理想和共同理想结合起来，努力投身于现实的中国特色社会主义各项事业的建设之中。大学生不应沉溺于对未来理想的细节描绘，但完全可以根据社会历史发展的规律去把握未来理想的基本轮廓，完全可以根据社会历史的走向不断加深对共产主义的认识。实现共产主义理想不靠什么神秘的力量或者天上的奇迹,而是靠大学生辛勤的努力学习和积极实践,他们建设社会主义事业前进一步就是向共产主义迈进了一步。大学生从内心深处一定要明确,共产主义理想是建立在科学基础之上的社会理想,是以马克思主义为指导的人类最伟大的社会理想,今天建设中国特色社会主义的实践不但要坚定共同理想,更要树立远大理想。一定要经常教育大学生,要有远大理想和坚定信念,自觉地朝着实现共产主义这个最终目标前进,如果没有远大理想的指引就不会有对共同理想的坚持;如果没有共同理想的实现,远大理想就没有现实的基础。大学生不能把二者割裂开来、对立起来。如果忘记远大理想而只顾眼前那就会迷失了前进的方向。如果离开现实工作而空谈理想就会使自己的思想脱离实际。大学生肩负着推进马克思主义中国化事业、中国特色社会主义建设事业、实现中华民族伟大复兴之中国梦的历史重任,这个中国梦,就是平民梦、大众梦,它既是全国各族人民的共同理想,又是先进青年群体的科学梦、未来梦,是青年一代应该牢固树立的宏伟目标。建设社会主义现代化,不断推进中国特色社会主义事业的迅速发展是我们党带领全国各族人民历经千辛万苦而找到的,实现中国梦的正确道路,也是大学生应该牢固确立的人生理想。大学生要把追求个人理想、个人幸福、个人价值的实现与追求社会理想、社会发展结合起来,把追求大众性的共同理想与先进性的远大理想结合起来,从我做起、从现在做起、从点滴小事做起,勤于学习和思考、善于创造与开拓,甘于奉献、勇于实践,做一个新的"四有人才"即"有理想信念、有核心价值、有中国精神、有能力素养"的青年马克思主义者。

第二节 马克思主义群众观及其中国化

习近平将马克思主义哲学的群众观与当代中国深化改革的具体实际相结合,形成了具有时代特色的马克思主义群众观,其中灌注了深厚的马克思主义理性意涵,凸现了群众观点作为党的根本观点、群众路线作为生命线与根本工作线的重要性,这是马克思主义群众观中国化、时代化、大众化的最新理论成果,也是对马克思主义群众史观基本原理的重要贡献。因其是对人民群众实践经验的科学概括与总结,故而蕴含了丰富的时代内容和现实基础,集中体现了马克思主义活的灵魂、思想精髓以及党在新时期的政治立场与领导方法。从分析其旁征博引的文化底蕴、朴实无华的大众话语，既可显示其使命精神与担当情怀，亦可显示其历史眼光与时代视野、实践指向与人民立场融为一体的表述风格。

最近一个时期习近平总书记关于马克思主义群众观的一系列创新论述，涵盖的内容可谓十分丰富、博大精深，不仅思想清晰、指向明确，而且紧扣人民群众关注的热点、难点，不愧是学习贯彻群众路线教育实践活动的行动指南。这些创新论述，表明了他既具有卓越的领导才能，又善于集中人民群众的智慧；既高屋建瓴从整体上代表和服从了人民群众的意志、利益和要求，又紧密地保持了同广大人民群众的血肉联系、在广大人民中树立了崇高的威信与威望。从推进马克思主义群众观基本原理中国化、大众化、时代化的理性角度考察其蕴含的理论价值，从对历史规律的认识程度和同人民群众的结合程度的内在统一角度阐述其现实依据与时代意义，从分析其旁征博引的国学基础以及充满浓郁生活气息的朴素表达风格，来彰显其马克思主义群众观的文化底蕴、民族特色，这对于我们学习贯彻、深入实践党的群众路线教育活动，极不无裨益。

群众观点是马克思主义政党的根本观点，而群众路线则是党的生命线与根本工作线，这两方面结合起来，既是马克思主义的认识路线和根本的认识方法，又是无产阶级政党的工作方法与根本的领导方法。习近平马克思主义群众观中灌注了深厚的马克思主义的理性意涵，是马克思主义群众观中国化、大众化、时代化的最新理论成果，是对马克思历史唯物主义群众史观的重要贡献，其主要思想内涵与理论依据都来自马克思主义的科学真理。在其关于马克思主义群众观的一系列创新论述中，首先坚持了马克思历史唯物主义的基本原理，从社会历史观的基本问题入手，深刻揭示了社会存在与社会意识的辩证关系，为我们正确认识、科学判断在新时期如何树立一种积极向上的党群、干群关系，提供了科学的指导原则与理论依据。

具体说来：各级领导干部要把系统掌握马克思主义基本理论作为看家本领。他曾明确指出，党的领导干部特别是高级干部，如果具有崇高的共产主义信仰、坚定马克思主义科学信念，就能练就"金刚不坏之身"。然而这样的信仰与信念，不会自发产生，需要不断地加强学习。为此，必须"要把系统掌握马克思主义基本理论作为看家本领"，① 必须用马克思主义科

---

① 中共中央文献研究室：《习近平关于党的群众路线教育实践活动论述摘编》，党建读物出版社 2014 年版，第 57 页。

学理论来武装自己的头脑，以马克思主义群众观来提高我们的思想境界、培植我们的精神家园，只有老老实实、原原本本地学习马克思列宁主义、毛泽东思想特别是邓小平理论、"三个代表"重要思想、科学发展观，才能不断增强自己贯彻落实马克思主义群众观的自觉性与主动性，提高自己领导群众、服务群众的理论素养和领导水平。努力学习马克思主义经典著作、提高自己为人民服务的本领，直接关系到党和人民的事业的兴衰成败。在他看来，我们党是从学习马克思主义起家的，也把马克思主义的中国化发展作为我们的看家本领，现实马克思主义中国化是我们党从发展到壮大、从夺取胜利到今天的深化改革等各个时期的行动指南与制胜法宝。他说："马克思主义理论素养是领导干部的必备素质，是保持政治上坚定的思想基础。"① 各级领导干部只有通过学习马克思主义经典著作及其中国化的最新理论成果，才能进一步坚定共产主义的科学信念和代表好、实现好最广大人民群众根本利益的自觉性，在当前进行的群众路线教育实践中就能不断提高防腐拒变的能力，就能在瞬息万变、纸醉金迷、物欲横流的现代生活中，抗拒各种诱惑、坚守党的原则而永远立于不败之地。正如有的论者所说，讲务实是马克思主义的根本出发点，"务实"就是"为民"，就是务民之实、落实民愿，二者是统一的。学习马克思主义经典著作的目的，不是为了好看，不是为了充当门面，而是为了实实在在地解决实际工作的问题，通过学习要培养自己高瞻远瞩的洞察力与脚踏实地的好作风，增强自己密切党群关系、科学执政、服务群众的先进性、科学性与全面性。他说："我们多次讲，党的先进性和党的执政地位都不是一劳永逸、一成不变的，过去先进不等于现在先进，现在先进不等于永远先进；过去拥有不等于现在拥有，现在拥有不等于永远拥有。这是用辩证唯物主义和历史唯物主义观察问题得出的结论。保持党的先进性与纯洁性、巩固党的执政基础与执政地位靠什么？最重要的就是靠坚持党的群众路线、密切联系群众。"② 还说，群众路线系生死、人心向背定成败、得民心者得天下、失民心者失天下，党的前途命运最终取决于人心向背，"人心就是力量"。能够得到广大人民群众的支持与拥护，是党能够长久执政最稳固的基础，党只有时时刻刻与

---

① 中共中央文献研究室：《习近平关于党的群众路线教育实践活动论述摘编》，党建读物出版社2014年版，第2页。

② 同上书，第4页。

人民群众心连心、同呼吸、共命运，把勤政为民、以人为本的价值取向深深根植于全心全意为人民服务的行动中，才能在群众路线教育实践活动中取得实效，才能使自己政治领导的成果都落实在发展生产力、改善人民生活上，才能将人民群众吸引到自己周围，真正取信于民。

　　牢记马克思人民群众是历史创造者的基本原理，从人民群众是一切物质财富、精神财富的创造者、也是社会变革决定力量的角度来论证坚持与贯彻群众路线的重要性。在他看来，人民群众的创造活动是社会历史得以存在与发展的前提与基础，历史活动说到底是人民群众自己的创造性活动，中国的深化改革说到底也是中国广大人民群众自己的事业，这一事业得失成败的关键还是取决于中国人民群众的自觉创造与强大的推动作用。唯物史观就是群众史观，唯物史观关于社会基本矛盾的原理，同人民群众是历史主体的原理是完全一致的。习总书记正是从中国人民真实的改革开放实践活动出发，来理解马克思关于人民群众是历史创造者的原理及当前我们坚持群众路线的重要性的，可谓抓住了问题的关键。历史是人民群众创造的，必须从历史主体推动历史前进的角度来理解历史发展规律及贯彻群众路线的现实问题，这凸显了他的无产阶级群众观的马克思主义理性内涵。他分析说："群众路线本质上体现的是马克思主义关于人民群众是历史创造者这一基本原理。只有坚持这一基本原理，我们才能把握历史前进的基本规律。只有按历史规律办事，我们才能无往而不胜。历史反复证明，人民群众是历史发展和社会进步的主体力量。"① 马克思唯物史观关于人民群众是历史创造者的原理，既是习总书记创新论述党的群众路线与群众观点的理性基础，也是他树立马克思主义群众观以及坚持"人民群众至上"思想的立论基石，这为我们新时期树立了坚持从群众中来、到群众中去的光辉典范。在他看来，"群众路线是我们党的生命线和根本工作路线，是我们党永葆青春活力和战斗力的重要传家宝。不论过去、现在和将来，我们都要坚持一切为了群众，一切依靠群众，从群众中来，到群众中去，把党的正确主张变为群众的自觉行动，把群众路线贯彻到治国理政全部活动之中"。② 今天我们在全国范围内开展党的群众路线教育实践活动，是

　　① 中共中央文献研究室：《习近平关于党的群众路线教育实践活动论述摘编》，党建读物出版社 2014 年版，第 7 页。
　　② 同上。

"新形势下坚持党要管党、从严治党的重大决策，是顺应群众期盼、加强学习型服务型创新型马克思主义执政党建设的重大部署，是推进中国特色社会主义的重大举措。"① 能否始终坚持马克思主义的群众观，尊重群众、热爱人民，能否真切关心群众利益、人民意愿得以全面实现与合法保障，能否把人民高兴不高兴、拥护不拥护、赞成不赞成、答应不答应作为制定路线的出发点与归宿，这对我们来说，的确意义重大而深远。

习总书记分析群众路线问题总是与马克思主义政党的根本宗旨结合起来的，认为密切联系群众、保持党与人民的血肉联系、一切向人民负责、虚心向群众学习，这是党的性质与宗旨的根本体现，也是我们马克思主义政党区别于其他政党的显著标志。人民群众才是真正的英雄，党若离开人民群众的热情拥护与革命创造，什么事也做不成。党的正确意见与政治主张都是基于人民群众的实际经验而概括总结出来的，都是人民群众集体智慧的结晶。只有把党的正确领导与理论主张转变成人民群众的自觉行动，才是真正坚持了党的群众路线与群众观点。我们讲宗旨、讲党性，说了许多话，归结起来就是全心全意为人民服务。正如他所说："坚持群众路线，就要坚持全心全意为人民服务的根本宗旨。"② 他认为，这是我们一切行动的根本出发点与落脚点，也是检验我们一切工作得失成败的最高准绳。只有让人民得到真正的实惠、生活得到真正的改善、权益得到真正的保障，任何时候都把人民群众的利益放在第一位，才能依靠人民群众推动改革开放事业胜利前进。党的根基、血脉与力量都存在于人民之中，党的正确的政治领导及其路线方针政策的制定，只有来自人民、植根人民、造福人民、服务人民，才能永远立于不败之地。习总书记从社会历史的主体方面肯认了坚持与贯彻群众路线的重要性，这同样反映了他的马克思主义群众观的理性蕴含。人民群众是历史的主人，是创造历史的决定力量。党和国家事业的发展、中华民族伟大复兴的中国梦的实现，归根到底是人民群众自己的事业，只有靠人民群众自觉的艰苦奋斗才能实现。他强调在建设中国特色社会主义伟大实践中一定要尊重人民群众的主体地位，自始至终要把人民群众各方面利益的实现放在第一位，把代表好、发展好、维护好、

---

① 中共中央文献研究室：《习近平关于党的群众路线教育实践活动论述摘编》，党建读物出版社 2014 年版，第 2 页。

② 同上书，第 8 页。

实现好最广大人民群众的根本利益作为根本原则。要坚持人民群众主体地位,还必须发挥人民群众的首创精神,保障人民群众的主人翁地位及其各种权益,促进他们实现全面发展。党对人民群众的领导作用体现在政治方向的领导上,党要相信人民群众的伟大创造力量,反对任何形式的包办代替和恩赐观点。他认为:"坚持群众路线,就是坚持人民是决定我们前途命运的根本力量。坚持人民主体地位,充分调动人民积极性,始终是我们党立于不败之地的强大根基。在人民面前,我们永远是小学生,必须自觉拜人民为师,向能者求教;必须充分尊重人民所表达的意愿、所创造的经验、所拥有的权利、所发挥的作用。我们要珍惜人民给予的权利,用好人民给予的权利,自觉让人民监督权利,紧紧依靠人民创造历史伟业,使我们党的根基永远坚如磐石。"① 他强调说,中国特色社会主义的力量源泉,来自人民;中国特色社会主义的根本目的,造福于民。唯有树立人民至上的历史观、以人为本的价值观、执政为民的权利观,为民谋利的利益观、为民造福的政绩观,才能真正把人民群众放在心中最高位置,实现、维护、发展好人民群众的根本利益。

总之,在习总书记马克思主义群众观中,马克思主义政党的党性与人民性是高度统一的,为人民谋利益是党的根本宗旨,除了人民的利益之外,党没有自己的一点私利。一切为了人民、为了一切人民、为了人民的一切,应该成为马克思主义政党的根本出发点。党的干部及其成员不能搞特权、谋私利,任何当官做老爷的思想与行为都背离了党的性质,党的干部只有与人民群众保持血肉联系才能赢得人民的尊重与爱戴。他说:"我们党的最大政治优势是密切联系群众,党执政后的最大危险是脱离群众。"② 党员的人数再多,放在人民群众中仍然是极少数,党的奋斗目标若离开人民的支持就不能实现,党的执政水平的高低不是由自己说了算而必须由人民来评判,"人民是我们党的工作的最高裁决者和最终评判者。如果自诩聪明、脱离了人民,或者凌驾于人民之上,就必将被人民所抛弃。任何政党都是如此,这是历史发展的规律,古今中外概莫能外。"③ 人民的利益就是党的利益,人民至上就是党的最高原则,是否与人民利益相符合

---

① 中共中央文献研究室:《习近平关于党的群众路线教育实践活动论述摘编》,党建读物出版社 2014 年版,第 8 页。

② 同上书,第 9 页。

③ 同上。

是判断党性高低的唯一标准，对党负责就是对人民负责，党性与人民性是内在统一的。习总书记中国化马克思主义群众观的根本旨趣在于表征，人民群众是推动历史前进的主体和创造者，民心所向体现了时代变革的根本要求、代表了历史发展的主流、预示着改革创新的方向，谁代表了他们的根本利益就会得到拥护支持，谁背离了他们的愿望就会被鄙视唾弃。什么时候群众路线执行得好，党群干群关系密切，党的事业就顺利发展；什么时候群众路线执行得差，党群干群关系冲突，党的事业就会遭受挫折。党长期执政且面临各种复杂环境，这样就增加了脱离群众、丧失党性、蜕化变质的危险性，"是以人为本，还是物人为本"、"是执政为民，还是以权谋私"、"是联系群众，还是官僚主义"、"是艰苦奋斗，还是享乐主义"，这都是党面临的严峻考验，这就更要求贯彻群众路线与群众观点，真正体察民意、关心群众疾苦、听取人民批评、认真为民办事，唯有"以百姓心为心"、坚持"两个务必"才能确保我们党永不变质、永不变色。

习近平马克思主义群众观深深地扎根于人民群众的实践中，紧密地与人民群众的社会生活、实际工作结合在一起，真正做到了从群众中来、到群众中去。他把马克思主义群众路线与群众观点的基本原理，创造性地运用于中国特色社会主义建设的最新实际，不断推动它的中国化、大众化、时代化，在人民群众改革开放的当代实践中不仅丰富和发展了它的思想意涵，而且奠定了其坚实的现实基础。这主要表现在：他的马克思主义群众观具有丰富的现实蕴含、是对人民群众实践经验的科学概括与总结，鲜明体现了马克思主义活的灵魂与思想精髓，集中体现了党在新时期的政治立场、发展目标与根本方法，其大众立场、群众观点与工作方法是相互联系的三个基本方面，马克思主义与中国化的马克思主义内在统一的三个根本点即实事求是、群众路线、独立自主，其中群众路线无疑占据着核心地位，而其他两个方面都依赖于群众路线，试想，如果离开人民群众的实践与生活，离开人民群众创造历史的伟大作用，又如何做到实事求是与独立自主？在他看来，必须结合党在新形势下面临的许许多多严峻挑战，特别是要结合党自身存在的诸多亟待解决的突出问题，来充分认识开展群众路线教育实践活动的重大意义，唯有以此为契机而彻底扭转党的作风，切实解决党在发展中自身存在的各种问题，"最重要的是要抓住保持同人民群众的血肉联系这个核心问题"，才能帮助广大干部特别是领导干部进一步增强群众路线与群众观点的当代意识与方法自觉，真正提高全党解决脱离人民群众、失去民心这个严峻问题的能力，提高做好新形势下加强党群、干群关系的实际能力。

习总书记认为，当前在全党广泛开展群众路线教育实践活动，这是实现党的十八大确定的奋斗目标的必然要求，开展这项工作一定要以我们正在做的事情为中心，着眼于党和国家新时期的发展战略与宏伟目标：要在中国共产党成立 100 年时全面建成小康社会、在新中国成立 100 年时建成富强民主文明和谐的社会主义现代化国家、带领人民实现中华民族伟大复兴的中国梦。要实现这三大目标，就必须坚持党的群众路线与群众观点，要求全党同志必须保持理论联系实际、密切联系群众、批评和自我批评以及艰苦奋斗、求真务实等作风。群众路线与优良作风是辩证统一的，二者具有同步性，不仅互为前提、互为目的，而且互相促进、相辅相成。党风建设关系党的形象、关系人心向背、关系党和国家的生死存亡，加强和改进作风建设的核心问题是，保持党同人民群众的血肉联系，树立新型的党群干群关系，而党的最大危险就是脱离群众、被人民所抛弃。历史上一些大党老党，如苏联共产党，失去执政地位的惨痛教训表明了这一点：目标与梦想，无论多么伟大壮丽、多么激动人心，如果不能得到人民群众的广泛参与和大力支持，也如同海市蜃楼一般，无法实现。在活动中，每一个党员干部都要开好民主生活会，既深刻剖析和检查自己，又要开展诚恳的相互批评，触及思想和灵魂，明确整改方向；既要坚持开门搞活动，组织群众有序参与，又要认真倾听群众的意见和建议。事实上，反对"四风"要把领导带头作为关键环节，脱离群众的种种问题，主要表现在领导机关、领导干部中，所以这次活动要以领导机关、领导班子、领导干部为重点。唯此，才能真诚地服务人民、求教人民、融入人民，做好人民的公仆、当好人民的参谋。

开展群众路线教育活动，也是加强党自身建设的需要，这是保持党的先进性和纯洁性、巩固党的执政基础和执政地位的必然要求。在市场经济条件下，如何保持党的先进性和纯洁性，如何巩固党的执政基础和执政地位，这是党的建设面临的重大的时代课题。只有坚持群众路线、真正赢得并见重于人民群众，才是求解这一高难度历史课题的唯一出路。"失去了人民拥护与支持，党的事业与工作就无从谈起。党要继续经受住执政考验、改革开放考验、市场经济考验、外部环境考验，就必须始终密切联系群众。在任何时候任何情况下，与人民同呼吸共命运的立场不能变，全心全意为人民服务的宗旨不能忘，群众是真正英雄的历史唯物主义观点不能丢，始终坚持立党为公、执政为民。"① 而且认为，只有提高党的领导水平和执政水平、提高拒腐防变和抵御风险能力，才能代表并维护好人民群众的根本利益。而如果像苏共一样，在自身发展中演变成了剥夺或变相剥夺人民群众利益的党，滋生出了一个高官腐败集团，而且普遍产生了精神懈怠、能力不足、脱离群众、消极腐败的现象，这样一个严重脱离人民甚至以人民为敌的政党，迟早会被人民所唾弃，人民也愿意为之举行一个平静的葬礼。苏共亡党亡国的沉痛教训，很值得我们自省自励。开展群众路线教育活动，是纯洁党的组织、净化党员干部思想的重要武器，是解决党内矛盾、推进党内民主的有效途径，也是治理"四风"这一顽症的"利器"。

从现实基础上看，当前开展群众路线教育实践活动，来自于人民群众的强烈愿望，是为了解决群众反映强烈的突出问题的必然要求。形式主义、官僚主义、享乐主义和奢靡之风等"四风"，是违背党的性质和宗旨的不正之风，是当前群众深恶痛绝、反映最强烈的突出问题，也是严重损害党群干群关系的重要根源。再者说，党内存在的其他问题，都与这"四风"有关，解决了"四风"问题就为解决其他问题提供条件。概括地说，不认真学习党的理论和知识，不认真落实各项工作任务，抓工作不讲实效，下基层调研走马观花，习惯于造假来粉饰太平，这些都是形式主义的表现；对实际情况不了解、不关注，不顾地方实际和群众意愿，做工作对上曲意逢迎、对下横眉竖目，不认真领会和执行上级决定，官气十足、独断专行等等，这些都是官僚主义的表现；而享乐主义主要表现在意志消沉、信念动摇，追求物质享受、游山玩水，情趣低俗、玩物丧志，拈轻怕重、安于现状，不愿吃苦、好逸恶劳等等；奢靡之风主要表现在，热衷修建豪华气派的办公大楼，热衷于造节办节、节庆泛滥成灾，热衷于个人享受、追求奢侈豪华生活，要求超规格接待，热衷于高档消费、境外赌博、挥金如土，作风不检点、甚至道德败坏等等。对此，他认为只有开展群众路线教育实践活动，不断接受党性锻炼，才能增强党的自我净化、自我完善、自我革新、自我提高的能力，增强党的创造力、凝聚力、战斗力。而

---

① 中共中央文献研究室：《习近平关于党的群众路线教育实践活动论述摘编》，党建读物出版社2014年版，第3页。

"加强和改进作风建设是保持党同人民群众血肉联系的有效途径，必须聚焦解决群众反映强烈的突出问题，以作风建设新成效汇聚推动改革发展的正能量。"① 只有以优良的作风才能将广大人民群众团结在党中央周围，只有将发展成果真正惠及全体人民，才能赢得并见重于人民。

开展群众路线教育实践活动，是党带领全国各族人民，全面推进中国特色社会主义事业的根本需要。习总书记分析说，在新的历史起点上，党带领全国各族人民，致力于选择与推进建设中国特色社会主义伟大事业，这是人类社会有史以来最为复杂深刻、最为波澜壮阔的历史变革，势必会使我党面临各种严峻复杂的风险与挑战，必然会遭遇各种深层次的矛盾与问题。党光靠讲一些漂亮话或者搞一些时事宣传，是不能把群众真正吸引到自己身边来的，即使是先进性的思想，一旦离开利益也会使自己出丑。因而，随着各项改革的深层推进、各种矛盾集中叠加凸显，为破解这些难题，党所承担的任务更艰巨、更繁重，党更需要洗心革面、全面整顿，唯有以优良的传统与作风才能把广大人民群众紧密团结在党的周围。唯有做到发展依靠人民、发展为了人民、发展成果由人民共享，无论何时何地都要把人民的利益放在首要地位，始终依靠人民群众推进改革开放事业的进一步发展，唯有着力解决好人民群众最关心的社会矛盾与生活问题，坚持问政于民、问需于民、问计于民，从人民群众的伟大实践中吸取经验与教训、智慧与力量，才能真正调动人民群众参与中国特色社会主义建设的积极性、主动性与创造性。马克思认为：历史活动是群众的活动，随着历史活动的深入，必将是群众队伍的扩大。中国特色社会主义全面深化改革事业的进一步发展，也必将会吸引广大人民群众投身其中。因为，人民群众创造历史的作用与当代中国社会改革事业的发展是相一致的，在当代中国，人民群众是顺应先进生产力要求、先进文化前进方向的社会力量，也是推进社会变革深层发展愿望最强烈的主体力量，人民群众的总体意愿与实践活动代表了中国特色社会主义事业发展的前进方向与根本目标。处在执政地位的马克思主义政党，我们必须自始至终代表好、维护好、实现好、发展好最广大人民群众的根本利益，应当更加自觉地贯彻落实党的群众路线与群众观点，努力帮助人民群众提高对社会主义本质特征的再认

① 中共中央文献研究室：《习近平关于党的群众路线教育实践活动论述摘编》，党建读物出版社 2014 年版，第 10 页。

识、对自己创造财富的主体力量和根本需要的再认识，提高其建设中国特色社会主义的自觉性、科学性，同心协力地投身于这场社会大变革中，为中国特色社会主义的蓬勃发展而奋斗。

开展群众路线教育实践活动，更是贯彻落实全面深化改革各项任务的根本需要，也直接关系到能否夯实基层基础、提高服务群众的能力与水平。在他看来，坚持贯彻与实践党的群众路线与群众观点，这是我党的鲜明特征、本质属性与根本标志，党从来不把人民群众当作自己的一种特殊工具，恰恰相反，而是自觉地认定自己才是带领人民群众在社会主义实践变革中为完成全面深化改革这一历史任务的一种工具。人民群众是推进全面深化改革的力量源泉与胜利之本，能否与人民群众始终保持血肉联系、能否不折不扣地贯彻与落实群众路线、群众观点与工作方法，决定着党的根本性质与宗旨，决定着党的形象与声望，甚至直接决定着党的生死存亡。他说："全面深化改革是一场攻坚战，是对我们党执政能力的一次重大考验。要把全面深化改革各项措施落到实处，攻克体制机制的痼疾，突破利益固化的藩篱，必须紧紧依靠人民，从群众中汲取无穷的智慧与力量。"[1] 唯有真心实意地向人民群众学习、对人民群众负责，真心实意地做到心里装着群众、凡事想着群众、工作依靠群众、一切为了群众，真心实意地坚持权为民所用、情为民所系、利为民所谋，为群众诚心诚意地为人民群众办实事、解难事、做好事，才能树立良好形象、提振精神面貌、凝聚心气力量、锤炼思想作风、增强先进意识，团结带领广大人民群众共同把深化改革的宏伟蓝图变成现实。将群众史观、群众路线、群众至上、人民第一的观点，视作马克思主义最基本的历史观和价值观，将之贯穿于党的各项具体活动中并凝练成为我们必须遵循的思想路线、政治路线、领导方法、工作方法，这是我党的伟大创新和突出贡献。而且还分析说，党的很多重要的工作及其落实的责任主体都在基层，深化改革的各项路线方针政策的贯彻实践在基层，推进党和国家治理体系与治理能力现代化的基础性工作也在基层，人民群众的各种基层组织及其各级干部，如果不能为民解忧、为民排难，不能顺从民意、执政为民，不能真正解决好联系服务群众最后一公里的具体问题，那么即使是再好的治国方略也很难落到实处。

---

① 中共中央文献研究室：《习近平关于党的群众路线教育实践活动论述摘编》，党建读物出版社2014年版，第1页。

因而，开展群众路线教育实践活动，的确具有很重大的现实感与针对性。

最近一个时期以来，习总书记结合在全党开展的群众路线教育实践活动，针对新时期我党贯彻落实群众路线与群众观点问题发表了一系列创新论述。这些极具马克思主义原典精神的思想深意、深深扎根于中国特色社会主义建设具体实际的创新论述，不仅极大地丰富发展了马克思主义群众观的理性内涵，的确从各个方面实现了中国化马克思主义群众观的系统建构与当代拓展；而且对党和人民进行了一次深刻的马克思主义理论教育与路线教育，切实改变了党的作风与原有形象，集中反映了广大人民群众的呼声与意愿，使党经历了一次重大锻炼、成为建设中国特色社会主义事业的坚强柱石，也使人民群众对党和国家的改革开放充满了胜利的希望与信心。在习总书记马克思主义群众观的创新论述中，其现实性的理论品格与语言特色，处处彰显了马克思主义中国化、时代化、大众化的精神风貌。他之所以能够在主政不长的时间内就很快赢得了广大人民群众的爱戴与拥护，在人民群众中享有崇高的声誉与威信，在听讲演时就征服了在场的所有听众，这一切与他的渊博的学识、细腻的刻画、动人的情致、现实的风格，密不可分；与他的那种朴实无华、贴近人民群众生活实际的大众话语、平民风格，不无关联；与他在创新论述中大量引经据典而显现出来的深厚的历史文化底蕴、传统文化素养，紧密相连；当然也与他在表述中经常使用数字化的精练思维、顶针排比的语句格式，内在相关。显示了他对历史使命、重大责任、担当情怀的清醒认识，对世情、国情、党情的深刻把握，体现了理想信念与科学创新、历史眼光与时代视野、理性思维与实践指向、人民立场与民族风格的统一。下面将从两个方面对之进行例证分析。

他扎根于中国传统文化而精妙贴切的大量用典的方法，使之在每一表述中透露出特殊的中国风采与民族特性，彰显了其中国化马克思主义群众观具有的那种厚重的历史文化底蕴和国学基础。譬如，他在强调保持同人民群众血肉联系的重要性问题时，就使用了《晏子春秋问下》中的一句古话"意莫高于爱民，行莫厚于乐民"。借用这样的古训，传达的现代意识无非是要求我们站在人民立场上考虑问题，处处做到勤政爱民、慎重民望。他在强调巩固党的执政之基、夯实群众基础时，使用了李贺《雁门太守行》中的"黑云压城城欲摧"和毛泽东《西江月·井冈山》中的"我自岿然不动"两句诗。表明了党只有与人民紧密团结，就能安如泰山、坚如磐石，抗拒各种干扰与风险。他在表述我党目前面临的各种危险时，使用了《史记·项羽本纪》中"霸王别姬"的典故，认为我党必须重视民心问题，如果作风问题解决不好，严重脱离人民，就有可能出现"霸王别姬"里的四面楚歌、岌岌可危的困难局面。他在论证开展群众路线教育实践活动必须牢记党的宗旨时，引用了《管子》中"政之所兴在顺民心，政之所废在逆民心"的古训，强调了执政兴衰更替与人民群众息息相关的道理。在论述人心向背定成败问题时，引用了王充《论衡》"知屋漏者在宇下，知政失者在草野"的名句，意在表明群众的眼睛是雪亮的，人民才是真正的英雄，党员如果不能与人民结合在一起，如果不能在人民中间生根开花结果，而是夜郎自大、自诩高明，或者凌驾于人民之上，作威作福，人民决不会满意和答应，就会抛弃它。他在论证坚持"两个务必"增强党性问题时，强调要"牢记'生于忧患，死于安乐'的古训，着力解决好'其兴也勃焉，其亡也忽焉'的历史性课题"。[①] 前者出自《孟子·告子下》，后者出自《左传·庄公十一年》，这实际上是重述了毛泽东当年在行文时的妙用，强调了作为长期执政的党，一定要注意汲取历史上兴衰成败的经验，坚持从严治党、勤政爱民、科学执政的极端重要性。他在论述克服不正之风的反复性、长期性与复杂性问题时，引述了"冰冻三尺非一日之寒"的用法，并引用司马光《资治通鉴》中的"由俭入奢易，由奢入俭难"的古语，讲明党内存在的"四风"具有变异性、传染性，如果不能在巩固中坚持、在坚持中巩固，不能建立长效机制、常抓不懈的话，极有可能卷土重来。在分析党内存在的"四风"的危害性时，引用了《韩非子·喻老》中"千丈之堤，以蝼蚁之穴溃；百尺之室，以突隙之烟焚"的精妙比喻，阐释了党内不正之风的顽固性与反复性，只有持之以恒地搞好作风建设，自觉接受群众监督，才能无往而不胜。他在刻画享乐主义的具体表现时，用到了唐朝罗隐《自遣》的"今朝有酒今朝醉"和李白《将进酒》中"人生得意须尽欢"两句诗，惟妙惟肖地描绘出来一些党员干部玩物丧志、情趣低俗、安于现状、不思进取的丑态。他在分析奢靡之风的危害性时，引用了《新唐书》中"奢靡之始，危亡之渐"的古训，强调要对党内存在的作风之弊、行为之垢，来一次检修、排查与整治，只有防微杜渐、

---

① 中共中央文献研究室：《习近平关于党的群众路线教育实践活动论述摘编》，党建读物出版社 2014 年版，第 10 页。

雷厉风行地集中解决人民群众普遍关心的突出问题，才能把群众路线教育实践活动落到实处，巩固作风建设的有效成果。他在分析党员干部要经常"正衣冠"、"治治病"等等具体整改措施时，引用了《劝学篇》"吾日三省吾身"，表明了正视与解决自身存在的问题要有勇气、要争取主动；在分析防微杜渐、勤正衣冠时，引用了欧阳修《五代史伶官传序》"祸患常积于忽微，而智用多困于所溺"和《战国策·魏策一》中的"积羽沉舟、群轻折轴"以及《后汉书·丁鸿传》中的"禁微则易、救末者难"，《国语·周语下》中的"从善如登、从恶如崩"，表明了只有经常地正一正修养、理一理责任、紧一紧法纪，才能照出自己的纤毫之弊、洗去自己的些许微尘，修身正己、自省自励。他在分析坚定理想信念，不作对不起人民之事时，引用了《论语》中的"己所不欲，勿施于人"；在分析克己奉公、公私分明问题时引用了《朱子语类》"一心可以丧邦，一心可以兴邦，只在公私之间尔"；在论述革命理想高于天，教育党员要保持浩然正气时，引用了《吕氏春秋》"石可破也，而不可夺坚；丹可磨也，而不可夺赤"。在论证开展批评与自我批评的重要性时，引用了王粲《策林》"观于明镜，则疵瑕不滞于躯；听于直言，则过行不累乎身"和《史记》"千人之诺诺，不如一士之谔谔"；在分析党员干部要以身作则、率先垂范时，引用了《申鉴·政体》"善禁者，先禁其身而后人"和《论语》"子帅以正，孰敢不正？"的古训；他在分析党要时时处处接受人民群众监督时，引用了《史记》的"人视水见形，视民知治不"；在阐述严明法纪、遵纪守法问题时，引用了《孟子》"不以规矩，不能成方圆"和《劝学篇》"木受绳则直，金就砺则利"的古语，如此等等。引述这些众所周知、耳熟能详的名言名句、经典话语来旁证或者佐证，不仅恰如其分、十分贴切，而且增加了说服力、感知力、影响力；不仅显得文采飞扬、激情澎湃，而且入情入理、感人肺腑。这些中国传统文化宝典、古代圣训的引用，反映了习总书记兼收并蓄、精研百氏的理论功底和得心应手地驾驭语言的能力与技巧，彰显了他马克思主义群众观的深厚的国学素养、极高的文化品位、内在的文化心态和精神气质，不仅给各级领导干部与广大党员树立了光辉的学习楷模，而且无论是听报告抑或是读文字，五彩斑斓的中国符号、极具魅力的圣贤气象都极易获得文化认同、情感认同，拉近了与党员干部、人民群众的关系，有利于广大受众的接受、传播与使用。

习总书记在创新论述开展党的群众路线教育实践活动问题时，不仅经常运用中国老百姓所喜闻乐见的朴素话语，以达到贴近生活、贴近实际、贴近群众的效果，言简意赅、生动明快，亲切感人、入耳入心，而且还经常运用顶针排比、数字思维，以加强语气、突出重点。有的是凭借自己取材于民、验之于民的精妙体会，有的是立论精当、寓意深刻的创新表述，有的是针砭时弊、起衰救弊的生动刻画，这些言谈大都栩栩如生、力透纸背，新意迭出、奥妙无穷。这方面的例句很多，譬如，他用"打铁还须自身硬"来说明党要时刻注意防止脱离群众、必须练好内功；用"四风""四险"来概括党内存在的各种问题，并用"四自能力"、"四立基石"来回答求解的办法；用"麻绳最容易从细处断"，服务群众"最后一公里"，来比喻做好基层工作要从点滴小事做起；用"庸懒散、奢私贪、蛮横硬"来形容不正之风，用"门难进、脸难看、事难办"来比喻脱离群众的情形；用"老虎""苍蝇"一起打，老虎离得远、苍蝇常扑面，来形容腐败现象及其严打决心；以"使歪招、打折扣、搞变通"以及"穿马甲"、"隐身衣"来描述问题积习甚深和纠风之难；以花拳绣腿、文山会海，"认认真真走过场，踏踏实实搞形式"来比喻形式主义，并用"踏石留印、抓铁有痕"来表示纠风决心；还以"出风头"、"客里空"，"出镜头、露露脸"，"坐车转、隔窗看"，"调查研究隔层纸，政策执行隔座山"来比喻官场腐败，以"拍脑袋决策、拍胸脯表态、拍屁股走人"来比喻官僚主义；以"清茶报纸二郎腿，闲聊旁观混光阴"来形容享乐主义，这些刻画都是惟妙惟肖，非常逼真，忍俊不禁。在讲述克服"四风"的应对办法时，他提出了要"伤其十指"与"断其一指"的关系，要"对准焦距、找准穴位、抓住要害"，不能"走神与散光"，要把功夫下到"察实情、出实招、办实事、求实效"上，而不能搞"形象工程、政绩工程"，"上有政策、下有对策"，更不能当"太平官、逍遥官"，到处"拉关系、搭天线"或者搞"一言堂"、整人训人，"通不通三分钟，再不通龙卷风"等等。为克服党内自身存在的痼疾，他提出了"照镜子、正衣冠、洗洗澡、治治病"的总要求和切实解决好世界观、人生观、价值观这个"总开关"问题，要求党员思想要过硬，而不能精神"缺钙"，患上"软骨病"；他认为"心正心灵，则业勤业精"，只有心口一致、知行合一，返璞归真、固本培元，品质历练、作风养成，才能避免"政治上变质、经济上贪婪、道德上堕落、生活上腐化"，经得起改革实践、人民期盼与历史发展的考验，成为一名合格的党员。在论述批评与自我批评问题时，认为只有"抛开面子、揭短亮丑"、"动真碰硬、敢于交锋"才能"红红脸、出出汗"，"深挖根源、触动灵魂"，若像"鸡毛掸子打屁股不痛不痒"，或者搞"鸵鸟"政策、马虎敷衍，或者"对上级放'礼炮'、对同级放'哑炮'，对自己放'空炮'"，"你好、我好、大家都好"，只能收效甚微、草草收场。要求全体党员要"敏于行、慎于言，降虚火、求实效，实一点、再实一点"，力争"认识高一层、学习深一步、实践先一着"、解决问题"好一筹"，"开门搞活动"，严把质量关，群众路线教育实践活动才能落到实处。这些入木三分、一针见血的揭露，活灵活现、奇妙无比的讽刺，触及魂魄、惊世骇俗的刻画，还有那些很接地气、烟火气十足、生活气息浓郁的顺口溜、民间俗语与至理名言，经过创造性的现代改造、提炼与升华，形成了自己极具现实性、针对性，极富生活化、乡土味的语言特色与表述风格，其色彩鲜艳、感情充沛、尖锐明快、诙谐幽默的表述风格，其变化多样、涉笔成趣，节奏强烈、排比重叠的用语特色，真实地表现了存在问题的严重性、纠风的长期性、重要性以及新时期开展群众路线教育实践活动的时代性、广泛性特点，让广大干部群众在接受中内心感到震颤不已、发人深思。每一篇讲话都是他从群众中来又到群众中去的经验概括，都是推进马克思主义群众观中国化、时代化、大众化的经典之作，是教育群众、启发群众、团结群众、组织群众，使之不断提高理论水平、文化涵养、执政能力的政治宣言。

第三节　马克思主义学习观及其中国化

　　坚持马克思主义科学学习观既是马克思主义执政党建设规律的根本要求，也是中国共产党的优良传统、优良学风在新形势下的发展与弘扬，体现了我们党一脉相承而又与时俱进的马克思主义科学学习观的不断丰富与发展。从党的近百年历史发展经验上看，我党向来以科学学习观指导着马克思主义学习型政党建设，向来在坚持和发展马克思列宁主义的过程中整体向前推进，这集中体现了指导思想的一脉相承性与内在一致性，也这集中体现了中国化马克思主义理论品质的实践性与开放性。

　　从我党近百年发展的历史上看，学风建设历来是党的作风建设的重要任务，我党几代领导集体都特别重视加强学风建设，重视应用马克思主义学习观看待我党思想理论建设的各种问题，把不断提高学习意识、学习能力视作保持党的先进性的根本措施来抓。进入新世纪以来，特别是最近一个时期，党通过了《中共中央关于加强和改进党的作风建设的决定》，进一步强调了在新的历史条件下加强学风建设的重要性和紧迫性，号召全党要坚持解放思想、实事求是的马克思主义学习观，反对因循守旧、不思进取的教条主义学习观。这两种学习观上的对立，反映的是两条思想路线的斗争，就对马克思主义认识和态度而言，反映的则是两种马克思主义观的根本对立。对于保持党的先进性来说，当前加强学风建设和学习型政党建设最重要的是解决如何科学对待马克思主义学习观的问题，亦即如何摒弃和反对教条主义、主观主义的错误的学习观，并坚持和弘扬与时俱进、与世偕行的科学的马克思主义学习观的问题。其实，在马克思主义发展史上，基于反对和曲解马克思主义而产生的各种错误思潮和敌对派别，自然拒斥与反对马克思主义的学习观，认为马克思主义应该被终结、被埋葬，应该用各种各样的非马克思主义或者反马克思主义取而代之。但是，在党内基于学习与研究马克思主义的理论家和实践者，也不都是马克思主义学习观的忠实继承者与坚定发展者，他们中的有些人要么在学习中把马克思主义理论神圣化、绝对化、教条化，变相否定了马克思主义理论的实践指向性、科学真理性和不断探索性；要么借口时代与实践的重大变化而把马克思主义视作过时无用的非科学的东西，认为时至今日，我们根本不必抱着老祖宗的思想灵牌不放了，马克思主义本身早已丧失了科学性与可行性，今天的学习观应该有重大的改变，现代学习型政党建设最重要的不是抱着马克思主义的老古董到处炫耀，而是自觉地向西方后工业社会请教、向现代化大生产发展规律请教、向晚期资本主义文化逻辑请教，应该用现代西方的学习观取代马克思主义的学习观。可见，这种学习观上的对立，反映了对待马克思主义的态度问题，体现了马克思主义科学学习观与教条主义非科学学习观的重大差别。在马克思主义学习观上坚持认识与实践的统一、坚持与发展的统一、继承与创新的统一，是我们党永葆生机的内在源泉与不竭动力，既是治党治国之道，也是创新马克思主义之道。在马克思主义学习中重视理论创新与开拓进取，既是我们党的一个根本特点，也是一条重要的政治经验；既是党和国家事业不断获得重大发展的根本保证，也是推进马克思主义中国化、大众化与时代化的重要途径；既是马克思主义认识论的根本要求，也是马克思主义发展观的实践需要。坚持马克思主义科学学习观，就要反对教条主义的错误学习观，取缔对待马克思主义理论所采取的一切非科学的态度。对此，恩格斯曾经多次强调指出，马克思的社会主义理论自从成为科学以来，就要求人们把它当作科学来看待；科学地看待马克思主义，就必须把马克思主义科学的世界观整体性地把握，而不能当成支离破碎的东西，马克思主义不是教义，而是方法，它提供给我们的不是现成的教条，而是进一步研究的出发点和供这种研究使用的方法；马克思主义是行动的指南而非某种包医百病的灵丹妙药，它的科学结论的使用随时随地要根据变化了的情况对之加以改变。这就表明马克思主义理论是发展着的理论，而不是必须背得烂熟并机械地加以重复的教条，否则，如果把马克思认为只在一定条件下起作用的一些原理解释成绝对的原理，或者忽视了马克思主义原理产生的背景与使用范围，忽视了原理应用的各种条件和实现途径而到处搬运，马克思的那些科学的原理本身就会走向反面，成为不正确的某种谬误。列宁也曾经多次讲，每一个党员只有加强学习、学习、再学习，注意用人类创造的全部知识财富来不断丰富自己的头脑，才能成为合格的共产主义者；正因为马克思主义学说具有无限的精神力量，能够给我们提供决不同于任何迷信、任何反动势力、任何为资产阶级压迫所作的辩护相妥协的完整的世界观，所以我们在具体运用时需要不断地学习，而且要科学地学习、实践地学习；但是，在学习中首先需要弄明白的是，我们不是学理主义者，马克思主义的学说不是教条，而是行动的指南。我们决不能把马克思主义理论看成是某种一成不变的和神圣不可侵犯的东西，恰恰相反，我们应该将之看成只是为一种科学理论奠基的前提性的方法，我们既然需要在各个方面把这一科学全面推向前进，当然需要结合变化着的实践情况，真正顺应时代和人民的呼唤、体现与时俱进的实践要求而不断将马克思主义理论全面推向新的阶段。

当然，另一方面，从我党近百年发展的历史上看，教条主义的非马克思主义学习观及其实践者，无论其主观愿望如何，思想动机怎样，即使是对革命忠贞不贰，但考虑到其对无产阶级革命事业造成的严重危害，我们必须彻底予以清除；特别是当无产阶级政党成为执政党之后，对这种教条主义的马克思主义观的危害更要充分认识它可能导致的严重后果，对之，切莫等闲视之，绝不能姑息养奸、一味放任。让我们简单回顾我党近百年的奋斗历程，这对于我们衡量与判别马克思主义学习观上的对立，及其对于我国革命与建设究竟能够带来什么样的重大影响，会看得更明确。我党在各个时期都特别强调要坚持马克思主义的科学学习观，并以之去指导党的学风建设及其他各方面的建设。可以说中国共产党在领导革命、建设和改革的近百年艰苦奋斗的历程，也是两种马克思主义学习观的不断斗争、不断较量的历程，是两种学习观相比较而存在、相斗争而发展的历程。这一历程带给我们的深刻启示是：（1）马克思主义既然是我们立党立国的根本指导思想，科学地看待并运用马克思主义就必须坚持它的立场、观点、方法，它的基本原理和思想精髓任何时候都要坚持，但是这种坚持是在实践中的坚持，是在与中国实际相结合的过程中的坚持，是在贯彻解放思想、实事求是的思想路线并勇于追求真理和探索真理中的坚持，是在及时把握客观情况的变化并善于总结人民群众在实践中创造的新经验从而不断丰富和发展它的新思想中的坚持，这种坚持是时时处处体现它的与时俱进理论品质的科学性的坚持，而非教条主义的故步自封和主观主义的夜郎自大。（2）坚持马克思主义科学学习观就要对教条主义、主观主义的非科学学习观进行最不妥协的批判。在我党近百年奋斗的历史上，凡是思想脱离实际，不顾历史条件和现实情况的变化，拘泥于马克思主义经典作家在特定历史条件下、针对具体情况作出的某些个别论断和制定的具体行动纲领，我们就会犯严重的政治错误，给革命和建设事业带来极大危害，而凡是始终坚持马克思主义的指导地位，科学地对待马克思主义，坚持正确的思想路线，努力不断推进马克思主义中国化进程，就能够汲取实践经验、实现伟大觉醒、获得坚定信心，就能够从严重挫折中重新奋起，顺应时代潮流和人民意愿，勇敢开辟建设中国特色社会主义的新局面，这就是我们党为什么在各个时期都非常强调必须始终以反对教条主义的态度对待马克思主义理论学习的道理之所在。

从某种意义说，建党近百年的历史实际上就是运用马克思主义科学学习观武装全党、搞好学风建设的历史，也是马克思主义科学学习观不断击退教条主义错误的学习观的历史，因为中国化的马克思主义科学学习观就是同教条主义学习观的斗争中不断发展起来的。党建之初在领导革命斗争中就特别注意加强自身建设，强调要在思想上、政治上、组织上把党建设成为以马克思主义指导的无产阶级新型政党，注重把马克思主义基本原理与中国实际相结合，要在理论上和实践上体现党的先进性。针对当时党内的那种把马克思主义教条化、把共产国际决议和苏联经验神圣化的错误倾向开展尖锐批判，对那些生吞活剥地照搬马克思主义原理，只唯书、唯上而不唯实的主观主义学风，对那种以为有了马克思的"本本"就无须根据实际情况制定具体办法、就会无往而不胜的种种错误做法，毛泽东同志在其《反对本本主义》中曾明确指出，我们说马克思主义是对的，决不是因为马克思这个人是什么"先哲"，我们的斗争需要活的马克思主义，而不需要什么"先哲"一类的神秘念头作祟。对待马克思主义正确的态度应当是，马克思主义的本本是要学习的，但是必须同我国的实际情况相结合。我们需要本本，但是一定要纠正脱离实际情况的本本主义。这是我党最早最明确地阐述与时俱进的科学的马克思主义学习观的光辉著作，根本宗旨在于告诫全党要加强思想理论建设、提高马克思主义理论水平，坚持马克思主义中国化方向并以此清除主观主义、教条主义的错误影响。此后，随着革命形势的快速发展，为了彻底清算教条主义的非马克思主义学习观给革命事业造成的极大危害，毛泽东同志又在其《实践论》和《矛盾论》等著作中，从马克思主义哲学的高度，系统总结了党反对教条主义学习观的实践经验，明确阐发了在党内产生教条主义、主观主义错误的认识论根源，强调马克思主义理论一定要与中国具体实际相结合，只有坚持马克思主义中国化的方向并在与时俱进中实现科学发展，才是对它的最好继承等等马克思主义科学学习观的一系列理论要点。后来在延安整风运动中，毛泽东同志又从理论上与实践上，强调以与时俱进的科学的马克思主义学习观去批判和克服教条主义的非马克思主义学习观。当时它提出的反对主观主义、教条主义以整顿学风，实际上成为全党整风运动的中心内容。譬如，毛泽东同志在其《改造我们的学习》等光辉文献中，明确指出主观主义、教条主义学习观是全党、全国人民的大敌，我们只有打倒了它们，马克思主义真理才会抬头，科学的马克思主义学习观才会得以认同；那些不能掌握马克思主义思想精髓、不了解中国具体实际、常常以大理论家自居的人，之所以能够处处打着马克思主义旗号危害革命事业，关键的原因在于他们背离了科学对待马克思主义的中国化立场，在马克思主义学习观上发生了教条主义、主观主义、经验主义或者实用主义化；在毛泽东同志看来，历史上的马克思主义有很多种，我们所要的是香的马克思主义，不是臭的马克思主义；是活的马克思主义，而不是死的马克思主义。全党在学习中，要分清创造性的马克思主义和教条式的马克思主义，书本上的马克思主义与实践中的马克思主义，使中国革命丰富的实际经验马克思主义化，而不能经验主义化或者教条主义化；学习马克思主义不能只一味去引证马克思主义的经典话语，要学会运用它的立场、观点和方法，具体地分析与解决中国革命的实际问题；极"左"的教条主义的学习观，这种学习马列理论的方法恰恰是直接违反马列的，是反科学的反马克思主义的主观主义的学习方法。当时，毛泽东同志曾经谆谆教导全党，我们学习马列主义不是为着好看，也不是因为它有什么神秘，而是为了在实践中灵活地应用；有些人常常把马列主义看作现成的灵丹妙药，只要有了它，就可以毫不费气力地包医百病，这其实是一种幼稚的蒙昧，我们对这些人就应该作启蒙运动。那些将马列主义当宗教教条看待的人，就是这种蒙昧无知的人，既阻碍了理论前进，也害了自己、害了革命。可以说，正是由于毛泽东同志的马克思主义科学学习观在革命实践中的提出、贯彻与实施，才真正确立了毛泽东思想在党内的指导地位，这对统一思想、凝聚意志，夺取全国胜利、成立新中国，意义重大而深远。

邓小平同志无论在革命年代或者建设时期，向来非常重视加强马克思主义理论的学习，从不因革命问题突出或实际工作繁忙而中断学习，相反越是在革命的重要关头或历史的转折时期，越是注意加强学习，越是提倡用马克思主义的科学学习观，去反对主观主义、教条主义的学习观及其思想错误。他始终坚信：党的事业要想赢得人民群众的信赖，并引导人民群众取得伟大胜利，党员干部除了扎扎实实完成好自己的每一项工作任务以外，必须一刻也不能放松自己对马克思主义理论知识的学习，要把处理日常事务与刻苦学习有机结合起来。否则，就会在工作中迷失方向，就会走向邪路，甚至葬送我们的事业。因为如果不注意加强学习，只顾忙于事务，思想就容易庸俗化。"文革"结束后，邓小平同志明确地阐述了"两个凡是"不符合马克思主义，背离了马克思主义学习观的基本要求，对待马克思主义、毛泽东思想不能断章取义，而需要系统地整体地把握，要把它作为一个理论体系来把握，更要注意运用马克思主义、毛泽东思想解决实际问题，而不能教条主义地对待他们的具体话语或者个别结论，因为马克思主义和毛泽东思想并没有终结真理而只是为开辟真理铺平了道路。进入改革开放以来，邓小平同志特别强调要把摆正理论学习与专业学习之间的关系，学习专业知识，可以加深对马克思主义理论的理解，可以进一步丰富和发展马克思主义理论宝库；要把马克思主义理论作为行动指南而不是作为教条，要注意科学对待马克思主义并使之完全能够有效地发挥其指导作用，从而加强我们工作中的原则性、系统性、预见性和创造性，增强我们对事业取得成功的把握和信心。此后，随着改革开放的逐步深入，邓小平同志特别强调要用马克思主义的学习观武装全党头脑，切实搞好马克思主义理论与实践相结合的工作，反对照抄马克思、列宁、毛泽东同志的原话，反对教条主义的学习观。在他看来，马列主义、毛泽东思想的基本原则，我们任何时候都不能违背，这是毫无疑义的。但是，一定要和实际相结合，要分析研究实际情况，解决实际问题。按照实际情况决定工作方针，这是一切共产党员所必须牢牢记住的最基本的学习方法、思想方法与工作方法。这就是说，马克思列宁主义、毛泽东思想一定不能丢，丢了就丧失了根本。同时一定要以我国改革开放和现代化建设的实际问题、以我们正在做的事情为中心，着眼于马克思主义的运用，着眼于实际问题的理论思考，着眼于新的实践和新的发展，不断解决新问题、开创新局面。特别是苏东剧变后，当我们的改革开放事业又遇到了暂时挫折时，邓小平同志多次强调，党员干部不能等同于一个普通的群众，不仅要坚持学习，还必须学会学习、科学学习，坚持理论联系实际，坚持以科学的态度对待马克思主义，在学习中要树立马克思主义的科学学习观，从而引导有中国特色社会主义现代化建设事业不断取得新的胜利。他分析说，在新时期，越是在重大历史关头，党员干部越是要加强科学学习，在学习什么的问题上，认为根本的是要学习马列主义、毛泽东思想的实质与精髓，要努力把马克思主义的普遍原理同我国实现现代化的具体实践结合起来，坚持推进马克思主义中国化是学习的根本目的；但是他强调学习马列要精、要管用，不能光用大本子或者厚本子吓人，强调学以致用、学用合一，反对脱离实际的教条主义的学习而注重实事求是的科学学习。这表明，邓小平同志不愧是坚持马克思主义科学学习观的典范，为丰富与发展中国化的马克思主义学习观做出了突出贡献。

20世纪末特别是进入21世纪以来，江泽民同志从世情、国情、党情的高度出发，要求全党加强中国化马克思主义的科学学习，不断提高思想理论水平和驾驭全局的能力，并在实践中探索如何建设"学习型政党"的问题，在诸多方面发展了马克思主义的科学学习观。譬如，江泽民同志认为，鉴于世界和中国的许多新情况、新问题，鉴于我们党在中国社会中担负的重大责任和国际共产主义运动中所处的重要地位，有必要把科学学习和认真研究马克思主义基本理论与方法，在马克思主义指导下研究和探讨当前重大的政治经济、社会理论问题，作为一项紧迫任务提到全党面前。

随后，在全国范围内开展的"三讲"教育活动，其中之一就是"讲学习"。江泽民同志多次谆谆告诫全党，如果我们不能通过新的学习和实践不断提高自己，就会落后于时代，就有失去人民的信任和拥护的危险。全党同志首先是党的高级干部必须以对党、对人民、对历史高度负责的态度来加强马克思主义的学习。在十六大报告中，江泽民同志进一步强调，在改革开放向深层不断推进的今天，我们面临着不断发展变化的形势和层出不穷的新情况新问题。我们不懂得、不熟悉的东西很多，必须刻苦学习，不断增长知识和领导才干，要形成全民学习、终身学习的学习型社会；党要在这种快速变化的国际局势和激烈的国际竞争中始终立于不败之地，只有加强学习，对原有的知识进行不断的深化、更新、拓展，才能满足和适应世情发展的需要。否则，就必定会落后，就不可能肩负起党和人民交给自己的历史任务。在他看来，我们党已经从一个领导人民为夺取全国政权而奋斗的党，成为一个领导人民掌握着全国政权并长期执政的党；已经从一个在受到外部封锁的状态下领导国家建设的党，成为在全面改革开放条件下领导国家建设的党。新党员的数量大幅度增加，干部队伍新老交替不断进行，一大批年轻干部走上领导岗位。这给党的发展带来了新活力。但是，面对着新形势新任务和层出不穷的新情况新知识，有些干部不很适应，有的干部甚至很不适应。主要表现为，理论素养和知识水平不适应，工作作风和工作方法不适应，思想境界和精神状态不适应。面对这些变化，江泽民同志要求全党必须进一步加强学习。如果我们不能通过新的学习和实践不断提高自己，就会落后于时代，就有失去执政资格、失去人民信任和拥护的危险，并语重心长地说，这并不是危言耸听。江泽民同志从中共执政的历史使命的高度出发，提出了坚持马克思主义科学学习观的重要性，认为必须大力弘扬理论联系实际的马克思主义学风，学风问题是一个关系党的兴衰和事业成败的重大政治问题。他的这些论断极大丰富并发展了马克思主义科学学习观，在学习理论层面大大推进了马克思主义的中国化。

党的十六大以来，以胡锦涛同志为总书记的新一届中央领导集体适应新形势新任务的要求，以身作则，带头学习，把中央政治局集体学习制度化并明确提出"建设学习型政党"的目标。把党的学习与和谐社会构建、全面建设小康社会的历史使命相结合，在建设学习型政党的目标下，努力推动全党以学习保持党的先进性，以加强学习不断提高执政能力，从而更好地承担起党和人民所赋予的重任。在马克思主义学习观上，关于"学什么、怎么学"的问题，胡锦涛同志强调：领导干部加强学习，首先要学习马克思列宁主义、毛泽东同志思想、邓小平同志理论和"三个代表"重要思想。学习马克思主义理论，关键是要掌握马克思主义的基本原理，领会马克思主义的精髓和本质，学会运用马克思主义的立场、观点、方法来分析和解决改革开放和现代化建设中的实际问题。同时，要学习经济、政治、文化、法律、科技、管理、历史、军事等方面的知识，并把这方面的学习同加深领会和灵活运用马克思主义理论紧密结合起来。他分析说，先进性是马克思主义政党的根本特征，也是马克思主义政党的生命所系、力量所在。他牢记毛泽东同志、邓小平同志、江泽民同志的马克思主义科学学习观，强调要保持党和党员的先进性，根本途径是加强党内马克思主义理论的科学性学习，不断提高党员的思想觉悟，把党员教育和锻炼成坚定的共产主义战士；马克思主义政党的先进性首先表现在理论上的先进性，如何实现共产党员的先进性，只有加强学习，坚持用马克思主义的科学理论武装全党，是我们不断保持党的先进性的根本经验。在当前，他认为坚持马克思主义的科学学习观，必须坚持马克思主义中国化方向，重视理论学习与各种实际工作的紧密结合。如何结合，具体要做到：把学习江泽民同志的著作同学习马列著作、毛泽东同志著作、邓小平同志著作结合起来，同学习改革开放以来特别是党的十三届四中全会以来党的重要文献结合起来，同学习党的十六大以来我们党以邓小平同志理论和"三个代表"重要思想为指导提出的一系列重大战略思想结合起来，同进一步学习和总结党的历史经验特别是新鲜经验结合起来，把"三个代表"重要思想转化为党和人民的事业不懈奋斗的坚定信念，转化为观察和解决问题的科学方法，转化为指导改造客观世界和主观世界的行为准则，努力做到认识上有新提高、运用上有新收获。在马克思主义科学学习观上，最近又特别强调，各级领导干部必须牢固树立终身学习的思想，坚持理论联系实际的马克思主义学风，以谦逊的态度、顽强的毅力抓好学习，既从书本知识中学习，又从人民群众的生动实践中学习，努力在建设学习型政党和学习型社会中走在前列。并强调要深刻认识学习好、运用好科学理论对推进事业发展的重大意义，大力弘扬理论联系实际的马克思主义学风，努力做到学以致用、用以促学、学用相长；坚持理论和实践的统一、学习和运用的统一、继承和发展的统一，对马克思主义的科学学习目的是为了解决我国改革开放和现代化建设的实际问题，实现全面建设小康社会的宏伟目标，推进党的建设新的伟大工程，在马克思主义学习观上进一步丰富发展了马克思主义中国化的理论，丰富发展了中国特色社会主义理论体系的学习观。

纵观我党近百年奋斗的光辉历史，党的历届领导集体都对坚持与发展马克思主义科学学习观进行了不懈的探索，作出了历史性的杰出贡献。坚持马克思主义科学学习观既是马克思主义执政党建设规律的根本要求，也是中国共产党的优良传统、优良学风在新形势下的发展与弘扬，体现了我们党一脉相承而又与时俱进的马克思主义科学学习观的不断丰富与发展。从党的近百年历史发展经验上看，我党向来以科学学习观指导着马克思主义学习型政党建设，向来在坚持和发展马克思列宁主义的过程中整体向前推进，这集中体现了指导思想的一脉相承性与内在一致性；我党向来注重在不断探索和回答一系列重大理论和实际问题、深化和丰富对马克思主义科学学习观再认识的过程中获得整体推进，也向来是在坚持解放思想、实事求是思想路线的过程中实现跨越式发展的，这集中体现了中国化马克思主义理论品质的实践性与开放性；我党坚持以社会主义初级阶段基本国情为立论依据，高度重视马克思主义学习理论过程中的理论探索与实践整合的统一，以科学学习观指导党的理论建设与学风建设，这既反映了对"什么是马克思主义，怎样对待马克思主义"的科学认识过程，体现了中国特色社会主义理论体系在学习理论上的实践指向与政治智慧，也反映了对"什么是马克思主义，怎样对待马克思主义"的科学认识成果，体现了中国特色社会主义理论体系本身就是坚持与发展马克思主义科学学习观的最新理论产物。这表明，当代中国共产党人坚持解放思想、实事求是，一切从实际出发，在实践中探索并发展真理的思想路线，不满足已有的认识结论，不固守已有的理论教条，注重总结改革开放不同时期、不同阶段的新鲜经验，注重探索和回答不同时期、不同阶段遇到的新矛盾、新问题，在理论创新和实践发展上都对马克思主义科学学习观作出了独特贡献。毛泽东同志思想、邓小平同志理论、"三个代表"重要思想以及科学发展观，作为当代中国共产党马克思主义科学学习观发展的阶段性理论成果，既继承和捍卫了马克思列宁主义的学习理论，又创建并逐步形成了毛泽东同志思想和中国特色社会主义理论体系的科学学习观，从而奠定了他们在各个时期推动马克思主义学习理论中国化的历史方位。党在中国化马克思主义科学学习观上的发展历程，既开辟了中国特色社会主义的康庄大道，把建设中国特色社会主义事业全面推向了新世纪，又以之引领我们为夺取全面建设小康社会新胜利而奋斗，奠定了科学学习观在推动中国特色社会主义跨世纪发展进程中的价值取向；既体现了当代中国共产党在思想理论上是继往与开来、坚持与发展的统一，也反映了当代中国共产党科学学习观上的科学性体系、阶段性成果和发展性要求的内在统一。当代中国共产党紧紧围绕"什么是马克思主义，怎样对待马克思主义"这一重大理论和实际问题，以科学学习观指导马克思主义学习型政党建设的历史经验，既反映了中国特色社会主义实践进程的正确方向，也体现了中国特色社会主义理论体系整体建构的时代立场。

坚持马克思主义科学学习观搞好党风建设，必须同时对党内存在的教条主义、本本主义、经验主义、主观主义等各种错误的学习观进行认真清算。应当肯定，当前党员干部的学习状况总体良好，但学风不正的现象仍然严重存在，这主要是不愿学或不肯学、不勤学或不能学、不真学或不深学、不善学或不好学等，这集中表现在经验主义的浅显阅读、实用主义的断章取义、教条主义的机械比附、本本主义的闭门造车等等不良学风上，要克服这种不良学风并坚持马克思主义实事求是的学风，关键是理论联系实际、推进马克思主义中国化。理论学习不是坐而论道、纸上谈兵，而是创造性地运用马克思主义的基本原理和方法，去研究和解决现实中的新情况、新问题，理论学习的意义和效果完全取决于能否解决及解决了什么问题。当然，对于马克思主义的学习理论本身，也要能够精通它并应用它，须知精通的目的全在于应用。换言之，马克思主义学习理论，不应把它当作理论教条而应当作行动指南，对于许多现实问题的解决，马克思主义的学习理论提供的只是总的指导原理并非具体答案，我们需要运用马克思主义学习观的有关原理在分析和总结新的情况和新的实践中求得解决方法。如果只抱着经验主义的浅显阅读或者实用主义的断章取义的学习态度，怎能把马克思主义的精髓学深学透、把马克思主义的真理用好用活？如果对马克思主义搞教条主义的机械比附、本本主义的闭门造车，停留在高楼深院、书斋教坛，唯书唯上不唯实，不接触实际、不调查研究，怎能避免主观主义和唯心主义学习观各种错误的不断滋生和蔓延？

有鉴于此，当前坚持并发展马克思主义的科学学习观，在具体途径上必须做到：重点学习的针对性与全面学习的系统性、学习方法的多样性与学习目的明确性、个人学习的独创性与集体学习的普适性、学习目标的阶段性与学习过程的持续性、理论学习的科学性与实践应用的灵活性的统一。在对坚持马克思主义科学学习观的态度上，应当从我们党肩负的历史使命和责任的高度来加以理解。应该及时告诫党员干部，从世界观、人生观和价值观意义上理解坚持马克思主义科学学习观的重要性与紧迫性，使之明确：能否坚持马克思主义科学学习观，这既是一种政治信念也是一种重大责任；能否发展马克思主义科学学习观，这既是一种优良品行也是一种自觉党性；能否完善马克思主义科学学习观，这既是一种博大胸怀也是一种崇高境界；能否实践马克思主义科学学习观，这既是一种务实精神也是一种工作能力。党员干部要想站在时代前列并带领人民不断开创事业发展的新局面，就必须以改革创新的精神牢记科学学习观，始终成为推进马克思主义中国化的典范，使之明确坚持并发展马克思主义科学学习观是我们新时期党的建设的重要内容和重要任务，应当从我们党肩负的历史使命和责任的高度来加以认真理解。改革开放事业的科学发展与和合构建，需要坚持并发展马克思主义的科学学习观；积极捍卫优良党性和高贵品质要求坚持与发展马克思主义的科学学习观；保持党的先进性和与时俱进的实践品格，需要坚持与发展马克思主义的科学学习观。党员干部应该树立在学习面前人人平等的观念，带着学以致用的现代眼光和虚怀若谷的情怀向群众和实践学习，这不仅有助于党风学风的发展，而且带来的将是思想观念的根本变革和一种清新如画的学习正气。对此，习近平最近明确提出了四个"贯彻和体现"，认为建设马克思主义学习型政党，要贯彻和体现科学理论武装的要求，要贯彻和体现具有世界眼光的要求，要贯彻和体现善于把握规律的要求，要贯彻和体现富有创新精神的要求，唯此才能对马克思主义科学学习观不断做出新的贡献。

第四节　马克思主义创新观及其中国化

伟大的实践呼唤并产生伟大的理论，伟大的理论反过来又指导和推动伟大实践的科学发展，基于实践基础的理论创新是社会发展和时代变革的先导。而马克思主义中国化既是马克思主义理论获得批判继承、丰富发展的科学路径和必然选择，也是在实践中不断开拓马克思主义理论新境界和新局面的基本诉求与迫切需要，更是马克思主义创新体系能够科学指导中国特色社会主义建设并不断取得辉煌成就的现实需要。我党近百年发展的光辉历程表明，马克思主义的发展史其实就是一部马克思主义基本原理与中国革命和建设实际相结合的创新史。

众所周知，马克思主义理论是一种开放的、实践的、发展着的创新体系，推进基于实践的理论创新原本是它的本质属性和固有真义。从人类文明整体发展的维度讲，马克思主义的发展史就是一部马克思主义理论与时俱进的创新史，而从中国思想文化发展的维度讲，马克思主义的发展史其实就是一部马克思主义基本原理与中国革命和建设实际不断相结合的历史，就是一部马克思主义理论不断实现中国化的创新史。这是马克思主义理论获得批判继承、丰富发展的科学路径和必然选择，是在实践中不断开拓马克思主义理论新境界和新局面的基本诉求与迫切需要，也是马克思主义理论体系能够科学指导中国特色社会主义建设并不断取得辉煌成就的现实需要。我国当代学者从多视角、多学科、全方位、宽领域深入研究马克思主义创新观，从整体上建构并发展马克思主义理论的当代形态和创新体系，密切关注与着力探讨马克思主义理论中国化的实现途径、中国方向，从学理上构建马克思主义"思入生活"、引领时代的当代逻辑和展示平台，真可谓是立意高远、构思缜密、论证充分、剖析深刻，不仅具有宏阔强大的研究力度与深度，而且在思想领域与事实领域均造成了巨大影响，大大拓展了马克思主义在当代中国融入实践的逻辑层级和时空场域。有的从若干方面对马克思主义中国式的创新表述进行了系统归纳、细致梳理、合理展望、整体预期，有的从内在本源处加强了马克思主义理论研究的现实针对性、理论时效性，还有的从理清思路、明晰现状、积累经验、深化认识、推进研究，提供了更多的思维发展空间和精神生产能力，夯实了马克思主义综合创新的文化底蕴。其实，在当代中国，马克思主义作为我们共同的理论基础和行动指南，它的强大的生命力、感召力、批判力、凝聚力，就表现于它具有彻底的科学性、鲜明的阶级性、自觉的实践性和强烈的革命性，它是在实践基础上融科学性、阶级性、革命性于一身的开放性学说，它之所以能够实现中国化就在于它始终保持着与时俱进的理论品质，就在于它能够不断地被创新、被超越、被发展，就在于对我们所处的伟大的改革时代深层推进而不断产生的重大理论问题的科学发现与合理解决。在当代学界，马克思主义理论创新研究日臻清晰，时代赋予了当代学界同人开创研究马克思主义理论及其中国化的整合机制的庄严使命与神圣职责，从学理上和实践上认真解决中国特色社会主义建设面临的各种复杂背景与关键问题，在全球化语境下全面开创世界社会主义发展的新局面和提升世界马克思主义未来发展的新境界，都需要对马克思主义中国化的整合机制进行创新性研讨，尽可能多地找寻使马克思主义理论获得综合创新的崭新问题域和理论生长点，全面凸显马克思主义理论的内在魅力与时代价值。当然，理论的综合创新要充分反映马克思主义中国化在理论领域的最新成果，充分反映国外马克思主义理论研究的最新进展，从世界观的高度系统总结中外社会主义实践的宝贵经验，特别是集中阐述中国特色社会主义理论体系的理性贡献、改革开放在中国特色社会主义建设发展中的特殊作用和重大意义，着重阐发先进生产力与社会发展、人民群众与历史进程、先进文化与弘扬民族精神的内在关系以及社会主义核心价值体系的基本内容、社会作用，并力图以科学的方法、发展的眼光、与时俱进的精神，系统阐释马克思主义综合创新的核心要点与本质特征，竭力展现马克思主义科学真理的理论魅力与实践品格，努力使现实问题升华为理性问题，实现理论理性与实践理性的统一，并灵活运用马克思主义中国化的整合机制，积极为之营造新的当代语义。

　　而当代中国的科学发展、和谐社会构建的时代转型，为马克思主义理论的推陈出新，提供了不可多得的时代机遇，和平发展的时代主题改变了战争年代的内外危机和安全忧虑，以信息化、网络化、系统化、社会化为特征的实践转型和以全球性、世界性与局部性、区域性复杂交织的问题转型，为当代马克思主义的推陈出新既提供了力量凝聚的动力机制、强大的思想源泉和强烈的社会需求，也提出了许多迫切需要解决的重大理论问题、实践问题和日渐宽松的创新环境与发展条件。当代学人唯有善于发扬马克思主义理论本身的实践批判精神和科学求实精神，善于灵活运用马克思主义基本原理去解析当代中国特色社会主义实践向深层推进中产生的新情况、新问题、新矛盾，勇于吸收与整合人类文明创造的一切优秀文化成果，才能不断提高高深的理性修养、渊博的知识储备、宽阔的世界眼光、巨大的创新能力、极大的政治勇气、敏锐的洞察能力。任何理论创新都意味着一种精神生产和观念变革，都是对马克思主义思想的再创新、再表述、再拓展，是对既有思想的创新运用和实践操作，都必须使之自觉其为思想，使它的思想成果经过自我革命而提炼为时代性的思想，这都是在坚持马克思主义基本原理的前提下对一些具体结论、具体观点的科学发展与合理增补，使之无论在外延上抑或在内涵上都做到与时俱进、与时偕行、跟进实践、顺时而谋。马克思主义理论既来自实践又指导实践，既接受实践检验又逐步得到发展，不断发展着的实践、不断激发的新问题，要求我们必须不断地进行推陈出新、及时跟进。而进行理论创新就要不断解放思想、实事求是、与时俱进，社会实践没有止境，理论创新也没有止境，实践不停顿，理论创新就不能停顿，只有坚持解放思想、实事求是、与时俱进，才能使马克思主义理论不断获得重大的理论创新。一般来说，伟大的实践呼唤并产生伟大的理论，伟大的理论反过来又指导和推动伟大的实践，基于实践基础上的理论创新是实现社会发展和时代变革的先导，中国特色社会主义实践每前进一步，马克思主义理论创新就必须及时地跟进一步，唯有运用发展着、实践着的中国化马克思主义最新理论成果作为我们事业的指导思想，才能自觉承担起发展社会主义、实现伟大民族复兴的历史重任。我党近百年发展的光辉历史一再表明，中国共产党是一个高度重视理论指导作用的党，一个善于进行理论创新的党，一个善于在实践中不断开拓马克思主义理论新境界的党，正是因为此，她才在社会主义革命与建设中领导人民取得了一个又一个的伟大胜利，不断推进马克思主义中国化、大众化、时代化，在马克思主义发展史上实现了两次重大的历史性飞跃，树立起了毛泽东思想体系和中国特色社会主义理论体系这两座不朽的历史丰碑，对丰富发展马克思主义理论宝库做出了属于当代中国人自己的独特贡献。在与时俱进中实现理论创新这是建党 90 多年来我们的一贯重点和根本宗旨，只有坚持马克思主义基本原理同中国具体实际相结合，不断在实践基础上推进马克思主义中国化进程，立足于用发展着的马克思主义的最新理论成果指导当代实践，才能保持马克思主义强大的生命力、感知力和内聚力，才能制定出正确的路线、方针和政策，凝聚全党全国各族人民的意志，共同为实现民族伟大复兴而奋斗。时下，只有抓住重要的战略机遇期，紧紧围绕党的十八大以来所提出的一系列重大战略思想，深入研究在解决什么是社会主义与怎样建设社会主义、建设什么样的党与怎样建设党、实现什么样的发展与怎样实现发展的问题上所提出的各种新思想、新观点、新论断，加快实施马克思主义中国化的当代方案，不断开辟中国马克思主义发展的新境界。

　　体现时代性、把握规律性、富于创造性，是始终保持马克思主义理论研究与建设与时俱进之精神状态、在中国化实践整合中不断推进其实践创新的基本要求。强调马克思主义理论要体现时代性，就是要使之每一项重大的理论创新及其成果都必须集中体现其赖以产生的时代背景、实践要求及其基本特征与核心内容。实践创新不能不立足于时代发展，不能不是时代性的产物，当代马克思主义理论研究只有挺立时代潮头、站在时代高度，才能把握时代脉搏、充满时代气息，代表并引领时代发展的正确趋势和未来方向，才能真正站在时代的前列和历史的高端"思入生活"并范导实践，使每一项实践创新成果都能赢得时代性的现实意义。做到了这一点，就体现了马克思主义实践创新的时代化与现实性。强调马克思主义理论要把握规律性，就是要求其实践创新必须能够对时代发展的固有规律进行科学把握，善于总结和概括科学文化发展的新材料、新突破，善于及时吸纳与提炼中国特色社会主义建设的新经验、新探索，使马克思主义成为被把握在思想中的时代律动，成为该时代人类实践生活智慧的理性升华，正因为它能够从总体上把握了时代的核心内容和本质特征，集中体现着时代的精神精华、活的灵魂，用一系列基本概念按特定的逻辑路径、经严密的科学论证和高度概括从中把握具有规律性的东西，才能使之上升为科学的、完整的理论体系。做到了这一点，就体现了马克思主义实践创新的大众化与人民性。而强调马克思主义理论要富于创造性，就是要求其理论创新的每一项重大成果都应当是对前一时代理论成果的内在超越与积极扬弃，只有使之从一切旧框框和传统观念的思想桎梏中解放出来，围绕解决世界多极化和经济全球化的曲折发展、科技进步的日新月异、综合国力竞争的日趋激烈等等一系列前进中的重大问题，在坚持马克思主义思想精髓的基础上不断谱写新的篇章，提出新观点新论断、对之进行新的设计新发现，才能使马克思主义富于创造性。做到了这一点，就集中体现了马克思主义实践创新的中国化和超越性。

总之，中国化体现了当代马克思主义理论创新的实践整合机制与科学发展态势，它既坚持了马克思主义在意识形态领域的指导地位，又不断提高建设社会主义先进文化的软实力，既贴近了实际、生活与群众，又创新了内容、形式与手段，既破除了对马克思主义错误的和教条式的理解并抵制了各种否定马克思主义的错误思潮，又增强了思想理论工作的说服力、感召力与凝聚力，推动了当代马克思主义在实践创新基础上的制度创新、科技创新、文化创新以及其他各方面的创新，在着力回答重大理论和实际问题的同时努力铸造了马克思主义理论的再度辉煌，为激励亿万人民奋勇前进提供了强大的精神动力和智力支持。在当代马克思主义实践创新过程中，如果不能从整体上把握中国化的实践整合与引导机制，就会使马克思主义的当代发展陷入一种无深度的扁平世界中，即使对之进行开创性地研究也无法维持其固有的大众立场与中国方向。鉴于此，我们必须将当代马克思主义中国化进程中的宝贵经验，凝练、升华为带有规律性的新原理、新原则，并把这些实践性的新原理、新原则与改革开放的具体实际结合起来，全面验证与提升中国特色社会主义理论体系的当代价值，使之提升到马克思主义基本原理的科学层面加以概括，让改革开放创造出的中国经验与发展模式沉入到马克思主义历史逻辑的原理层级中。否则，若离开实践整合与现实需要，为创新而创新，就不能从整体上把握马克思主义实践创新的科学内涵与思想魅力，更不可能实现马克思主义创新观的当代建构。返本开新是马克思主义实践品格的内在要求，也是其题中应有之义，马恩列斯等马克思主义创始人在实现社会主义由空想到科学、由理论到现实的重大转变中，历来十分重视理论的不断创新并积极推进理论的实践升华，中国几代领导人更是特别强调马克思主义基本原理与中国实际的相结合，善于紧密结合执政经验与人民愿望，深入发展中国化马克思主义的理论创新体系与核心价值体系。可以说，一部马克思主义的形成史、发展史与完善史，就是马克思主义理论的实践史、开拓史、创新史。马克思主义当代创新机制与发展规律，体现了社会主义创新实践活动各要素内在联系和实践整合的根本方面，从学理上探讨和梳理马克思主义理论创新的特殊本质和思路历程，有助于我们更好地认识马克思主义中国化的内在机制及其实践规律。

这表明，返本开新是马克思主义永葆青春活力的巨大源泉与保持实践敏感性的内在动力，而其基本立场、观点、方法上的创新是实现马克思主义理论创新的前提、基础与先导，从世界观和方法论上加强马克思主义基本原理原则的重大创新，是保持其在发展中既一脉相承而又与时俱进的动力机制，这既秉承了马克思主义理论创新的实践品质又贯彻了马克思主义融入时代并引领未来的创新精神。再者，对马克思主义的返本开新包括语言创新、理论创新和实践创新等不同层面的创新，这是同一创新过程的有机整体，必须整体把握才能克服教条主义和经验主义在学理上割裂马克思主义创新观的错误做法，全面展现马克思主义创新观之实践普遍性和直接现实性的双重品格，将之内化为中国社会主义发展理论的运思方式和思维能力，使马克思主义在当代中国不断研究新问题、解决新矛盾的同时，不断开辟新视野、进入新境界。为此，马克思主义需要经常"返本开新"以便能够重新找到发展的源头活水、重新体认"思入时代"并范导实践的本真精神，使之在不断获得重大创新过程中发扬光大、系统拓展。在社会主义改革的时代精神之新生活阳光的照耀下，对马克思原典思想重新解读，旨在吸收鲜活的生活智慧、激活崭新的实践经验、找到新的理论生长点并使之焕发出新的生命之光，回到马克思并非为了捍卫原教旨，而是为了使马克思主义思想精髓借助并通过当代实践源源不断地来到我们面前，如果丢掉马克思主义的本真精神而一味地追求开新，开出的只能是无源之水、无本之木，就会没有新的前途、新的担当，而如果马克思主义再不能以融通中西、相摄互补的博大胸怀去批判继承一切优秀文化成果，则将会失掉文化发展、理论创新的话语权、主动权，从而陷于被解构、被消解的尴尬局面。唯有恪守马克思主义的原典精神、基本原理、基本方法，才能获得真正的引申发挥、开拓创新与历史跃迁，在创新中精髓不能抛弃、实质不能异化、历史不能割断、根基不能遗忘，否则马克思主义的思想创新就只能是多元异质的文化拼接、机械僵硬的外在比附，就会使之丧失自我规定性并沦为他者。

另外，实现马克思主义的返本开新，需要我们不断提出独特见解，敢于突破前人、打破陈规，这样才能有所进步、有所提升。而在中西文化强烈撞击中采两者之精华而熔为一炉，弃两者之糟粕而引为借鉴，是实现马克思主义返本开新的关键所在，对来自生活实践的经验内容要经过辨析筛选、提炼转化，重加阐释、增入新义，包纳多样、激发活化，才能保证其理论生命的活泼多姿且不断为现代文明输送营养，否则就会因为泥古不化、徒说空话而迷失方向、丢掉真我。作为一种集时代的智慧、实践的总结、科学的升华之创新体系，马克思主义理论势必会随着时代的改变、实践的扩展、科学的进步而不断获得重大进展，其彻底的科学性决定了它不可能是脱离实际的抽象思辨体系，更不是什么虚构的精神花朵或者醉醺醺的思辨，而只能是永远面对现实世界、实际生活，关注和研究时代课题并科学总结实践经验而提出的创新思想；它的自觉的实践性决定了它不是什么宗派主义体系，更不是什么狭隘经验主义学说，而是在实践中生成又是在实践中发展的"实践唯物主义"；而它的坚定的革命性决定了它不是什么故步自封的僵化体系，而是具有自我批评意识并根据时代变化、实践发展和科学进步不断革故鼎新的"文明的活的灵魂"，在其"三化合一"的当代探索中不断使之获得新的力量、采取新的形态、获得新的生命。正是由于它自觉植根于时代和实践的沃土之中并不断根据时代和实践发展的需要，为满足广大人民群众的利益和要求而不断革故鼎新，从而才能使之成为一个开放的、不断发展着的创新体系，能够并必将保持长久的生命活力，非但没有结束真理反而开辟了在实践中不断认识真理和发展真理的广阔道路。这表明，马克思主义理论的革故鼎新是在实践基础上不断获得科学性和革命性统一的理论保障，它之所以是一种创新体系就在于它能够把严格的和高度的科学性同鲜明的、激进的革命性结合在自己的理论体系内部。换言之，在马克思主义理论革故鼎新的过程中，不是任何新的提法、新的论断、新的举措、新的概括都可以称之为思想创新的，只有以马克思主义的理论勇气和进取精神，总结新的实践经验、借鉴当代人类文明的优秀成果，在理论上不断开拓新领域、扩展新视野、作出新的概括，自觉地把思想认识从那些不符合时宜的旧观念、旧做法和旧体制的束缚中解放出来，从对马克思主义的错误的和教条式的理解中解放出来，从主观主义和形而上学的桎梏中解放出来，才能在坚持马克思主义基本原理基础上不断谱写新的理论篇章。马克思主义作为一种创新体系，它的优点在于任何时候都不去教条式地预料未来，而只是希望在批判旧世界中发现新世界，也从不主张树起任何教条主义的旗帜，而只希望在紧密结合实际中不断获得革故鼎新。在笔者看来，只有把马克思主义的一般原理与我国改革开放的具体实际相结合，才能真正发挥马克思主义科学世界观与方法论的指导作用，制定出适合我国实际情况的路线、方针和政策并根据实际情况的变化对之做出变革；只有基于我国改革开放和现代化建设的实际问题，以我们正在做的事情为中心，着眼于马克思主义的实际运用，着眼于对实际问题的理论思考，着眼于新的实践和理论创新，才能把马克思主义同它在现实生活基础生动地结合起来，不断实现革故鼎新。诚然，当代世界社会主义的多种实践、晚期资本主义文化逻辑的最新变化、经济全球化的迅猛发展、世界科技革命的巨大影响以及我国改革开放和现代化建设的科学推进，这一切都向当代马克思主义提出了新的挑战与考验，使得我们必须在坚持其理论原则和思想精髓的基础上，在与马克思主义原生态的理论观点保持前后相继、一脉相承的前提下，按照中国化之创新机制对之进行革故鼎新的当代构建。若离开马克思主义本真精神而革故鼎新，就会失去根本、流于空谈；若背离马克思主义中国化随意创新，就会使之迷失方向、自我消解；若一味标新立异、杜撰新词或者生吞活剥、食洋不化，不把理论创新服务并落实于实践创新，就会失去革故鼎新的科学内涵与真实意义。

参考文献

［1］《马克思恩格斯选集》第1—4卷，人民出版社1995年版。

［2］《列宁选集》第1—4卷，人民出版社1995年版。

［3］《毛泽东选集》第1—4卷，人民出版社1991年版。

［4］张世英：《哲学导论》，北京大学出版社2002年版。

［5］吕世荣、周宏、朱荣英：《马克思主义哲学的当代视域》，人民出版社2006年版。

［6］陶德麟、汪信砚：《马克思主义哲学的当代论域》，人民出版社2005年版。

［7］肖前等：《实践唯物主义研究》，中国人民大学出版社1996年版。

［8］黄楠森：《马克思主义哲学发展史》，高等教育出版社1999年版。

［9］刘放桐等：《马克思主义与西方哲学的现当代走向》，人民出版社2002年版。

［10］吴晓明：《形而上学的没落——马克思与费尔巴哈关系的当代解读》，人民出版社2006年版。

［11］俞吾金：《论马克思对西方哲学传统的扬弃——兼论马克思的实践、自由概念与康德的关系》，赵剑英、叶汝贤：《马克思哲学的当代意义》，社会科学文献出版社2006年版。

［12］孙正聿：《思想中的时代——当代哲学的理论自觉》，北京师范大学出版社2004年版。

［13］赵汀阳：《哲学的中国表述》，载赵汀阳主编《论证2》，广西师范大学出版社2002年版。

［14］杨耕、陈志良、马俊峰：《马克思主义哲学研究》，中国人民大学出版社2002年版。

［15］方克立：《中国哲学与辩证唯物主义》，高等教育出版社1998年版。

［16］［法］雅克·德里达：《马克思的幽灵》，中国人民大学出版社 1999 年版。

［17］姚大志：《现代之后——20 世纪晚期西方哲学》，东方出版社 2000 年版。

［18］波普尔：《猜想与反驳——科学知识的增长》，傅季重等译，上海译文出版社 1986 年版。

［19］张志伟等：《西方哲学问题研究》，中国人民大学出版社 1999 年版。

［20］黑格尔：《哲学史讲演录》（第一卷），生活·读书·新知三联书店 1956 年版。

［21］李文阁：《生活价值论》，云南人民出版社 2005 年版。

［22］吴晓明：《思入时代的深处：马克思哲学与当代世界》，北京师范大学出版社 2006 年版。

［23］夏基松：《现代西方哲学》，上海人民出版社 2006 年版。

［24］洪汉鼎：《理解的真理——解读伽达默尔〈真理与方法〉》，山东人民出版社 2001 年版。

［25］张志伟：《西方哲学史》，中国人民大学出版社 2002 年版。

［26］顾海良：《马克思主义发展史》，中国人民大学出版社 2009 年版。

［27］叶汝贤、孙麾：《马克思与我们同行》，中国社会科学出版社 2003 年版。

［28］赵剑英、孙正聿：《中国化马克思主义哲学新形态》，社会科学文献出版社 2006 年版。

［29］［匈］卢卡奇：《历史与阶级意识》，杜章智等译，商务印书馆 1992 年版。

［30］庞元正等：《哲学二十二讲》，中共中央党校出版社 2005 年版。

［31］姚大志：《现代之后》，东方出版社 2000 年版。

［32］郑祥福：《文化批判与后现代马克思主义》，中国社会科学出版社 2008 年版。

［33］陈嘉明：《现代性与后现代性》，人民出版社 2001 年版。

［34］聂金芳：《清理与超越——重读马克思文本的意旨、基础与方法》，北京大学出版社 2005 年版。

［35］詹姆逊：《晚期资本主义的文化逻辑》，生活·读书·新知三联书店 1997 年版。

［36］肖前：《马克思主义哲学原理》，中国人民大学出版社 1993 年版。

［37］俞可平：《全球化时代的"马克思主义"》，中央编译出版社 1998 年版。

［38］邓晓芒：《思辨的张力——黑格尔辩证法新探》，湖南教育出版社 1992 年版。

［39］邹诗鹏：《生存论研究》，上海人民出版社 2005 年版。

［40］舒伟光、邱仁宗：《当代西方科学哲学述评》，人民出版社 1987 年版。

后　记

　　未经思考的人生是最没有价值的人生，漫无目的的生活就像出海航行而没有指南针一样，遭遇困局是迟早的事。要想在哲学领域有所成就，就时时刻刻也不能没有理性思考，更不能离开对哲学史的系统研习与深度操作。自我从研究生毕业钻研哲学算起，已近三十年了，陆续发表的专业论文已有200余篇，哲学研究的专著和教材也有了十多部。发表的文章被各家期刊复印或转载的不少，有八十余篇被《中国社会科学文摘》《新华文摘》《高等学校文科学术文摘》全文转载或被人民大学报刊材料复印。我每当闲暇无事就读一读哲学先贤的作品，常常沉醉在那一缕缕醇香的情感和一丝丝甜美的回忆中。感悟到人应多一点向学意识，少一些计量之心；多向精品切问，力戒篇目繁杂。大凡哲学操作，并非文字上的操作，亦非技术上的操作，而是对精神的操作，是思想者从事思想、进行精神生产的智力劳作。我在常年阅读、教学、思考中曾积淀下来不少的运思之花、智慧火种，只是自己的一些"小见识"，很多方面都说不上成功，甚至还有许多让学界同人感到非常稚嫩的东西。如果只是萌动于心头而不公开于世，它久而久之也会被忽略了，游手好闲会使人心头生锈。事实上，正是这些不起眼的东西，正是常常操作些"小作文"，勤于学思且忙于下手，不仅扶我走上了治学之路，更为我引领了一种"唯实"、"求是"的向学之风，确立了一种孜孜以求的向学之志，使我浸淫在充满着眷眷深情厚谊的思想氛围中，长此以往竟然也能写出些点亮魂灵的句子了。每写一篇文字，犹如打开一扇心扉，使我飞向一片心灵的天空，写它就是在重新学习它，写它就是在赋予它以飞动的生命。这样，一篇篇地积攒下来就有了本书的模样。我本人虽才疏学浅却又勤于思考，故而写出的大都是些拙略之见，虽有不少发人深省的衷肠话或许能给您带来某些启迪，但若您发现了一些荒诞不经的说法，还望您不吝赐教。本书是我近年来辛勤耕耘的点点滴滴，共分两篇，上篇是关于中国哲学现代化问题的思考，旨在探索与发现马克思主义哲学中国化厚重的文化基础，下篇是马克思主义哲学中国化问题的分析，试图总结与分析马克思主义哲学中国化的经验与规律。自知很多方面尚显得十分幼稚，然而，考虑到它是我在教学与科研工作中累积起来的真实的运思之花，总要给它一个破土绽放的机会。在我院老师及研究生们热情相助和辛勤校勘下，本书才得以出版，这里一并表示感谢。仓促之间定有诸多纰漏，敬请学人不吝赐教。

朱荣英

2015 年 11 月于河南大学苹果园新东区